本书系湖北社科基金一般项目"中国国家治理的现代化路径研究"（2015129）的阶段性研究成果、湖北民族学院博士科研基金项目（4158035）的阶段性研究成果。

行业组织参与国家治理现代化研究

朱士华 著

图书在版编目(CIP)数据

行业组织参与国家治理现代化研究/朱士华著. —武汉:武汉大学出版社,2017.7
ISBN 978-7-307-19488-5

Ⅰ.行… Ⅱ.朱… Ⅲ.行业组织—关系—国家—行政管理—现代化管理—研究—中国 Ⅳ.D630.1

中国版本图书馆 CIP 数据核字(2017)第 174902 号

责任编辑:田红恩　　责任校对:汪欣怡　　版式设计:马　佳

出版发行:**武汉大学出版社**　(430072　武昌　珞珈山)
　　　　　(电子邮件:cbs22@whu.edu.cn　网址:www.wdp.com.cn)
印刷:虎彩印艺股份有限公司
开本:787×1092　1/16　印张:15　字数:354 千字　插页:1
版次:2017 年 7 月第 1 版　　2017 年 7 月第 1 次印刷
ISBN 978-7-307-19488-5　　定价:39.00 元

版权所有,不得翻印;凡购买我社的图书,如有质量问题,请与当地图书销售部门联系调换。

序

朱士华同志是我指导过的博士生。他好学上进、刻苦勤奋、思想活跃，是一位工作认真的高校老师。近日，十分高兴地获悉他在博士论文基础上修订的专著——《行业组织参与国家治理现代化研究》即将出版，欣然应允为本书作序。

作者广泛地阅读了关于国家治理、行业组织政策参与、现代化等有关资料，在吸收前人思想的基础上，初步通过新的视角探讨了中国国家治理现代化建构等问题，形成自己一些独到的、新颖的见解。

国家治理现代化是中国走向大国治理、实现中国梦的必由之路，也是当今中国推进政治体制改革工作核心所在，在全球化国家治理竞争和中国自身国家治理危机的双重碾压下，提升中国国家治理能力是应对困境的必然选择。自党的十七大以来，实现中国政治民主化、增加民众参政议政的程度、让人民当家作主一直是党和国家历代领导人所倡导的政治核心价值理念，本书选择中国国家治理现代化和行业组织政策参与问题作为研究的兴趣点，体现了作者作为一名政治社会学问题的研究者对中国当今政治社会问题的积极关注和研究问题的落地性。学以致用，学以国用，关注自身国家的现实政治社会问题，体现了一名研究者的敏锐观察性和时代的使命感。

本书在研究中采用独特的研究视角。国家治理现代化建构过程体现出一个国家治理体系不断完善和治理能力不断提高的过程，它不仅是现代治理制度体系静态的建构，更是国家治理主体不断参与合作治理动态的过程。在国家治理现代化建构的演进中，如何提升治理主体能力成为国家治理现代化重要问题。由此，本书选择中国行业组织政策参与问题作为考量微观治理主体参与国家治理现实境遇，研究思路体现了逆向思维性。在研究中，通过行业组织政策参与遇到困境、化解等问题的研究，来镜像中国国家治理建构中遭遇的困境等问题，折射了作者研究问题的新视角。其实，来自于微观的、民主化的、边缘化的治理主体能力的变化和多元参与的不断介入和改进的意义在于，一旦宏观制度空间出现巨大的转换，这种改进将是显著的，并使得新制度建构具有一个扎实微观治理基础。显然，本书采用行业组织政策参与作为研究切入点，体现了从微观治理到宏观治理建构的研究特点，研究的视角富有特色。

本书结构合理、推理严谨。从本书章节上看，加上导论部分，本书共有八个部分。在导论中，本书对研究问题、研究意义、研究方法和国家治理现代化、行业组织政策参与问题研究的文献综述等进行了细致的梳理，深刻揭示了在国家与社会关系渐进的演变下，中国的行业组织政策参与角色功能已经显现出来，它对于化解公民政策参与渠道狭窄之困和国家治理现代化的建构都体现出较为重要的价值意义。中国国家治理现代化是在党和政府的领导下，通过合作建构有中国特色的政治体制和体系，提升自我治理能力的一个自我完善的过程，良好、有序的行业组织参与国家治理有利于国家管理现代化的建构。面对经济实力日益增强的行业组织，规范它们参与行为不仅在民主场域中训练了公民的民主技能，也在拓展公民政策参与渠道。由此，本书在导论中提出通过考察行业组织政策参与困境、化解等问题，刚好可以揭示中国国家治理现代化建构面临的结构性国家与社会关系等问题。在提出研究问题和思路之后，为了使研究富有实证性，本书在第一章到最后第七章中，以富有特殊性和普遍性的行业组织——温州商会为个案来镜像中国行业组织政策目前参与现状、存在的问题、民主意义和化解之路径等，并在此基础上分析了中国国家权威型治理模式建构的原因和未来国家治理现代化的建构面临社会结构调适等问题。由此可以看出，本书结构严谨，论述清楚，较好地论证了导论中提出的问题。

总之，本书通过研究、著述，让我们初步了解：第一，国家治理现代化建构需要宏观、微观的双轮驱动。国家治理现代化既需要中国特色社会主义宏观制度的建构，也需要微观的治理主体的积极参与，双轮驱动方可快速推进国家治理现代化的到来。诚然，国家或者政府在现有的社会状态下，拥有了较多的公共权力，它们通过合法的公权力推进先进制度体系的建构是比较利于中国国家治理现代化的建构，但如果缺乏微观治理主体的参与行为，如公民、行业组织等的参与，中国宏观制度的建构最多是文件政治，无法让人民真正地实现当家作主，参与国家、社会治理等。由此，本书提出通过化解行业组织政策参与之困，通过微观制度的建构为民众参与国家治理提供治理途径，显然既改变了中国当今微观参与渠道狭窄问题，也推进了宏观参与制度落地性的实现。第二，中国现有的行业组织政策参与存在较大的困境和较弱的民主意义，需要化解其困境、提升其价值意义。在"全球结社革命"[①] 悄然蔓延的国际趋势下，行业组织在参与社会公共治理、承担公共管理职能等方面起到了重要的作用。行业组织在参与治理的同时，其政策参与行为也逐渐成为常态化的行为，并为公民和社会进行有序的政策参与提供一个新的途径，具备一定民主政治意义。本书通过温州商会政策参与个案的研究提出，行业组织政策参与的途径包括政策制定参与途径、私人接触参与途径、行政吸纳参与途径、联盟游说参与途径、抗争参与途径等。这表明了，中国行业组织政策参与已经出现了新气象，但纵观中国整体社会生态看，行业组织政策参与面临着合法性缺失、自治生态环境缺失、独立自治性缺失和微观制度化参与途径缺失。本书通过研究发现，导致行业组织政策参与出现困境最为深层次的原因是政府对行业组织采取了经济契合策略性选择政策。这种政策容易使行业组织参与治理缺乏制度化保护，经济契合逻辑不断地型塑着两者之间的关系，进而影响国家治理现代化微观结构性基础的建构。第三，权威型国家治理模式：中国当下适合性的治理模式。合理的建构中国当下的国家治理模式不仅利于推进自身治理现代化的建构，而且还能避免中国陷入治理陷阱。本书提出，国家治理模式有政府全能治理模式、社会自治治理模式和合作治理模式。政府全能治理模式体现了治理主体的唯一性、贤人治理的特点。面对一个幅员辽阔、人口众多、地区差异较大的国家，中国显然很难适应政府全能、贤人治国的治理模式，治理的结果很可能容易滑向专制型的管理，并最终违背民主政治发展的初衷和未来追

---

① [美]莱斯特·M.萨拉蒙：《全球公民社会——非营利部门视界》，贾西津等译，社会科学文献出版社2007年版，第3页。

求的民主价值。社会自治治理模式具有公民、组织等高度自治的特点，从摆脱"利维坦"控制上看，社会自治治理模式完成了迄今为止最为令人心动的自由广度，但在现实上，社会自治治理模式所需要的成熟公民、包容精神和自律的共同体等基础性条件很难有许多国家所具备。合作治理模式是追求多元化治理主体的合作，体现出公共治理权力多元化、分散化、价值重叠共识等特点，但面对像中国这样超大型国家，社会发展又是相对不发达的国家，一旦缺失核心治理主体的引领，通过协商共治不仅无法较快地完成治理任务，可能还会酿成治理危机的加剧。由此，构建合适的治理模式需要考虑自身国家的发展现状。鉴于社会存在决定社会意识，中国当今可能最适合的治理模式是权威型治理模式。本书认为，权威型治理模式强调合作，也关注政府权威性，在中国现有的强国家与弱社会关系、公民或行业组织政策参与出现新气象、发展中大国的治理需要权威等复杂环境下，权威型合作治理模式尽管不是中国现代化的治理模式，但依然成为中国国家治理当今最适宜的选择。第四，国家与社会关系的调适：影响中国国家治理模式现代化建构的结构性障碍。如果说良性的中国行业组织政策参与行为利于提升国家治理能力，那么通过制度化建构，理顺国家与社会关系成为化解行业组织政策参与困境和建构国家治理现代化的共同路径选择。通过调适国家与社会关系这一具体的推进路径，中国最终将完成国家治理现代化的建构。本书从政府职能转变、社会参与力量的培养和法律制度的设计三种路径化解国家强、社会弱这一不利于行业组织政策参与和国家治理现代化建构的结构性条件出发，在完成行业组织和政府公共性培育的前提下，最终营造一个具有公共性、合作性、政府为主导的治理路径。自此，中国国家治理现代化具备了良好的社会治理结构状态。

理论与现实总是存在较大的差异性，朱士华同志通过行业组织政策参与视角研究中国国家治理现代化问题，尽管只是一次理论探讨的尝试，有些地方存在问题，比如，由于书籍篇幅等问题，个案研究过于单一，研究问题有些尚待细化、深挖等，但是瑕不掩瑜，从整体上看，本书不失为在国家治理现代化、行业组织政策参与价值意义等方面有一定理论深度探讨的尝试。我期待朱士华同志在以后的研究中能有更大的发展和建树。

庞绍堂

2016 年 8 月 15 日

目　录

导论 1

第一章　国家治理现代化与行业组织 15
第一节　治理与中国语境下国家治理 15
一、治理理论 15
二、治理理论与中国 18
三、中国国家治理内涵与历史演变 21
第二节　中国语境下国家治理现代化 28
一、国家治理现代化科学内涵 29
二、国家治理现代化与马克思主义理论 32
第三节　中国国家治理现代化语境下行业组织 33
一、行业组织内涵 33
二、行业组织与国家治理现代化 35

第二章　中国行业组织政策参与和国家治理现代化关系 36
第一节　政策参与和国家治理现代化关系 36
一、政治权力主体多元化：传统政治与现代政治区别 36
二、政策参与：一个探析国家治理现代化推进的新视角 39
第二节　行业组织政策参与：一个考察中国国家治理现代化推进路径的新视角 44
一、行业组织政策参与概论 44
二、中国行业组织政策参与现状 46
三、中国国家治理的现代化与行业组织政策参与 47

第三章　中国行业组织政策参与现状 51
第一节　行业组织政策参与和温州商会政策参与：普遍性和特殊性 51
一、个案研究：温州商会政策参与 51
二、温州商会政策参与特殊性 52
三、温州商会政策参与普遍性 52
第二节　中国温州商会及其政策参与 53
一、温州商会 53
二、温州商会政策参与内涵 56
第三节　中国温州商会政策参与类别 59

- 一、温州商会政策参与法律视角 59
- 二、温州商会政策参与主体视角 63
- 三、温州商会政策参与方式视角 64

第四节 中国温州商会政策参与途径 65
- 一、政策制定参与途径 65
- 二、私人接触参与途径 66
- 三、行政吸纳参与途径 68
- 四、联盟游说参与途径 70
- 五、抗争对抗参与途径 71

第五节 中国温州商会政策参与动机 71
- 一、温州商会政策参与政治动机 72
- 二、温州商会政策参与社会动机 76
- 三、温州商会政策参与经济动机 77

第六节 中国温州服装商会政策参与 81
- 一、温州服装商会概论 81
- 二、温州服装商会政策参与的民主意蕴 83
- 三、温州服装商会政策参与困境 87

第四章 中国行业组织政策参与民主意蕴 89

第一节 政策参与和民主 89
- 一、政策参与与民主正相关 89
- 二、政策参与与民主正相关条件 90

第二节 中国行业组织政策参与和民主 91
- 一、行业组织与民主关联相关阐述 92
- 二、温州商会政策参与民主性 94
- 三、温州商会政策参与民主性意蕴孕育基础 98

第三节 中国行业组织：公民有序政策参与新途径 103
- 一、行业组织提供公民有序政策参与新渠道 103
- 二、行业组织减少和预防公民无序政策参与 104
- 三、行业组织培养公民意识，催生理性公民行为 105

第五章 中国行业组织政策参与困境 106

第一节 行业组织政策参与现实困境 106
- 一、行业组织政策参与面临着合法性缺失 106
- 二、行业组织政策参与面临着自治生态环境缺失 108
- 三、行业组织政策参与面临着独立自治性缺失 110
- 四、行业组织政策参与面临着微观制度化参与途径缺失 111

第二节 经济契合逻辑：中国行业组织政策参与困境的经济逻辑视角 113
- 一、"经济人"理论概述 113

  二、经济人理论的中国适用性和政府、官员的自利性 …………………… 115
  三、经济契合逻辑：行业组织政策参与困境内在根源 …………………… 120
 第三节　中国温州商会政策参与经济契合逻辑实证 ………………………… 128
  一、温州地区改革开放以来政府和商会关系变迁 ………………………… 128
  二、温州商会政策参与和地方政府经济契合逻辑 ………………………… 133

第六章　中国国家治理模式建构 …………………………………………… 138
 第一节　中国国家治理模式变迁 ……………………………………………… 138
  一、国家治理模式：一个变动的过程 ……………………………………… 138
  二、中国国家治理模式变迁：基于温州商会政策参与的视角 …………… 140
 第二节　当代中国国家治理模式建构适合性 ………………………………… 143
  一、国家治理模式适合性：以温州商会政策参与现状为依据 …………… 143
  二、权威型合作治理模式：中国国家适合性治理模式 …………………… 152

第七章　国家与社会：一个推进国家治理现代化建构的分析框架 ……… 159
 第一节　中国国家治理现代化建构愿景 ……………………………………… 159
  一、国家治理现代化未来建构基本属性 …………………………………… 159
  二、良治：一个未来国家治理现代化建构愿景 …………………………… 163
 第二节　国家与社会关系：一个影响国家治理现代化建构的结构性关系 … 167
  一、国家与社会关系：一个分析国家治理现代化建构的理论框架 ……… 167
  二、国家与社会关系：国家治理现代化建构和行业组织政策参与结构性关系 … 172
 第三节　中国国家与社会关系优化路径 ……………………………………… 174
  一、政府职能转变 …………………………………………………………… 174
  二、社会治理力量增强 ……………………………………………………… 181
  三、法制建设 ………………………………………………………………… 192
  四、共享性治理权力结构建构 ……………………………………………… 199

结语 …………………………………………………………………………… 210

参考文献 ……………………………………………………………………… 213

后记 …………………………………………………………………………… 230

导 论

一、研究问题提出

1. 中国行业组织政策参与的现状、困境及其可行性化解等问题的研究

尽管"实现中国政治民主化、增加民众参政和议政的程度、让人民当家作主"① 的政治宗旨一直是新中国成立以来历代领导人所倡导的政治核心价值理念，但是在事实上，中国由于长期受到计划经济体制下形成的高度政治集权体制的影响，民众政策参与的渠道相对狭窄。由此，为了能够及时地改变"政治体制改革严重落后于经济体制改革"的不利局面，自党的十七大以来，党和政府多次要求创造各种条件扩大公民有序的政策参与渠道，以此来推进基层政治的民主化、推进社会主义政治文明的建设。但就目前来讲，无论是宏观的政策参与体制，还是微观的村民自治制度和城市社区治理制度，它们在推进中国公民和社会进行有序的政策参与方面都存在着一定的困境。因此，研究公民和社会进行有序的政策参与的新路径是理论界亟待解决的问题之一。

在国家与社会关系调整的背景下，随着中国改革的深入，中国的社会力量有了巨大的发展。中国行业组织在此背景下体现出蓬勃发展的劲头。许多学者的研究展示了它们在社会治理、促进政府管理转型、推进公民和社会进行有序的政策参与等方面都越来越显示其现实的价值意义。学者们认为，行业组织原则上不是典型的政治组织，是不同于政党等政治目的性很强的政治组织，但是它们在组织民众有序政策参与、推动中国民主政治发展等方面愈加显示政治学上的意义。② 通过中国行业组织政策参与方面的研究，人们认为这将有助于我们合理地框定它们政策参与的途径，挖掘它们的政策参与行为对于公民和社会进行有序政策参与路径建构的价值意义。如果我们能够引导它们走向制度化的政策参与，那么行业组织将在推进公民和社会进行有序政策参与路径的建构方面将起到重大的学理和现实意义。这些研究观点就目前来看尽管有一定的理论价值意义，但是经过对相关文献进行研究，本书发现目前有关文献对行业组织政策参与的政治学价值意义普遍地持有过高的期望。有些学者认为其对民主政治等都具有较高的价值意义，可是从实际上来看，这种看法存在着较大的偏差。本书认为这种看法可能更多地体现为一种研究者的善良愿望。本研究

---

① 胡锦涛：《高举中国特色社会主义伟大旗帜 为夺取全面建设小康社会新胜利而奋斗——在中国共产党第十七次代表大会上报告》，人民出版社2007年版。

② 参见陈剩勇：《组织化、自主治理与民主：浙江民间商会研究》，中国社会科学出版社2004年版，第6页。

试图表明，行业组织从其历史发展的轨迹来看，本身就只是一个工具性的存在。在国家主导或控制社会的制度空间下，中国行业组织一出现也充其量是个从属性地位的组织，其只是作为政府职能的某些替代物而存在的组织。这是因为经济契合是国家决定行业组织是否或者多大程度上具备政策参与的可能性。如果在中国现实政治生活中国家与行业组织二者之间缺乏一定的经济契合点，缺乏一个制度化的参与途径，那么行业组织政策参与的活动范围将会大为缩小。简而言之，行业组织政策参与是不是如一些学者们所说的那样是未来民主政治发展的突破口，在很大程度上是受中国国家与社会关系调适的影响，是由政府与行业组织之间经济契合逻辑程度所决定的，它们政策参与价值功效的释放需要提升行业组织政策参与现实的有效性。就目前来讲，中国在现有的强国家与弱社会关系背景下，行业组织政策参与的民主政治价值功效存在很大的不确定性。如果想提升行业组织政策参与的价值功效，那么就需要通过调整中国现有的国家与社会关系去化解行业组织政策参与之困。只有这样，行业组织政策参与才可能具备民主的价值意义，为公民和社会的政策参与提供一个有序的政策参与路径。

改革开放以来，中国传统的国家与社会关系格局发生了变化，原来高度集中的计划经济体制渐渐地淡出人们的视野，与之相适宜的高度集权的政治体制也开始出现了松动。中国无论在经济领域，还是在政治领域，都在进行自上而下的放权。在"国家领域"中，中国出现了粗陋的"私人私域"，社会活力开始复苏。在"政府、市场、社会"三分天下的背景下，当出现了政府和市场都失灵时，温州商会便有了广阔的生成空间。近年来，温州商会的发展呈现了井喷之势，温州商会几乎遍布城乡和社会生活的各个领域，已经成为中国最具典型的一个行业组织。温州商会自从出现以后，在社会治理和行业治理等方面的作用开始凸显出来，在国家治理的多元化力量中也占有相应的地位。尽管目前对于温州商会的一些性质的规定存在诸多的争议，但是鉴于温州商会的健康发展及其对于社会发展的正面功效，面对日益发展之势的温州商会组织，本书就以温州商会政策参与为个案去研究、镜像中国行业组织政策参与的现实问题，以此找到中国行业组织政策参与的困境及其可行性的化解路径。通过这样的研究，希望能够为公民和社会进行有序的政策参与打开新的参与路径之门。

2. 以优化行业组织政策参与的路径为视角探析中国国家治理现代化建构中国家与社会关系结构性障碍调适问题的研究

国家治理从国家诞生时就开始了，而且一直伴随着国家运行。就目前来说，世界上没有一个国家可以完全脱离国家治理的影响。良好的国家治理可以催生政治的善治，实现人们对于民主政治价值的追求，也可以提升政府存在的合法性和有效性。西方社会由于存在着自身的优势和历史发展的特点，在国家治理能力的发展方面比起发展中国家来说都显得较为迅速。因此，为了提升国家的治理能力，中国国家治理现代化的建构急待推进。在党的十八届三中全会上，党提出要完善和发展中国特色社会主义制度，要推进国家治理体系和治理能力的现代化，要把国家治理的现代化作为中国未来全面深化改革的总目标。这个决定的提出反映了中国未来政治体制改革的重心，也说明我们党对于社会主义政治发展的规律有了新的认识，为以后中国国家治理现代化的推进吹响了前进的号角。但由于中国国家治理现代化的发展状况、建构理论和现实研究都刚刚起步,与国家治理的理想状态——良治也还存在着较大的距离,因此,本书希望通过对中国行业组织的典型性代表——温州商会政策参与的研究来探析中国国家治理的现代化问题。总的来说,如果一个国家的治理具备了现代化的特质,实际上它就意味着国家治理体系和治理能力的现代化。国家治理体系就是规范社会权力运行和维护公共秩序的一系列制度和程序,它包括规范政府行为、市场行为和社会行为的一系列制度,其中的政府治理、市场治理和社会治理是现代国家治理体系中三个重要的维度或者是次级体系。① 国家治理能力的现代化主要指国家治理执行主体具备一定的、有效的执行力,它意味着治理执行主体的素质必须符合现代公民的素养,否则纵使我们有完备的治理体系制度也不可能真正地释放和提升国家治理能力。如果说良好治理体系的现代化和治理能力的现代化是一个国家治理现代化构建的两维,那么建立现代化的国家治理体系和治理能力所需要的基础必然需要治理主体不断地参与到治理当中来。因此,可以这样说,良好的公民或者行业组织政策参与行为,在政府和党的领导下通过合作方式推进国家治理的现代化。考察一个国家治理能否现代化的标志不仅是要考察静态制度体系的建构,也要考察如何形成这种体系的国家与社会关系结构或过程。本书将以中国行业组织典型代表——温州商会政策参与为个案研究的视角来考察在当下国家治理现代化建构所需要的国家与社会关系结构问题。简而言之,中国行业组织政策参与困境的化解路径其实就是国家治理现代化建构中所需要的国家与社会关系结构,优化行业组织政策参与的国家与社会关系与完成国家治理现代化所具备的国家与社会关系二者出现一致的逻辑机理和现实的境遇。那么,如何提升行业组织政策参与的有效性,以便推动中国良性的国家与社会关系结构呢?这将是本书研究的重点所在。

二、研究意义

1. 实际意义

随着时间的推移,人们看到一个不争的事实,那就是在一些国家中,在市场领域和国家领域之外的行业组织愈加呈现了重要的参与治理作用。中国自改革开放以来,社会力量变得日渐强大,国家开始从社会中抽身,行业组织此时也有了迅猛的发展。在"全球结社革命"② 悄然蔓延的国际趋势下,行业组织在参与社会公共治理、承担公共管理职能等方面起到越来越重要的作用。行业组织在参与治理的同时,其政策参与行为也逐渐成为常态化的行为,并为公民和社会进行有序的政策参与提供一个新的途径。由此,研究它们的政策参与有着重大的实际意义。

第一,研究行业组织政策参与问题有助于建构权力监督机制和权力制约机制。独断的权力容易产生腐败,绝对的权力导致绝对的腐败。为了监督权力,学者孟德斯鸠提出了"三权分立"的制度设计,希望用权力制约权力。可是,似乎孟氏的"分权制度建设并没

---

① 参见俞可平:《论国家治理现代化》,社会科学文献出版社2014年版,第3页。
② [美]莱斯特·M. 萨拉蒙:《全球公民社会——非营利部门视界》,贾西津等译,社会科学文献出版社2007年版,第3页。

有帮助人们把国家权力限制在它应有的界限内,却在实际上制造了一个整体的国家通过发生在它所有的单位和附属机构为了各自的特权拥有的竞争来扩大它们的特权"①,这种竞争的结果必然是缔造了一个国家权力膨胀和社会权力相对缩小的社会现象。而实际上,要想真正地实现制约国家权力的梦想,还必须要社会力量的参与,因为这样的参与可以形成对国家独断的制衡作用。正如法国学者米歇尔·克罗奇所言:"民主在某一国家里的活动是受那个国家里的社会结构和社会趋向影响的。"② 中国想要对公共权力的运行进行监督和制约,不仅需要权力制度设计的制约,也需要像行业组织这样的社会力量的介入,并最终形成权力监督机制和权力制约机制,用机制来保证公共权力运行的良性化。但是,新生的诸多行业组织政策参与在中国是个新生事物,很多人的研究是不够深入的,有些行业组织政策参与还存在一定的制度外参与等问题。因此,如何规范行业组织政策参与不仅是学界需要急待解决的问题,也是响应党的十七大召开以来我们党要求积极探寻满足当下中国公民进行有序的政策参与渠道培育的需求,更是未来中国公民提升自己参政能力重要组织化路径的需要。

第二,研究行业组织政策参与问题有助于提升公民的利益表达和利益整合的水平。公民社会是多元的利益集合体,利益主体之间彼此冲突。学者佩弗里尔·斯夸尔认为,人们的冲突是每个社会的内在特征,产生冲突的主要原因包括两个:一是不充足的物质条件;二是不同的价值观念。③ 因此,如何缓解不同利益主体之间的冲突,各个国家的政府充当了调停者身份,政府也因此掌握了大量的资源。由于个体的弱势,为了获取更多资源,公民个体便组织起来通过参与政治生活去影响政府决策,获取自己想要的利益。行业组织是人们基于共同的兴趣和利益组建起来的组织,公民在组织化的政策参与中可以表达自己的利益诉求、整合自己的政治意愿,这样有益于他们社会利益表达和利益整合水平的提高。

第三,研究行业组织政策参与问题有助于公民政治社会化的实现。公民政治社会化是一个国家政治走向民主政治的前提。没有一个成熟的政治心态和政治感情的公民群体的存在,民主政治不可能得到实现。行业组织有其自身特定的利益趋向,为了实现自己的利益和宗旨,对于加入组织的成员,组织要求他们必须具备组织所需要的精神和价值认同。在此认知过程中,行业组织政策参与有助于组织成员之间政治社会化的培育。正如美国政治学家科恩曾经指出:"民主广度和深度的扩展结果的形成是因为争取会员资格而激励起来的成员的自觉性,而且这种成员的自觉性在共同学习、游戏和生活过程中不断获得加强。"④ 因此,行业组织政策参与在推动中国公民政治社会化方面将起到重要的推进作用。

2. 理论意义

第一,研究中国行业组织政策参与的现状及其对于中国公民和社会进行有序政策参与的意义。由于行业组织政策参与的行为逐渐成为常态化行为,所以本书通过对行业组织政

---

① [法] 孟德斯鸠:《论法的精神》,商务印书馆1961年版,第57页。
② [法] 米歇尔·克罗奇:《民主的危机》,求实出版社1989年版,第82页。
③ 参见张喜红:《当代中国社团的政治参与研究》,吉林大学2004年博士学位论文。
④ [美] 科恩:《论民主》,商务书馆1988年版,第54页。

策参与经济逻辑等问题的研究解读其政策参与的动机和困境。通过分析发现行业组织政策参与存在困境的症结所在，从而可以为逐渐地规范这个群体的政策参与行为，提升其政策参与的有效性，进而可以为中国公民和社会进行有序的政策参与提供新的参与路径。

第二，研究当今中国行业组织政策参与的困境及其可行性化解。行业组织政策参与功效低下存在诸多方面的原因，但制度机制的缺失恐怕是目前个体或者组织的政策参与陷入困顿的深层次原因。制度机制的缺失已经成为影响中国行业组织政策参与功效的瓶颈性因素。当前，行业组织获取政策参与的机会在很大程度上是和地方政府及其官员在利益博弈中获取的。如果没有政府的放松或者放权，行业组织就会缺失参与的制度空间。行业组织的每一次政策参与权力的获取也和政府官员自身能否获取经济利益或者税收多寡有着很大的关系。简而言之，行业组织政策参与权力的扩大和缩小与地方政府获取税收的多少有关系。这显示了行业组织获取政策参与的机会和地方政府及其官员获取的经济利益有很大的逻辑关系。行业组织对于推进地方政府与行业组织关系的调整、对于促进基层民主政治生态的呈现的确也是有其积极的价值意义。这种渐进的、微观的、边缘化的改进的意义在于，一旦宏观的政府体制经过职能转变，为行业组织的发展提供一定的制度空间，这种改进作用就将是显著的，并使新制度具有一个扎实的微观社会基础。但不可否认的是，这种改进从根本上说是渐进的、边缘化的，真正影响和制约制度变迁的因子在很大程度上是体制改革的滞后性，只有改革才可以真正地影响国家与社会关系的未来走向；而微观领域的自我发展和政策参与只能处于从属地位，国家和社会彼此在政策参与的经济逻辑下构建了国家与社会关系的和谐生态。

第三，研究中国国家治理现代化建构中的国家与社会结构性障碍的调适问题。中国国家治理的现代化能否建构是关系到中国能否实现和谐社会建构的必然要求。国家治理现代化的缺乏就容易酿成社会的不稳定和不和谐。建构有中国特色国家治理的现代化需要治理体系和治理能力的现代化，促成这种现代化出现的路径必须要通过除国家治理主体之外的治理主体广泛的政策参与，并因此调适国家与社会的结构关系，只有这样，方才可以实现国家治理的现代化。因此，考察中国行业组织政策参与的程度在某种意义上可以探析中国国家治理现代化建构的国家与社会关系结构障碍性问题。换句话说，一旦中国公民或者行业组织政策参与之困路径得到了化解，实现容易催生国家治理现代化的实现。由此可见，优化中国公民和行业组织政策参与之困的结构性路径其实就是解决国家治理现代化中结构性障碍的路径，二者在实现的路径上是一致的。

三、研究文献及其述评

1. 国家治理研究

自从治理理论在国内外流行以来，关于国家治理的研究不乏其人。学术界对于国家治理理论进行相关研究的论著或观点颇为丰富，其主要集中在：

第一，国家治理中的国家角色分析。"治理"一词最早是在世界银行描述非洲发展状况出现了"治理危机"时出现的，而且现在也引起了人们的普遍关注，逐渐成为学界大行其道的一个时髦用语。在国家层面上，关于国家如何治理已经成为许多国家值得关注的现实问题。国家自出现以来，人们一面在斥责国家的"恶"，但是在另一面，在实践中人们也证明了现在几乎没有一个国家敢说不需要国家或者政府就可以充分地得到良好的发展。在以"自由主义"或"国家主义"为理念建构的国家中，无论依赖于何种理念建构的国家，最终都是在国家干预和市场自由之间进行徘徊。自由主义国家一直崇尚市场自由，坚决反对国家或者政府过度干预市场自身的发展，认为只需要"守夜人"的政府。在"看不见的手"理论的引导下，人们可以实现走向自我需要的利益追求。对于国家功能的界定，自由主义国家的价值诉求是国家在任何领域都是弱化的。初期的这种理论确实迎合了社会发展的需求，但随着市场经济自身的外部性和资本主义社会自身的弊端而产生间歇性的危机感迫使人们开始重新审视国家在治理当中的作用。苏联在国家治理作用下迅速的崛起和高度福利制度国家的出现也更加引起西方社会对于绝对自由主义的质疑和修改。自此，国家主义理念逐渐占据了上风。可是，建构国家主义理念的国家在后期也出现了问题，如，出现在福利制度国家中的弊端。甚至就连推行高度计划经济体系的苏联经济在后期也开始倒退，许多国家的政府出现了官僚主义盛行和效率低下等问题。这些问题的出现使人们又开始怀念自由主义的好处，在理论和实践中也显示出在国家主义和自由主义之间如何取舍的窘境。许多国家的管理者和理论家长期陷入两难的尴尬境遇，导致了在国家治理中政府角色存在着不断的变化。国家和市场的不断失败使人们开始重新思考国家在治理中到底起到了一个怎样的角色价值功能。20世纪90年代以后，人们普遍地认为国家需要治理，治理理论的研究变得流行起来，一直到现在，人们开始逐渐用治理分析框架分析国家问题。有人提出，在国家治理当中，可以用元治理来解读国家的作用。元治理理论认为，由于社会的复杂多样，国家面临诸多的治理问题。因此，国家或者政府在治理中应该成为承担治理主要角色。[①] 治理的国家角色定位意味着政府必须要承担基本规则或者制度设计的责任；同时，国家或者政府也要成为治理一员参与国家治理，国家不是唯一的治理主体，和其他参与者进行合作治理，只不过国家是各种治理失败最后的补救者，起到调适的作用。[②] 元治理在后发国家治理现代化的建构中显得尤为必要。学者亨廷顿认为，各个国家重要的政治区别在于国家或者政府统治的程度是不同的，不在于政府的统治形式是否不同，对于发展中国家来说，国家首先是要建立秩序，防止治理带来的过度参与问题，从而会导致国家秩序的混乱。学者福山认为，当今世界软弱无能的国家是世界贫困、疾病、恐怖主义等问题的根源，如何建立良好的国家治理，走向治理的现代化是每个国家时刻都面临的重要政治问题。

第二，国家治理的研究。进入21世纪以来，中国关于如何推进国家的建设的讨论也与日俱增。在国际上，很多问题的处理都有中国身影的出现。在国内，许多人和领域在通向中国梦的过程中对于国家能力也提出了更高的要求。如何把中国国家治理推进到现代化的程度，国内外关于国家治理的研究也渐趋增多。一些人认为，中国目前的国家治理较为成功。一种观点认为，中国是21世纪的主导者，需要承担更多的全球治理责任。另一种

---

① 参见［英］鲍勃·杰索普：《治理的兴起及其失败的风险：以经济发展为例的论述》，载《国际社会科学杂志》（中文版）1999年第1期。

② 参见陈春常：《转型中的中国国家治理研究》，华东师范大学2011年博士学位论文，第8~9页。

观点认为，中国国家治理当前存在着许多的问题。持有此观点的人认为，中国的全球治理对别的国家来说是一种威胁，而且，由于我国国家治理存在的问题，不久将会陷入治理危机。美国学者邹庄认为，中国经济处于转型期，存在诸多的问题，需要很好的处理；学者白威廉认为，中国社会机制还在原来政治系统下运行，权力下放成为治理的重要表现；学者倪志伟认为，中国市场经济的巨大发展改变了权力分配模式和机制；学者林南认为，中国国家治理现实了社会资本的重要性；学者李侃如认为，中国在社会变革、政府体系、经济发展和面临挑战等方面，都需要进行国家治理层面的研究。

可见，面对混乱的基于中国的各种国家治理观，为了了解和梳理当前中国国家治理的真实现状，本书认为开展中国国家治理的相关研究是当前理论界急需的一种理论研究。学者陈春常总结认为①，当今在中国国家治理层面已经形成四个范式：一是治理理论的基础研究，其主要译介治理理论，进行本土化的概念界定等；二是中国采用治理理论的适用性研究，其主要阐述中国是否需要治理，需要的话如何进行本土化问题等；三是研究的视角问题，其主要从全球化、国家转型和现代化的视角来研究中国国家治理问题等；四是中国治理研究路径和目标问题，其主要阐述中国如何开展国家治理建构。学者陈春常的总结进一步论证了国内不乏研究国家治理问题的专家。但是，通过研究发现，尽管众多的研究国家治理的学者几乎都认可推进中国国家治理的建构，是未来一定需要现实的一个客观情况，但在现有的学者中，很少有人通过行业组织政策参与的路径去分析中国国家治理现代化相关问题。其实，无论是何种层面的治理，不外乎是治理主体的多元性合作；而人们要想获取国家治理的权力必须要通过一定的政策参与才可以获取。由此，本书认为通过行业组织政策参与的现状、意义和困境的化解等层面来考察行业组织参与国家治理的程度，进一步可以考量目前国家治理的现代化程度，并在此基础上提出如何推进影响中国国家治理现代化建构的国家与社会关系的调适等问题。这有一定的理论意义。

2. 行业组织政策参与研究

随着我国行业组织的蓬勃发展，关于行业组织政策参与的研究也逐渐在一些期刊、杂志中出现。这些研究丰富了我国行业组织的研究，也体现出行业组织在政治生活中的影响在逐渐增大，它们的政策参与问题已经引起学者们的关注。

较为早期研究中国行业组织政策参与问题的学者是郑准镐。从行业组织政策参与过程的主体性上看，他认为行业组织政策参与可分为直接参与和间接参与。从行业组织政策参与制度化上看，他认为行业组织政策参与可分为制度化参与和非制度化参与。从行业组织政策参与的主动性上看，他认为行业组织政策参与方式可以分为主动参与和委托参与。由于受到每个国家自身的政治体制、文化底蕴的影响，行业组织在不同国家的政策参与方式并不一样。②

除了郑准镐之外，还有学者夏伟明和张才新等人。他们对行业组织政策参与也进行了

---

① 参见陈春常：《转型中的中国国家治理研究》，华东师范大学 2011 年博士学位论文，第 10~15 页。
② 参见郑准镐：《非政府组织的政策参与及影响》，载《中国行政管理》2004 年第 5 期。

相关论述。学者们普遍认为行业组织具有一项重要的功能是进行公共政策参与,其一般参与的职能可分为:(1)利益表达。行业组织是政府与民众沟通的桥梁,通过此桥梁可以把民众的利益聚集起来,转达给政府,从而促使政府尽快地把民众的关切纳入政策议程,从而加快政策议程制定的速度和扩展政策方案的代表性。(2)公共政策制定。行业组织可以通过聚集一些民众的意愿就某个问题向政府提出议案,并为政府在某个领域提供一些帮助,为政府制定公共政策出谋划策。(3)政策评估。由于很多行业组织是由一些专业技术人员组成,政府为了提升管理水平,就有意识地把一些技术性很强的活动交给相关行业组织来处理,这既保证了评估的公正性,也提升了政府的服务水平。(4)政策监督。政策监督需要一些监督机制和监督的存在,但长期以来我国政策监督主体过于单一,有时甚至仅限于一些制定政策部门本身。依靠制定者自身监督自己的监督机制在很大程度上是依靠"德性"的自律来完成,但事实上是,这种监督基本上是流于形式,从而造成公共政策执行的力度大打折扣,执行的效果也是不甚理想。为此,为了拓展行业组织政策参与的渠道,通过行业组织介入监督主体之中,利用行业组织的独立性可能会较好地弥补政策监督不足的问题。① 此外,湘潭大学周巍的硕士论文认为行业组织政策参与途径分为十二种:从客体上看,行业组织政策参与分为执政党政策参与、人大政策参与、政府政策参与和政协政策参与;从行业组织政策参与是否符合法律视角上看,分为制度化和非制度化;从行业组织是否直接参与上看,分为直接参与与间接参与。② 除此之外,吉林大学张喜红把社团放在国家与社会视野中来研究,南京航空航天大学的王锐积极评价了行业组织政治绩效,等等。

国内关于行业组织政策参与问题的研究极大地丰富了本书对行业组织政策参与的功能、途径等的认识。但从整体上看,由于中国行业组织政策参与在中国参与的程度不是很强,关于行业组织政策参与的研究尚处在初步的研究阶段,没有太多的研究者用一个具体案例去研究、考察行业组织政策参与的途径、功能、民主意义等。同时,也很少看到,在分析未来中国国家治理的现代化推进中,良好的行业组织政策参与、治理能力能够为国家治理现代化的建构提供怎样的价值意义?这也成为本书试图去进行一个理论分析的重要原因。

3. 温州商会政策参与研究

当前,国家释放了许多社会空间,行业组织在数量上呈现"爆炸式增长"。许多学者开始用行业组织与政府之间的互动关系来解读中国国家与社会关系模式的生成。就目前来说,在国家简政放权的大环境下,随着社会力量的悄然增长,社会自治能量在增大,社会独立的空间在扩大,行业组织由此拥有了生长的土壤和空间。如今,中国行业性组织的发

---

① 参见夏伟明、张才新:《论中国非营利组织的公共政策参与》,载《洛阳师范学院学报》2003年第6期。

② 参见周巍:《中国非政府组织政策参与的困境及对策研究》,湘潭大学2006年硕士学位论文,第17页。

展呈现了井喷之势。据统计，截至2014年时，行业组织已经有25.5万个。① 尽管现在行业性的行业组织的发展还存在诸多问题，如"官民二重性"、行政化、法律环境缺失等问题，但行业性组织在中国社会治理方面的意义已经引起学界的关注。行业组织在中国越来越显示出如学者萨拉蒙在《全球公民社会》一书中所描述的地位，"行业组织在国家治理和社会公共责任承担等方面具有重要作用"。② 在国家与社会关系层面上，许多学者认为，行业组织与政府互动关系在一定程度上反映了行业组织与国家关系的上限③，即行业组织运行空间的上限。

20世纪80年代以后，国外学术界出现了一些关于行业组织政策参与的研究成果。其中最为著名的是Schmitter & Streeck主持的"商业利益组织"项目。该项目对西方比较发达的10多个国家行业组织政策参与进行了比较研究，成果也较为丰硕。Schmitter & Streeck认为，尽管目前行业组织政策参与的分类存在诸多争议，但一般来说可以分三类：第一是政策倡导型，其体现多元化院外游说活动；第二是正式政策参与型，国家以公开方式承认行业组织参与；第三是私益政府型，行业组织发挥准公共职能。④ 三者体现参与的一个连续体，两端是政策参与和私益政府，中间是政策过程参与。行业组织政策参与类型是受国家与社会关系的影响。相关研究表明，政策倡导和私益政府对应的理论是多元主义和法团主义。⑤ 以美国为首的国家是多元主义国家，行业组织对应参与的类型大多是院外影响政策参与，而在欧洲大陆的法团主义国家中，行业组织政策参与的类型大多是私益政府，顶层组织才有参与的权利。国家与社会关系还是影响行业组织代表性程度的关键因素。⑥ 法团主义按照Schmitter的观点，具有强制参与、非竞争性、等级化组织结构和代表性的特征。这些特征显示出，只有顶级组织才有资格代表行业利益，参与政治活动；而与此相反，多元主义具有自愿性、竞争性、非等级化的特征，行业组织政策参与只代表会员，不是全行业。代表差异性的存在体现了多元主义和法团主义行业组织政策参与有着本质的不同。

20世纪90年代以后，行业组织政策参与的研究在中国开始出现。研究者大多涉及两个主题：第一是国家政治与经济结构影响行业组织特征及其在政策参与中的作用；第二是行业组织政策参与从游说行为迈向其他类型。中国行业组织由于是晚近发展起来的组织，国内关于行业组织政策参与的研究相对比较薄弱，从国家与社会视角进行的研究显得更

---

① 李路：《社会组织参与社会管理研究》，中国计划出版社2015年版，第36页。

② [美] 莱斯特·M.萨拉蒙：《全球公民社会——非营利部门视界》，贾西津等译，社会科学文献出版社2007年版，第3页。

③ 学者王信贤认为，对于政府而言，行业组织是高收益低风险的行业组织，因此是最受政府支持的社会组织之一。

④ Garrity, M. & L. A. Picard., Organized Interests, the State, and the Public Policy Process: An Assessment of Jamaican Business Associations, The Journal of Developing Areas, 1991, (25): 369-394.

⑤ Bell, S. Between the Market and the State: The Role of Bus-iness Associations in Public Policy, Comparative Politics, 1995, 28 (1): 25-53.

⑥ 参见张建民、江华：《国外行业组织政策参与研究及对中国的启示》，载《南京社会科学》2012年第2期。

少。在诸多研究中，像商会这样的行业组织的研究特别突出，尤其以温州商会为典型代表。温州商会是一个行业组织，作为一个地方性、自治性很强的民间组织，伴随着温州模式的出现而逐渐成长起来。温州商会出现后所表现出来的经济功能和政策参与价值意义也逐渐成为学界研究的议题，而且人们的研究也呈现了较强的理论价值和实际意义。温州商会之所以具有经济功能和价值意义，是因为伴随着中国经济领域市场化进程的发展，社会逐步打破了国家的全面控制，"唯政府主义"的思潮渐行渐远，而作为社会重要结构性要素的行业组织，正日益成为治理体系中重要的治理主体。温州商会在承担私营企业主阶层政策参与中起到组织化的作用，有效地增加私营企业主阶层的政策参与行为，是公民参加国家事务管理的重要组织形式。在各地行业组织中，温州的民间商会等行业组织是20世纪90年代以后，在完成了从计划经济体制向初级市场经济转型和过渡期间所兴起的行业组织。温州是中国市场出现最早、民营经济最发达的地区之一。在没有政府授权和敢为天下先精神的感召下，温州地区首先推行民营经济的发展，并逐渐形成"温州模式"。伴随而来的是温州商会在经济发展中的功效渐趋被人们所接受、认可，本地和异地商会的成立如雨后春笋般的出现，温州人的经济发展也因此有了较大的进步。同时，在面对中国国家与社会关系的演绎和巨变时，作为经济组织，温州商会也逐渐体现出治理的功效。较早研究温州商会政治学意蕴的人是学者白慧娴。她在温州商会作用的分析中认为，私人企业主为了和政府结盟，避免在意识形态领域和政府挑战，自发地组织成为国家社会主义制度的力量。① 后来，学者余辉的专著《行业协会及其在中国的发展》、陈剩勇的专著《组织化、自治治理与民主：浙江温州民间商会研究》、郁建兴等人的专著《民间商会与地方政府：基于浙江温州市的研究》、《在政府与企业之间——以温州商会为研究对象》和《在参与中成长的中国公民社会》等，都对温州商会进行相关的研究。研究者主要关注温州商会的自主性、自主治理、商会与政府关系及其在公共管理中的作用等问题。学者陈剩勇等人在《组织化、自主治理与民主：浙江温州民间商会研究》这一著作中认为，温州商会组织体现了温州企业家的一种民主实践。当商会组织和成员参加地方政府有关行业发展等问题的公共政策制定时，民间组织便超越了经济范畴，具有了政治学意义。温州商会组织的契约、平等和民主组织原则使得参与人员的政策参与热情和渠道得到了巨增，由此也一定程度上推动了基层民主的发展。由于温州商会建立时间较早，因其自发性强、覆盖面广、实际作用明显等因素而具有很强的典型性，从而让温州商会能有效地在政府与企业之间搭建一座桥梁，并匡正市场失灵现象。学者郁建兴在《在政府与企业之间——以温州商会为研究对象》这一著作中认为，"温州商会的兴起使得温州政府的职能下放和职能转移成为可能，商会可以为政府服务，答复政府的有关部门的咨询，为宏观决策做好参谋"，研究"温州商会的治理模式可以折射出中国地方政府治理的转型过程"②。

上述学者们的理论研究丰富了商会组织研究内容，但通过分析发现，学界对商会组织

---

① Parris, K. (1993), Local Initiative and Reforms: The Wenzhou Model of Development, China Quarterly, 6.
② 郁建兴：《在政府与企业之间——以温州商会为研究对象》，经济科学出版社2006年版，第59页。

政策参与的研究也只是起步阶段，存在诸多需要研究的理论地带：（1）存在是否具有研究价值的争论。部分学者认为，在中国目前国家与社会关系下不存在成熟的公民社会，自然公民社会的结构性要素——商会组织的生成空间是极为狭小的，商会没有太多的自治权利，组织的政策参与更是无从谈起，也不具有政治学意义，因此不值得人们去研究。还有部分学者认为，系统地研究商会组织政策参与显得尤为必要，在中国目前民主政治体制改革处于攻坚阶段，研究商会治理和政策参与等问题可能对如何推进中国公民和社会进行有序政策参与路径的建构，及其对基层民主政治的发展都可能具有重要的现实意义。困扰理论界的诸多争议，亟待学界进行系统的理论研究。（2）缺乏实证性的分析。目前对于商会组织政策参与有效性的研究大多只是停留在理论解读的阶段和缺乏实证的分析，理论界需要加以实证分析。（3）存在政策参与的困境。商会组织政策参与在中国存在诸多的困境，如参与不足、参与失序等现象。和国外行业组织的政策参与相比缺乏诸多的一致性，学界要开展比较分析，找出中国商会组织政策参与困境产生的根源，以方便提升商会组织政策参与的有效性。（4）存在政策参与和政治民主化关系的争论。在中国大力推进服务型政府管理模式建构的背景下，社会结构性要素——行业组织政策参与承载了人们对中国政治民主化建构的希冀。但是，是否像中国这样一个发展中国家，政治民主的发展一定要和商会组织的发展呈现正相关的关系？或者说，商会组织政策参与在多大程度上可以带动中国政治民主化？理论界对此也存在诸多的争论，需要加以研究、梳理。（5）商会组织政策参与现象是中国政治生活领域的新事，也是公民政策参与的重要渠道之一。在国家与社会关系的演变下催生的商会组织政策参与行为在一定程度上必然会影响着中国未来国家与社会关系是否能够均衡发展等问题。商会组织或者中国行业组织在这些领域的研究急待学界展开理论研究与实证分析。

温州商会是改革开放以后最先涌现出来的商会，其典型性在中国行业组织政策参与中具有一定的代表性和示范性。因此，本书选择温州商会作为研究中国1978年以来行业组织政策参与的实证分析具有可行性和典型性。本书认为，通过研究温州商会政策参与，可能会得出一定的结论：（1）通过典型商会组织的政策参与去实证分析目前中国行业组织政策参与功能、参与途径、现状与成因、趋势展望等，具有较大的学理价值。（2）通过温州商会政策参与个案的研究来验证行业组织政策参与目前在中国很大程度上和地方政府或者官员的政绩观有较大的关系。温州商会和地方政府及其官员在经济逻辑下规范彼此空间，型塑着商会未来政策参与的路径和权限。由于受经济逻辑的影响，改革开放以来，国内最发达、数量最多的商会组织——温州商会组织政策参与也面临诸多的困境。究其原因，本书认为：在现有的中国国家与社会关系下，政府和自治性很强的商会组织之间缺乏制度的约束，商会政策参与很大程度上是受地方政府和官员政绩观的影响。商会的政策参与和官员政绩的获取之间存在内在的逻辑关系，二者是在彼此博弈中获得彼此的边际。因此，从某种意义上说，温州商会政策参与困境的化解实际上是如何调适中国国家与社会关系的问题。本书希望通过温州商会政策参与的研究来透视国家与社会关系模式实际上是政府与行业组织之间"经济契合"程度的问题。经济契合程度越大，温州商会政策参与的空间就越大，行业组织发挥的功能越接近于法团主义下的私益政府模式，反之则接近于多元主义下的政策游说模式。国家与社会关系因为二者的经济契合程度体现了不一样的关系模式。(3) 通过个案研究从个别到一般。尽管温州商会政策参与的实证分析可能不会完全替代其他行业组织政策参与诸多的元素，但是本书认为，通过温州商会政策参与的实证分析可以为行业组织政策参与的研究提供学理意义。这种研究利于行业组织政策参与的发展与研究，同时也为中国公民和社会进行有序政策参与路径的形成提供研究的视角。本书希望通过温州商会组织政策参与的研究探析中国行业组织政策参与之困化解的方法或者途径，以期提升中国行业组织政策参与在公民和社会有序政策参与中的作用。

四、研究方法和分析框架

本书理论分析工具主要是国家治理现代化理论、马克思主义国家与社会关系理论、政策参与理论、国家治理理论、政治与经济关系理论、马克思主义政治观等；研究结构体现了理论研究和实证研究相结合、宏观研究和微观研究相结合、一般研究与个别研究相结合的特点。

本书的分析框架是：

导论，本章通过对研究问题的理论和实际意义的分析，再加上文献的研读，认为以温州商会政策参与为个案的研究，不仅可以解读中国行业组织政策参与的现实状态、困境及其可行性化解等方面的问题，为中国公民和社会进行有序的政策参与路径的探析提供研究视角，还可以就此镜像中国国家治理现代化建构等问题。

第一章，本章通过治理理论与国家治理的梳理提出，就目前来讲，中国现在也面临着国家治理的问题，需要进行国家治理现代化的建构。

第二章，本章通过对行业组织政策参与内涵的概括，提出行业组织政策参与是考察一个国家治理现代化建构中面临的结构性障碍的新视角。就中国而言，行业组织政策参与也体现了这个趋势。

第三章，本章为了更好地进一步探析行业组织政策参与的现状、困境等问题，试图以"温州商会"为个案来分析、镜像中国行业组织政策参与存在的问题，由此加深对行业组织政策参与的实证性分析。通过研究，本书认为行业组织政策参与在中国有着一定的发展趋势，但是也存在着问题，急待去研究和解决。

第四章，行业组织政策参与在中国是一个新的政治民主生活现象，但又是未来必然要探讨的一个理论和现实的问题。本章通过分析典型行业组织——温州商会政策参与的现实状况指出，行业组织政策参与存在一些现实问题。其中既有行业组织政策参与目前喜人的成就，也展示了行业组织政策参与诸多的困境。通过本章的分析，本书认为，行业组织政策参与对于中国政治民主生活的优化有一定的意义，是基层民主生活的新窗口，是公民进行有序政策参与的重要路径，研究它具有一定的学理和实践价值。

第五章，本章通过对行业组织政策参与困境的解读，从经济契合等视角找到造成行业组织政策参与出现困难的深层原因。解决行业组织政策参与的困境需要思考如何解决中国国家与社会关系问题，也即是如何调适目前中国现有的国家与社会关系，并以此来型塑中国国家与社会的关系等问题。

第六章，本章通过分析当下流行的三种国家治理的模式——政府全能治理模式、社会自治治理模式和合作治理模式认为，每种治理模式都有其存在的理论和现实意义。但就中国而言，从国家与社会现有的关系上看，当下国家治理模式更应该适合选择"权威合作型治理模式"。尽管这种治理模式目前不是最好的模式，但却是通向国家治理现代化建构道路上一个不可或缺的中途站。推动中国国家治理现代化的实现，必须把权威型合作治理模式向政府主导下民主型合作治理模式，也即是国家治理的最高状态——善治或良治的层面推进。否则，中国就很难有推进国家治理现代化建构的良性国家与社会关系结构。

第七章，本章通过分析认为，中国行业组织政策参与状况和国家治理现代化的建构是受中国国家现有的国家与社会关系影响，"国家与社会关系"是分析国家治理现代化建构的一个理论分析框架。就目前而言，只有通过国家与社会关系的调适，中国才可以真正地实现国家治理现代化的建构，也才可以使行业组织——温州商会走出政策参与之困。两者的成功都和国家与社会关系的走向有关。为此，本章分析了中国未来国家与社会关系的调适路径，也即是通过几个路径的结合：政府职能转变、社会自治力量的增强、依法治国制度的建构等路径来调适中国现有的国家与社会关系结构，以便最终推动国家治理现代化的建构，实现国家治理现代化的最高状态——良治。

五、研究特色

本书采用新的研究视角分析中国国家治理现代化的建构等问题，而且在研究中通过个案来开展相关理论的实证分析，体现了研究的规范性和实证性。

第一，研究视角的创新。本研究在治理理论和中国国家治理理论分析的背景下，通过理论分析行业组织政策参与问题及其行业组织参与对于中国国家治理现代化建构作用等问题。关于研究国家治理的现代化，很多学者更多地关注治理体系的建构，而真正实现一个国家治理的现代化，笔者认为恐怕更多意义上体现在党和政府主导下治理主体多元化参与。由此，本书依据当前中国行业组织政策参与现状来考量中国国家治理的现代化程度体现了一个新的、动态的视角。

第二，采用个案研究，体现了实证性。行业组织政策参与近年来成为学术界研究的宠儿，研究也取得一定的硕果，但是在整体上，很多学者的研究都是泛泛而谈行业组织政策参与问题，没有具体的个案为研究依托，而本研究则以温州商会为个案来探析、镜像行业组织政策参与类型、途径、动机、民主意义和发展困境等问题。通过温州商会个案的相关理论研究，本研究希望能具体呈现中国行业组织政策参与具体现象、路径，为中国基层民主政治的发展、公民有序政策参与渠道的拓展等问题提供学理价值和实证研究。同时，中国行业组织正在蓬勃发展，在国家治理中日益体现应有的治理主体作用，因此，本研究也希望通过考察温州商会这一典型的行业组织政策参与的现状来映像中国国家治理现代化建构的现状，并通过对行业组织政策参与困境的可行性化解的分析，为中国国家治理的现代化寻求建构适宜的国家与社会关系结构路径。

第三，研究方法：逆向研究的创新。一个课题研究的创新在很大程度上体现在研究的视角、研究的新区域和研究的方法上面。本书对行业组织政策参与研究的视角刚好采用逆向研究思路。在研究国家治理的现代化问题上，国内学者很多都是直接关注国家治理现代化体系的建构和治理能力的提高方面。此类研究是一种顺向研究思路，也即是研究怎么建构国家治理的现代化因子的角度，从顶层制度直接设定，而本书不拘泥于治理的宏观架构问题，反而从国家治理现代化实现后所呈现出来的一个最基本的政府主导下治理主体多元参与的视角，探析中国国家治理的现代化问题。这种研究方法采用了逆向研究思路，也就是说中国国家治理的现代化必须要体现出治理主体的多元化，从如何实现多元化治理的结果出发，反向思考中国相关领域的变革，进而得出一个从下到上的视角，也即是用底层的诸如行业组织政策参与等治理行为，去考量国家治理的现代化问题。这种研究比泛泛而谈理论如何建构现代化等问题要具备一定的实践性和可操作性。由此可见，研究方法呈现新颖性。

第一章　国家治理现代化与行业组织

引言：随着政府管理和市场管理的双失灵现象时有发生，治理理论开始被人们研究和使用，如何提升一个国家的治理能力、开展国家治理现代化的建构成为未来治理理论运用和实践的主流方向。党的十八届三中全会提出，要完善和发展中国特色社会主义制度，推进国家治理体系和治理能力现代化。因此，如何加快中国特色国家治理治理体系和治理能力现代化的建构已经提上日程。由于中外国家治理理论基础差异性的存在，中国在建构国家治理现代化时，不仅需要借鉴外来的理论，也更需要理论本土化的运用。本章在基于分析中国国家治理理论等相关问题基础上，阐述了中国国家治理演变轨迹和治理现代化内涵。同时，党的十八届三中全会也提出要增强行业组织的活力，推进它们在国家治理现代化中的作用，由此，合理地推进行业组织在国家治理现代化中的作用，梳理二者之间的关系也有着重要的理论意义。

第一节　治理与中国语境下国家治理

一、治理理论

从人类政治发展历史上看，人类的政治历史经历了"统治"到"管理"，再到"治理"的过程。① 随着公民权利的增长和公民理性的发展，传统政治体系下国家统治、管理的权力模式渐趋被多元参与的权力模式所取代，国家治理权力主体呈现多元化的发展趋势。公共事务管理的复杂化和政府公共治理效能的低下给各个国家的政府带来了管理危机、信任危机和合法性危机等。为了更好地解决"后工业社会"带来的市场、社会和公共治理当中的诸多不确定性，治理理论逐渐进入到人们的视野当中。时至今日，治理理论已经成为理论界的宠儿，在许多理论刊物探讨的话语中和现实治理的实践中均有出现。

1. 治理理论的兴起

任何一种理论的兴起都有其广泛的历史背景。治理理论的产生也有其复杂的历史背景和现实原因。首先，治理理论产生的根本原因是西方社会福利制国家管理危机的出现。福利制国家是"二战"之后西方社会建立起来一种"保姆"型国家形态。在福利制国家里面，政府被视为超级保姆，其职能庞大、机构复杂，并且管理范围极为广泛，但是政府管理的效率却十分低下。低效的政府引起了民众的普遍不满，政府失灵成为政府合法性危机

---

① 参见麻宝斌：《公共治理理论与实践》，中国社会科学出版社2013年版，第2页。

的主要根源。在此背景下，治理理论崇尚的理念刚好满足了政府与行业组织进行合作共同治理社会、管理社会的需要。这种需要从而为治理理论登上历史舞台提供了空间。其次，解决自由市场外部性的缺陷需要治理理论的兴起。西方社会崇尚的自由市场经济理论一直是自由主义国家奠基性的理论之一。这些国家所迷恋的"管的最少的政府就是最好的政府"一直成为西方国家建构国家职能的核心价值评价标准，严防国家或者是政府肆意地侵蚀私人空间也一直是人们追求的政府角色定位。但是，随着20世纪二三十年代世界性经济危机的到来，"自由市场"的神话被打破，市场自身天生的缺陷促使人们开始思考如何利用市场和政府的合作来共同维系市场的良性运行，新公共管理研究者在企业和政府之间开始尝试混搭彼此优势从而实现他们的共谋发展。治理理论刚好为这种宏大的合作治理机制提供理论支撑。最后，行业组织公共政策制定参与能力的提升催生了治理理论的兴起。传统政治被现代政治取代的一个重要表象就是民众或者行业组织政策参与的激情和渠道大为增加。在维系自身利益的过程中，行业组织逐渐加入到公共政策的参与制定当中来，在制定政策时也已成为一道亮丽的风景线。这种原本是被管理和统治的人们，为了捍卫和争取自己的利益，每个个体或者组成的行业组织积极地加入到政府的管理之中来，参与公共政策的制定。行业组织在公共政策参与中逐渐培养了自己的参与能力，获取了政府职能改革所溢出的权力。在很多国家，和政府共担治理社会责任的现象正在成为一种新的政治气象，已经悄悄地改变着国家权力的分配结构。

2. 治理理论的渊源

进入20世纪80年代以后，公共管理者发现早期建构的"官僚制"理论和政治、行政相分离的行政理念，远远无法解决人们在管理当中遇到的危机：财政危机、效率危机、信任危机等。早期的学科范式似乎也无法解读现今的现实世界，构建新的学科范式成为理论界急待解决的问题。"各个学科领域原有的范式已经不再具有足够能力来解释和描述'现实世界'。"[1]从现代范式向后现代范式发展的角度上看，其本质应该属于后现代复杂科学范式。[2]与经典学科范式的还原论、原子论等不同，现代学科范式走向了系统的复杂性和非线性，管理中复杂性思维方式成为当代管理者必然的发展趋势。学者比尔认为："旧世界的特点是管理事务，新世界的特点需要处理复杂性。"[3] 复杂性思维方式和科学范式的需要意味着现代国家的管理不得不从复杂的实际出发，原有的单一线性管理模式也因此发生改变。通过公私之间界限的打破去进行彼此的合作，人们采用互动的管理模式才可以真正应付当今复杂的社会现实。治理理论的兴起也正是在复杂社会现实背景下催生的，其理论渊源主要有：首先，公共选择理论。公共选择理论依据"经济人"假设理论的分析得出：政府失灵的原因是政府和政府官员也都是经济人，有自身的利益诉求。因

---

[1] 参见刘银喜：《政府治理理论的兴起及中国化》，载《内蒙古大学学报》（社科版）2004年第7期。
[2] 参见张连国：《治理本质：本质是复杂科学范式》，载《学术论坛》2002年第2期。
[3] ［美］W. E. 哈拉尔：《新资本主义》，冯韵文等译，社会科学文献出版社1991年版，第119页。

此，在公共政策制定中政府及官员都是理性的经济人，有寻租和腐败的行为，如果权力唯一地赋予政府及官员将会是一件十分危险的事情，要避免这种现象产生的唯一方式就是把权力进行分散化处理，形成权力主体间性现象。形成权力分散化的途径必须要通过扩大政策参与、重视分权和参与管理。这正是治理理论的核心要义之所在。其次，新公共管理理论。这种理论是在20世纪80年代以后发达国家进行的一场政府改革运动中被提出。新公共管理理论主要观点是：政府是掌舵者而不是划船者，在管理中人们注意引入市场竞争机制来提升政府的效能，依"顾客为导向服务"为原则提升政府的服务质量。提升政府管理水平是新公共管理者最主要的价值诉求，而人们要想实现这种诉求，就必然要求政府权力下放。新公共管理者的权力下放行为也刚好体现出治理理论中的权力多元化、上下互动的权力结构模式。最后，自组织理论。这种理论源于"治理可以指诸多方式中任何一种独立活动的协调方式"，或者是"治理是指 hierarchy 或自由组织"。① 其基本含义是，组织有着自我的自治能力，是一群相互依赖把自己组织起来、进行自我治理和自我管理，在面对共同机会下取得持久的共同利益的群体。共同利益的取得让组织在没有政府统治下就可以实现如"公共池塘"那样的多元自我治理和彼此利益的最大化。自组织的自我管理能力正是治理理论所要求的社会权力主体进行自我管理必须具备的能力。

3. 治理理论的核心价值理念

何为治理？治理核心价值理念是什么？只有通过解读其要义，方才能正确地运用和发展治理理论。关于治理的内涵，人们早期混用"治理"和"统治"相关概念，是控制、引导和操纵的含义。新时期，随着治理理论的研究和发展，其含义已经超越了传统的含义。治理理论创始人之一詹姆斯·N. 罗西瑙认为，治理和统治不是同义词，治理是指有共同目标的人们共同完成一种活动，完成活动的主体不全是政府，也无须国家强制执行；而统治需要强制，主体只有政府。② 学者毛寿龙认为，治理是指政府对公共事务的管理不是划桨而是掌舵，政府不直接介入公共事务，只介入负责统治的公共事务之间。③ 学者俞可平认为，"治理"一词是指官方与民间的公共管理组织在一个限定的范围内运用公共权威维持秩序，迎合民众需求，治理的目的是在各种权力关系中最大限度地实现公众的利益。因此，治理就是一种公共管理活动或者公共管理过程，包括公共权威、管理规则和治理方式。④ 学者罗伯特·罗伯茨认为，治理分为六种不同类型：最小的国家治理、公司治理、新公共管理治理、社会控制体系治理和自组织网络治理。⑤ 学者格里·斯托克认为治

---

① ［英］鲍勃·杰索普：《治理的兴起及其失败的风险：以经济发展为例的论述》，载俞可平主编：《治理和善治》，社会科学文献出版社2000年版，第53页。
② 参见［美］詹姆斯·N. 罗西瑙：《没有政府的治理——世界政治中的秩序与变革》，张胜军等译，江西人民出版社2001年版，第5页。
③ 参见毛寿龙：《西方政府的指导变革》，中国人民大学出版社1998年版，第54~60页。
④ 参见俞可平：《全球治理引论》，载《中国人民大学复印资料·政治学》2002年第3期，第4页。
⑤ 参见［英］罗伯特·罗伯茨：《新的治理》，载俞可平主编：《治理与善治》，社会科学文献出版社2000年版，第96页。

理理论目前主要有几种观点：管理者不限于政府，是多元化的；政治问题和经济问题的解决存在责任和界限的模糊性；肯定各种社会结构和集体之间权力的依赖性；有个自主网络；权威多元化，不限于政府。①

依据上述学者关于治理内涵的相关表述可以看出，不同学者对于治理内涵的理解存在诸多的差异性。总体上讲，治理一般是指政府、个人或者织共同参与管理公共事务诸多方式的总和，治理过程强调主体多元化、权威多元化、权力多元化。其核心价值理念是：（1）治理理论强调治理主体的多元化，包括政府、社会组织、个体等所有组织和个体。在治理理念的指引下，国家治理意味着政府不是唯一的管理主体，所有的社会组织和个体根据自身能力的大小都可以通过一定的渠道参与政治生活，在追寻自身利益的需求中积极参与治理活动。（2）治理理论强调治理来源的权威不单是政府，还包括其他部门或者组织。统治或者管理权威源于政府，政府是其唯一的合法源头，长期独霸超然地位，一切违背政府的权威都是不合法的；在治理理论下，权威的来源不单是政府，从治理所主张的善治角度和契约观念上看，治理的权威更应该来源于民众，政府不是唯一的权威来源，其最多是委托—代理者。因此，治理崇尚权威多元化，这实际上正是现代政治所追求的目标。民众或者组织自身参与政治生活，在公共政策制定中通过提供有益的政策建议提升政府的管理效率，并进一步推进国家危机和社会危机的解决。（3）治理理论强调治理权力的多元化。传统政治体系中的权力是从上层或者从政府权力机关向下传达，实行单向度的管理；而治理理论下，权力不仅由上到下，也由下到上，权力运行的轨迹上下互通，治理主体之间是权威的拥有者，彼此在合作中实现公共事务最大化的治理。

由此可见，治理的本质是指不同权威主体之间合作的一种管理模式。合作是治理理论的灵魂，是治理理论的核心价值。缺乏政府、个体、社会组织之间的良好合作就很难有良性治理的出现。

二、治理理论与中国

1. 治理理论的中国适用性论争

治理理论是西方社会语境下和实践中成长起来一种逐渐成为主流科学范式的理论架构。治理理论传入中国后，自身的发展速度不低于西方社会，逐渐成为中国学术界的宠儿。但是，学者罗伯特·达尔认为，"从某一个国家的行政环境中归纳出来的概论，不能够立刻予以普遍化，或被应用到另一个不同的环境的行政管理上去。一个理论是否适用另一个不同场合，必须要把那个特殊的场合加以研究才可以判断"。② 因此，了解治理理论在中国的发展与适用性，必然要了解中国的具体国情。

西方社会治理理论产生于20世纪80年代末期，也就是说是处在现代社会向后现代社

---

① ［英］格里·斯托克：《作为理论的治理：五个论点》，载俞可平主编：《治理与善治》，社会科学文献出版社2000年版，第34~47页。
② ［美］戴维·H. 罗森布鲁姆等：《公共行政学：管理、政治和法律的途径》，中国人民大学出版社2002年版，第57~60页。

会转型的时期。此时，随着信息社会的来临和科技的迅猛发展，人类走向了超工业社会，超工业社会使得国家或者政府无法对社会进行集中化的管理；再加上西方社会长期以来民主政治的发展，民众的政治素养和公民社会的发展都较为成熟，许多国家有发达的行业组织。这些行业组织逐能够提供政府和市场集体失灵带来危机的解决方法。在此基础上，西方社会开始大力倡导行业组织介入公共政治生活，形成了政府——市场——行业组织的三维治理结构，借助组织的参与解决政府和市场失灵所带来之痛成为管理者无二的选择。由此可见，治理理论的推行有其自身的实践背景，是一种后现代指向的理论体系。一个社会必须具备完善的民主制度、健全的法治和发达的公民社会等这样的特质，才会具备一个国家治理理论适用的基础。①

改革开放三十多年来，中国民主政治，社会发展取得巨大进步，但也并不具备西方治理理论所涉猎的那些基础性条件。从法制的层面上看，中国法制建设确实有了较大的发展，但还存在一些问题。法治中国的建构任重道远。从社会力量的治理能力上看，改革开放之后，像温州商会这样的社会组织有了发展的空间，发展的数量在迅速的增加。但是，不可否认的是，由于各种原因，社会组织的发展存在诸多的硬伤，社会组织的治理能力还不能承载更多的治理责任。因此，在实现治理理论中最高理想状态——善治方面，中国缺乏成熟的社会治理力量这个基础。

面对译介但又不具备发展基础的困惑，至今治理理论的研究在中国学术界呈现了不一样的论断：一是赞许；二是怀疑。赞许论者，如学者毛寿龙认为，治理理论在中国尽管存在诸多条件上的问题，但是目前可以采用中国化的思路进行处理。② 持有中国化相同观点的人形成几种理论趋势。③ 一类是学者娄成武、张建伟、王诗宗等人，他们主张以政府为主导，引导行业组织参与治理；二类是学者郭道晖、陈剩勇等人，主张大力发展行业组织促进公民社会的发展，关注他们如何培育等；三类是学者徐勇、郑海明等人，主张进行政府内部机制改革来实现治理。另外，还有学者从政府与社会关系的视角加以研究，提出治理理论的研究要与公民社会的研究相结合，如学者王名等人；也有学者从地方治理实践和全球治理视角探讨治理问题，从事实和规范层面来探讨中国推行治理的可能性。可以看出，这些学者对中国治理的整体看法是"治理和善治理论作为一种分析框架，对于研究、总结和展示中国改革开放以来政治发展的成就极为有用"。④ 应该说，学界基本上认为治理理论是当今中国政治、社会、经济变化的一种反映，是每个国家未来发展的一种趋势，中国应该借鉴和运用治理理论来推进国家治理的现代化。

怀疑论者在学术界也是大有人在，普遍认为治理理论本来就是意识形态的东西，需要提高警惕性。学者藏志军认为，治理离不开两个事实，一是成熟的多元管理主体；二是民主、妥协精神，但是在中国目前政治生活中，由于党政一体化政治结构的存在，中国总体上不存在成熟的多元管理主体；同时，中国后总体性国家建构的存在制约了人们的民主、

---

① 参见汪乃澄：《治理理论中国适用性》，载《当代社会科学视野》2010年第12期，第10页。
② 参见毛寿龙：《西方政府的指导变革》，中国人民大学出版社1998年版，第45页。
③ 参见麻宝斌：《公共治理理论与实践》，中国社会科学出版社2013年版，第69页。
④ 参见蔡拓：《全球治理的中国视角与实践》，载《中国社会科学》2004年第1期。

合作、妥协因子的产生，因此，中国也不存在治理理论发育的土壤。学者刘建军认为，中国初步市场化的改革释放了社会空间，人们开始尝试去适应权力回归社会所带来的思维方式的变化，但由于政治世俗化文化根基没有被培养出来，所以一旦国家权力回归社会，可能会在中国现代政治没有完全成型时，由于权力而掉入政治浪漫主义的陷阱。① 学者左丘团、沈承诚认为，治理理论一个重要领域是行业组织发育较为成熟，这是运用治理理论不可或缺的一环，只有这样才可以在理论和实践上界定我国是否可以借鉴该理论。② 学者杨雪冬认为，在中国现代国家远没有建构完成之前去谈论中国治理理论运用问题是虚拟的，它可能夸大治理效用，会出现权力彼此的争夺、责任的模糊性和公共治理中公平和效率失衡等问题。③基于怀疑论者的研究观点看，怀疑论者并不否认中国运用治理理论可能性，而是存在着适用"度"问题的争论，从目前中国行业组织发展不成熟和传统文化中的错位等方面认为，中国目前不具备适用治理理论。

2. 治理理论的中国适用性启示

基于学者们对中国治理理论适用问题的讨论看，无论是质疑还是赞许，其实学者们的本意都是希望把治理理论很好地运用到正在走向现代化的国家里，是为了更好地推进中国国家治理现代化的到来。因此，从这个角度上看，学者们的研究都有其值得思考的一面。

就目前而言，从经验事实层面上看，中国确实存在很多治理理论适用基础缺失的问题，如社会治理结构不均衡、行业组织治理能力低下、公民文化缺失等问题。存在的问题使原本就来源于西方社会的治理理论在中国的发展与实践运用都显得愈加困难，但是不能因为中国目前缺失治理理论基础条件而拒绝治理理论在中国的合理运用。

第一，从学科范式上看，解决目前的困境期待出现一种新的范式。在后现代社会里，很多问题交织在一起，系统的复杂性给人们带来诸多的管理危机和不确定性。在矛盾和危机的交织中，如何协调好彼此的利益，一个彼此合作的治理机制在市场与政府、公共部门与私人部门、政治国家与公民、民族国家与国际社会等之间搭起合作的桥梁是十分有必要的。由于治理理论的核心灵魂是合作，合作治理显然迎合了当代很多国家发展的需求，中国也不例外。治理理论的运用可以把不同学科加以糅和来解读现实世界，从而建立了一个新的复杂科学范式。

第二，治理理论的合理适用有助于中国当前社会矛盾的解决。改革开放以来，中国经济领域的巨大发展满足了人们对于利益的追求，但由于诸多原因导致了分配上的不均，再加上政治体制改革的外部压力，中国显然处在一个社会矛盾交织的关口。此时，中国如何协调好人们彼此的利益，实现和谐社会的建构，治理理论中合作共利的理念使政府与其他治理主体可以在彼此利益契合中完成了协作，由此会加深人们彼此的信任，从而利于协商民主的实现。

第三，治理理论适用于中国便于推进国家治理现代化的建构。国家治理能力的提升是

---

① 参见刘建军：《治理缓行：跳出国家权力回归社会的陷阱》，载《理论文萃》2003年第4期。
② 参见沈承诚：《西方治理理论引入的社会条件分析》，载《行政论坛》2005年第5期。
③ 参见杨雪冬：《论治理的制度基础》，载《天津社会科学》2002年第2期。

当今很多国家走向现代化的必经之路。党的十八届三中全会将"完善和发展中国特色社会主义制度，推进国家治理体系和治理能力现代化"① 作为中国深化改革的总目标。这说明未来中国将会大力推进治理改革，治理改革将成为中国国家政治体制改革的重要内容，如何更好地推进国家治理现代化建设，需要进行治理理论适用性的研究。

第四，事实与规范研究相结合的需要。治理理论是在西方社会孕育并传入中国，已经成为一种理论范式分析。在西方社会事实和规范上，治理理论都得到了体现和印证。从事实上看，治理理论在西方社会是"内生型"和"外源型"相结合的产物。西方社会内部长期存在的民主制度催生了发达的行业组织的出现，解决外部政府与市场双重失灵问题的需求唤起了人们对于治理理论的渴求。应该来说，在事实层面上，西方社会治理理论有其事实经验的证实；从规范层面上，治理理论的出现已经成为学界研究的潮流，在西方社会理论界已经成为最流行的理论范式。从公司治理到地区治理，从私人组织治理到政府治理，从国家治理到国际治理，西方社会正在形成了符合自身的一套规范价值建构。可见，西方社会在事实和规范层面上达到了一定的统一。

而对于中国学界，尽管目前基本形成了共识，把治理理论作为一个理论分析框架，但是由于存在事实和规范研究的脱节，总是存在彼此张力。事实上，由于存在治理理论本土化等问题，无论是微观的公司治理，还是宏观层面的国家治理或者政府治理，都需要展开相应的理论本土化应用问题研究。因此，从规范层面看，尽管治理理论中国化的研究在中国学界渐趋成熟，形成独特的中国特色治理理论体系，但是事实层面上却鲜有治理成功之实践。由此，本书力图通过温州商会这一典型的行业组织政策参与现状去事实探析治理理论中国适用性问题、中国国家治理现代化建构的国家与社会关系结构障碍路径的化解等问题，以期通过此类的研究为国家治理现代化的建构提供事实和规范的理论依据。

三、中国国家治理内涵与历史演变

21 世纪以来，治理理论风靡全球。在中国社会科学领域，"治理"一词不仅成为业内的流行语，也上升为一种分析工具，成为推进中国政府改革、壮大社会力量、促进社会和谐发展的重要理论。② 治理改革的推进目前在中国国内从微观到宏观领域正如火如荼地上演着。从微观领域的公司、单位的治理，到宏观层面的政府治理或国家治理，要"治理"不要"管制"成为一种政府改革的时尚。党的十八届三中全会召开以来，政府层面数次提出要进行中国国家治理现代化建设，提出"国家治理体系和治理能力现代化"是一种全新的政治理念。这种国家治理现代化建构理念的提出实际上就表明中国有着进一步加大政治现代化建构步伐的决心，政府也希望用国家治理现代化的建构来回应国内公民和社会政策参与的诉求。理想已经提出，那么在实践中如何真正有效地推进国家治理现代化的建构？本书认为，一个国家治理现代化的建构不能祈求于别人，完全模拟别人，因为每个国家治理现代化建构的背景存在差异性，如何在中国现有国情的基础上快速地推进国家治理

---

① 《中共中央关于全面深化改革若干重大问题的决定》，载中国共产党新闻网，2013 年 12 月 13 日。

② 参见麻宝斌：《公共治理理论与实践》，中国社会科学出版社 2013 年版，前言第 1 页。

现代化的建构需要从国家治理的历史和现实生态分析入手。

1. 国家治理

何为国家治理？学界众说纷纭。"治理"一词首次应用于詹姆斯·马奇和约翰·奥尔森的专著《组织中的二重性与选择》里面的一篇文章即《大学治理》当中。到了 20 世纪 90 年代，治理已经被广泛地应用于公共政策制定和分析中，直到 1989 年世界银行在探讨非洲国家发展问题时用"治理危机"解释非洲问题，随后治理就被广泛地指涉殖民地和发展中国家的政治状况问题。① 自此，中国语境下治理主要指涉统治与管理，西方语境下意为控制、操作和引导。现如今对治理解读的概念是比较多的，一般意义上是指在一定范围内运用权威来维持社会秩序，满足各方利益诉求，从而最大可能增进公共利益的过程。② 从该定义可以看出，治理理论蕴涵几个要素：多元化治理主体、治理客体围绕公共领域、参与式治理模式。从治理研究主体层面上看，治理可分为全球治理、国家治理、区域治理、地方治理和社区治理。"国家治理"一词大多指涉一种政治制度。在这种制度下强调权威在政府与行业组织之间呈现的是一个分散结构，目的在于维持效率与效用机制的存在。③ 国家治理意味着国家通过配置和运作公共权力，执行一定的政治理念，围绕公共事务进行调控、引导，以便推进国家治理善治状态的实现。可以看出，国家治理包括几个要义：一是国家治理主体包括个体、政府和行业组织。在国家治理理念下，政府已经不是唯一权力的执行者。此时，公共权力呈现多元化的特点，不同于传统政治统治的特点，国家治理形成了政府——企业——社会组织的三维治理模式。二是国家主要职能仍然是维系统治阶级政治秩序的稳定和利益的获取。三是国家治理客体是公共事务。四是国家治理政治目标取向是实现善治，形成上下互动的合作管理模式。五是公共利益最大化是国家治理的价值追求。由此可见，国家治理实际上是为了实现善治的政治目标，人们充分地利用社会组织政策参与功能承担管理公共事务，并进一步去实现公共事务管理的科学化和公共利益的最大化。

国家治理的本质是受国家本质所决定的。自国家产生以来，国家的治理活动就开始了，国家的本质也一直伴随着和决定着国家的治理本质。马克思主义理论认为国家具有两重性，一是政治统治功能；二是社会公共事务管理职能。国家的两重性决定着国家的本质就是阶级统治和公共管理。因此，在国家治理过程中一直伴随着政治统治功能为阶级服务以及公共事务管理功能为公共服务的现象，两者对应的管理模式，前者依靠暴力，后者是依靠服务和协作。随着人类社会的不断发展，国家政治统治功能渐趋衰弱，公共服务功能逐渐扩大，国家公共治理能力将会逐步提高。

国家治理最终目标是实现善治。所谓善治就是使公共利益最大化的社会管理过程。它的本质特征在于政府与其他组织或者公民共同管理公共生活，是社会和国家的一种新型关系，是两者的最佳状态。按照学者俞可平的总结，善治一般包含六大要素：合法性、透明

---

① 参见［法］让·皮埃尔·戈丹：《何为治理》，社会科学文献出版社 2010 年版，第 15 页。
② 参见陈春常：《转型中的中国国家治理研究》，华东师范大学 2010 年博士学位论文，第 23 页。
③ 参见麻宝斌：《公共治理理论与实践》，中国社会科学出版社 2013 年版，第 23 页。

性、责任性、法治性、回应性和有效性。① 学者俞可平认为，善治从本意上就是指涉国家权力向社会的回归，还政给民的过程。善治离不开政府，但是更离不开政府以外的公民及其组织，没有公民或者组织的合作治理，善治就不会实现。因此，可以这样说，没有公民和社会力量的强大和政策参与，就不会有真正善治的实现。正如有些学者指出，没有公民、社会组织、政府的彼此协作就没有善治的出现，善治是彼此互动的结果。② 从政府层面上讲，政府透明、可信赖。因此，政府是服务型政府、法治政府和有效性政府。政府在构建政府、市场、社会的三维互动中，要保持社会公正，制定规则，提供彼此协作和参与的渠道。政府权力同时也受到约束，人们要防止政府权力的独断，政府要善于倾听底层的呼喊；从市场层面上看，市场尽管是最富有自由和创造空间的地方，但其本身存在局限性，需要政府出面进行再次分配来解决市场失灵的问题，从而实现社会公平和效率协调；从公民社会层面上看，公民社会由于其独特的特性可以增加公共政策决策的科学化、提升政府的合法性、增加政策的透明性等。由此，学者俞可平认为，良好的治理需要一个健康的社会，它依赖于政府与公民之间的积极合作，形成于自觉的权威认同。

2. 中国国家治理历史与现实

随着全球化、后工业社会、信息社会的来临，许多国家为了应付复杂的社会管理，纷纷对国家管理模式进行了一定的调整。调整的内容基于两大因素考虑：一是市场对经济发展日益增大的作用；二是政治民主化成为大多数国家发展的趋势。③ 尽管人们应对的趋势有些相似性，但不同的国家在国家治理领域所追求的目标是不一致的，每个国家治理所处的环境、途径等也都不一样，导致了选择实现国家治理现代化的途径存在差异性。

就发达国家来说，长期沐浴在福利制国家下幸福、宁静的生活逐渐被打破，人们由此面临带来诸多的社会问题。20世纪80年代，人们的幸福生活逐渐被打破，取而代之的是福利制国家中"三高问题"所造成的结构性生活障碍，日益突出的问题给当时的人们造成了巨大的痛苦④，西方社会的政府也由此频繁地出现财政危机、信任危机等问题；再加上科层制弊端频繁出现，面对变化多端的外部环境，政府愈发难以回应公民和社会的需求，政府因此面临着合法性的挑战。应对挑战需要开展国家治理模式的创新，那种把商业领域治理经验、公民和社会组织介入国家治理的尝试逐渐成为发达国家走向国家治理现代化优先的路径选择。发达国家治理现代化的成功与自身国家所处的环境密不可分，长期沐浴在良好的法制制度和社会组织发达的国度里面，国家治理的诸多主体具备了参与治理的能力和素养。

---

① 参见俞可平：《治理与善治》，社会科学文献出版社2000年版，第9~10页。
② 参见［印］哈斯·曼德等：《善治：以民众为中心的治理》，国际行动援助中国办公室编译，北京知识产权出版社2007年版，第14页。
③ 参见麻宝斌：《公共治理理论与实践》，中国社会科学出版社2013年版，第114~115页。
④ 参见吴家庆等：《中国与西方治理理论之比较》，载《湖南师范大学学报》（社科版）2007年第2期。

反观发展中国家，由于发展中国家普遍地面临民族自身发展的问题，如何构建一个适合自身发展的制度秩序显然成为发展中国家当前更为急需的问题。不同于发达国家具备良好的民主制度和成熟的社会组织治理能力，发展中国家在国家治理能力方面显然不如一些发达国家那么容易得到提升。有些发展中国家国家治理能力落后导致国家政权不稳和秩序失序，国家从此陷入四分五裂当中。由此，怎么提升自身国家治理能力成为当今很多发展中国家亟待解决的问题。中国也是一个发展中大国，刚好也处在大国转型时期，转型时期带来的社会矛盾和社会不稳定因素在增大。如何提升国家治理能力和完成国家治理的现代化是需要学界和政府加以研判和推行的一个重要领域。从世界发展中国家的治理实践上看，发展中国家的治理能力整体上较为低下。因此，发展中国家的治理是全面治理，存在政治上的治理和政府上的治理。从政治层面治理上看，国家要注重推行符合自身国家性质的政治民主化；从政府层面治理上看，政府需要学会与其他力量合作，共同展开公共治理。就中国而言，中国国家治理显示出独特的基础和经历。

第一，国家治理现实基础①。从政治前提上看，我国是一党执政，其他党参政议政的社会主义国家，发展政治民主治理必须服从我国整体的政治架构；从国家结构形式上看，政府在国家治理中起到核心的领导作用；从基本国情上看，人口和民族的众多加剧了国家治理的复杂性。同时，国家资源的贫乏和经济社会发展的不平衡性等因素也造成了国家治理困难的出现。

第二，国家治理实践轨迹。首先，改革开放前，我国管理模式的特征是权力高度集中，是全能型国家治理模式。从内部权力系统上看，党对社会实行全面领导，权力运行主要是自上而下的路径，通过对国家的领导和对社会的领导，党实现了执政党领导地位。自上而下的权力运行模式在早期把中国从一个一盘散沙的国家迅速地凝结成一个具有强大的民族意识和国家意识的国家，对于新中国崛起起到了功不可没的作用。但过于集中的权力也很容易造成一言堂现象，阻碍了社会的发展。从外部系统上看，中国社会特征是国家掌控社会，形成了一个全能型的国家治理结构。全能型国家，学者萧功秦认为是指社会由一个高度组织化的党政机构，在全能意识形态的指引下，使国家权力全方位地渗透到社会各个细胞里面，并有效地控制社会各个领域，从而通过社会动员实现了党政社会发展目标。② 学者邹谠认为，从国家与社会关系上看，全能型政府就是指政治机构权力可以随意地、无限制地侵入和控制社会的每一个阶层和领域。③ 新中国成立后到改革开放前，中国一直是经济上实行计划体制、政治上实行权力一元化的集权体制，国家统摄社会，政府与民间几乎合为一体。在全能型国家权力体制的影响下，国家治理主要的主体就是政府本身，政府权力无所不在，社会或者组织没有过多的参与空间和渠道，社会被政治国家淹没

---

① 参见麻宝斌：《公共治理理论与实践》，中国社会科学出版社2013年版，第126~1128页。

② 参见萧功秦：《中国的大转型——从发展政治学看中国变革》，新星出版社2008年版，第84页。

③ 参见邹谠：《二十世纪中国政治：从宏观历史与微观行动的角度看》，牛津大学出版社1994年版，第7页。

在权力包裹之中。学者陈春常认为，全能型国家治理体现了几个特征[①]：一是党和国家一体性及其治理主体的一元性；二是强国家—弱社会的治理结构模式；三是意识形态化、群众运动和阶级斗争的治理路径。由此可见，全能型国家治理模式实际上不是现代意义上的治理，只能是国家统治或者国家管制。因为从全能型国家治理的特征上看，全能型国家治理主体是单一的，也即是政府自身。全能型治理模式不存在现代意义上治理主体多元化的特点，全能型国家治理权力的通道只是从上到下，缺乏从下到上。由此，早期的全能型国家治理尽管为中国早期现代化的建设打下一定的基础，比如，为现代工业体系和后期国家治理现代化的建构提供了一定的物质和社会基础等，但此种治理模式最后也把中国国家治理引向了"文化大革命"，国家治理现代化建设的步伐也因此出现了较大的波折，甚至我国也因此差点葬送了国家治理现代化的建构。

其次，改革开放后，中国国家治理渐趋从全能型国家治理模式向现代治理模式转变，并逐渐形成了有中国特色的国家治理模式。国家治理的主体开始由单一国家治理主体渐趋向多元治理主体方向前进，表明中国国家治理逐渐向现代化迈进。中国国家治理模式转变的原因有很多，但最深层的原因恐怕是源于：（1）经济体制的转变。中国在改革开放以后采用市场经济体制取代计划经济体制，经济体制的改变催生了国家治理模式的转变。计划经济体制的一大特点是市场的一切都是政府在管制，政府职能除了管理公共事务，提供公共产品，也会驾驭或者渗透到微观市场主体——企业的任何领域中。政府过多的管制违背了市场的机制和规则，降低了市场自身资源配置的优势。对像中国这样一个人口众多、资源相对贫乏的国家来说，计划经济体制的弊端已经到了无以复加的地步了，改革的趋势势在必行。在中央正确的领导下，中国开始了中国特色的市场经济体制建构的推进。时至今日，市场经济体制也初具规模。经济体制的转变给我国最大的冲击就是国家或者政府不是微观或者社会领域唯一的权威或者管理者，社会或者企业有选择自由和发展空间的权利，国家的治理主体开始呈现出多元化趋势。同时，市场经济体制的推进也会培养出大批追求独立、自由活动空间的个体和组织，自由竞争环境塑造了个体或者组织良好的竞争意识和独立人格的公民精神，政府权力下放也有所对应的职责，完成了政府和个体、者组织共同治理局面的建构。因此，市场经济体制的建构是全能型国家治理转型的基础条件，也是中国走向国家治理的现代化之路最有力的助推器。（2）政治体制的改革。中国政治体制改革的推行促进了全能型国家治理模式的转型。全能的计划经济体制塑造了全能的政治集权模式，也形成了高度一元化的领导体制、单向度的权力运行模式和央地治理模式；再加上传统帝制下所形成的独特政治文化底蕴注定了中国现代国家治理模式的建构不是一蹴而就的事情。自改革开放以来，为了顺应国家治理模式的转型，中国也在党政管理模式、行政体制改革、地方治理和行业组织治理等方面作出了巨大的改变。其具体表现在：（1）从党政关系调整上看，中国积极转变党的领导方式，实现党政分开。党和政府的关系是比较复杂的，存在一些缺位和越位等问题。为了让党和政府都回归自身的责任

[①] 参见陈春常：《转型中的中国国家治理研究》，华东师范大学 2010 年博士学位论文，第 58~60 页。

范围之中，重塑彼此关系成为党政关系调整的重要核心支撑点。1980年，邓小平同志提出党的领导不兼任政府职务，党的领导集中精力去管党自身问题，这样利于改善政府与党的彼此关系，理顺彼此责任，提升各自的服务意识。① 随后，江泽民同志和胡锦涛同志也提出要加强党的执政能力建设，"依法治国"和"科学执政、民主执政、依法执政"等方案渐趋成为党政关系调整的整体方案。通过初步调整党政关系，党逐渐回归自身政治意识架构上，不去直接干涉行政事务，由此逐渐使国家权力开始下放并最终形成政府为主导的多元治理模式。（2）从行政体制改革上看，政府通过数次机构改革运动逐渐把政府再造和建构有效政府作为推动行政体制改革的目标。政府由此改变了自己的服务意识，理顺了政府与企业的关系，还权于社会。国家治理开始向多党合作方向改变，全能型政府由此变成服务型政府，从而推进国家治理模式的变化。政府机构经历了数次的改革，尽管有时改革显得步履艰难，但改革依然不断地在尝试中推进，因为行政体制的改革不仅是市场经济体制建构的需要，也是国家政治体制改革的必然要求。在数次改革中，政府改革的主要集中点在于：理顺政府与市场关系；转变政府职能；加强政府治理建设。市场经济的发展需要有限政府的出现，而计划经济体制下所形成的全能型政府过多地侵蚀了私人空间，制约了企业的发展。因此，政府改革首先是转变政府职能，提升政府服务水平。一方面政府要进行大部制等方面的改革，减少机构臃肿的现象，切断管理职能过多链条；另一方面政府要提升政府职员的素养，通过公务员招生、法治化建设和腐败治理等措施，逐步把政府变成服务型政府，以便顺应市场经济发展的要求。通过政府改革，政府理顺了政府与市场的权力关系，政府由此变成掌舵者而不是划桨者，政府可以集中主要的精力去提升公共产品的服务水平，以便提升政府公共治理水平。随着市场经济不断的发展，国家或者是政府必须要建构一套适应市场经济体系发展的制度和机构，去迎合市场经济发展的客观需要，从而从根本上改变旧式的国家治理结构，促进当今国家治理结构的优化。（3）从地方治理上看，央地分权治理结构的初步形成改变了全能型国家治理模式。中国在1956年"三大改造"基本完成以后，建构了独具中国特色的计划经济体制和基本经济制度。在独特体制的长期作用下，中国不仅进入社会主义制度的康庄大道，也建构了央地零和博弈的权力关系模式。零和博弈权力关系模式数年来一直形塑着政府纵横关系的运作方式和基本格局，直接影响着国家权力、利益和资源的分配走向。毛泽东同志曾经认为："中央和地方的关系也是一个矛盾。解决这个矛盾，目前要注意的是，应当在巩固中央统一领导的前提下，扩大一点地方权力，给地方更多的独立性，让地方办更多的事情。这对于我们建设强大的社会主义国家比较有利。我们国家这样……有中央和地方两个积极性，比只有一个积极性要好得多。"② 可是，在计划经济体制下形成的权力高度集中于中央的权力分配模式显然无法实现毛泽东同志所希冀两个积极性都美好的愿望。由此，改革开放以后，人们逐渐意识到问题的症结所在，政府进行了两次体制改革：一次是计划经济体制向市场经济体制的变迁；另一次是逐步发展和完善社会主义市场

---

① 参见《邓小平文选》第2卷，人民出版社1994年版，第321页。
② 参见《毛泽东文集》第7卷，人民出版社1999年版，第31~33页。

经济体制。最终，在保持基本政治结构不变的情况下，中国完成了政治上和经济上的转变。在政治上，改革政治体制，调整中央和地方关系，采用民主集中制原则，给地方更多的权力空间。邓小平同志认为，通过政治体制改革去调动群众的积极性，提高人们的工作效率，克服官僚主义。他也认为，改革内容首先要党政分开，其次要权力下放，最后要精简机构。① 权力下放确实改变了计划经济体制下权力过于集中于中央、而地方没有权力的权力分配模式，但分权也出现一些问题，比如随着政府权力大量的下放，地方政府出现对抗中央的情况、中央权威出现流失和中国失去大国治理能力，并就此弱化了中央宏观治理能力等问题也日渐困扰着中国未来的发展。为此，从经济上，中央政府在20世纪80年代以后，先后进行了"分灶吃饭"财税包干制和分税制改革。通过改革加强了中央财政能力，提升了中央政府的宏观管理能力，从而形成了一个政治上是单一结构、经济上是经济联邦主义的二元治理结构。在二元治理结构模式的影响下，地方政府有了新的价值取向，其行为模式也变得复杂，地方政府自身利益主体性的凸显形成一种新的制度性安排，即分而治理制度。② 分而治理的制度安排使早期全能权力模式下零和博弈的央地关系变成了分而合治的分权治理模式。治理模式的变化改变了中国国家治理模式的整体结构。（4）从行业组织治理上看，初步发展中的行业组织逐渐承担了国家治理主体部分的角色功能，治理分担改变了早期中国全能型国家治理模式。改革开放以后，中国经济领域发生巨大的变化，在市场经济体制建构为主导下所呈现的社会巨大转型也悄悄地改变着传统的国家与社会关系。国家与社会关系的变化释放了巨大的社会空间，从而为行业组织的成长提供参与的治理空间机遇。行业组织，如，温州商会这样的组织，在自身所在领域内逐渐承担国家分离出来的社会治理权力，成为国家治理或者政府治理多元主体之中的重要支点。一般来讲，改革开放以后行业组织的发展大约有四个重要阶段：一是1978—1992年。随着1978年改革开放的推进，在国务院颁布《基金会管理办法》和《社会团体登记管理条例》及其后来修订版公布的影响下，到1992年，民间行业组织蓬勃发展起来，结社革命吹遍了中国的大江南北。行业组织的出现影响国家权力结构，"始于改革开放称为'结社革命'的汹涌浪潮，在得到来自体制内自上而下的支持和唤起全社会极为广泛的公众参与的同时，也对原有的制度框架提出前所未有的挑战。这些奔涌而出的数以万计的大量民间组织，在体制上并没有相应的法律、法规和制度架构加以规范，形成了几乎混沌的初始状态。这种状态随着中国政治波动势必触及体制的容忍底线，从而提出制度建构问题"。③ 可见，此时的民间组织对权力的诉求，一方面得到政府的支持，另一方面又被政府所压制，但不可否认的是，彼此的博弈中的互动行为正在悄悄地促使国家治理的主体从唯一向多元的转变。尽管此时国家依然是主要的掌控者，对于民间组织来说，国家依然是绝对的引导者和控制者，但行业组织毕竟有了些许自由空间。二是1992—2002年。随着1998年中国再次修订社团管理登记条例，行业组织参与空间在增

---

① 参见《邓小平文选》第3卷，人民出版社1993年版，第177页。
② 参见麻宝斌：《公共治理理论与实践》，中国社会科学出版社2013年版，第136页。
③ 参见王名：《民间组织的发展及通向公民社会的道路》，载王名主编：《中国民间组织30年——走向公民社会》，社会科学文献出版社2008年版，第21页。

加，行业组织也逐渐参与经济生活以外的公共领域，在政府的引导下积极地参与政治生活和文化生活等。20世纪90年代以后，行业组织有了长足的发展。各种民间组织不仅出现在国家边缘地带，而且在国家与社会之间、国家与市场之间、社会与市场之间、国家体系内部、社会体系内部和市场自身内部等各种可能的公共领域，通过积极吸纳社会资源，动员民众广泛的参与，并最终形成一个有别于国家和市场之外的公民社会体系。① 中央也开会进行修订民间组织管理条例，从顶层制度设计上为行业组织参与国家治理提供制度支撑。三是从2002年起至今。此阶段社会力量在中国的发展进入了良性的轨道，发挥社会力量参与国家的治理已经成为学界和中央共同的心声。党的十六大以后，国家把发挥行业组织治理功能提高到国家战略层面，并逐步形成了"四位一体"的治理模式。2007年党的十七大报告肯定社会组织在社会主义民主政治建设中的积极意义，从顶层为行业组织政治学意义的出现奠定了基础。在党的报告中，党提出"要发挥社会组织在扩大群众参与、反映群众诉求方面的积极作用，增加社会自治功能"，并且第一次把民间组织改为社会组织。民间组织的成长已经不是一般意义上的建设和发展，而是一种新的社会机制和社会力量的发育和成长。② 社会组织在自身努力发展和政府主导下逐渐成长为一个可以承担并且未来一定会更加承担国家治理责任的主体之一。这似乎表明，传统意义上全能型国家治理模式因为社会组织的政策参与而体现出一个新的治理趋势。

基于国家治理历史和现实的分析看，中国国家治理现代化的推进有着多年的发展历史，且已经有了初步的成果，因为经过国家与社会关系的微调，行业组织有了些许的制度发展空间，参与治理的能力逐渐彰显出来，并在国家治理中初步承担了治理能力，这表明，中国国家治理体系和治理能力都有较大的发展。但不可否认的是，当前中国国家治理现代化的建构仍然任重道远，因为无论是中国个体参与治理的渠道，还是行业组织参与的渠道都面临着短缺，这势必会影响国家治理主体治理能力的提升和培育。而一旦一个国家治理主体参与治理渠道不多或不畅，那国家就很难具有良好的国家治理体系和治理能力，更别说实现国家治理现代化的建构。

第二节　中国语境下国家治理现代化

习近平总书记在省级领导干部学习贯彻十八届三中全会精神，全面深化改革专题研讨开班仪式上发表的重要讲话中特别强调，中国要完善和发展中国特色社会主义制度，推进国家治理体系和治理能力现代化。③ 党内文献首先出现"国家治理"一词，这种提法有别于以往的"国家管理"、"国体"等提法。从国家管理到国家治理提法的变化体现了党和国家领导人对于中国未来的发展又具有重大创新的历史命题。随后，学术界和政府部门掀起了诸多学习和领会近平总书记重要讲话精神的大讨论。如何建构中国国家治理的现代

---

① 参见林尚立：《民间组织与政治改革：中国的逻辑》，载王名主编：《中国民间组织30年——走向公民社会》，社会科学文献出版社2008年版，第40页。

② 参见林尚立：《民间组织与政治改革：中国的逻辑》，载王名主编：《中国民间组织30年——走向公民社会》，社会科学文献出版社2008年版，第264页。

③ 参见《人民日报》，2014年2月第1版。

化？何为中国国家治理现代化？它的理论渊源是什么？这些都成为当下学术界研究的重点。"这一命题的提出是我们党执政六十多年特别是改革开放三十多年实践的总结和升华，也是习近平同志作为总书记的党中央的执政纲领，还表明中国社会主义现代化进入新阶段，有新的目标和新的历史任务。"① 因此，科学的界定中国国家治理现代化内涵及其意义对中国特色社会主义的发展有着重要理论价值和现实指导意义。

一、国家治理现代化科学内涵

何为国家治理现代化？学者何增科认为，理解国家治理现代化，需要有国家理论、民族国家建设理论、制度主义理论等作为理论支撑，需要从三组概念中来辨析，一组是治理、公司治理、国家治理的概念。二组是国家治理、国家管理、国家治理的概念。三组是国家政体与国家治理的概念。② 由此，学者何增科认为，国家治理现代化就是指政权的所有者、管理者和利益相关者等多元行动者在一个国家的范围内，对社会公共事务的合作管理，它的目的是增进公共利益和维护秩序。③ 按照这种内涵的解读，国家治理凸显出与国家管理不一样的特征：一是权力委托代理关系；二是国家治理主体多元合作；三是治理的目的是增进公共利益和维系公共秩序。学者胡鞍钢认为，"国家治理现代化是指国家治理制度和治理能力想现代化，即是治理制度和治理能力作为现代政治要素，不断地、连续地发生由低级到高级突破性变革的过程"，一是指治理体系完备、成熟、定型；二是指在治理体系下，治理能力更加有效、透明、公平等。④ 学者魏崇辉认为，从治理的本源出发，国家治理就是多元参与，国家治理现代化就是指国家治理体系和治理能力现代化，实现国家治理现代化需要国家与社会的准确定位，判断治理现代化的原则是党的领导、人民当家作主、依法治国等。⑤ 学者虞崇胜认为，"所谓国家治理现代化，主要是指国家治理体系和治理能力适应现代社会发展的进化过程，其直接目标是完善和发展中国特色社会主义制度，其最终目标是建成富强、民主、文明、和谐的社会主义现代化国家"，衡量一个国家治理现代化的标准是民主化、法治化、制度化、科学化、效能化和公平化。⑥ 学者王蒲劬认为，国家治理基本含义是指在中国共产党领导下，遵循人民民主专政的国体规定性，基于人民利益的一致性，在现有社会主义制度下，按照科学、民主、依法等方式来优化执政机制和国家管理体制，并最终达到国家长久治安。⑦ 学者王蒲劬还认为，西方社会国家治理有着社会中心主义、多元主义治理结构倾向和去权威主义政治倾向等含义，对此，我们不能全部吸收，中国国家治理一定要在坚持党的领导下完善社会主义制度的一种国家治理

---

① 胡鞍钢：《中国国家治理现代化的特征与方向》，载《国家行政学院学报》2014年第3期。
② 参见何增科：《国家治理及现代化探微》，载《国家行政学院学报》2014年第4期。
③ 参见何增科：《国家治理及现代化探微》，载《国家行政学院学报》2014年第4期。
④ 参见胡鞍钢：《中国国家治理现代化的特征与方向》，载《国家行政学院学报》2014年第3期。
⑤ 参见魏崇辉：《当代中国国家治理现代化的理论指导、基本理解与困境应对》，载《理论与改革》2014年第2期。
⑥ 参见虞崇胜、唐凤凰：《第五个现代化：国家治理体系和治理能力现代化》，湖北人民出版社2015年版，第3~4页。
⑦ 参见王蒲劬：《国家治理现代化理论与政策》，人民出版社2016年版，第70页。

模式，坚持党的权威。① 可见，学者们探析国家治理现代化基本内涵，一般都是指中国国家治理体系和治理能力现代化，治理体系和治理能力的建构或者提高主要是以中国共产党为领导权威、核心进行中国特色社会主义制度的自我完善和自我发展，并最终实现国家治理的有效性、现代化，达到中国的长久治安。因此，中国国家治理的现代化就是要实现国家治理体系和治理能力现代化。其中，国家治理体系一般包括 11 类制度支撑，其具体有执政党、协商参与机关、民意代表机关、政府政策系统、公务员系统、司法机关、地方和基层、公民及其组织、市场和企业、学者记者律师和国际行动者。② 在治理体制中，中国共产党始终处于治理的领导地位。因此，中国语境下国家治理现代化一般包含以下特征：

1. 国家治理现代化领导权威是中国共产党

坚持中国共产党的领导不仅是中国历史的选择，也是现实的选择。国家治理的现代化不是要改变党的领导地位，而是要在坚持党的领导下，通过改善和提高党在国家治理中的地位来实现国家治理的现代化。中国国家建设是一个系统工程，是一项前无古人、后无来者的伟大事业，如何推进中国国家的现代化，中国共产党在发展中具有举足轻重的地位。学者虞崇胜认为③，坚持中国共产党的领导地位，是推进国家治理现代化的重要保证，其具体表现在：一是国家治理现代化是党在不同时期提出完善国家建设重要决策的延续。从 1980 年邓小平同志提出要全新的角度思考国家治理制度建构问题开始，到 1987 年党中央提出政治体制改革和推进民主政治建设的总体设想，再到邓小平同志"南方谈话"和十五大至十八以来提出的法治国家、政治文明、和谐社会奋斗等理念以后，国家治理现代化又是党在近期提出用以指导国家建设的一项重要理念，因此在具体推进中自然需要党的领导。二是国家治理现代化需要党的正确领导。推进国家治理的现代化是一项重要举措，中国具体的发展需党的正确领导，不仅是社会主义主义事业的发展要求，也是中国特殊的政治形态、中国现实整体发展程度不高的内在要求。中国任何一项改革措施，"不是要削弱党的领导，涣散党的纪律，而正是为了坚持和加强党的领导，坚持和加强党的纪律"④。三是坚持党的领导要符合国家治理现代化的内在要求。应该来说，坚持党的领导和推进国家治理的现代化总体目标是一致的。"从根本上说，坚持党的领导就是保证国家治理现代化成功的重要保证，党的领导要实现于国家治理的现代化的全过程，国家治理现代化的每一步推进，都为坚持党的领导创造着现代基础。"⑤ 实际上，坚持党的领导是国家治理现代化中必须固守的基本治理制度。这种核心制度在中国是历史和现实的选择，正如习近平总书记说，"一个国家选择什么样治理体系，是由这个国家治理的历史传统、文化传统、经济社会发展水平决定的，是由这个国家的人民决定的。中国今天的国家治理体系，是在

---

① 参见王蒲劬：《国家治理现代化理论与政策》，人民出版社 2016 年版，第 71~72 页。
② 参见何增科：《国家治理及现代化探微》，载《国家行政学院学报》2014 年第 4 期。
③ 参见虞崇胜、唐凤凰：《第五个现代化：国家治理体系和治理能力现代化》，湖北人民出版社 2015 年版，第 147~157 页。
④ 参见《邓小平文选》第 2 卷，人民出版社 1994 年版，第 341 页。
⑤ 虞崇胜、唐凤凰：《第五个现代化：国家治理体系和治理能力现代化》，湖北人民出版社 2015 年版，第 154 页。

中国历史传统、文化基础、经济社会发展的基础上长期发展、渐进改进、内生性演化的结果。中国国家治理体系需要改进和完善，但怎么改，怎么完善，我们要有主张、张力"。① 因此，坚持党在国家治理现代化中权威地位不仅是取得治理现代化的保证，也是发展的前提，需要加以坚守。

2. 国家治理现代化治理主体是多元合作

在探析治理理论的渊源及其中国语境下的内涵解读时，国家治理现代化主体呈现多元特征。从国家治理现代化包括国家治理体系和治理能力内涵上看，治理体系也应该是由诸多治理主体组成，其一般有党、政府、企业、社会组织、公民等。诸多治理主体的合作是在党的领导下的一种制度建构。从制度上看，中国必须走有中国特色社会主义道路，中国共产党的领导地位、社会主义基本政治制度必须在国家治理中承担重要角色，这是不容置疑的。政府部门作为行政权力运行机关，要积极通过职能转变提升自身的治理水平，建构服务型政府、责任政府等提升自身在国家治理当中的功效。企业作为营利性组织，在促进国家经济的良性发展、维系社会稳定等方面也需要作出重要的贡献，党和政府需要通过制度规定或者法律制度限制企业不利于社会发展、国家治理等外部性问题的出现，以便引导和规范企业的经济治理行为。改革开放以来，中国社会组织发展迅速，截止到2012年底，社会组织在民政部门登记有49.9万个，其中的行业组织到2012年底有25.5万个②，它们正日益成为国家治理现代化中一支重要力量。中共十八届三中全会也提出，要积极发展和推进社会组织在国家发展中的作用，要凸显他们在社会协商中的价值功能。为此，通过出台相关的法律制度以便确立行业组织在国家治理当中的主体地位，健全行业组织的培育机制，提升行业组织的治理能力。人民群众是历史发展的主体和推动者，中国人民民主专政国家制度的建构保证了民众参政议政权利的实现，中国也建构了大量的参与渠道方便广大人民群众参与国家政治生活，参与国家治理。人民合理、有序地参与治国理政不仅是社会主义国家的应有之义，也是当今建构国国家治理现代化的目标。由此可以认为，人民群众或者公民是国家治理现代化中不可或缺的主体。党、政府、行业组织等都是国家治理的主体，通过彼此合作，共同推进国家治理的现代化。多元合作治理成为中国国家治理现代化中的明显特点。

3. 国家治理现代化核心是法治现代化

党的十八届三中全会通过的《中共中央关于深化体制改革若干重大问题的决定》将中国未来改革总目标定为"完善和发展中国特色社会主义制度，推进国家治理体系和治理能力现代化"，并同时提出要建设法治中国，开展中国的法治建设与中国国家治理现代化的建设，二者也日益成为中国未来社会发展的二个重要维度。2014年6月，在国家行政学院举办第二届科学报告会的法学分会中，学者们欢聚一堂，畅议国家治理现代化与法

---

① 参见 http://news.xinhuaanet.com/politics/2014-02/17/c_119373758.htm，转引薛澜《顶层设计与泥泞前行：中国国家治理现代化之路》，载《公共管理学报》2014年10月。

② 李路：《社会组织参与社会管理研究》，中国计划出版社2015年版，第23页。

治中国建设等问题,并提出用法治化建设推进中国国家治理现代化,法治治理成为国家治理现代化的核心。学者们认为,推进中国法治建设、国家治理体系和治理能力现代化的建设是中国特色社会主义发展的内在要求。① 随着学术界进一步的探讨法治中国建设等问题的深入,法治治理在国家治理现代化中地位也彰显出来。人们普遍认为,法治是国家治理的核心内容或基础内容,因为法治是制度现代化的基本载体、治国理政基本方式、正义价值表达途径。② 为此,国家要通过法治来推进国家治理的现代化。当前,中国要不断地完善自身的法制建设,习近平总书记认为,"不是什么样法都能治国,也不是什么样法都治好国",如果我们不能很好地推进法治现代化,那就不能较快地推进国家治理现代化的建设。就目前来讲,中国需要在法治精神、法治的公平正义、实质法的建设等方面不断地推进法治建设,以便为国家治理体系的完善和治理能力的提高提供法制保障。

二、国家治理现代化与马克思主义理论

如何推进中国国家治理的现代化,很多人都给出自己的答案,但既然党的十八届三中全会报告认为,国家治理现代化核心要义是"完善和发展中国特色社会主义制度,推进国家治理体系和治理能力现代化",那么,显然以马克思主义基本理论来立国、建党的中国必然选择用马克思主义理论来指导国家治理现代化理论的建构。1999年,英国剑桥大学发起的谁是人类纪元第二个千年"第一思想家"的投票结果是马克思位居第一位。随后,英国BBC广播公司在互联网上发起的同一问题,网上评选结果也是马克思为第一位。可见,马克思本人和马克思主义理论对于世界的影响是深远的。那么,马克思主义理论当中哪些理论是中国国家治理现代化建构的指导性理论?二者之间呈现一个什么样的关系?笔者认为,学者冯留建的观点比较正确,也即是马克思主义理论是中国国家治理的政治基础,中国国家治理是马克思主义国家治理的实践。③ 马克思主义理论当中对于国家治理理论的论述有很多,而且这些理论随着时代的发展也在不断地吸收相关的国家治理理论,已经有了很大的发展。其实,在早期,马克思和恩格斯虽然对巴黎公社提出过治理理论,但是鉴于巴黎公社建立的时间短,治理范围小,马克思的国家治理理论并没有真正地进入到实践当中来,随着苏联和东欧社会主义国家的建立,马克思主义国家治理理论在实践中开始运用。早期社会主义国家的治理实践尽管都取得了一定的成功,可结果都最终失败了。失败基本的原因是没有通过马克思主义国家治理理论形成国家治理体系和治理能力。2008年以来,随着资本主义社会周期性经济危机的再次出现,马克思主义理论中关于资本主义生产方式弊端的论述再次引起西方学者的关注,马克思主义关于国家治理一些理论被西方学者重新发现,世界上也再次掀起了探讨马克思主义国家治理理论的风潮。④ 中国国内通

---

① 参见杨小军、陈吉利:《推进国家治理体系和治理能力现代化加快法治中国建设》,载《行政管理改革》2014年第9期。

② 参见江必新:《法治现代化是国家治理现代化的核心内容》,载《行政管理改革》2014年第9期。

③ 参见冯留建:《马克思主义理论与中国国家治理现代化》,载《马克思主义研究》2014年第3期。

④ 参见王浦劬:《国家治理现代化理论与政策》,人民出版社2016年版,第3~4页。

过马克思主义理论对中国国家治理理论的研究主要集中在国家与社会关系的研究上，有一大批学者开始用无产阶级专政等一些国家治理理论来描述和指导社会主义建设，并取得了较大的成功。实际上，自从中华人民共和国成立，中国就在党的领导下开始了国家建设，但由于"怎样治理社会主义这样全新的社会，是一项前无古人的事业，没有先例可循"①，因此，中国人在探索国家治理道路上充满了艰辛。"在这一探索和发展过程中，中国共产党人坚持遵循辩证唯物主义和历史唯物主义的理论逻辑，从社会主义国家实际出发，建设和完善国家治理制度和能力"②。马克思主义理论对中国国家治理现代化的指导性作用主要体现在马克思主义国家与社会关系理论上，从《共产党宣言》、《哥达纲领批评》到《家庭、私有制和国家的起源》等经典著作中，马克思论述的无产阶级专政理论、公有制理论、国家统治和管理职能等理论中都深刻地论证了社会主义国家如何开展国家治理等问题。马克思主义理论强调国家与社会二元共同治理、计划与市场二元关系治理、公有制与非公有制并存治理等理论，都体现出中国国家治理一直都是在马克思主义国家治理理论指导下进行有条不紊的推进。这说明，在当下国家治理体系的完善和治理能力的提高中，中国仍然在治国中要坚持党的领导、人民当家作主和依法治国的治国理念和原则。为此，中国建构从严治党方略、依法治国方略和以德治国方略以便更好地推进国家治理现代化的建设。由此可以认为，发展和完善中国特色社会主义制度，推进国家治理体系和治理能力现代化这一全面改革的总目标，其遵循的理论逻辑和思想路径是马克思主义理论。

第三节　中国国家治理现代化语境下行业组织

中国"十二五"时期是社会管理创新的关键时期，加强行业组织建设是新时期社会创新管理的重要抓手之一，"十二五"规划纲要中也专门用一章篇幅论述加强行业组织建设，并初步提出行业组织发展的原则。随后，党的十八届三中全会通过的《中共中央关于全面深化改革若干重大问题的决定》（简称《决定》），也提出了中国未来总体改革目标是推进国家治理体系和治理能力现代化，要求"解放和增强社会活力"、深化社会体制改革。《决定》强调，要尽快形成"依法自治"现代行业组织，明确提出"要充分发挥群众参与社会管理基础作用"。这充分表明，党和政府在以后很长的时间内，对行业组织在国家治理当中的作用提出了更高的要求。因此，界定行业组织的科学内涵，规范行业组织的未来发展，提升中国语境下行业组织在国家治理当中的作用已经成为不可忽视的研究领域。

一、行业组织内涵

国家治理现代化是中国全面深化改革的总目标，行业组织的发展水平成为影响国家治理现代化的因素之一，行业组织是组织化社会力量，是社会治理的一个主体，在全面深化

---

① 参见王蒲劬：《全面准确深入把握全面深化改革的总目标》，载《中国高校社会科学》2014年第1期。

② 王蒲劬：《国家治理现代化理论与政策》，人民出版社2016年版，第5页。

改革中有着特殊的地位。① 因此，合理的界定行业组织科学内涵，便于进行吸纳和控制，提升在国家治理当中的作用。那么，何为行业组织？很多学者都给出不同的界定内涵。其实，长期以来，学界对行业组织的概念或者称呼有很多种，在国际上一般人们惯用"非盈利组织"、"非政府组织"、"第三部门"、"公民行业组织"等统一称呼它们，它们非常相似，但又不完全相同。有时候，人们还称呼它们为"公益组织"、"志愿组织"、"慈善组织"等。其中，"非盈利组织"概念来自美国。人们一般对这一组织定义为"该组织限制将盈余分配给组织的人员，如组织的成员、董事或理事等"。中国也大多采用这一概念，在2004年《民间非盈利组织会计制度》里，民间"非盈利组织"定义为"依照法律、行政法规登记的社会团体、基金会、民办非企业单位和寺院、官观、清真寺、教堂等"② "非政府组织"一般被界定为政府之外的组织，1995年在北京举办的世界妇女大会之后，"非政府组织"概念在中国开始流行，学者们大多认为，依靠会费、民间捐款和政府拨款等非营利方式从事公益性事业，服务于社会公众、促进社会发展与稳定为宗旨的社会部门是非政府组织，其中就含有行业组织。③ "第三部门组织"一般指存在于第三部门的组织，也即是政府与企业之间的组织，是相对于第一部门政府和第二部门企业来讲的另一部门。可以看出，诸多概念的界定有很多相近的内涵，中国学术界对于它们内涵的界定和使用大体一致，很多场合是混用，不加以区别。2006年党召开十六届六中全会，官方开始使用"社会组织"这一称呼。在2006年《中共中央关于建构社会主义和谐社会若干重大问题的决定》中，第一次比较全面阐述社会组织的相关思想，并明确提出大力发展行业型的组织，增强它们的服务于社会、经济的功能。随后，在党的十七及其十八大以来数次党中央的重大会议上，官方逐渐开始用"社会组织"来称呼除政府、企业之外的所有组织。随后，中国学术界也开始统一用"社会组织"这一称呼来替代"非政府组织"、"民间组织"和"行业组织"等称呼。按照2013年《中国社会组织评估发展报告》一书中的释义，广义上看，社会组织是指第三部门，也即是除政府、企业之外的所有组织，包括社会团体、民办非企业单位、基金会、事业单位、居民委员会、村民委员、业主委员会、宗教场所、经济型行业协会组织等；狭义上看，社会组织是指社会团体、行业组织、民办非企业单位和基金会。④本书中研究的行业组织大多是从狭义上界定的社会组织内涵，也即是，在行业发展中，由那些带有经营性企业团体组成的组织。行业组织是社会组织重要组成部部分，而且行业组织都应该在国家民政局经过合法、正式的登记。行业组织也应该具有一些特征：合法性、自主性、自律性、服务性。⑤ 1997年国家经贸委下发《关于选择若干城市进行行业协会试点的方案》中认为，行业组织是社会中介和自律性很强的行业管理组织。1999年经贸委一份文件中进一步认为，行业组织是以有关企业事业单位和

---

① 参见周俊：《社会组织管理》，中国人民大学出版社2015年版，第1页。
② 参见上书，第6页。
③ 参见陈振明主编：《公共管理学》，中国人民大学出版社2005年版，第335页。
④ 参见徐家良主编：《中国社会评估发展报告（2103）》，社会科学文献出版社2013年版，第1页。
⑤ 参见张尚仁：《"社会组织"的含义、功能与类型》，载《云南民族大学学报（哲学社会科学版）》2004年第2期。

行业协会为主要成员,依照国家有关规定自愿组成的自律性、非营利性经济类社会团体法人。地方政府也认为,行业组织由同企业及其其他经济组织自愿组成、向会员单位提供服务并实行自律管理的社会团体。① 因此,行业组织主要指涉通过合法登记、缴纳会费等自愿组成的一个经济性的社团组织,具有非营利性、公益性、自律性法人组织。

二、行业组织与国家治理现代化

党的十八届三中全会报告中明确提出,加强社会组织在国家治理当中的作用。那么,如何考量社会组织中行业组织在国家治理当中的角色作用需要加以分析和研讨。学者王振海认为,"社会组织是国家治理现代化新的增长极,社会组织的培育发展伴随了国家治理现代化的全过程。国家治理的现代化为社会组织成长开辟了更为广阔的空间并提供了富饶的实践土壤。推动社会组织的健康发展已经成为实现国家治理现代化目标的紧要课题"。② 学者马庆钰认为,社会组织是国家治理现代化的重要角色,在进入"十三五"以后,中国要立足于国家治理现代化来发展社会组织。③ 学者李思瑶认为,社会组织作为一种重要的社会力量,参与到国家治理当中来,肩负着重要的作用,在社会治理中可以弥补政府管理的不足,是联系政府与公民的纽带,也可以使社会组织治理更加专业化、科学化。④ 由此可见,对于社会组织在国家治理现代化中的角色定位,国内学者大多都是充满了期待。那么,作为社会组织中重要一员——行业组织也应该具备这样角色定位。本书认为,由于改革开放以来,或者说长久以来中国行业组织的发展存在较多的困境,对于行业组织在国家治理当中的角色功能,应该有一个准确的定位与评价。笔者认为,由于中国行业组织存在着整体发展水平不高和治理能力不强等诸多问题,在现有的制度性支撑不健全、行业组织自治意识不强和社会空间不大的背景下,只有给予行业组织合理的治理空间,才可以最终在国家治理当中看到行业组织矫健的身影。同时,由于很多行业组织存在志愿失灵等问题,在放大行业组织治理价值功能时,政府也需要加以合理控制或者管理,引导行业组织正面参与国家治理功能的出现。因此,面对"社会组织已经存在,就会成为具有自我利益取向的行为发展与壮大而努力的博弈组织,这可能会酿成组织与个人、组织与组织、组织与政府之间的矛盾与冲突"。⑤ 国家或者政府必须合理引导才能最终实现其在国家治理现代化中角色承担。

---

① 参见温州市人民政府办公室:《关于进一步促进行业协会规范化发展的若干意见》,温政办〔2005〕17号。
② 王振海:《社会组织发展与国家治理现代化关系辨析》,载《青岛行政学院学报》2016年第1期。
③ 参见马庆钰:《"十三五"期间国家应进一步扶持社会组织发展》,载《人民法治》2015年第11期。
④ 李思瑶:《新形势下社会组织在社会治理中的作用》,载《辽宁行政学院学报》2016年第7期。
⑤ 张翼主编:《社会组织与社会治理》,经济管理出版社2016年版,第6页。

第二章　中国行业组织政策参与和国家治理现代化关系

引言：本章主要探析行业组织政策参与和国家治理现代化的关系，为以后提出研究国家治理现代化的新视角——政策参与视角提供佐证。国家治理现代化是中国通向大国治理的必经之路。缺乏现代化的国家治理体系和治理能力的国家恐怕连起码的政治和社会的稳定都很难实现。低下的治理能力和落后的治理体系容易成为民众不满的导火索。人们要想型构一个好的国家治理模式，在现代政治背景下，可能更多地体现出民众或者行业组织的参与能力。如果缺乏一个良好的政策参与能力或者途径的培养，那么国家治理体系和治理能力的现代化所需要的民主政治制度和治理执行者的素质的产生都可能存在着困难。正是基于民众或者行业组织政策参与才打通了一个国家治理现代化建构的动态路径，有了一定程度上的治理参与，国家治理现代化建构就不会仅仅停留在理论层面。因此，通过行业组织政策参与的程度动态地考量如何推进国家治理现代化的建构等问题，将富有重要意义。

第一节　政策参与和国家治理现代化关系

一、政治权力主体多元化：传统政治与现代政治区别

1. 传统政治与现代政治分野

政治生活是人类事务中较为扑朔迷离的事件之一，但又是时刻影响人类发展的一个方面。政治生活在发展中有着自身的规律和轨迹，从历史视角上看，可以把政治生活分为传统政治与现代政治。政治领域中传统与现代的分野并不是说传统和现代之间毫无关联，也不是说现代政治有固定的模式，而是指传统政治和现代政治之间有着各自的特征。特征反映了两个时段政治发展自身的特点，分析二者自身的特点目的不是截断历史，而是要对现代政治的发展寻求更有意义的思考，以便推进现代政治的发展。传统政治，顾名思义指涉早期占主流政治思想的君主专制和专制统治思想，是一个缺乏自由民主存在的政治生态。现代的政治思想大多指涉能够为公民或者行业组织参与政治生活提供渠道而构建一些的民主制度，如政体制度、参与制度、选举制度等。现代政治的核心内容主要以共和、民主、法制为主导的自由民主思想成为政治发展的主流思想。尽管民主政体在古希腊和古罗马时期就已经开始理论探讨和现实实践，但传统政治和现代政治的分野直到17、18世纪两次革命运动，也即是英国的"光荣革命"和北美殖民地革命，才开始逐渐体现分野的趋势。

两次革命缔造了议会制政府和复合共和。① 由此可见，传统政治是国家专制为特色的政治生态，而现代政治是以民主自由政治为特色的政治生态。在传统政治生活中，政治生活是一切生活的主宰，任何超越或者违背政治思想的东西都被视为异类，要被管制和改造，甚至是坚持不同于统治者思想的人将会被处以极刑。在传统政治生活中，权力是唯一，只有国家才配拥有；而在现代政治生活中，人们平等、自由，现有的民主制度保护人们共同分享政治生活，大众化参与政治生活成为现代政治的主要特色。在传统政治思想和现代政治思想的型构下，形成了不同的政治和制度形式，传统政治向现代政治的转化体现了彼此的特征②：

第一，身份向契约转变。传统政治下人之间的关系是身份关系，而不是契约关系。传统政治下靠血缘、地域和专制来限定彼此身份，把人紧紧地固定在一定身份地位上。现代政治人之间的关系是契约关系。契约关系是指随着市场经济的推进，人们逐渐改变了传统上依靠血缘依赖、地域关系来维系彼此的纽带关系模式。无论在经济领域，还是在政治领域，人们都通过彼此的契约、协商、参与的方式保护各自的利益。身份向契约改变会冲击旧式的政治制度和国家治理模式。

第二，权力向权利转变。政治权力是一种社会关系，具有一定的强制力，和国家主权、政权等密不可分。传统政治体现为统治，国家行为更多体现为管制行为，而在现代政治下，国家与行业组织或者个体之间的关系更多体现为一种治理或者善治的关系。这种转变意味着传统政治的权力开始向现代政治的权利转变。按照社会契约论的观点，国家权力由民众赋予，因此，现代政治更多倾向于赋予民众更多权利来限制国家权力的滥用，人们希望如此可以防止公共权力的腐败和变异。在学者洛克看来，权利是权力本源，个人权利对于国家有优先地位，绝不允许政府权力越过公民权利。③ 为此，在现代政治里面，人们为了防止权力的异化提出了权力制衡和权利制约权力等现代政治制度，希冀用现代政治制度来维系权力和权利的平衡。在传统政治里面此点似乎并不存在，因为传统政治里面的权力和权利都唯一地被国家或者政府掌握，建构严酷的管制制度就可以实现权力和权利的统一和唯一。

第三，人治向法治转变。人治和法治何为最好？单独意义上去解读并没有实际的意义。在不同政治生活中，二者起到的作用并不一样。人治论者认为，圣者应该统治和管理这个社会。法治论者认为，国家管理社会需要法律来规范。在传统政治下，由于基于底层人们的智力一定是低下的假设，当局者认为需要一些圣明统治者来管理社会，贤人政治是最好的政治。此种认定更多意义上是为了维护政治统治的需要，是一种愚民的政治文化宣传；而在现代政治下，受唯理论主义和怀疑主义的影响，法治论者认为，社会最佳治理方式是法治。在坚持法律的理性和人的理性有限性双重力量的影响下，法治论者一直秉持一种利用法制和民主体制的建构去实现人们对自身权利的保护和对于国家权力的制约。

---

① 参见刘军宁：《古代政治与现代政治的分野》，载《域外书谭》，第12页。
② 参见韩月香：《现代政治的四维网路构架》，载《广西社会科学》2009年第1期。
③ 参见［英］约翰·洛克：《政府论》，丰俊功译，光明日报出版社2009年版，第185页。

总之，从传统政治到现代政治的转变体现了人类政治发展的自身轨迹。政治传统与现代的分野并不证明二者彻底的断裂，而是人类在思索如何更好地架构符合现代人对于政治生活参与的一种民主制度设计。在防止国家权力侵蚀社会、公民或者行业组织权利的思考中，人类在一步步地营造着现代政治和制度中的自由、公平、正义、人权等价值体系，以便让更好的国家治理服务于人类自身。

2. 传统政治与现代政治分野的主要标志之一：政治权力主体间性

传统政治向现代政治的转变是个不争的事实。尽管转变可能在不同的国家里面进度和模式表现出差异性，但不可否认的是，建构具有现代政治底蕴的国家是每个国家自身的必经之路。如果说传统政治与现代政治的分野是不能阻隔的一个事实，那么分野的主要原因是在现代政治中具有政治权力主体间性特点。"主体间性"是学者拉康率先提出。拉康认为，主体是由自身存在的结构中"他性"界定，主体之间有统一性。后来，从社会学视角上看，"主体间性"是指涉人与人之间的关系，关系到人际关系以及价值观统一性问题；从认识论领域看，"主体间性"是指主体之间的关系，是指知识的客观普遍性；从本体论看，"主体间性"是指活动中人与世界的同一性，它们不是客观对立，而是主体与主体之间的交往、理解关系等。关于"主体间性"的解读和认识尽管视角存在不一致性，但学界大体上都认为，"主体间性"是指主体之间的一种相互交往关系，它不是对于主体性的否定，也不是对于主客体之间支配与被支配关系的简单否定，而是一种扬弃，强调主体之间的合作。

如果说从"主体间性"的政治学视角上看，传统政治和现代政治在哲学层面上体现了前者是"主体性"认识论，那么后者则是"主体间性"认识论。在传统政治下，国家和社会彼此是一个主体（国家）去改造一个客体（社会）的关系。因此，从政治权力"主体性"上看，政治权力唯一主体是国家或者政府，社会或者行业组织没有政治权力"主体性"，国家和行业组织之间只是支配与被支配的关系，不存在着治理，至多为管制或统治，彼此缺乏合作的可能性。在现代政治下，从政治权力"主体间性"上看，现代政治是依据民主政治，如法制制度和选举制度等为核心构建的民主政治制度，国家不是政治权力唯一的主体，也不是权力唯一的支配者。国家与社会之间的关系是彼此合作的治理关系，都是权力主要主体，并且主体之间存在"主体间性"的关系，通过合作实现现代政治民主价值的诉求。在"主体间性"特点下，现代政治体现两个特点：一是政治权力主体的多元性。国家或政府是权力主要主体，但不是唯一的主体，还有其他社会组织，特别是行业组织等都可以参与社会治理，政治权力多元化成为现代政治的特点之一。二是国家治理主体的多元化。如果说在传统政治国家里面，国家是管制或者统治的唯一主体，那么在现代政治国家里面，国家和行业组织等将组成多元的治理结构，现代国家治理主体体现了多元化的特点。三是国家治理的主体是彼此合作关系。排除了传统政治的国家治理唯一化，随着多元化国家治理主体的呈现，国家治理的现代化体现出治理的最佳模式应该是合作治理。这既是国家治理现代化考量的标准，也是坚持"主体间性"哲学认识论所带来的必然结果。

二、政策参与：一个探析国家治理现代化推进的新视角

1. 政策参与内涵概论

在现代政治社会中，政治参与抑或政策参与是一个不可或缺的领域。① 在政治实践中，政治参与或政策参与被认为是政治发展实践中最重要的目标和基本标志，也是政治学研究中学界使用频率较高的词汇之一，对它的界定也是众说纷纭。确实，给政治参与下个准确的定义并非易事。学者西德尼·维巴说："有的术语由于意思实在太多，最终倒反失去了它们的有效性，政治参与这一术语就是其中之一。"②《布莱克尔维尔政治学百科全书》认为，政治参与是指"在制定、通过和执行公共政策时候的一种参与行动。这一宽泛的定义适用于从事这类行为的任何人，无论他是当选的政治家、政府官员或是普通公民，只要他是在政治制度内以任何方式参与政策的形成过程都可以称为政策参与行为"。③ 可以看出，关于政治参与内涵相关的论述大致蕴涵：政治参与的主体包括普通公民和政府官僚；政治参与只是制度内参与，不包括制度外的参与。学者亨廷顿和纳尔逊都认为，政治参与是"平民试图去影响政府决策的一种行动。它一般包括含义：政治参与是实际的活动；是普通公民的活动；不关注活动的结果；仅限于对政府施加影响的活动；包括主动参与等"。④ 日本学者蒲岛耶夫通过研究，认为政治参与是"旨在对政治决策施加影响的普通公民的活动"⑤。尽管学者们表述政治参与抑或政策参与的概念存在诸多的差异，但他们均认为政策参与是公民通过直接或者间接影响公共政策和政治运行的过程，以实现其自我利益的行为。

国内学者王浦劬认为，政治参与是"普通的公民利用各种合法的方式参与国家政治生活，并试图去影响政治体系的构成、运行方式、运行规则和政策过程的行为。它是公民政治权利实现的重要方式，折射着公民在社会政治生活中的地位、作用和选择范围，体现着政治关系的内容"。⑥ 在《当代世界政治实用百科全书》中，编者将政治参与界定为："社会成员按照一定的法律程序参与政治生活的政治行为。"⑦ 与上述政治参与的内涵论述相似的有：《中国大百科全书·政治学》中，政治参与是"公民自愿地利用各种合法方式

---

① 政治参与与政策参与尽管有些差别，但在本书中一般指涉公民或行业组织参与政治生活或公共政策制定，二者指涉含义基本一致，本书不作细微区别。
② 参见［美］格林斯坦、波尔斯比：《政治学手册精选》下册，商务印书馆1996年版，第290页。
③ 参见［英］戴维·米勒、韦农·波格丹诺编：《布莱克尔维尔政治学百科全书》，邓正来译，中国政法大学出版社2002年版，第608~609页。
④ ［美］萨缪尔·P. 亨廷顿等：《难以抉择——发展中国家的政治参与》，汪晓涛、吴志华等译，华夏出版社1989年版，第3页。
⑤ ［日］蒲岛耶夫：《政治参与》，经济日报出版社1989年版，第4页。
⑥ 王浦劬：《政治学基础》，北京大学出版社2006年版，第166页。
⑦ 《当代世界政治实用百科全书》，中国社会科学出版社1993年版，第173页。

去参加政治生活的行为"。① 台湾《云五社会科学大辞典·政治卷》认为:"政治参与是指人民通过投票、组党、加入政治利益集团等活动,用以直接或间接的方式去影响政治之决定的行为"。②学者李元书认为,政治参与是"公民通过一定方式和渠道试图影响政治过程的行为。"③ 众多学者基于概念的界定尽管体现出彼此的侧重点不同,但也代表了国内学者对于政治参与内涵的主流认识。从上面学者论述上看,国内外学者对于政治参与概念的界定存在主要的分歧点在于:

第一,从合法性上看,政治参与是否包含非法的政策参与行为。学者亨廷顿认为政治参与是公民试图去影响政治决策的一种活动。公民的影响包括抗议、暴乱、示威游行,甚至影响叛乱的行为都是合理的。持有此观点的还有学者阿尔蒙德、托马斯·戴伊等人。国内学者大多反对此种观点,比如,学者王浦劬赞同"从参与的外延来看,政治参与只限于以合法手段影响政府的活动,而不包括非法的行为。如果将政治参与的外延扩至非法的暴力活动,则政治参与便包含了推翻既有政治统治秩序的抗争性的政治行为"。④当然也有学者认为,政治参与包括非法的政治参与形式,比如,学者杨光斌认为:"为了影响政府的决定,政治参与的手段是多样的,既可以是支持的方式,也可以是施加压力的方式,在有的时候甚至以非法的暴力手段出现。"⑤学者李元书也认为:"如果我们把不合法的政治参与形式剔除在政治参与的内类别之外,就无法理解革命式的政治参与之类行为。我们在横跨社会的比较研究中会发现,在某一时间、地点、条件下,可能是'不合法的'、'不合常规的'、'不合正统的'行为,而在另外的时间、地点、条件下可能并非如此,比如,示威行为和罢工行为等。如果以合法与不合法作为平衡政治参与之标准,必然得到平衡政治参与的双重批判标准。"⑥

第二,从参与主体上看,政治职业家是否包括在内。很多人认为政治参与主体不包括政治职业家,只是"普通公民","不包括作为角色行为的政府官员、政党干部和职业院外活动分子"。⑦学者蒲岛耶夫认为,政治参与只是普通公民活动,官僚、政治家等进行的活动除外。国内学者王维国认为,政治政策就是影响政治职业家决策,如果把政治职业家的政策参与包括在政治参与主体之内,无疑会把主客体混为一谈。学者陈振民等人认为,政治参与主体不能一概排除政治职业家,当作为非职业家身份去影响政策时,应该包括在政治参与主体之内,而作为职业家身份去政治参与时,则排除在外。⑧

尽管学界对于政策参与抑或政治参与概念的界定如何错综复杂,但本书认为,政策参

---

① 《中国大百科全书·政治学》,中国大百科全书出版社1992年版,第485页。
② 罗志渊:《云五社会科学大辞典·政治学卷》,台湾商务印书馆1971年版,第193页。
③ 李元书、刘昌雄:《政治参与的内涵、特征和功能》,载《学术交流》1995年第6期。
④ 王浦劬:《政治学基础》,北京大学出版社2006年版,第167页。
⑤ 杨光斌主编:《政治学导论》,中国人民大学出版社2004年版,第254页。
⑥ 李元书主编:《政治发展导论》,商务印书馆2001年版,第224页。
⑦ [美]萨缪尔·P.亨廷顿等:《难以抉择——发展中国家的政治参与》,汪晓涛等译,华夏出版社1989年版,第5页。
⑧ 参见陈振民、李东云:《政治参与概念辨析》,黑龙江人民出版社1987年版,第211~215页。

与的界定离不开三要素：一是政策参与主体，一般指普通公民、公民群体和民间组成团体，但政治职业活动家除外；二是政策参与客体，一般指影响政府决策，围绕政治体系展开；三是参与渠道，也即是参与主体与客体的中介、渠道。① 基于此，本研究认为，政策参与主要指：一定非职业型的公民或者他们组成的团体，为了表达和实现利益诉求，运用各种合法或者不合法的渠道，通过影响政治体制的构成和运行、公共政策制定而实施一种政治行为。从这一定义可以看出，政策参与有基本特征：（1）政策参与是社会普通公民及其组成组织的一种政治行为。既然是普通公民也就意味着政策参与主体不包括政治职业者，从而防止了参与主体泛化性存在的可能性。同时，既然公民才具有政策参与的主体资格，那么"臣民"不应该具备政策参与的资格，因为只有具备"公民资格"的人才具有政策参与的资格。学者孙关宏等人认为，"公民与臣民"重要区别在于，在政治决策中"公民"是一个积极参与者，而"臣民"则是消极服从者，现代体制下的"公民"相信自己通过政策参与可以对政府施加一定的影响。② 学者阿尔蒙德和伏巴认为，在民主政体里面，公民是用要求来说话的，因为害怕失去选票或者认为提出的要求是合法的，政府官员答应选民的要求；而臣民得到的期望不是出于臣民的要求，而是出于某种力量。③（2）政策参与目的在于利益的诉求。"利益"是中西方思想史上古老的话题。管仲在《禁藏》中认为，"夫凡人之情，见利莫能勿就，见害莫能勿避"。唯物主义哲学家爱尔维修在《论精神》中认为，"利益是我们唯一动力"，"人们永远服从他理解得正确或不正确的利益"，"把个人利益和公共利益紧密结合起来"④。由此可见，现实社会的人从事任何政治活动，其根本原因在于实现自己的利益需求。人们政策参与的诉求是为了通过政策制定和实施，或者人事变动谋求政治权力，并进一步实现政治利益的分配。自古以来，"每个场合都证明，每次行动怎样从直接的物质动因产生，而不是从伴随物质动因的词句产生"。⑤ 因此，利益是政策参与者诉求的主旋律。（3）政策参与渠道包括非制度化渠道与制度化渠道。公民政策参与包括合法和非法的政策参与渠道，实际上是指公民的政策参与存在制度化与非制度化的现象。现代政治是民主政治，而民主政治必然会伴随着大量的公民参与政治活动的出现。一般来说，一个国家公民和社会组织政策参与的水平和经济发展的水平在一定程度上显现出正相关性。这是因为在市场经济机制中催生了许多参与型的公民，培养了大批具有参与精神的公民。政治是经济的集中表现，而经济利益的诉求和实现往往需要政治权力来保驾护航，所以，为了实现利益，公民和行业组织的政策参与在一定程度上获取了政治上的支持，从而通过政策参与行为获取自己想要的利益。经过改革开放几十年的发展，特别是在以社会主义市场经济体制建构为导向以来，中国公民逐渐接受了民主参

---

① 参见王立京：《中国公民参与制度化研究》，武汉大学出版社2011年版，第37页。
② 参见孙关宏、胡雨春等编著：《政治学概论》，复旦大学出版社2003年版，第287页。
③ 参见［美］加·阿尔蒙德、西德尼·伏巴：《公民文化》，浙江人民出版社1989年版，第223~224页。
④ 《十八世纪法国哲学》，商务印书馆1963年版，第537~357页。
⑤ 《马克思恩格斯全集》第22卷，人民出版社1965年版，第592页。

与理念，人们的利益主体意识增强，传统蜂窝状的社会结构渐趋瓦解，政策参与现象也逐渐增多。但是，由于现有的制度化水平难以适应民众政策参与的制度需求，所以中国出现了"参与危机"，政治现代化也因此凸显了不稳定因素。"一个国家一旦在制度化层面处于落后的状态，那将会使对政府的要求很难通过合法的通道实现表达，并在该国政治体系内部得到缓解和集中，那么政策参与的剧增就产生一定程度上的政治动乱。"① 为了缓解或者防止"参与危机"的出现，中国必须要把非制度化政策参与向制度化政策参与方向进行转变，但就目前来说，中国制度化政策参与在范围上的不广泛、在效果上的不明显、在制度上的不健全，已经成为中国政治发展中较为明显的缺陷。因此，如何使中国公民和行业组织进行有序的政策参与，不仅是中国政治现代化向政治现代性转变的需要，也是防止政治出现衰微的需要。这应该引起学界和政府的共同重视。

2. 政策参与和国家治理现代化建构关系

国家治理的现代化是指一个国家治理体系和治理能力的现代化。如何实现一个国家治理的现代化可能每个国家都有自身不同的途径和模式，也会体现不一样的特点。但是，每个国家治理体系和治理能力的现代化必然会和国家公民或者行业组织的政策参与有很大的关系，良好和适当的政策参与是构建国家政治制度现代化和公民精神的重要路径。缺乏发达和合适的行业组织政策参与行为，仅仅依靠顶层的民主制度设计是无法长期保持国家治理的现代化。政策参与是国家治理现代化建构的重要推进路径。

第一，国家治理现代化中民主制度的建构需要良好的政策参与。一般来说，现代国家民主制度的建构有两种途径：一是国家内部自身的发展；二是外部的移植和借鉴。前者指涉国家现代化的民主制度从国家自身内部长期发展中逐渐孕育出来，像英国等一些西方社会国家在通向现代国家制度建构中，自我催生了许多现代的民主制度。相对于内部产生的现代民主制度国家而言，被迫或者主动借鉴外来民主制度的国家在借鉴中总是存在诸多的失败和忧伤。比如，中国在清末吸收外来民主举措似乎总是在失败中凋零。通过研究发现，无论是内发型的现代民主制度国家的快速成长，还是外源型的落后国家追求现代民主制度建构的失败，都是和国家内公民或者行业组织政策参与有很大的关系。英国很早时期就在协定税费改革和征订时期让很多人参与政治生活，长期政策参与政治生活为英国后期的民主制度——代议制的形成打下了基础。尽管中国清末各种民主制度的建构均以失败而告终，但在"事实上，中国现代国家形成的关键，便在于借助于外部势力用以获得物质及社会主导地位的各种手段，来抵御外部势力的统治"。② 清末后期，随着一些人如魏源、梁启超、康有为等知识分子积极参与政治生活，也在清末掀起了现代民主政治建构的浪潮，尽管改革运动以失败而告终，但也显示了"国家的富强，文人更为广泛的政治投入

---

① [美]萨缪尔·P. 亨廷顿：《变化社会中政治秩序》，王冠华、刘为等译，上海人民出版社2008年版，第42页。
② [美]孔飞力：《中国现代国家的起源》，陈兼、陈之宏译，三联书店2013年版，导论第1页。

和参与,这两者本来便已经是中国帝制晚期根本性议程的题中应有之义"。① 因此,一个国家现代化的民主制度的建构需要国家内部公民或者组织的政策参与。缺乏一个广泛的政策参与范围的存在,不可能建构一个成熟的现代民主制度。中国和西方世界一些国家在现代国家建构时间的早晚和成熟度上面的差异,在很大程度上是与中国自身长期缺乏成熟的政策参与环境相关。

第二,国家治理现代化中高素质公民、组织的培育需要政策参与。国家治理能力的现代化表明了国家公民或行业组织政治素质较高,具有较好的政策参与技能、知识等元素。由于公民或者行业组织的素质受国家传统和现代政治文化的影响,所以公民和行业组织治理能力素质的形成不是一蹴而就。那么,何为政治文化,怎么培养人们良好的政治文化?人们一般认为,政治文化是一个民族在特定时期政策参与中所形成的一套政治态度、政治信仰和政治情感,是政治关系在人们精神领域的投射形式,是一个民族长期在特定历史中形成的。② 国家政治文化的基础是国家的公民文化。公民文化是传统和现代融合的一种文化,是以说服和沟通为基础的多元主义文化,是一致性和多样性相结合的文化。③ 国家一旦具备了公民文化,也就证明了国家的公民具有"民主人"的人格,公民或者行业组织具有较强的政策参与愿望,也具有较强的政治输入和政治功效意识。一个国家形成良好的公民文化,单靠顶层者的设计是无法实现公民文化的良好建构的,必须要在长期政策参与中培养公民精神,并经过长期的积累积淀下来,最终形成符合国家治理能力的文化体系。因此,良好的政策参与可以较好地培养国家治理能力现代化建构中公民或者行业组织的参与素质。

第三,政策参与成为国家治理现代化推进的新路径。国家治理现代化指治理体系和治理能力的现代化。国家治理体系现代化是指建构符合自己的一套紧密联系、相互协调的民主国家制度,通过顶层做制度设计;而国家治理能力的现代化是指一个民主制度的执行能力,是动态的国家治理现代化的体现。那么,如何让二者结合起来?通过治理主体的参与才可以让二者契合起来。治理制度的优良固然很重要,但若缺乏具有良好治理能力的队伍践行民主制度、推进国家治理,那国家治理现代化的建构只能是漫长而艰辛的历程。基于此,可以认为,具备良好治理能力的人或者组织通过民主制度的运行维系国家治理活动,治理主体参与国家政治生活恐怕是一个明显的衡量标志。良好的政策参与能力是治理主体参与国家治理的能力标志,一旦缺乏公民或者行业组织良好政策参与能力,现有的民主政治制度功效将会降低,因为很多民主制度的出现需要人们不断地通过政策参与去实现和保持下去。专制制度也往往和公民或者行业组织政策参与的贫弱有着莫大的关系,低下的政策参与能力助长了专制制度的产生和固化。

---

① [美]孔飞力:《中国现代国家的起源》,陈兼、陈之宏译,三联书店 2013 年版,第 49 页。
② 参见孙关宏、胡雨春、任军锋:《政治学概论》,复旦大学出版社 2003 年版,第 361~262 页。
③ 参见[美]加布里埃尔·A.阿尔蒙德、西德尼·伏巴:《公民文化》,浙江人民出版社 1989 年版,第 6 页。

第二节　行业组织政策参与：一个考察中国国家治理现代化推进路径的新视角

一、行业组织政策参与概论

随着国家与社会关系调整，中国行业组织渐趋介入社会生活许多领域。比如，它们积极地投入扶老、扶贫等工作。行业组织与政府的互动可能以后也会愈加频繁。由此，探析行业组织与政府的互动对于了解中国现代化和政治民主化无疑有着重要意义。那何为行业组织？学界众说纷纭。从法律意义上看，学者邓国胜认为①，行业组织是指免税组织，一个组织要获得免税资格，需要满足三个条件：第一，机构运作目标是为了从事慈善、教育、科学等事业；第二，机构净收入不用于私人受惠；第三，机构从事的活动不是干预立法或者左右公开选举。只有具备上述三要素从而具备免税资格的组织才是行业组织；从组织资金来源上看，行业组织的经费来源主要是会费或者个人捐赠；从组织结构和运作上看，美国学者约翰·霍布金斯大学非营利组织研究中心认为，行业组织一般具有以下几个特性：第一是组织性。行业组织有自己的组织机构、内部规则制度、相关负责人及其正常性活动。第二是民间性。行业组织可以接受政府捐赠，但是和政府之间界限分明。行业组织不是政府的子机构，有其独立性。第三是非利润分配性。行业组织可以经过自己的经营获取相关利润，但其利润使命只是组织生命延伸的需要，不是组织成员个人之间的分配。第四是自治性。行业组织大多是实行自我管理、自我治理，不受外界的支配和左右。第五是志愿性。行业组织大多是志愿者参与，组成相关的志愿工作团队。美国学者杰勒德·克拉克认为，行业组织是私人的、非营利的职业组织，有着独特法律特点并以关注公众福利为其主要目标。②学者沃夫认为，行业组织包括五大特征：服务大众宗旨；不以营利为目的组织机构；有个合理的治理制度；有免税地位权；可以提供捐赠人减免税合法地位。③学者王名认为，行业组织是独立于政府体系之外的有一定公共性质并承担一定的公共职能的行业组织，一般具有非政府性、非营利性、公益性、志愿性的基本属性。④学者马庆钰认为，行业组织是相对于党和国家政府系统之外的，以社会成员自愿参与、自我组织、自我管理为基础的，以社会公益为主旨的一类组织。⑤综上所述，虽然国内外学者对于行业组织基本内涵或者特征的概括不尽相同，但本书认为，依美国霍布金斯大学认定的行业组织具备的几大特征在中国恐怕很难找到对应的行业组织，因而本研究认为学者沃夫的观点倒具有中国的适用性：行业组织是那些有服务公众宗旨、不以营利为目的、主要靠捐赠获

---

① 参见邓国胜：《民办非企业单位与中国社会事业单位的发展》，载《学会》2005年第12期。
② 参见何增科：《公民社会与第三部门》，社会科学文献出版社2000年版，第363页。
③ 参见邓国胜：《非营利组织评估》，社会科学文献出版社2001年版，第2~4页。
④ 参见王名、刘求实：《中国非政府组织发展的制度分析》，载《中国非营利评论》2007年第1期。
⑤ 参见马庆钰：《非政府组织生成与发展逻辑解释》，载《天津行政学院学报》2006年第6期。

取资金、具备一定程度免税的组织机构,大多具有非营利性、非政府性、公益性、志愿性等特点。

如今,中国行业组织有了较大的发展。早期行业组织大多是以民间社团的形式存在。由于受到政府层面推崇的"君子不党"等文化的影响,在近代以前历代政府都严厉禁止结社。到了近代以后,明末清初时,一些思想家,如梁启超等人认为不结社是中国政治腐朽、落伍的原因之一,于是在戊戌变法时期他们积极提倡结社。后来在有识之士的推动下,清政府也开始颁布条例允许商会等组织存在。1927 年以后,国民党通过整顿、合并等手段渐趋把社团变为政府组织,社团此时成为政府的准政府组织。因此,从严格意义上说中国早期不存在大量独立意义上的民间结社组织。1949 年到 1978 年期间,对于民间组织的发展,政府通过颁布法规进行结社组织登记,并取缔各种反动组织。很多组织,如共青团、妇联等都实际上是准政府组织。应该来说此时中国行业组织的发展并不是很充分。1978 年以后,一直到现在,随着国家与社会关系的调整,中国行业组织的发展渐渐步入正轨。随着市场经济体制的大力建构和政府的支持,中国的行业组织在社会治理、政治生活等领域开始展现了一定的角色功能,成为中国国家治理当中不可缺失的一道风景线。

行业组织的蓬勃发展一方面表明政府必须加以关注,另一方面需要考察行业组织在政治、经济、文化等层面的作用。单从政治层面上看,近年来行业组织政策参与在很多国家成为一个不可或缺的政治行为。学者们也纷纷地进行研究。国外一些研究被译介到中国,如美国学者赫兹林格的《非营利组织》和朱莉·费希尔的《NGO 与第三世界的政治发展》、李亚平等主编的《第三领域的兴起:西方志愿者工作》等。一些学者开始考察行业组织在公共政策制定方面的政治意义。何为公共政策?学者戴伊认为:"公共政策是政府决策作为或不作为的行为。"① 可见,公共政策制定主体是政府,客体是社会,内容指向公共事务。随着行业组织的崛起,公共政策制定主体出现了行业组织的身影。公共政治生活领域的变化体现了行业组织逐渐渗入政治生活,扮演着重要的角色功能。中国学者樊纲和胡永泰在《"循序渐进"还是"平衡推进"——论体制转轨最优路径的理论与政策》一文中,对行业组织政策参与的路径进行了有益的思考。夏伟明等人的《论中国非政府组织的公共政策参与》文章中也分析了公共政策参与的利益表达、政策制定等问题。学者李恒光的《关于我们第三部门发展的建议》一文指出了行业组织参与公共政策的不足等问题。因此,行业组织参与政治生活在国内外都已经是不争的事实,也引起了诸多学者的研究兴趣。那么,何为行业组织政策参与呢?本研究根据前面关于政策参与概念的论述,认为行业组织政策参与就是指行业组织为了表达和实现利益诉求,运用各种合法或者不合法的渠道,通过影响政治体制的构成和运行、公共政策制定而实施的一种政治行为。政策参与主体是大量的行业组织和参与组织的人;政策参与的客体是国家政治生活,特别是关切到自身利益部门或者地方公共政策制定的领域;政策参与的方式是制度化和非制度化;政策参与主要目的是通过政策参与分享利益;行业组织政策参与由于受到自身组织发展的影响可能会呈现出不一样的地位或者积极性。

---

① [美] T. R. DYE. Understanding Public Policy. Englewood Cliffs. N. J.: Prentice-Hall, Inc. 1975.

二、中国行业组织政策参与现状

中国行业组织自从改革开放以来,在政策参与多样化的格局中,正表现为一支愈加重要的参与力量。但从整体上看,由于行业组织自身能力的有限和现有国家治理模式的影响,行业组织政策参与存在明显的不足,其发展程度较低。行业组织政策参与是指在行业组织领导下,公民通过组织参与政治生活,维系个人利益的一种政治活动,其往往表现为积极地参与公共政策的制定。一般来说,衡量一个国家行业组织政策参与的发展程度有四个维度①:一是行业组织政策参与的人数;二是行业组织政策参与的渠道;三是行业组织政策参与的层次;四是行业组织政策参与的潜质。如果行业组织政策参与的人数越多,参与的层次上移,参与的渠道较多和参与的潜质较大,那说明国家行业组织政策参与的程度较高。反之,行业组织政策参与的程度较低。中国是一个行业组织出现数量逐渐增多,并且发展较为不均衡的国家,发展存在诸多的问题。在行业组织参与方面:从政策参与人数上看,尽管已经摆脱传统政治下政策参与主体唯有国家或者政府治理的局面,许多人也可以开展政策参与活动,但是从世界范围看,政策参与人数都在整体下降。从中国总体人数上看,政策参与所占的比例也并不大,很多行业组织只是松散的联系组织,没有政策参与的意愿和志向;从政策参与渠道上看,中国政策参与渠道并不宽泛,而且少量的政策参与渠道还被一些人掌控,再加上政策参与技术和素养的低下,很多渠道并没有形成真正的政策参与;从政策参与层次上看,中国政策参与层次既有基层的自治行为,如为城市公共决策提供咨询和决策,也有高层的人民代表大会的参与,但是单就行业组织政策参与的层次上看,中国行业组织政策参与也只是一些带有半政府性质组织的参与可能性较大,它们的高层参与并不多;从政策参与的潜质上看,中国行业组织政策参与能力不强。人数少、组织地位的不稳、参与渠道的单一等弊端自然会严重地限制行业组织政策参与的潜质。在中国,很多行业组织政策参与最多只是咨询或者旁听角色,提出的政策、建议有时候是很难被政府所采纳。因此,从总体上来说,中国行业组织参与的潜质不高。

中国行业组织政策参与的数量少、渠道窄、层次低和潜质低,究其原因有很多。学者年勇认为,行业组织政策参与程度低下是因为:内在驱动力缺失、内在合法性缺失、社会合法性不高、参与途径和参与意识有限。② 从表面上看,行业组织政策参与程度的低下与行业组织自身发展能力、国家是否认可等有关。但是,从深层次上看,中国行业组织发展或者政策参与和中国现有的国家与社会关系有很大的关联,这是因为行业组织无论是否具有合法性,还是自身的能力是否有所发展,及其能否具备广泛的政策参与渠道,都是受中国现有的国家与社会关系的影响。国家与社会关系的不合理化会严重制约行业组织政策参与。如果说行业组织政策参与是指行业组织试图影响政府决策过程的行为,那么国家与社会关系模式则型塑着这个国家行业组织政策参与的现状。如果中国的强国家—弱社会的现

---

① 参见欧阳兵:《和谐社会下中国非政府组织政政治参与发展及趋势预测》,载《江西行政学院学报》2006年10月,第8卷第4期。
② 参见年勇:《非政府组织公共政策参与问题与对策研究》,载《天水行政学院学报》2009年第1期。

实情况不加以改变,那行业组织政策参与程度低下的状况将会是客观的、长期的存在,这既不利于行业组织政策参与的政治学意蕴的出现,也会降低行业组织政策参与在国家治理现代化建构路径中推进的价值意义。

三、中国国家治理的现代化与行业组织政策参与

1. 现代化与中国国家治理的现代化

"现代化"概念自第一次出现以来,历经两个多世纪概念的沉浮发展,到现在已经演绎到关于"后现代"的解读和研讨阶段。从19世纪到20世纪时期的马克思对现代化理论的推动,到现在关于现代化和民主关系的讨论,人们逐渐清晰了对于现代化基本内涵的界定,也取得了一定程度上的统一。可能各个国家进行现代化的历程或者学者研究视角会体现出差异性,但人们普遍认为,现代化是指由农业社会向现代工业社会的一系列转变过程。每个国家都会经历,"现代化是人类历史上最剧烈、最深远并且显然是无可避免的一场社会变革"。① "现代化的核心概念的内涵是,经济和技术发展会带来大致可以预期的社会和政治变革。"② 西方许多国家已经走向国家的现代化,而像中国这样一个超然大国在向现代化迈进中,因为后发性的特点体现了中国现代化发展的紧迫性和可以借鉴性。和其他发展中国家一样,中国在和发达国家现代化发展的比较中,也存在着巨大差距、彼此依赖、对比产生的沮丧心理和后发的紧迫性。③ 由此,很多学者认为,在自身的现代化发展中,中国不可能完全学习西方,早期完全西方化的现代化理论需要加以修正。学者们认为,一个国家的现代化不是线性发展方向,发展方向不是唯一,而是有其特殊性;社会——文化变迁具有路径依赖的特点,使现代化的后果并没有造就一个大同的文化世界;现代化不是西方化;现代化不一定带来民主。④ 由此,在中国推进现代化过程中,完全模拟西方社会路径并不可取,应该有自己的路径和方式。由于现代化带来一个不可更改的后果就是经济领域的变化给社会结构、政治结构带来巨大的冲击,所以人们参与的空间在变大,具有自主精神的个体、组织在成长,并且渐渐参与到政治生活中来。中国国治理现代化的推进因此具有福音。

那么,何为中国国家治理的现代化?中国国家治理的现代化是指国家治理体系现代化和治理能力的现代化。国家治理体系一般指涉一个国家经济、政治、文化、社会、生态文明和党的建设等各个领域的体制或机制、法律法规,是一整套紧密相连、相互协调的国家

---

① [美]吉尔伯特·罗慈曼主编:《中国的现代化》,国家社会科学基金比较现代化课题组翻译,江苏人民出版社2010年版,导论第3页。
② [俄]弗拉季斯拉夫·伊诺泽姆采夫主编:《民主与现代化——有关21世纪调整的争论》,徐向梅等译,中央编译出版社2011年版,第131页。
③ 参见[美]吉尔伯特·罗慈曼主编:《中国的现代化》,国家社会科学基金比较现代化课题组翻译,江苏人民出版社2010年版,第482页。
④ [俄]弗拉季斯拉夫·伊诺泽姆采夫主编:《民主与现代化——有关21世纪调整的争论》,徐向梅等译,中央编译出版社2011年版,第133~134页。

制度。① 学者刘涛认为，国家治理的一般特点是：治理内容的公域性和多样性；治理主体的多元化；治理手段的多样化和柔性化。② 学者徐湘林认为，国家治理内容至少包括：共同价值体系的塑造、国家权威的强化、国家治理能力的提升、经济持续发展的促进、社会保障体系的完善和国家与社会彼此的互动。③ 学者王嘉让认为，国家治理体系现代化的标志是：民主、法治、科学、公平、创新和和谐等。④ 由此可见，尽管国家治理的现代化内涵因为治理体系的丰富程度无法加以具体限定，但是单就中国国家治理体系的现代化来说，一个现代化治理的国家必须具备一些特征⑤：一是有一个系统的、在中国共产党的领导下的、完善的制度体系。符合现代的、适合中国的一套特色政治制度体系是保障国家治理现代化的制度保障。二是民主性。国家治理主体的多元性意味着彼此的合作性，而众多治理主体的出现就会带来共同分担政策参与的权力。国家要大力发展民主政治，为各个个体、行业组织提供参与渠道，提升他们的政策参与能力，承担更多的治理责任。三是创新性。现代化本来就是一个概念和内容的非直线型过程，中国国家治理的现代化也需要敢于打破常规，积极地吸收适合于中国的制度设计理念和民主制度。这样方可不断地走在现代化的最前沿。

如果说中国国家治理体系的现代化是个静态层面的制度设计，那么中国国家治理能力的现代化其实就是如何运用治理制度体系管理国家各个领域的一种能力，它是一个动态层面的设计。国家治理能力的大小，一是受国家治理制度体系先进性的影响；二是受治理主体自身能力素养的影响。就中国来说，国家治理能力的现代化首先要积极地提高政党的执政能力，因为我们党是执政党，处在国家权力中心位置，需要提升自身的执政能力，因为缺乏一个优秀的现代意义上的执政党是无法实现国家治理能力的提升。同时，政府在国家治理之中扮演着重要的角色责任，需要提升政府服务能力，因为缺乏一个善于服务的政府是无法实现国家治理能力的现代化。当今社会很多国家都在打造无缝隙政府、质量政府或者是有限政府，其实均是希望通过改造政府，运用企业治理的一些模式来提升政府管理水平，并进一步提升国家治理能力的现代化水平。我国正在从政府层面积极地进行职能转变，着力推进服务型政府的出现，以便提升国家治理能力现代化建构的速度。除了党和政府层面治理能力的提升之外，更为重要的是公民或者行业组织的治理能力也必须要得到提升。如果缺乏行业组织积极地参与治理活动，单靠政府或者政党无法完成后现代以来复杂的国家治理活动。因此，考察一个国家治理能力的高低，国家行业组织的治理能力将是一个重要的参数、视角。

---

① 参见许海清：《国家治理体系和治理能力现代化》，中共中央党校出版社2013年版，第15页。
② 参见许海清：《国家治理体系和治理能力现代化》，中共中央党校出版社2013年版，第15~16页。
③ 参见许海清：《国家治理体系和治理能力现代化》，中共中央党校出版社2013年版，第16~17页。
④ 参见王嘉让：《努力推进国家治理体系和治理能力现代化》，载《陕西日报》2013年11月19日。
⑤ 参见许海清：《国家治理体系和治理能力现代化》，中共中央党校出版社2013年版，第17~19页。

2. 行业组织政策参与程度是考察中国国家治理现代化是否成熟的新视角

国家治理体系的现代化表明中国需要具备一系列治理国家的体制、机制、法规等。为此，构筑既符合中国目前发展的治理制度、也符合现代政治下中国特色民主政治制度价值要求的治理制度。中华人民共和国成立以来，我国在摸索中逐渐建立了有中国特色社会主义的民主政治制度，如人民代表大会制度、政党制度、政协制度、选举制度等。中国特色的政治制度反映了现代政治民主化的结果，富有中国特色。在民主制度的推动下，公民或者行业组织的政策参与积极性大为增加，多样化政策参与成为中国近几年政治生活的新篇章。但不可否认的是，考察公民或者行业组织的政策参与的实际情况，现有政策参与渠道的缺失成为影响当今政策参与效果的最大因素之一。我国的人大制度、政党制度等先进政治制度，在现实的实际操作中因为现有的社会、经济、政治等条件的缺失制约了其功能的释放，降低它们的民主政治价值意义。缺乏公民和行业组织的政策参与，先进的民主制度也释放不了更高价值意义，也不会长期促进民主制度的发展和完善。当前合理的民主制度、机制是符合中国特色的，既是长期政治制度建设的结果，也是人民长期革命、参与推进的结果。如果缺乏个体或者组织的政策参与，那中国现代民主制度的发展将会遇到阻碍。因此，个体或者行业组织的政策参与可以成为国家治理体系现代化的重要推动者，一个国家治理体系的现代化程度和国家治理主体的政策参与程度在一定意义上呈现出正相关的关系。

同样，国家治理能力的现代化是指运用国家制度管理社会事务的能力，体现了治理政策的科学性和高效性。一个具备现代化治理能力的国家不一定是政府管的最少的国家，但是一定是政府治理最好的国家。就中国而言，良好的治理能力必然体现在执政党的执政能力和现有的政府治理能力上。中国共产党是中国的执政党，党的执政地位是历史和现实的选择，在政治生活中党的地位是不言而喻的。国家的大政方针都是在党的领导下制定出来，缺乏一个符合时代潮流和较强执政能力的执政党是不能够引领我国继续走向新的胜利。因此，中国共产党也需要不断地提升自己的执政能力，从民主集中制的建立到党内民主政治生活参与的发展，再到"三个代表"的提出，都折射了中国共产党在努力地提升自己执政能力的愿望。当然，我们党要想真正地提升自己的执政能力以便迎合国家治理能力现代化建构的需要，必须通过政策参与介入国家政治生活中，通过政策参与提出自己的政治意愿，并通过法律的认可上升为国家意志，实现党的执政宗旨的国家化。其实，政党政治制度本来就是通过组织公民参与政治生活并一步步地汇集到政治中来的一种政策参与制度。如果说执政党是影响中国国家意志的宏观层面的顶层设计者，那么相对于国家层面来说，良好的政府治理能力则是国家治理能力现代化的微观基础。政府治理能力的好坏一方面由政府适度规模所决定，另一方面也由政府官员自身素质所决定。对于一个国家的治理能力来讲，政府治理的规模不是越大越好，也不是越小越好，关键是看政府是否适合于国家治理。中国是一个超大规模的国家，未来可能面临一定的治理危机和治理成本。为此，形成一个具有较强的政府治理能力来化解国家治理当中存在的问题，恐怕更需要的是超强、超大治理的政府，而不是无政府。构筑具备较好的政府治理能力需要先进的政府治理理念和适度的治理规模，还需要拥有一个高素质的治理人群，也即是现代官僚制度。现代官僚制度尽管存在诸多的问题,但一个训练有素的、治理素养高的群体肯定比那些不谙世事、不懂治理的人要好很多。具备公民精神和现代公民文化治理理念的人群通过政策参与不断磨砺自己的参与技能、参与知识等,并最终通过政策参与为执政党和政府治理能力的提升提供了一个重要推进路径。

可见,国家治理体系现代化所需要的现代民主制度体系和国家治理能力现代化所需要的具有高治理能力人或者组织的培育均依赖于民众多渠道的参与政治生活,一旦缺乏一套合适的政策参与渠道或者方式将很难最终推进国家治理现代化的建构。因此,着力探究公民和社会进行有序政策参与的新途径——行业组织政策参与的现状、有效性等问题,将有助于推进中国国家治理现代化的建构。

第三章　中国行业组织政策参与现状

引言：中国目前行业组织政策参与的现状到底如何？本章以温州商会政策参与作为典型个案来分析、镜像整个行业组织政策参与状况，以期为国家治理现代化的建构提供有益的理论启示。本章从分析典型性行业组织——温州商会政策参与的特殊性和普遍性出发，通过梳理温州商会的政策参与途径、类别、动机等，展示了当前我国行业组织政策参与一系列相关理论问题，为以后阐述行业组织政策参与的民主意义和存在困境提供前期理论铺垫。

第一节　行业组织政策参与和温州商会政策参与：普遍性和特殊性

目前，中国行业组织的发展比较迅速，政策参与的范围也在扩大，但就全国分布和参与的程度而言恐怕当属温州商会。温州商会组织由于自身存在的特点决定了商会政策参与和中国其他行业组织政策参与呈现了特殊性和普遍性。本书用温州商会政策参与的现状来镜像行业组织政策参与的现状，试图通过温州商会这一个案的研究，去分析、镜像中国当前行业组织政策参与的整体现状。

一、个案研究：温州商会政策参与

随着国家与社会关系的调整，中国行业组织的数量在逐年增多，再加上个人的精力、时间等方面的有限性，因此探析所有行业组织政策参与的状况恐怕是不可能的。本书由此选择温州商会这一典型行业组织作为个案研究对象。"在条件有限的情况下，如果我们希望了解人类体验的优势，必须从少数个案入手。"[①] 中国学者费孝通先生在回答学者利奇的质疑时认为，通过个案的微观研究可以概括出中国的一般国情。费孝通先生曾经用江村作为典型个案来探析中国农村问题，他认为："江村固然不是中国农村的'典型'，但不失为许多中国农村所共有的'类型'或'模式'。"[②] 由此，本书认为，尽管选择温州商会政策参与作为个案很难完全说明中国所有行业组织政策参与的现状、困难等问题，但在国家与社会关系这一宏观结构框架下，从温州商会政策参与的现实情况上看，通过温州商会政策参与的研究可以找到中国行业组织政策参与带有共性、普遍性的东西。因为通过个案的研究，可以形成一种"可外推性"，也即是"总代表性"。学者斯特劳斯和科宾认为，

---

① 陈向明：《质的研究方法与社会科学研究》，教育科学出版社2000年版，第413页。
② 费孝通：《江村经济——中国农民的生活》，商务印书馆2001年版，第319页。

"可外推性"是指"概念的代表性",意思是指通过个案的研究可以集中表现出某个类型的特点和属性,能够揭示有关这一类现象的主要要素及其关系,因此称之为"分类同质化"的外推。① 由此,本书以温州商会政策参与作为个案来研究中国行业组织政策参与的途径、类别等问题,可以探析中国行业组织政策参与的一般性问题。这种研究体现了个别和一般的逻辑关系。

二、温州商会政策参与特殊性

温州处于偏僻和多山之地,长期以来一直人多地少。温州艰难的生存环境铸就了温州人坚毅、敢为天下先的精神品质。为了能够活下去,在政府的默认下,温州人开始了中国现代以来最为活跃的市场主体——民营经济的发展。这种经济模式也被称为温州模式,它奠定了温州市场经济的基础。同时,市场经济体制也逐渐地在温州形成,并造就了温州人的独特个性:独立、契约、参与。并且,受本地传统永嘉文化中务实、尚利等文化理念的熏陶,温州企业家开始自己组建民间性商会这一行业组织。这种组织在初期对于维系当地社会经济的稳定和良性的发展作出了巨大的贡献。近来,在社会治理和公共治理中,温州商会开始崭露头角,温州商会的政治合法性也由此有了较大的提升。政府开始大力支持商会的发展,逐渐采纳温州商会的政策建议,温州商会由此逐渐出现在地方政治生活中。可见,从温州商会产生的环境来看,相比于其他行业组织来说,其更具有民间性。这决定了其独立、自主性的特点比其他行业组织更强。如果说具有较强的自主性、民间性的温州商会政策参与都不够广泛和积极的话,那么其他行业组织政策参与恐怕就会更为狭窄和消极。温州商会是中国市场经济最早酝酿、发展的地方成长起来的行业组织,是一个在充满地方自治和政府默认的环境下的行业组织,其天生就具有一种独立性和自主性。为了自身利益,温州商会参与政府政策的制定和执行应该来说是其必然选择,它也具备政策参与的外部自由空间。因此,本书考察温州商会的政策参与对于其他行业组织政策参与来说又体现了一定例外性。换句话说,温州商会的政策参与可能是中国行业组织政策参与程度最好的,而其独特的地理环境、人文环境和政治生态环境又注定了其政策参与的例外性——特殊性或者个别性。

三、温州商会政策参与普遍性

温州商会政策参与历史和现实的状况具有普遍性,它们的政策参与状况体现了中国行业组织政策参与所面临的政治生态。

1. 温州商会具有一般性行业组织普遍性特点

温州商会是一个行业组织,和其他行业组织一样,温州商会自身的价值诉求决定了商会是一个标准的行业组织。基于前面分析中国行业组织的基本内涵看,商会也是以服务公众为宗旨的、不以营利为目标的、主要靠捐赠获取资金的、具备一定程度免税资格的组织机构,大多具有非营利性、非政府性、公益性、志愿性等特点。商会这些特点使其在日常

---

① 参见王宁:《代表性还是典型性?》,载《社会学研究》2002年第5期。

的活动中体现了行业组织的普遍性特点,商会也是为了自身的利益进行自我组建的一个组织。在参与国家或者社会治理中,商会和其他行业组织一样可以承担一定的治理功能,商会大会通过制定、提出议案,参与政府公共政策的制定。考察温州商会政策参与的现状、意义等问题在一定程度上就可以映射其他行业组织政策参与问题。

2. 温州商会的成立受国家与社会结构的影响

温州商会的组建必须经过政府的登记和管理,受到了国家治理结构的影响,也不能够脱离中国国家与社会关系整体结构变迁的影响。温州商会的产生最早可以追溯到20世纪初,经过1949年的改造、萎缩和沉寂之后,到改革开放以后,才开始大放异彩。[①] 由于"中国历史上有着漫长的专制主义传统,强势的国家渗透于社会之中,挤压社会的生成空间,扼杀社会的自主性"等普遍性特点[②],像温州商会类似的行业组织和其他行业组织具有类似产生和发展的历史,它们都强烈地受制于中国国家与社会关系变迁的影响。"温州商会产生和发展的历史,比较有代表性地反映了一个多世纪以来中国国家与社会关系的变迁。"[③] 从1906年温州商会的产生,到2008年温州商会逐步的复兴,中国行业组织此时在国家与社会关系变迁下政策参与的整个历史面貌与温州商会有类似的境遇。温州商会每次政策参与的困境及其扩大都和国家与社会关系的调整有着极大的关系。由此,本书通过研究温州商会政策参与问题来考察行业组织政策参与问题,具有一定的普遍性,说明本书选择温州商会政策参与问题作为考察对象具有一定的普遍意义。应该来说,本书通过温州商会政策参与的研究,在一定程度上可以折射出整个中国行业组织政策参与的现状及其对于中国国家治理现代化建构路径的影响。

第二节 中国温州商会及其政策参与

一、温州商会

1. 商会

对什么是商会,学界并没有一个被人们普遍接受的定义。一般来说,从狭义上看[④],商会是指一些具有共同特征企业之间的一个协作组织。商会可以规范集团之间的秩序,协调集团与其他集团、政府等之间的关系。依据此规定可以判定,商会本身是经济性组织。

[①] 参见郁建兴等:《民间商会与地方政府:基于浙江温州市的研究》,经济科学出版社2006年版,第29页。

[②] 参见郁建兴等:《民间商会与地方政府:基于浙江温州市的研究》,经济科学出版社2006年版,第35页。

[③] 参见郁建兴等:《民间商会与地方政府:基于浙江温州市的研究》,经济科学出版社2006年版,第35页。

[④] 参见张捷等:《商会治理与市场经济——经济转型期中国产业中间组织研究》,经济科学出版社2010年版,第1页。

如果其涉及的领域企业是某一行业，则该机构称为行业协会；如果涉及具有共同特征的领域企业，则一般称为商会。在社会管理层面上，商会一般指涉综合型的组织机构，而行业协会一般指涉专业性的行业组织。二者在很多场合是彼此互相交叉、指代。因此，在很多学术研究中，一般用商会来指代所有这一类别组织，温州商会也以此归类，包括温州所有不同形式企业联合组织。① 1997 年和 1999 年，国家经贸委在两次下发文件中认为，行业协会是中介组织和自律性行业管理组织。在市场经济条件下，行业协会是联系政府和企业的桥梁和纽带，是政府的参谋助手，是依照国家有关法律法规自愿组成的自律性、非盈利性的经济类社会团体法人。② 有些地方政府文件规定也是如此。比如，温州市人民政府办公室颁布的《关于进一步促进行业协会（商会）规范化发展的若干意见》中认为，商会是市场经济的产物，是由同业经济组织自愿组成、向会员单位提供服务并实行自律管理的社会团体。上海市人民代表大会常务委员会在 2002 年 10 月《上海市促进行业协会发展规定》文件中认为，商会是由同企业及其他经济组织自愿组成的、实行行业服务和自律管理的非盈利性社会团体。可以看出，尽管不同级别的政府对于商会的定义存在差异性，但普遍认为，商会具有自愿性、自律性、经济性和非营利性等特点。有些学者则认为，商会是"一种商办法人社团"③，"商会是中介组织，是商品经济发展到一定阶段的产物，是社会生产力与生产关系发展的必然结果，是通过市场机制实现社会资源优化配置的重要媒介"。④ 商会是一种实现利益组织化、自我治理的组织，而且商会在实现自我治理中，对出于利益表达的需求所推动下的政策参与和政治民主生活的发展都具有重要意义。⑤

商会的产生有自身存在的根源：一是节约交易成本的需要。市场经济中行为人选择不同的组织结构是出于节约交易成本的需要。交易成本是指在一定的社会交易关系中，人们与他人进行自由交易、共同合作过程中所支付的成本。学者威廉姆森一般把交易成本分为搜寻成本、信息成本、议价成本、决策成本、监督交易成本和违约成本等类别。商会显然具有节约交易成本的功能。商会组织通过自有的一套契约安排来协调内部关系，减少彼此摩擦造成的谈判、协商等交易成本增大等问题。商会通过协调可以在彼此协同的基础上达成次优选择，从而节省交易成本。因此，从根本上来说，商会的出现是企业寻求利益驱动的需要。二是解决政府失灵的需要。关于政府失灵理论是学者伯顿·韦斯布罗德最早提出来。政府失灵理论被用来分析行业组织提供公共服务的机理。由于消费者对公共物品需求的存有差异性，导致公共物品的提供往往存在缺陷性；再加上基于公共选择理论的分析，在公共决策制定中由于公务人员经济人属性的存在，在自我利益的追逐中，公务人员迷失了自我公共性的价值底线，从而制定出导致经济失灵或者社会治理失灵等现象的政策。为了弥补政府失灵，商会组织开始出现并长期发展。商会可以在一定范围内有效地提供公共

---

① 参见国家经贸委员会《关于选择若干城市进行行业协会试点的方案》。
② 参见国家经贸委员会《关于选择若干城市进行行业协会试点的方案》、《关于加快培育和发展工商领域协会的若干意见》。
③ 虞和平：《商会与中国早期现代化》，上海人民出版社 1993 年版，第 84 页。
④ 陈清泰：《商会发展与制度规范》，中国经济出版社 1995 年版，第 2 页。
⑤ 参见郁建兴等：《民间商会与地方政府：基于浙江温州市的研究》，经济科学出版社 2006 年版，第 59 页。

产品（或集体产品），部分地化解了政府公共产品提供不足的窘境。这是商会存在的重要原因之一。① 三是解决市场失灵的需要。古典经济学理论认为，价格机制可以灵活地、有效地调节市场供求，从而达到资源配置的帕累托最优。但是，市场自身存在诸如不完全竞争、垄断、市场外部性、信息不安全等市场失灵行为，国家需要建构组织机构来化解市场失灵等问题，而商会的行为方式也刚好弥补了这些缺陷。商会可以协调企业彼此的关系、提供信息服务、避免机会主义错误等。② 这些弥补增加了市场运行的良性化，同时也给商会的自身发展预留了很大空间。可以这么说，只要市场经济的天生缺陷长期存在，商会就有其存在的制度空间。事实上，也正是市场经济自身的发展催生了私域的空间——商会的发展，同时也是市场自身的局限性才会为商会的长期存在提供合法性基础。可见，从商会自身发展的根源上看，商会是一个典型的行业组织，主要功能是为了减少企业之间不正当竞争等所导致的交易成本增大等问题。同时，商会的资金来源于入会会员的费会或者捐赠，商会具有自治性和志愿性等特点，会员入会和退会都遵循自愿的原则，有自己的组织机构和办公场所，定期公开选举商会委员组成委员大会决定商会大事。政府对于商会也基本是实行免税政策，有时政府还会提供资金给予帮助。

2. 温州商会

改革开放以来，随着经济体制和政治体制改革的逐步深化，特别是随着民营经济的快速发展，中国商会组织在各类组织中异军突起，在经济、社会和政治发展中愈加显示出商会的重要性。这其中以温州商会更具有特色，其发展速度之快令人咋舌。当然，温州商会出现井喷式的发展现象并不偶然，而是和温州地区自身发展的独特性有很大的关联。首先，温州商会大多是体制外的"民间商会"，有较强的独立性、自主性；其次，温州商会不仅在温州地区蓬勃发展，而且影响力渐趋外溢，引起诸多的轰动；最后，温州商会通过展示处理国际争端能力，诸如处理打火机、眼镜等国际贸易摩擦，再加上"温州模式"早期的影响力，致使温州商会早已成为行业组织的一大"品牌"。③

那么，何为温州商会？本书认为，温州商会④一般是指改革开放以来出现的自治性较强的民间经济组织。随着国家与社会关系的转变，温州商会的发展从历史的视角大致经历三个阶段：

第一，1906—1949年是温州商会的产生、自主发展与整顿时期。此时，随着晚清时期国家与社会关系的调整，晚清政府改变了"重农抑商"政策，鼓励商会筹建。商会在政府的劝办中纷纷建立，在清朝灭亡之前，除了蒙藏之外，全国各地成立商务总会有50

---

① 参见张捷、徐林清：《商会治理与市场经济——经济转型期中国产业中间组织研究》，经济科学出版社2010年版，第14页。
② 参见刘华光：《商会的性质、演进与制度安排》，中国社会科学出版社2009年版，第11~12页。
③ 参见郁建兴等：《在参与中成长中国公民社会——基于浙江温州商会的研究》，浙江大学出版社2008年版，第29页。
④ 本书所指商会包括行业商会、狭义的行业协会，异地温州商会以及企业家协会，它们的登记部门是民政局，但是分属不同的部门管理。

余个，分会有800多个，会所有2000多个。① 温州商会1905年开始筹建，1906年建成，商务分会也获得批准。② 温州商会通过颁布章程，民主选举总理、董事，也具有保商和振商的职责。民国以后，政府颁布一系列促进商会发展的法令，促进了商会自身的发展，体现了商会自身的自治性；南京国民政府时期，政府先后颁布了《人民团体组织方案》、《人民团体与党部往来公文程式》、《民众团体组织方案》和《人民团体职员选举通则》等法规。新法规中对团体登记的规定、惩罚的力度等都有着严格的规定，商会因此受到了党部和政府的控制，失去了自主性。③ 在此大的背景下，温州商会便渐趋衰落，日益沦为国民党和政府的附庸，其自身的服务和社会功能开始弱化。

第二，1949—1978年是温州商会的改造和沉寂时期。新中国成立后，由于受"全能主义"思维的影响，商会的社会功能日益被弱化，政府原则上不允许一个独立的社会空间和经济空间的存在。尽管1949年成立的工商联合会在社会主义经济建设中发挥了重要作用，但工商联并不是一个独立的经济组织，商会此时被吸纳成为政府的一个"准行政组织"。温州市工商业联合会在1955年成立，并通过《温州市工商业联合会组织章程》的颁布推动商会的发展。到了"文化大革命"前后，温州商会基本处于停滞状态，商会此时基本职能趋于消亡。

第三，1978年至今是温州商会的复兴和发展时期。1978年，中国掀起了改革开放的大潮之后，渐趋进入了"后全能主义"时代。在市场、社会和国家关系重构的背景下，社会体现出政退市进、政退社进、政退民进、权退法进、政退党进及其社会多元化和意识形态淡化等现象。④ 在市场经济的建构较为活跃的背景下，温州商会组织开始复苏和发展。政府首先开始对旧商会进行登记，并吸纳新会员的活动，先后帮助企业建立行业工会。1992年邓小平发表南方谈话后，温州民营经济的发展有了制度和意识形态的空间，"温州模式"逐渐成为政界和学界热议的焦点。为了维系自身的利益，在政府支持和温州地方传统文化因素的双重影响下，温州商会组织如雨后春笋般在各个地方建立起来。近年来，温州商会的发展逐渐走向高潮，加入世贸组织之后，温州商会也因反欧洲倾销案中方取得胜诉中所起的关键性作用而享誉行业组织。

二、温州商会政策参与内涵

比起其他地区的商会，温州商会的发展存在着例外性：一是商会成立的时间较早，而且多产生于体制外；二是商会数量多，遍及国内外；三是在和欧洲关于眼镜、打火机等反倾销案件中大放异彩，并引起社会的关注；四是属于"温州模式"范畴内的因子等问题引起学界的热研。⑤ 温州商会的例外性诱发了人们的关注。但是，由于商会组织是一个经

---

① 参见朱英：《转型时期的社会与国家——近代中国商会为主体的历史透视》，华中师范大学出版社1997年版，第69页。
② 参见胡珠生：《温州商会之创立与改革》，辽宁人民出版社2000年版，第219页。
③ 参见《中华民国法规大全》第四册，商务印书馆1936年版，第5718、5735、5739、5740页。
④ 参见李景鹏：《后全能主义时代的公民社会》，载《中国改革》2005年第11期。
⑤ 参见郁建兴等编著：《在参与中成长的中国公民社会——基于浙江温州商会的研究》，浙江大学出版社2008年版，第29页。

济组织，无论是企业还是政府大多是从经济的角度去看待商会的作用。私营企业家加入商会主要是为了在市场经济的发展中维护市场秩序，进而维护自己的合法利益。温州市政府也看到了温州商会在规范市场秩序、促进地方经济发展中所具有的独特和重要的作用，于是，政府采取的态度是从默许到积极支持。因此，研究温州商会的学者大多从经济学角度去研究，很少从政治社会学角度去进行研究。当然，随着商会自身发展和在公共决策中作用的加强，商会的政治学意蕴开始显现，从而使对于温州商会政策参与的研究逐渐成为学界热点。由于温州地处偏远地区，中央管制较少，再加上自身传统的重商精神和独立性的历史文化底蕴的影响，温州人在自我勤奋品质的激励下，发展出不一样的经济发展模式——温州模式。① 受此影响，温州民营经济的发展呈现井喷之势。温州民营经济企业家们在与政府的博弈中参与政策的制定和执行，在一定程度上影响了政府公共决策行为的方向。由于个体政策参与往往处于"原子化"窘境状态，为了提高政策参与的有效性，温州私人企业家们便组织起来，走集体行动之路开展政策参与活动。温州商会的成立、发展和壮大逐渐在温州地方公共决策中发挥了越来越重要的作用，温州商会的政策参与逐渐成为常态化的政治行为。

那么，何为中国温州商会的政策参与？按照本书前面的分析，政策参与是指一定非职业型的公民或者他们组成的团体，为了表达和实现利益的诉求，运用各种合法或者不合法的渠道，通过影响政治体制的构成和运行、公共政策制定而实施的一种政治行为。由此，笔者认为温州商会政策参与就是指商会组织为了自身经济利益的价值诉求，通过各种途径去影响公共政策的制定，通过提案、听政、咨询等方式进行政策参与的一种政治行为。可见，商会政策参与大致包含以下几个基本要义：

1. 温州商会政策参与主体：商会组织和商会会员

温州商会政策参与主体主要是商会组织。商会组织进行一定内部协商之后把商会大会通过的议案提交给地方政府，通过提供议案影响政府公共政策的制定，为政府公共政策的制定提供参考。同时，由于商会是个法人代表组织，商会会长也会以商会代表名义去进行私人接触，从而为商会的整体发展带来契机。除此之外，还有个别商会会员也会通过一定方式参与政治生活，影响公共政策的制定和执行。

2. 温州商会政策参与目的：获取经济利益

温州商会是一些企业为了自身经济利益的需求，进行彼此协商而建构的一个民间性经济组织。人们组建商会最大目的是为了协调行业利益，追求经济利益。当然，不可否认的是，商会在追求经济利益时会兼顾社会治理，也会提出一些有助于社会发展的政策和方案等，但在整体上，温州商会大多是依靠影响公共政策制定的方式去实现经济上的追求。温

---

① 参见史晋川等编著：《制度变迁与经济发展：温州模式研究》，浙江大学出版社2002年版，第4页。温州模式一般指经济社会发展尤其是经济发展模式，同时也指经济制度变迁的模式，或者说经济体制改革模式。

州商会政策参与从根本意义上来说就是为了实现经济利益。在中国压力体制造成的政治和经济交织的现实背景下，商会参与政治生活，通过政治权力来获取经济利益应该是最好的一种选择，由此也导致了温州商会不断地参与政治生活，以便获取利益，政策参与会便逐渐成为温州商会的一种常态化行为。

3. 温州商会政策参与方式：制度化和非制度化

温州商会制度化政策参与是指用官方可以接受的参与方式，如商会会员参与人大和政协的政治活动，或者正常向政府提出自己的议案等。这种制度化政策参与是在党的领导下官方可以接受的参与方式，它体现了政府对于人民的控制，而不是用来提高人民对于政府的控制。① 制度化政策参与要正常实现其价值功能需要政策参与的制度必须要设计得精良和优化。但是，现实情况是我们政策参与的渠道既不宽也不畅。因此，温州商会政策参与有时还会伴随着非制度化政策参与，即是商会人员通过私人接触、抗争、群体性事件等方式参与政治生活。温州商会产生这种非制度化政策参与方式的原因是商会政策参与的渠道狭窄，人们就不得不采取非制度化方式进行政策参与。这给我们敲响了警钟和思考，国家层面或者政府层面是否为商会提供了宽广的参与通道呢？或者国家如何扩大商会政策参与的通道以便我们推动政府公共决策的科学化、大众化呢？这些都值得我们去探究。

4. 温州商会政策参与客体：公共政策的制定和执行

如果温州商会的成立是为了防止"囚徒困境"的出现而设计的一种制度依赖的话，那么随着商会在政治生活中影响力的增加，商会政策参与的客体显然是为了影响国家或者政府层面政策的制定和执行。社会科学对于政策的研究有着悠久的历史。从20世纪的伍德罗·威尔逊到后来的拉斯韦尔，学者们逐渐建构了政策科学理论框架。一直到现在，公共政策学科的研究依然是风生水起，预示着政策研究的重要性。如果从国家履行公共职能的角度上看，公共政策的制定不仅是一个科学化过程，更是一个政治过程，是各种社会主体运用其自身的政治资源去表达利益诉求，影响政府决策的过程。公共政策制定是一个使参与人员在政策制定和执行中，自己的利益得到偏好，优先可以被照顾，从而实现自己利益最大化的过程。一个公共政策制定的过程其实就是各种政治主体之间的谈判、交易和妥协的公共治理过程。② 温州商会的政策参与就是商会组织代表商会组织、个体去参与政策制定的一个过程。在此过程中，商会一方面获得自身想要的公共政策，另一方面也在不断地参与公共权力的分配，参与国家治理。商会由此便逐渐成为地方治理、国家治理的一个重要的主体部分。因此，从某种意义上说，温州商会政策参与也可以说成是温州商会公共政策的参与，其指代的意义在本书论述中基本是一致的。

---

① 参见陶东明、陈明明：《当代中国政治参与》，浙江人民出版社1998年版，第262页。
② 参见[英]米切尔·黑尧：《现代国家的政策过程》，赵成跟译，中国青年出版社2004年版，第7页。

第三节　中国温州商会政策参与类别

一、温州商会政策参与法律视角

从温州商会政策参与法律视角上看，商会政策参与可以分为制度化和非制度化的政策参与。公共政策一般是指政府依据一定时期的公共价值目标，在对社会公共利益进行选择、整合、分配和贯彻的过程中所制定的行为准则。① 因此，现代社会公共政策的制定规约着人们利益的归属，公共政策的制定也由此受到人们的普遍关注。个体和组织纷纷参与其中，谋取自身利益的最大化。温州商会作为一个典型的行业组织，在政策参与中存在制度化和非制度化政策参与问题。

1. 商会制度化政策参与

商会制度化政策参与主要是指商会在法律框架下参与公共政策的制定，合法地获取自己想要的利益。温州商会制度化政策参与是通过竞选人大代表和政协委员的身份参与政治活动。中国公民或行业组织政策参与大多体现为公民或行业组织在中国特色的民主政治制度——人大制度、政治协商制度等建构下进行的一种政策参与行为。具体来讲，公民可以利用人大代表或政协委员的身份参与到政治生活中来，享受民主政治生活。商会是一个行业组织，在政策参与中主要是委任其法人代表——商会会长或者自己亲自作为商会一个成员参与国家政治生活，谋求有利的政策制定。为了适应温州地区私人经济的快速发展和私营企业主阶层的崛起，温州商会因此快速建立起来。温州私人企业家的发展客观上需要一种能够代表、集合和表达他们利益的组织或机制，以便于他们的政治、经济和社会利益的聚合和表达，以便能够争取实现行业利益和阶层利益的最大化。但是，社会当时缺乏一个合适的政治体制和社会组织能够及时地将涌现出来的私人企业主纳入政府现有的制度框架内，于是商会便应运而生。商会的出现也迎合了政府的需要。政府需要把涌现出来的新阶层的参政行为纳入制度化渠道当中去，利用行政吸纳的方法把那些具有一定势力的商会成员吸纳为人大代表或者政协委员，以换取商会对于政府政策的支持和增强政府政策的合法性基础。同时，商会也可以把精英分子吸纳到政府中来，满足他们参与政治生活的需求，降低他们与政府的冲突程度，从而便于政府控制、管理相关人员。政府和商会的关系使彼此有着共同的需求基础，通过政策参与途径，商会与政府的关系实现了从"超经济强制"到"关系性合意"的转变。② 可见，商会组织的出现使私人企业主有了组织化、利益导向的机制。政府也尽可能通过商会机制把新阶层的政策参与行为纳入制度化渠道，从而起到了化解人们面临的政策参与困境。根据对 64 个温州民间商会的调查，大多商会的会员

---

① 参见姚俊岩：《恐怖活动中公众心理恐惧效应对社会稳定的影响及对策》，载《廊坊武警学院学报》2008 年第 5 期。

② 参见杨清：《从超经济强制到关系性合意——对于私人企业主政治参与过程的分析》，载《当代中国研究》2000 年第 4 期。

是人大代表或者政协委员。见表3-1①。商会成员成为代表或者委员后,积极地通过参政、议政影响地方公共政策的制定和执行。根据对64家行业组织的问卷调查,大部分行业组织代表为了行业利益参与政策的提案和议案,反映了他们关切的利益。通过表3-2②可以看出,人大代表或者政协委员通过自己的代表身份向政府表达意愿,经常呼吁的占31.25%,加上"一般和有、但很少"的人数共计占71.88%。这个比例显示了商会会员通过代表身份进行政策参与的积极性是比较高的。商会的组织化、制度化的政策参与,与个体参与的功效相比较显示了较大的优势。学者陈剩勇认为,组织化的参与可以体现出优势:利益聚合和利益表达。③ 利益聚合就是把扩散的、个体化的个体利益整合、集中起来,使它们符合行业的整体利益需求。这点在温州民营企业的发展中确实体现出它的优势,究其原因是温州的民营企业在初期蓬勃发展中,由于无序竞争、零和博弈的出现,假冒伪劣商品充斥着整个温州市场,温州成为假冒伪劣的代名词。面对长期的恶性竞争,民营企业家们自身也意识到合作的重要性,于是企业家们组建了一个协调性的组织,以便规约彼此行为,综合各方利益和凝聚力量影响政府政策的制定。由于商会具有拥有行业信息的优势,所以利用商会向政府传达民意显然更具有专业性和完整性。在温州很多公共政策的制定中,商会参与作用充分地体现出来。比如,鉴于温州市金属材料发展不景气的现象,温州建材商会邀请委员参与讨论,最后在委员们的提议下向政府进行提案,并得到政府的支持,最后他们通过协商解决好彼此的争论。2000年,政府想在温州市鹿城区建设一个钢材市场,后来在诸多委员的提议下,商会集中民意向区政协五届二次会议提案。该议案认为,此举是进行重复建设和浪费了公共资源,建议市政府不如加大原有市场的整治,提升市场服务水平。政府最后批准了此议案。再比如,温州烟具协会去欧洲打官司的案例。2001年10月,欧盟准备通过制定技术壁垒文件以便惩罚中国部分温州企业,许多企业面临着巨大的压力,因为该方案一旦通过,中国相关企业将会因此失去70%的欧洲市场。面对即将降临的灾难,单个小企业无法承担高昂的时间和官司成本费用。在商会的积极努力下,相关企业通过集资和呼吁中国政府出面应对,事情最终得到了妥善的解决。

表3-1　　**64个温州民间商会中各级人大代表和政协委员的数量分布**

统　计　项　目		数　　量
人大代表	全国人大代表	3
	省大人代表	13
	其中:省人大常委	1

---

① 参见陈剩勇:《组织化、自主治理与民主:浙江民间商会研究》,中国社会科学出版社2004年版,第229~230页。
② 参见陈剩勇:《组织化、自主治理与民主:浙江民间商会研究》,中国社会科学出版社2004年版,第218页。
③ 参见陈剩勇:《组织化、自主治理与民主:浙江民间商会研究》,中国社会科学出版社2004年版,第233~234页。

续表

统计项目		数量
人大代表	地、市人大代表	111
	其中地、市人大常委	9
	区、县人大代表	162
	区、县之中：人大和常委	13
政协委员	全国政协委员	4
	省政协委员	5
	其中：省委和政协常委	0
	地、市政协委员	32
	其中：地、市政协常委	18
	区、县政协委员	91
	其中：地、县政协委员	18
商会（协会）中人大代表、政协委员总数		421

表 3-2　商会对"是否参加人大代表或政协委员向政府部门反映利益"的回答

	回答数	百分比
没有回答	11	17.19
没有	2	3.13
有，但比较少	11	17.19
一般	15	23.44
经常倡导	20	31.24
比较多	4	6.25
无数回答	1	1.56
总数	64	100

商会的利益聚合功能无疑给组织内的成员提供了较好的利益聚合渠道，维系了成员自身利益，降低了自身风险。同时，由于现有制度的局限性，温州商会中的专职人员大多是退休的政府官员，如经贸委主任、区长、工商局局长等。退休官员在商会工作中一旦遇到棘手的问题，就会利用自身以前的社会资本优势缩短与现有政府官员沟通的距离和时间，他们渐渐成为政府与会员之间的联系桥梁，从而加大了个体成员参与政治的转化能力，商会成员最终利用集体行动的力量影响政府政策的制定，产生了利益的表达优势。可见，商会的利益聚合和表达优势极大地改变了会员参与的角色和功能，提升政策参与的质量和层

次,使人们的政策参与更趋于秩序化、制度化和理性化等。

2. 商会非制度化政策参与

商会非制度化政策参与主要是指商会通过非暴力不合作、行贿、非法集会、抵制和拒绝执行公共政策等方式进行政策参与的一种活动。商会非制度化政策参与现象当前在中国政治生活中存在一定的数量,其产生的原因主要是:

第一,参与行为的增多和制度化参与渠道的缺失。市场经济体制在中国的推进和逐步的完善,不仅创造了中国经济发展的奇迹,也同时唤醒了公民的参与意识。积极参与意识的觉醒是源于公民利益的驱动,"公民奋斗所争取的一切都同他们的利益有关"。① 为了在未来追逐中获取合理的利益,公民或组织有了内在驱动力加入政府政策制定中来。"不同的利益集合者们是有着自己的独立的政治经济利益考量,特别是那些新起的利益集合者,为了争取实现和维护自身的利益,他们已经较为充分地意识到公共政策在社会利益中的分配和公民利益实现中的权威性地位。"② 由此,参与政治活动来分配利益成为人们参与政治生活的原动力。但是,由于现有资源的稀缺性、利益分配的不公平性,各种利益主体在参与中存在利益获取的不均衡性,从而容易产生彼此之间利益收入的巨大差距。收入的巨大差距将会造成人们一定的挫折感。"如果社会有着纵向和横向流动的机会和可能,那么这种挫折感可能会得到一定程度上的缓解,否则,公民就会因为挫折感的压迫希望通过政策参与向政治体系施加压力而获得释放。"③ 商会作为一个组织在维系商会成员利益上显得比个体政策参与更有优势。亨廷顿认为,"组织是通往政治权力之路,也是政治稳定的基础,同时也是政治自由的前提"。④ 行业中的个体为了追逐自己的利益,通过商会组织参与公共政策的制定,解决单个个体分散化和力量单薄的窘境。在通过集团化力量之后,行业个体勇敢地表达了自己的声音。这种表达会有助于个体引起政府的重视,提高个体参政的质量和有序性,减少非制度化参政现象的产生。当然,一旦组织化商会参与渠道受阻,参与将会酿成更大的非制度化政策参与,因为组织化的非制度化参与的力量就愈加难以控制,可能会直接威胁到政府的安全。当前,中国虽然意识到行业组织在政策参与中的重要角色作用,但由于历史和现实的原因,政府对于行业组织的态度也是比较复杂的,对于行业组织的参与作用缺乏积极的重视。由于一旦行业组织参与政策的制定就意味着分享政府权力,对于个别独断了政治权力资源的政府人员来讲将是一个极大的威胁。由此,政府对于商会参与采取较为谨慎的态度,一方面,政府设置较为严格的准入制度门槛,进行持续的审查和整顿,设置了组织开展政策参与的诸多规制,进而加剧了商会缺乏权益保护制度的趋势;另一方面,政府轻视商会组织政策参与功能,把商会组织仅仅看作传达政

---

① 沙莲香:《社会心理学》,中国人民大学出版社 2002 年版,第 49 页。
② 王有福:《论社会转型期中国公民的政治参与》,载《云南行政学院学报》2002 年第 2 期。
③ [美] 萨缪尔·P. 亨廷顿:《变化社会中的政治秩序》,王冠华等译,三联书店 1996 年版,第 73~76 页。
④ [美] 萨缪尔·P. 亨廷顿:《变化社会中的政治秩序》,王冠华等译,三联书店 1996 年版,第 427 页。

策的通道和润滑剂，商会只是社会管理辅助主体；再加上进入门槛的严格控制，大大地缩小商会组织的参与范围，造成商会参与渠道的堵塞，并可能会演化成大量的非制度化参与现象的出现。

第二，政府自利行为与信任缺失。随着社会矛盾的增多，个别官员的自利行为降低了民众对政府的信任感，再加上政府政策的失误也会助长人们自己参与政策制定的渴望。大量的政策参与一旦遇阻，将会酿成较多的非制度化参与行为的产生，也即是群体性事件的爆发。从"经济人"理论视角上看，无论是政府还是官员自身都客观存在着利益的需求性。鉴于现有的监督机制不够完善，政府和官员的自利行为一旦趋于膨胀，行为一旦见诸报端，将会损害政府的威信。据新华社报道，湖南省衡南县是一个比较贫穷的财政县，历年财政负债7亿多元，一些教师工资只发70%。但是，就这样的一个贫困县里面不少干部还先后花巨资购买广本轿车等中高档汽车，年累计花费近500万元为公车买单。① 湖北省在治理"三乱"行动中发现，一些单位"三乱"现象严重，而且花样翻新，中央明文规定不可以收费，有些地方提高或者变相收费依然十分严重。② 政府或者官员自利行为的出现严重破坏政府作为公共利益者该有的公共形象，也使得民众或者商会组织对于政府的权威和公正产生极度的怀疑和不信任感，民众或组织对否能够通过制度化参与维护自身利益感到怀疑，于是，非制度化参与逐渐成为人们参与政策的首选行为。长期非制度化政策参与行为的出现，一旦面临政府政策的失误或者政策的执行不力，政府就会很容易出现偏差和损坏民众的利益，进而加剧人们对于政府的不信任感，并最终产生群体性事件。

二、温州商会政策参与主体视角

从温州商会政策参与主体视角上看，温州商会政策参与主要分为商会会员个体和商会组织整体的政策参与。商会会员自身也是中国社会重要的组成成员，在参加商会之前，商人们经济上虽然是巨人，政治上却是矮人。导致此现象出现的原因是私人企业家长期以来在社会中得不到政治上的认可，被鄙视为社会底层的人。从早期清政府的重农抑商政策，到新中国成立早期的计划经济体制，人们对商人的政治地位和社会地位的评价都极为低下。即使在改革开放以后，推行市场经济体制时，在追求市场主体平等和多元化的背景下，私人企业主们都没有改变其"草根经济"的角色地位。到了1997年，随着中央把私人经济体制视为合理的补充部分，私人经济企业主的政治地位才得以正式确立，政治上也有了些许的参与空间。但是，由于私人企业天生外部性的存在，如低水平的建设、结构的不合理、恶性的竞争等原因，温州私人企业大多寿命不长；再加上企业多由体制外生成，一些富裕起来的企业者大多通过贿赂或者钻制度和政策的空子获取了非法财富，政商勾结共谋富裕成为不争的事实。因此，温州私人企业主们背负着人们的鄙视和"原罪"的骂名。为了改变不好的外在形象，商会成员便积极地参与政治活动。通过政策参与，商会一

---

① 参见苏晓洲：《湖南省衡南县公车消费调查》，载《新华网》2004年7月25日。http// www. china org . cn.

② 参见金陵：《"三乱"背后的政府利益难题》，载《金羊网》2004年10月26日。http// www. ycwb com. 敖带芽：《私营企业主阶层的政治参与》，中山大学出版社2005年版，第78~79页。

方面获取自己需要的政治身份认同，另一方面可以舒缓人们对于自己获取不义之财的鄙视。因此，商会会员个体进行政策参与活动也在逐年增加。通过政策参与，商会会员改变自己的形象，赢得了民众和政府的认可，从而为自己更好地发展企业做了极大的铺垫。

除了商会中个体政策参与之外，商会大多数是以商会整体名义参与政治活动。原子化政策参与力量毕竟有限，而且原子化政策参与往往伴随着精英化的政策参与模式。过度精英化政策参与模式不利于大众化的政策参与行为的形成，从而对中国政治民主化的形成可能起不到真正的推动作用。政策参与一旦为极少数人所掌控，政策参与的民主价值功效就大为降低。由此，温州商会政策参与大多是依照商会组织整体优势去开展政策参与活动。组织化政策参与不仅可以惠及大多数人，而且可以改变低度组织化政策参与所带来的不确定性和体制外参与爆炸等现象的产生。一般来说，一个民主制度要想具有合法性必须具备三要素：一是普遍性；二是公意性；三是程序性。实现三要素都要通过政策参与来完成。学者李普塞特认为，民主制度合法性在社会变革时期变得尤为凸显，其原因是在社会变革时期，传统制度会受到威胁，新生的力量一旦缺乏政策参与机会就会开展抗争性的政治运动，从而会破坏现有政治体系的合法性。由此，适度政策参与是有必要的。温州商会组织在完成自己经济功能的任务之中，把经济上的巨人聚合起来进行组织化政策参与显然是符合了政府的意愿。这既为政府赢得了合法性，又会防止参与内爆的产生，因为"没有组织化的政策参与就可能退化为群众式的运动，组织如果没有政策参与就会沦为私人小集团"。① 由此，通过温州商会整体的政策参与可以把分散的力量聚合起来，提升人们政策参与的功效，也会把体制外的政策参与行为组织到可控范围之内，以便防止参与内爆现象的产生。商会的整体政策参与行为显然比个体政策参与行为更富有功效和现实意义，它既防止了"囚徒困境"的上演，也凸显了商会政治学意义上的价值。

三、温州商会政策参与方式视角

从商会政策参与方式上看，温州商会政策参与可以分为直接政策参与和间接政策参与。直接政策参与、间接政策参与和直接民主、间接民主有很大的关系。直接民主是指人们直接参与政治生活，参与公共事务的管理和公共政策的制定。间接民主是指人们通过间接参与，也即是通过代议制方式参与政治生活，定期选举出代表参与政治生活。当今社会是间接政策参与和间接民主较为流行的社会，很多国家都采用代议制方式实现公民或者行业组织的政策参与。但是，学界研究证明，代议制民主或者说间接民主明显存在逻辑困境。其具体体现在②：一是多数决定论存在悖论，无法真正反映多数意志；二是投票理性因为选民日益的政治冷漠和不负责性导致选举结果无法得到保证；三是先进选举技术的跟进无法保证选举结果的公正。因此，为了解决民主悖论，在追求直接民主的道路上，人们希望通过直接政策参与实现政治民主。但由于许多国家受自身人口数量等因素的影响，实现直接政策参与存在诸多困境，取而代之的是在改善现有代议制民主缺陷的基础上，人们

---

① ［美］萨缪尔·P. 亨廷顿：《变化社会中的政治秩序》，张岱云译，上海译文出版社1989年版，第433页。
② 张宇飞：《代议制民主逻辑困境》，载《河套大学学报》（社科版）2009年第3期。

尽可能小范围地去尝试直接政策参与，推进直接民主的产生。温州商会组织就是通过直接政策参与方式推进基层直接民主发展的一个尝试。温州商会政策参与存在着直接政策参与和间接政策参与。温州商会直接政策参与是指商会通过自己调研直接向政府提出自己的议案，影响政府公共政策的制定和执行；而温州商会间接政策参与是指商会通过社会的舆论和商会自己举办的活动间接影响政府公共决策的制定。温州商会直接政策参与表现在现实中主要是通过商会会员直接竞选人大代表或者政协委员，利用代表身份直接参与政治活动，特别是商会会长或者实力强大的企业家们通过自己代表身份向政府提供议案，给商会直接政策参与带来契机。温州商会亲力亲为的直接政策参与行为改变了间接政策参与中的政治冷漠和委托代理人"自利"行为，从而改变间接政策参与带来的民主悖论，实现参与式民主或者是直接民主。如果人大代表的选举能够完全保证公平、程序、正义和广泛性等特点，那么充满直接民主特色的政策参与将会为中国直接民主的实现带来有益的实验性尝试，是公民和行业组织进行有序政策参与的路径。如果通过民选的商会成员去直接开展政策参与的话，那么商会带头为社会捐款或者通过舆论宣传达到影响政治生活，可以认为是间接政策参与。"舆论宣传"被称为"第四种权力"，对于政府决策的影响力在当今社会愈加频繁。随着网络技术的传播，人们通过网络等新媒体宣传商会自身的形象，不仅可以表达自己的民意，也可以通过商会聚合民众力量向政府发起监督。商人或者说商会一直以来被冠以"无奸不商"的恶名，为了提升自己的社会形象，很多商会容易通过资助或者捐助方式为政府排忧解难。比如，建党 90 周年时，温州市服装商会在工商联的带动下，开展捐助困难户活动，给予上学学子资金捐助。温州服装商会每年都积极地进行直接对口援助[①]；在汶川地震以后，温州商会开展对口支援活动，为当地新建很多房屋和街道。除了通过商会自身的行为重塑自己的形象外，温州商会也积极地响应升级的号召，在私企业里面主动建立党组织，通过基层支部和上层支部发生组织关系增多自身间接政策参与行为。商会通过组建党组织联系商会成员，集合彼此利益，间接支持党的活动，体现了商会的间接政策参与行为。

第四节 中国温州商会政策参与途径

从温州商会政策参与途径上看，温州商会政策参与途径存在缺失，制度化和非制度化相伴。其具体表现在：

一、政策制定参与途径

制定公共政策一般会涉及诸多人利益的分配，也存在许多利益博弈行为。商会作为一个经济性组织，从开始诞生时就承担起维系组织利益的功能。人们普遍认为，商会是个利益组织化的机制。学者曼瑟·奥尔森认为，组织尽管会为个人服务，但是它特有的和主要

---

① 参见温州服装商会网站，2012 年 3 月 5 日。http：//www.wzfashion.org/。

的功能是增进个人组成集团共同利益。① 作为市场经济中出现的新组织,温州商会是基于企业自身利益的一种理性选择,是制定公共政策时为组织中的成员搭起通向利益的桥梁。同时,对于政府来说,温州商会参与公共政策的制定也有较大的意义。

第一,弥补政府体制的不足和制定正确的公共政策。在公共政策制定中,由于信息和资源的局限性,政府的政策很难满足所有人的利益需求和实现绝对的公正;再加上社会利益诉求的多元化,分散的利益需求很难被政府聚集起来,但温州商会刚好在政府公共政策制定时利用自身的成员优势,在行业建设、经济政策的制定等方面为政府提供切实的信息和帮助。提供的帮助有助于政府监督自身的行为,提升政策制定的正确性。温州商会和政府由此在彼此利益需求下紧密地走到了一起,共同制定公共政策。商会参与制定公共政策的行为凸显了一定的价值意义。温州商会参与政策制定的案例比较多。比如,温州食品商会在成立之后专门组织力量进行调研,为政府提供大量的报告和提案,并取得了积极的效果。再比如,针对市政协和市工商联提出搞好民众的"米袋子"和"菜篮子"工程,食品商会多次组织调研,先后报送《粮食市场混乱,亟待治理整顿》、《三角巷副食品批发专业市场的发展与面临问题》、《关于搞好米袋子、菜篮子工程的几点建议》等提案。温州市政府审阅之后立即召开现场会议进行讨论,最后政府采纳了许多政策提案,上述问题也由此得到了较好的解决。

第二,增大公共利益的幅度,利于社会和谐的建构。公共利益是公共管理者追求社会利益中最重要的目标,也是公共政策制定的目标。社会利益包括具有社会分享性的公共利益、具有组织分享性的共同利益和具有私人独享性的个人利益。② 在一项公共政策制定中,一般可以看到公共利益、共同利益和个人利益的碰撞和交织。一旦政府处理不好它们之间的关系极易造成社会动乱,从而也使制定的公共政策得不到民众的大力支持,公共政策也因此缺乏社会合法性。政府此时需要商会组织疏导人们彼此的利益,聚合利益和表达利益,并有计划地向政府施压和监督政府行为,从而可以最大程度上防止或者减少政府"寻租"行为的产生,保证在制定公共政策时,公共利益呈现最大化。虽然在商会组织中也会出现商会领导利用会员抵制政府合理的政策推行等现象,但现实中此类行为毕竟是少数。商会组织应该可以成为沟通政府与民众的"调解器"。通过商会组织制度化参与,可以减少非制度化参与所造成的社会动荡不安现象的产生,从而在一定程度上缓解社会矛盾,促进社会和谐的建构。

二、私人接触参与途径

私人接触是商会组织依靠个人或者集体方式直面政府,通过正式或者非正式的方式影响政府政策制定的行为。"接触式的政治活动是公民解决单个的政治问题,诉求个体或者

---

① 参见[美]曼瑟·奥尔森:《集体行动的逻辑》,陈郁等译,上海三联出版社1995年版,第7页。
② 参见陈庆云、鄞益奋、曾军荣:《论公共管理中的公共利益》,载《中国行政管理》2005年第7期。

小群体的利益而接触有关政府官员并加以影响他们的一种活动。"① 与直接被政府吸纳、通过人大或者政协途径参与政治生活不同，私人接触是为自己或者会员营造一个良好的政治生态环境。人们通过私人接触，获取政治资源，利用政治上的私人关系，把自己或者组织的经济需求导入地方或者中央的公共政策制定中，以便获取经济利益。在一个法治精神不强的社会里面，人们一般比较注重集体观念、社会关系，依靠私人接触开展游说活动是较为广泛和有效的参与途径。② 私人接触获取政治资源在私人企业为主导的温州有着重要意义：

第一，有助于企业制度供给的合法性。温州私营企业发展的步履比较艰难，一直存在制度空间供给合理性的缺失。私人企业家的行为，在传统体制下需要获得政治认可，否则极易被视为违规，将会被政府取缔。当市场经济体制不健全的时候，私人企业家们通过与官员的政治接触，可以直接获得体制内的平价资源，降低了企业经营成本。③ 一旦私人企业缺乏政治许可，就没有生存空间。比如，20世纪80年代初期，比较著名的柳市"八大王"事件最为典型。当时柳市电器市场上能人代表有"八大王"：矿灯大王、合同大王、机电大王、目录大主、线圈大王、旧货大王、螺丝大王、电器大王。由于与地方政府关系紧张，"八大王"的企业最后都被政府取缔，企业从此衰落下去。尽管后来"八大王"实现了平反，但温州经济因此也受到了重大的打击。当前，在一些采用现代股份制度的企业里面，政府也参股其中，企业家通过政治接触与政府部门取得联系，为企业创造急速发展的政治空间。尽管我国目前在宪法层面给予非公有制企业大量的参与权限，但现实中依然存在的许多制度门槛尚在左右着私人企业的发展方向和获取资源的可能性。由此可见，私人接触已经成为商会会员实现自身获取政治资源的合法性手段。

第二，有助于企业自身的发展。商会会长或者会员与各类官员保持良好的关系，是解决企业问题的关键。我国许多地区政府官员习惯于通过视察企业来验证现有政策的可行性，私人企业家也因此有机会利用官员的到访解决企业发展遇到的问题。中国高级官员到企业视察往往体现政治上的风向标，在视察中会体现出对于现行某些体制的修改和支持。比如，邓小平同志的南方谈话加快了中国市场经济前进的脚步。江泽民同志两次视察温州，为党的十四大上发表的部分内容和"三个代表"的提出找到现实的佐证。江泽民同志认为，私人企业家可以加入中国共产党，表明了党和国家领导人对中国私人企业是十分重视的。随着改革春风的沐浴，政策参与成为国家领导人和企业家们共同重视的因子。对于政治家来说，通过认可或者视察私人企业为自己的政治理论造势，对于私人企业来说，通过和政治家接触方式为企业树立合法的根基，谋取政治生态环境和换取经济利益。著名企业德力西集团应该是商会中重要的会员。在江泽民同志视察德力西时，德力西集团董事长直言不讳地说，德力西集团是扶持对象，不是中央和地方打假对象，在中央两网改造和西部大开发中，德力西承担了重要的建设任务。可以看出，德力西集团受到政府的大力支

---

① 王浦劬：《政治学基础》，北京大学出版社1995年版，第218页。
② 参见周巍：《中国非营组织政治参与的特征与途径分析》，载《中南林业大学学报》（社会科学版）2008年3月。赵丽江：《中国私人企业家的政治参与》，中国经济出版社2006年版，第183页。
③ 参见《中国乡镇企业报》2000年3月21日。

持，在竞争残酷的电器行业中从此站稳了脚跟。私人企业家南存辉也同样认为，"私人企业反而更需要政府的大力支持，包括政策上的扶持和舆论上的支持。没有政府的支持，不管是民营企业还是国营企业都无法发展"。① 中国部分政府官员和企业家之间的良性互动逐渐成为政治生活的一道风景。如果政府官员是为了自己政治理想主动低头和企业家交流，那么商会中的企业家们则更大程度上是为了企业未来的利益而进行资源的争夺。为了更好地构筑私人接触政策参与的资源，商会组织在其职业管理人员的选择上有意地吸纳前政府官员。商会希望利用体制内人力资源优势加强自身资源的获取力。私营企业在经营中不仅缺少制度性政治资源和物质资源，同时缺乏人力资源。② 于是，商会便吸收卸任的政府官员作为自己的专业秘书，利用官员和政府之间的联系构筑企业和政府之间的良好关系，进而影响政治资源的分配，分享体制内的资源。比如，温州市两位副市长吴敏和林培云以及市政府秘书先后加入商会，最后还直接参股私人企业。退休官员利用自己已有的社会资本换取商会和成员的政治资源，从而利用资源影响政府政策的制定。

当然，私人接触参与途径在为商会会员及其企业的发展谋取政治资源、推进公共政策制定实现利己性的同时，也会滋生政府官员与商人勾结的现象。随着中国市场经济不断的发展，民间商会政策参与现象在逐渐增多，但在现有的民主制度还不够完善的条件下，政策参与容易出现大量的非制度化和非规范化参与行为。私人接触在制度化不够健全时容易滋生腐败，造成公共政策制定的不公正性。目前，政府在和商会成员的接触中，对于商会的政治诉求不是从政治民主的角度去看待，更多的是在"压力体制"和"经济建设为中心"的目标取向中，把地方官员政绩和地方经济发展状况挂钩而选取的一种策略。在此影响下，当选择公共政策时，政府更愿意和企业合作，从而制定出更利于企业发展的政策，政策公共性由此遭到破坏。比如，2003年SARS危机期间，温州市环保局和温州市合成革商会通过彼此妥协的方式最后达成"关于企业污染惩罚的协议"。协议明显造成了公共性的损伤。2003年，温州市环保局开展一次突击检查，有20多家企业受到严厉的惩罚。但是，当政府、合成革商会、企业等坐在一起讨论怎么惩罚及其惩罚力度等问题时，商会秘书长利用自己的关系认为，不该惩罚那么严重，最后在市长的协调下，商会实现了从轻惩罚的愿望。1992年以后，温州在土地出让问题上，一些官员通过参股、寻租等手段参与土地的征用，并从中获取非法利益，通过私人接触加速办理土地审批手续。官商勾结、钱权交易、公权被私用一旦屡禁不止，通过私人接触进行政策参与，在很大程度上进一步强化政治权力和私人资本的结合，两者逐渐形成一个新的利益共同体。③ 这些都不利于商会制度化参与行为的发生。

三、行政吸纳参与途径

行政吸纳参与主要指商会会员在政府政治安排下直接被吸纳到体制中来，政府通过适

---

① 转引自《中国乡镇企业报》2000年3月21日。
② 参见赵丽江：《中国私人企业家的政治参与》，中国经济出版社2006年版，第194~195页。
③ 参见陈剩勇：《组织化、自主治理与民主：浙江民间商会研究》，中国社会科学出版社2004年版，第250页。徐克恩：《香港：独特的政制架构》，中国人民大学出版社1994年版，第5~6页。

当的程序举荐商会会员为人大代表或者政协委员，让他们直接参与政府政策的制定。"行政吸纳"观点由金耀基先生率先提出，后来逐渐演化成著名的"行政吸纳政治"观点。"行政吸纳政治"的意旨主要指在政治活动中，"社会中的精英或者其代表的政治力量，被吸纳进政府机构，通过这样的'整合精英'行为，从而赋予了统治权力的合法性，同时也体现政府现有的管理效能。"① 金耀基先生的理论体现了英国和华人精英共治香港理念，以期望香港政府成为"精英构成的共识性政府"，"行政吸纳政治"模式可以使香港政府成为一个充满咨询性的政府。政府面对社会意向能够作出快速反应，从而可以减少社会冲突，在政府和社会之间架起一个桥梁，回应逐渐显露出政策参与意向的民众需求。借鉴行政吸纳理念，商会政策参与存在诸多行政吸纳的特点，政府通过行政吸纳途径引导新出现的力量制度化参与政治生活。

商会组织成员绝大部分是新出现的社会精英，而且大多是经济精英。经济精英需要参与政府政策，以便获取自身利益。随着市场经济体制的建构、完善，一些私人企业主逐渐成为经济精英，掌控着巨额财富。可是，由于现有参与制度环境的缺失，参与政府政策制定的渠道变得稀缺，经济精英们一直在体制外徘徊。长期的徘徊行为会加剧社会冲突和政局不稳定性因素的产生，吸纳经济精英进入体制内，以便满足经济精英的政策参与需要。

商会和其他行业组织一样，是在不利的背景下成长起来的组织，企业家们需要克服制度的缺失和政治空间的狭小来组建商会，普通的企业家无法做到。于是，商会中的一些精英人物起了关键的作用。学者安顿·斯蒂认为，"在一个制度化缺乏或制度化程度低的社会里，精英之间所形成的非正式的权力网络对于民主化来说特别重要"。② 温州地区绝大多数商会是由行业内骨干企业发起。行业内精英分子承担商会的主要责任，精英们利用自己庞大的资金、地位及其与政府的正式关系，克服搭便车行为，实现集体行动力量的聚集。其具体表现在：一是精英分子承担大量商会活动经费。比如，温州泵阀商会、温州鞋料商会，商会会长和副会长赞助经费占65%。二是社会认可精英人物的活动，提升商会的合法性。商会精英在帮助会员排忧解难上受到了会员的信赖，也取得了政府的信任，商会由此有了较大的发展空间，商会会员也开始增多，商会的社会影响力也有加大的趋势。三是商会精英自身的素养拓展了商会的制度空间。由于在现有法律和制度空间下行业组织的职能、地位、权限都不是很清楚，商会精英利用自身在体制内巨大的影响力为商会的发展扫清障碍，提升商会承担公共职能的能力。随着商会精英化统治模式的形成，社会会出现许多经济精英诉求参与政治生活的行为，精英人物利用自己的社会影响力冲击政府的权力架构，并获取自己想要的利益。

由此，行政吸纳政策参与是商会容易选择的参与途径。其实，对于新势力通过行政吸纳的途径参与政治生活的现象，在中国早已存在。中华人民共和国成立初期，党和国家对于曾经为革命作出巨大贡献的民族资本家、民主党派人士等进行政治上安排，吸纳他们进入政治体系。1995年12月，在一份文件中政府规定今后要把民族资产阶级的代表人物安

---

① Anton. 1997. Between Past and Future: Elites, Democracy and the State in Poset—Communist …AComparisons of Estonina, Lativia and Lithuania. Ashgate Publishing Ltd., p. 16.

② 参见杜亮、刘亚洲：《民间商会：工商联的50年之痒》，载《中国企业家》2003年第11期。

排在人大、政协和政府机关中工作，给出一定的名额。对那些有一定能力和影响较大的代表人物安排合适的工作给他们。① 学者苏黛瑞认为，位于顶端执政党和国家要采取笼络、防范、吸纳的机制来面对新社会精英和经济精英的崛起，利用一些组织，如商会、单位制度等对崛起的阶级进行同化。② 社会主义国家早已存在利用笼络来描述中间组织作用的论述。中间组织是用来联系国家和社会的通道，尤其在经济精英采取行动之前，经济精英会试图去吸纳中间组织。对私营企业家的吸纳和技术精英的包容以及创建各种组织，包括商会等都是政党笼络的体现。③ 显然，政府吸纳新精英分子的行为由来已久。行政吸纳是自上而下、由国家主导的一种分配模式，"是一个人式的、合法的、制度内和决策层次的政策参与"。④ 作为一种行政吸纳政策参与途径，主要是经过有关部门的推荐，或者经过基层选举商会中的私人企业主成为人大代表或者政协委员，让代表们参与各类政治活动。商会成员大多是社会经济精英分子，通过行政吸纳途径参与到政治生活中来。通过表 3-2 可以看到，在各级人大和政协中，64 个商会组织被行政吸纳到政府的代表人数有 421 名。因此，在现有的参与体制改动不大的情况下，利用行政吸纳方式吸取社会经济精英积极地参与到政策制定中来，对缓解新生力量由于受现有的政策参与途径缺失而导致参与内爆现象的产生起到了一定的遏制作用。

四、联盟游说参与途径

联盟游说政策参与是指一些人或者行业组织在目标和利益一致的背景下互相联盟、整合彼此资源，通过加强政策参与的联系共同影响政府公共决策的一种行为。联盟游说是集合集体力量影响政府决策，对于势单力薄的个体或者行业组织来说到是一种较好的参与策略。由于处在国家极力挤压社会空间的历史和现实窘境下，中国行业组织产生、发展的制度环境存在缺失。为了影响政府决策、参与政策制定，联盟游说可以增强参与的效果和提高参与的效率。比如，2004 年的《留住虎跳峡，留住长江第一湾》的提案集合了绿家园志愿者、环境与发展研究所、绿岛等几家环保组织共同的意愿，关于倡导维护长江流域生物多样性和文化多样性，联盟游说的提议受到了政府的重视。2004 年，在联合国举行的水电与可持续发展研讨会上，中国的环保组织通过联盟游说方式提出议案，建议当地政府应该根据新环境保护法，在开展重大项目的过程中要允许公民参与及其事后责任追究制度等，议案反响较大。温州商会是一个行业性组织，秉持一行一会。随着国家社会关系的调整，一些温州商会发展较快，已经参与政府政策的制定，也希望通过政策参与获取自己想要的利益。但是，由于行业组织逃脱不了现有的国家与社会关系的结构性影响，温州商会

---

① Dorothy Solinger, Urban Entrepreneurs and the State: The Merger of State and Society, In Arthur Rosenbaum.

② Boulder, eds., Sate and Society in China: the Consequence of Reform. (Colo: Westview Press, 1992), pp. 121-142.

③ Bruce J. Dickson, Red Capitalists in China: the Party Entrepreneurs, and Prospect for Political Chang, (Cambridge University Press, 2003.), p. 9.

④ 陶庆：《嬗变、缺位和弥补：政治安排中私人企业主利益表达——皖南宣城城市的实证分析》，载《社会科学研究》2004 年第 6 期。

虽然有强大的民间性、自主性等特点，但依然只是政府权力调整的附带物；再加上政府为了管理方便和登记需要实行一行一会的制度，商会的彼此力量和范围由此受到限制，导致商会政策参与的影响力被降低。由此可见，商会会员通过联盟游说途径就彼此关切的问题共同向政府施压，影响政府决策已经成为商会政策参与的新途径。比如，在吉林长春，温州商会联合起来积极地向当地政府联盟游说，并获得政府的大力支持。商会彼此联合推出三大项目：组建温州一条街、集商业住宅为一体的29层大型建筑和占地500亩的温州工业园。通过三个大项目的开展，温州商会联合当地政府把温州企业集合起来，建成和家乡相似的工作环境，提高了企业自身在政府政策制定过程中的影响力。个体在行动中容易出现搭便车问题，但集体行动的出现初步改变了"囚徒困境"和"公地悲剧"，不同行业商会为了集体利益一起提出共同关切的政策建议，可以以此取得持久性的共同利益。

五、抗争对抗参与途径

抗争或者是暴力对抗型政策参与在当代很多国家都有出现。随着中国社会的发展，由于一些政府施政的蛮横，再加上政府不重视行业组织的管理职能，政府执行政策时遭到行业组织的抗争和暴力对抗也时有发生。此种现象的出现，一方面是因为"一旦公民对现有的政治体系的不满和不信任累积到一定程度，那么公民就会用越轨的政治行为、用突破现有的政治体系框定的尺度来表达自己的不满和不信任"。① 另一方面是因为中国现有的制度化政策参与途径满足不了人们的需求，或者即使存在参与途径，由于功效低下，也很难满足个体或者组织政策参与的欲望。于是，一些行业组织选择抗争或者暴力对抗方式参与政治活动。比如，有些行业组织通过越级信访、上街静坐和游行、围攻政府机关等方式阻止政府的一些不合理行为，要求满足自己相关的利益分配。温州商会在政策参与中有时也会采取抗争或者暴力方式参与地方政府政治生活，以求实现自己的利益。比如，面对政府出台的"三乱政策"存有不理解的成分，或损害自身利益的行为，有些商会组织在投诉无门时选择煽动本商会成员集体对抗政府，酿成暴力和抗争的政策参与行为。抗争或者暴力行为尽管有时会找到更多的同盟者，有一定的政治功效。可是，由于商会组织处于"双重管理"制度的监控，一旦超越政府的底线，商会组织随时可能面临被取缔的危险，商会也因此失去政治合法性。如果组织化商会的政策参与长期处于不合法状态，显然就会严重地破坏社会政治稳定。目前来讲，温州地区商会抗争和暴力型参与行为相对比较少，但前提是温州地区制度化参与途径存在着广泛性。如果缺乏广泛性的制度化参与途径，商会容易产生抗争和暴力的参与，并具有广泛的社会影响力和破坏力。

第五节　中国温州商会政策参与动机

政策参与一般包含三个层面的含义：参与主体、追求参与利益、参与途径。由此可见，商会作为一个经济组织，政策参与的动机主要指经济利益需求动机。当然，为了保证经济利益的实现，商会政策参与也含有政治动机和社会动机。

---

① 谢根成：《政治参与途径短缺及其影响》，载《平原大学学报》2002年第2期，第55页。

一、温州商会政策参与政治动机

中国社会尽管有一定的独立空间,行业组织也有些许的参与空间,但行业组织在整体上是国家的附属物,原初性结构地位并没有出现根本性改善。在政治与经济相伴而生的环境下,通过政治动机的驱动获取政治上的生成空间,是商会获取参与空间的前提条件。温州商会虽然是在温州特定的文化背景下产生,并带有很强的自治性行业组织,但在现有以政府为主导的社会空间下,商会的生存空间相对比较狭小。为了生存下去,商会需要先获取政治身份的认同。为了提升政治地位和获得政治安全,商会通过政策参与主动地介入政治体制,并获取政治身份的认同。从整体上来说,通过与政治体制改革相向而行、与政府组成利益共容体和提升政策参与的有效性等维度,温州商会获得了政治身份的认同。

1. 政治身份认同获取维度之一:与政治体制改革相向而行

政治认同是社会大众对政治体系的信任、信念和信仰,一般包含人们对政治体系的认知、情感和判断,也包含对政治体系基本价值的信念和信仰。一个组织或者个体在参与政治生活中,如果参与行为符合现有政治体制改革的走向,那么就容易赢得政治体上的支持和合法性,从而增加政策参与的机会空间。改革开放以来,随着政治体制改革的推进,简政放权成为政府体制改革最为基本的诉求目标,社会空间和活力也因此在增大,个体或者组织政策参与的积极性也在渐趋高涨。但是,新涌起的参与群体正在冲击有限的参与渠道,一旦参与目标和政治体制改革目标彼此远离或者相背离,新起者政策参与行为功效将受到制约。因此,保持和政治体制改革目标的一致性成为获取政治身份认同资本的重要渠道之一。温州商会本来在发展中已经深深地感受到政治对商会产生、发展的干预作用。温州商会发展历程大致经历了四个重要阶段。1906—1926 年,商会产生和自主发展时期;1927—1948 年,商会被整顿和处于缓慢发展时期;1949—1977 年,商会进行改造、萎靡、沉寂时期;1999 年以后,商会处于蓬勃发展时期。研究商会的发展过程看,商会的每一步发展态势都折射出受国家或者政府的影响。所以,温州商会在公布自己组织章程中明确规定,商会旗帜鲜明地坚决拥护中国共产党领导等政治要求。商会在政治上符合某种规范,即是"政治上绝对正确"。商会组建的意图和意义尽可能通过章程表现出符合现有政治规范的趋向,绝不允许出现"越轨政治"的语言和行为。当国家遭遇困难时,商会也会带领会员集体支持政府的决策,体现出商会较高的政治忠诚。比如,在 1989 年政治风波出现时,商会成员南存辉在公开场合表达对政府的支持。公开支持行为遏制了在美一些反华势力专营行为的出现。江泽民总书记提出私人企业家可以加入中国共产党,私人企业可以组建党支部。温州商会成员积极响应中央领导和政府的政治期望,积极申请加入党组织,并且把符合条件的商会迅速地组建党组织。比如,温州纺织品商会是一个党建工作做的比较突出的商会,在整个商会行业中取得多个第一的佳绩:最早建立党支部;2000 年被授予先进党组织称号,温州市工商联系统中唯一获得此项殊荣的商会;2005 年在非公经济人士中发展了第一个新党员。如今,纺织品商会党支部成为温州工商联系统党建工作的一面旗帜,商会党支部积极地发挥政治引领和政治核心的作用,宣誓能把商会的党建工作和服务会员工作做得更好。温州市鞋料商会着手两头都抓组织建设:一是大力鼓励副会长和理事向党组织靠拢；二是组建六个流动党员临时小组，夯实流动党员的管理工作。同时，在商会中开展"行业自律、争当诚信先锋、创建党员示范岗"等活动，充分发挥基层党组织的战斗堡垒作用，为促进商会的健康发展提供组织保证。商会通过会员入党申请和党组织的建构把商会的政治诉求通过党员带入政治生活，既迎合上级的政治要求和符合管理者的政治规范，又容易被政府所吸纳，商会至此成为一个合法的组织，商会未来的生存也有了政治的保障性。商会本来就是在一个法律合法性和行政合法性都极为缺少的环境下产生，如果商会主动地通过政策参与兼顾一定的政治职能，并肩负起一定的政治责任，那么商会以此奠定自己的政治身份认同地位。温州商会虽然是一个经济组织，但有着丰厚的政治蕴涵，其具体体现在：首先，商会本身就具备政治底蕴。比如，在团体管理登记中就规定，社团立法的目的就是要保障公民结社自由，维护团体合法权益等。政府通过加强登记管理和取缔非法组织措施的推进，商会可以维护社会和政治的稳定。其次，行业商会通过挂靠工商联成为工商联的一个准单位，承担一些政治和行政的职能。最后，为了适应经济发展的需要，商会被赋予思想政治工作和党建组织建设的重任。① 商会通过政策参与行为完成了政府任务，同时也赢得了政治合法性。

2. 商会政治身份认同获取维度之二：与政府结成利益共容体

尽管政府也是理性人的假设理论目前在学界还存有诸多的争议，但不可否认的是，政府具备理性人的特点，政府也有较强的利益需求。政府要兼顾公共利益和个人利益，在制度缺失情况下，政府公共利益将会被弱化，个人利益则会被放大。温州商会的出现是一个集体者经济自救的组织化行为，是在原子化私人企业面对市场经济体制不健全和残酷不公平竞争等环境下解决市场外部性凸显的一种自救行为。在商会组织的统一协调下，商会会员所属的企业会制定市场游戏规则共谋利益。如果商会利益和政府利益能够结合起来，形成利益共容体，那么商会无论是从自身安全上，还是从利益获取上都会得到保证。学者曼瑟尔·奥尔森提出"共容体益"理论观。他认为，强调理性追求自身利益的个人或者拥有一定的组织性和纪律性的组织，如果能够获得社会总产出中的大部分，同时会因为该社会产出的减少而受到极大的损失，则人们容易拥有共容体益。② 共容体益的出现意味着共容体成员为了彼此关切的利益会长期关心共同面临的问题，人们协调彼此行为，并最终达成利益共容。在经济发展中，地方政府、行业组织、个体、社区组织等具有不同利益偏好的主体不是分散的和孤立的存在，而是彼此以团结的方式结合起来。学者李景鹏认为，"政治是发生和运行于上层建筑中的一种社会历史现象，它是某些特定社会主体维护自身利益的特定方式和由此结成的特定关系"。③ 在社会结构转型中，利益主体之间存在利益的交叉和重合，利益重叠的部分形成"共容体益"。当重叠的部分比较大时，集体行动的

---

① 参见郁建兴、黄红华、方立明等：《在政府与企业之间——以温州商会为研究对象》，浙江人民出版社2004年版，第48页。

② 参见[美]曼瑟尔·奥尔森：《权力与繁荣》，苏长和译，上海二十一世纪出版集团2005年版，第4页。

③ 李景鹏：《权力政治学》，黑龙江教育出版社1995年版，第12页。

可能性就会越大，否则就越容易分散，难以形成集体行动。在社会转型和政府改革中，利益主体之间存在一定的交叉利益，一旦结盟就会形成"利益共容体"。一般来说，利益共容体具备以下特征：利益性、"组合——裂变"之动态性、利益分配的"差序性"和利益分享排他性。① 其中，利益性表明利益主体可以结合共谋利益，而"差序性"突出利益分享的"核心——边缘"结构。利益主体在利益共容体中分享的利益来源于他们距离制度权力中心的距离大小，形成差序格局。距离权力中心越远意味着与公共决策的话语权就越小，对于政策影响的力就越小，获取利益的可能性就越小。为了获取较大话语权，利益主体必然会尽可能拥有政治资源、社会资源，并加以有效的博弈。在当前国家或地方政府仍然对于社会、行业组织具有绝对掌控地位的环境下，类似于温州商会这样的行业组织为了博取自身的利益，必然要积极地探索渠道与地方政府结成利益共容体。温州商会政策参与行为是它们形成利益共容体的一种途径。温州商会通过公共政策制定、私人接触、行政吸纳等途径进入政治生活来赢得政治的话语权，在维系地方政府利益中商会换取自身发展的空间和利益的需求。只要地方政府和商会之间存在利益共容性，温州商会就容易获取合法的政治空间，即使在顶层制度设计较为迟缓的情况下，商会也能得以存在。比如，在中央还没有正式界定非公有制经济体制为合法的状况下，温州政府允许组建商会和私人企业挂户经营，私人企业由此获得了政治合法性的空间。此时，商会在参与中主动承担政府职能，完成政府完成不了或者剥离出来的管理职能。通过此方式，商会期望获取政治身份的认同。比如，温州市建筑材料行业协会依托人才工作站，主动承接政府职能的转移，开展职称评审、人才培训和继续教育等工作，有利于规范和提升人才工作，促进行业转型升级。"职称评审和人才培训继续教育"职能是一项外部性较弱的职能，是一项本应由行业协会履行的职能，政府职能部门应完全转移给行业协会。市财政应继续给相关政府部门划拨监督与扶持、奖励基金，由相关政府部门负责监督行业协会履行该类职能，并根据行业协会职能履行的实际需要与绩效情况给予相应的扶持与奖励。依据温州市区建材行业商会承担的职能，政府与商会在利益共容上容易获取利益，政府职能也因此减轻，商会也会得到政府的支持和信任，商会政治合法性由此更加巩固，并由此拓展商会未来在政府中的地位，取得政治身份认同。

3. 温州商会政治身份认同获取维度之三：商会政策参与体现组织的有效性

温州商会政治身份认同的取得在政治权力或者政治体制层面上，是指公民或者组织对于现成的政治体制来说是否取得了合理存在性。② 因此，考察温州商会是否被政治认同，需要观察温州商会自身是否已经培养一种与现有政治体制一样的政治文化范围。如果延续的政治文化极为缺少或者渐趋减少，那么商会管理的有效性，特别是经济层面的成功更能赢得民众和政府的政治认同。尽管政治认同和有效性关系比较复杂，如表3-3那样出现不同选项，但有效性可以增加政治认同，特别是温州商会在赢得政府对自身的信任和支持方

---

① 汪波：《利益共容体、比较优势与制度变迁——区域兴衰中地方政府功能透视》，黑龙江出版社2008年版，第73~75页。
② 参见［美］李普塞特：《政治人》，商务印书馆1993年版，第45页。

面，商会的有效性高就会出现如表 3-3 中的 A 位置。此时，商会政治认同性就变得更好。

表 3-3　　　　　　　　　　　政治认同和有效性关系①

选项	有效性		
政治认同		+	-
	B	+	A
	D	-	C

一般来讲，评价一个民主制度是否具备政治认同的依据有三：一是民主的普遍性；二是民主的价值性；三是民主的程序性。只要具备上述三种特点的民主制度就具有政治身份认同的特点，否则就会出现政治身份认同危机。其实，除了上面三个特点之外，政治身份认同的出现和制度的有效性也有密切关系。良好的民主制度如果缺乏绩效或者有效性作用于当地经济的发展、满足政府的基本功能，那么这种制度就会产生政治身份认同危机。温州商会的出现在某种意义上就是依靠其民主制度的有效性赢得了政府的支持，在组织民众政策参与中取得了政治身份认同的地位。早期，温州自然资源极度匮乏，当地的经济发展缓慢，中央政府辐射较为弱化，地方政府又无法掌控地方资源。在地方传统重商精神的带动下，温州人开始用"先有游戏，后有游戏规则"的方式对当地经济进行狂热的推进。在商人努力和政府默许下，温州民营经济获得长足的发展。这种"非意图扩展"推动了温州地区经济的繁荣和未来的发展，也为地方政府带来丰厚的税收。随着竞争的加剧和私人企业自身的局限性，温州很多行业的发展出现了问题，如假冒伪劣产品频出、恶性竞争等问题。但是，政府此时对无力解决该类问题，而商会恰巧可以利用自身的特殊优势，通过制定行业规则来规范市场秩序，由此弥补了政府职能的缺陷。商会制度有效性的释放为商会赢得了政治身份认同地位；同时，随着大量的积累财富，私人企业参与政治的激情也在逐渐变多，比别的阶层更愿意参与政治。维巴和尼指出，"在社会中富人比穷人更为积极地参与政治"。② 科恩也说："只有丰衣足食的人才有时间和精力去做一个公益公民。"③ 学者奥罗姆认为，经济地位和政策参与之间存在相当明确的关联，一个人在社会分层等级中，经济地位越高，人的政策参与率就越高。④更何况温州商会还处在中国市场经济发展最为早的地方，市场经济的发展催生了民主产生的条件。学者李普赛特认为，社会经济发展水平越高，民主政治发展空间就越大，反之就越小。温州是个充满民主元素的地方。温州地区传统商业精神已经早期哺育了温州地区的民主意识，再加上当地民营经济的快速推进，商人民主意识的觉醒时间较早，催生了人们政策参与的激情。但是，较多的参与激情

---

① 参见毛寿龙：《政治社会学》，吉林出版集团 2007 年版，第 66 页。
② 参见陶东明、陈明明：《当代中国政治参与》，浙江人民出版社 1998 年版，第 147 页。
③ [美] 卡尔·科恩：《论民主》，商务印书馆 1988 年版，第 111 页。
④ [美] 安东尼·奥罗姆：《政治社会学导论——对政治实体的社会剖析》，浙江人民出版社 1989 年版，第 331 页。

一旦缺乏一个制度化参与渠道的存在，企业主就会采取非法或者非制度化的渠道参与政治体系，从而加剧了社会的动荡不安。温州商会的出现刚好可以摆脱企业主开展有序政策参与渠道欠缺的窘境。商会组织正如本书研究中所分析的那样，在组建组织时，体现的程序民主性、契约性等特点铸就了商会的民主制度性特点，为温州企业主开展有序的政策参与开辟了一个便利的途径。参与途径的出现弱化了政策参与冲击政府的力度，缓和了由于商会的过度参与行为所导致的政治秩序不稳定气氛。商会政策参与的有序化、组织化的优势一旦被政府控制，政府就可以利用商会提升自己的管理能力，从而会增加政府自身的合法性；而商会发展地方经济的有效性也会为其政治身份认同的取得架起一个重要的桥梁。

二、温州商会政策参与社会动机

温州商会出现的初衷是维系商会成员之间的集体利益，防止"囚徒困境"的出现。在实现商会经济价值功能时，商会的政策参与具有较强的社会动机。温州商会是由部分私人企业主通过权力的让渡契约组建而成的经济组织。参与商会的企业家们不仅面临着早期政治身份认同危机，也面临着"原罪"思想和现实桎梏的困扰。不可否认，企业最大的本性和使命是追逐利益，是企业的本性。正如日本企业家松下幸之助所说，企业最大的罪恶是不能够赚钱。在中国，人们合理地通过诚实劳动获取一定经济收入和收益分配是受到国家法律保护的。列宁也曾经讲过，允许人们严格地通过做老实人去做生意、发财，这不违背法律。① 但是，如果私人企业主通过私人资本违法、不合理地赢得资本收益，那私人企业主不仅得不到中央的政治认同，也不会被社会人所容忍，进而导致商会缺乏社会合法性。一旦出现失去群众基础的商会，那商会存在的价值意义将会消耗殆尽；再加上"原罪"思想的桎梏，商会就会更加陷入社会孤立状态。"原罪"是源于基督教教义，是指人由于堕入罪恶状态，完全丧失了通向崇高善的意志和能力，从而无法使得灵魂得到解救。② 人类要想使人从罪恶中解脱出来，必须把财富和罪恶划分开来，通过勤俭致富等方式拯救堕落的灵魂。人们用"原罪"来形容私人企业主，鄙视他们财富来源的合法性。一些私人企业主存在钻法律和政策的空子来谋取私利行为，最终他们将面临着被捕入狱的风险。因此，温州商会私人企业主在社会合法性方面有时候显得并不高，一直受到政府和民众的诟病。如何改变这种境遇？通过商会的政策参与，温州企业主们赢得了些许的政治空间和社会认同。商会政策参与比起其他途径，如经济途径等，能够比较快捷地提升商会成员在社会中的地位，商会的社会价值功能导致这一结果，其具体体现在：

1. 维系社会稳定

政治稳定对后发国家的发展显得尤为重要，因为一旦缺失政治稳定，可能就没有政体的稳定性和延续性。当然，政治稳定并不限制政治体系的变革和发展。在政策参与过程中，国家要想实现政体的稳定性和连续性，需要政府及时根据环境的变化作出调整，能够

---

① 参见《列宁全集》（第42卷），人民出版社1985年版，第429页。
② 参见［德］马克斯·韦伯：《新教伦理与资本主义精神》，于晓等译，三联书店1987年版，第75页。

有效地应对社会提出的改革要求。① 如果缺乏及时调整商会政策参与与社会环境的关系，不仅难以保持政治稳定，可能还会成为政治稳定、社会稳定的破坏器。因此，一旦中国缺乏良好的政策参与渠道，堵塞在政策参与之外的新生力量就会冲击政府现有的政治体系，导致政府施政成本的增加，并进而影响社会政治秩序的稳定。

2. 催生社会文明发展

当下，中国正在着力推进有中国特色的政治文明、经济文明、社会文明、文化文明和生态文明的建设。"五位一体"的社会主义文明建设逐渐成为中国伟大民族复兴之梦的核心主旨。长期以来，在注重经济文明和文化文明建设的同时，却忽略了政治文明、社会文明和生态文明的建设。由于五大文明是彼此影响和型塑、缺一不可的联系体，并且社会进步也需要全面的、系统的衡量。所以，仅仅发展经济文明的建设是远远不够的，还需要大力发展政治文明和社会文明的建设。温州商会通过组织化政策参与的方式把社会经济精英组合起来，带领他们有序地进行政策参与，不仅为政府赢得了合法性，也为社会文明的发展带来契机。因为"在政策参与力量不断扩大背景下，现代政治体系只有不断吸收各种社会力量进行有序地参与政治生活，才可能获得广泛的社会认可，使得政治权力存在具有合法性"。② 商会会员通过组织化方式参与政治生活，既推进了基层民主政治生活的发展，又促进了社会文明的发展。商会成员在商会带领下积极地通过商会运行所体现的民主程序选举会长，展开一系列的选举活动，商会成员的民主技能和民主思想因此得以增长和丰富，并和谐彼此的关系。和谐的人际关系也为社会文明体系的培养奠定一定的基础，催生和谐社会的民主、自由、公正等思想的产生。

3. 展示社会治理功能

日渐兴起的治理理论业已表明，社会管理主体呈现了多元化趋势，政府不是治理权力的唯一主体，行业组织也可以享有治理权，成为治理主体之一。温州商会是一个新兴的民间经济组织，正在逐渐成为新的公共治理主体。温州商会组织在中国行业组织的发展中通过策略优先得到了长足的发展。商会利用自身的优势在环境治理、生产建设、劳资关系协调和社会公益事业参与等方面，越来越承担重要的职能。③ 通过治理，商会为政府提供政策支持，良好的政策议案使民众和政府提升了对商会的信任度，商会信任资本也因此快速地构建起来。至此，私人企业主赢得了政府和民众的掌声，企业"原罪"角色开始逐渐消解。鉴于此，商会政策参与的社会动机得到了实现。

三、温州商会政策参与经济动机

从商会政策参与政治动机和社会动机的分析中看到，温州商会政策参与政治动机只不

---

① 参见刘李胜：《制度文明论》，中共中央党校出版社 1993 年版，第 140 页。
② 聂运麟等编著：《政治现代化与政治稳定》，湖北人民出版社 2000 年版，第 97 页。
③ 参见郁建兴等编著：《在参与中成长的中国公民社会——基于浙江温州商会的研究》，浙江大学出版社 2008 年版，第 141~150 页。

过是为其最具有刚性需求的经济动机披上合法性外衣而已。因为无论是从谋求与政治体制改革的一致性，还是与政府结成"利益共容体"，及其政策参与对政府治理有效性功能的提供上看，商会政策参与内源动机都是基于经济动机。正如马克思所指出的那样，"人们奋斗所获取的一切，都同他们的利益有关"。① "历史不过是追求自己目的人的活动。"② 恩格斯也指出，"每一既定社会的经济关系首先表现为利益"。③ 可见，经济动机才是商会政策参与最刚性的需求动机。

1. 商会原初使命

从商会产生的机理上看，商会是节约交易成本的制度安排，政府失灵和市场失灵的产物。商会是市场经济发展的产物，是企业之间的一个联合组织。当单个企业无法摆脱市场失灵和政府失灵所带来的困扰时，为了避免"囚徒困境"的出现，企业之间进行制度化的联合就成为可能。企业自愿组织起来，舍弃一些个体利益，从维系整体利益出发建构一个互益性组织。西方社会最早的商会主要带有强制性的基尔特制度的特点，具有垄断性。现代商业组织出现以后，商会更多是为了解决交易成本问题，目的是为了获取更多利益。中国最早的商会是以行会形式出现，而现代意义上的商会是随着近代工业和资本主义生产方式的产生才出现。1902年，上海商业会议公所被认为是中国最早的现代商会组织。新中国成立到改革开放一段时间内，是商会的蛰伏期，商会基本功能发生畸变。改革开放以后，在市场经济体制建构的推动下，政府逐渐从行业管理领域退出，商会便承担了政府管理行业协会的职能，商会发展的春天再次到来。改革开放以后，在温州民营经济迅速发展的带动下，温州产生了自发组建的行业组织。20世纪90年代以后，民间商会和行业协会的兴起成为现阶段温州经济领域和社会领域发生的一个最引人注目的新现象，也是温州地区性市场体制的发展进入一个新阶段的标志物，在温州模式发展的进程中具有里程碑的意义。温州模式主要是以市场化、家族制民营企业为主导的经济发展模式。温州模式是受温州地区独特人文和地理位置共同驱动而形成，推动了温州民营经济的发展，带来独立的市场主体、平等互惠的关系，也为温州地区"自由流动资源"和"自由流动空间"的加大带来契机。尽管温州人在民营经济发展的带动下迅速地富裕起来，但温州模式中民营资本的原始积累大多源于钻了政策和法律的空子，且分散的个体利益也存在着长期的恶性竞争。20世纪80年代，温州商业领域中"假、冒、伪、劣"的产品在逐渐增多，温州货物成为假货的代名词。面对市场的无序或者失灵，温州市政府开始介入经济管理当中，并开启"质量立市"等一些活动，以便重整温州商品的声誉。温州企业之间也开始自我谋划，成立商会组织，尝试用组织的力量规范和约束市场行为，建立和维系市场公平秩序。温州商会以组织名义开展集体活动，维系行业的经济利益，从宗旨到实际的运作，商会始终把

---

① 《列宁全集》第27卷，人民出版社1984年版，第339页。
② 《马克思恩格斯选集》第3卷，人民出版社2002年版，第209页。《马克思恩格斯选集》第18卷，人民出版社1964年版，第246页。
③ 转引自张捷、徐林清：《商会治理与市场经济——经济转型期中国产业中间组织研究》，经济科学出版社2010年版，第10~19页。

行业经济放在第一位。因此，商会政策参与是迎合商会经济利益、寻求政治庇护、提升行业利益和实现原初使命的需要。

2. "政治与经济"关系

第一，政治掌控经济。主导型的制度变迁模式使中国当前政治与经济的关系呈现为密不可分的关系。"政治是经济的集中表现"，"经济决定政治，政治反作用于经济"，是马克思主义理论当中最为经典的话语之一，证明了在任何时候，政治与经济都是密不可分，只不过在不同时候，二者彼此型构的力量存在不一样性。学者布劳认为，一旦掌握了别人需要的东西，一个人拥有了某种权力。① 学者林德布罗姆认为："在世界上，所有的政治制度中，大部分政治是经济的，而大部分经济也是政治的。"② 德布罗姆的观点也道出了政治与经济的关系。改革开放以后，中国进入转型期，改革的方向是总体性社会体制逐渐消解，消解表现出的要件是全能型国家权力开始收缩和再分配经济体制的转型。③ 转型时期中国采用的模式是渐进的模式，体现出改革是在国家基本制度和主导意识不变下的一种自我修正。政府主导的变迁模式表明政治和经济彼此胶着，政治资本在改革中的强势地位并没有因为改革而受到削弱，同时也表明了，无论市场怎么转型，政治权力都仍然保持着对社会重要资源的控制和操纵。也就是说，到目前为止，国家对社会的掌控并没有因为市场经济体制的建构而有较大的改观。在转型中，由于缺乏成熟的法律制度的框定，政府部门的边界有时模糊不清，市场和行政权力都进入社会资源当中，二者彼此争夺资源的控制权。当前，政府仍然是社会中最重要资源的掌控者，拥有超越经济上的权力，具备主导经济发展的能力。这似乎如法国学者卢梭所认为的那样：一切问题看上去取决于政治，而且一切民族无论采用上面何种方式，都是政府使它成为那样。④似乎各级政府不如一些文件所说那样，政治资本和经济资本较大地被剥离；反而体现出经济体制改革中出现的问题不是经济问题，却是政治问题。⑤因此，一些学者所认为，一些政治家成为政治企业家，政治领域成为某种意义上的"政治市场"。⑥ 假如此类现象存在普遍化，那么中国社会结构将会变成传统计划经济体制的社会机制和现代市场经济体制的社会机制共生的社会结构，即"新二元社会结构"，用新社会结构分析中国当前社会现状似乎更具有说服力。⑦ 这表明，中国社会目前政治和经济仍然胶着，政治权力仍然较大地影响经济利益的走向。像商

---

① 参见［美］彼得·布劳：《社会生活中的交换与权力》，华夏出版社1988年版，第138~139页。
② ［美］林德布罗姆：《政治与市场：世界各国的政治——经济制度》，王逸舟译，上海三联书店1991年版，第9页。
③ 孙立平：《社会转型：发展社会学的新议题》，载《社会学研究》2005年第1期。
④ 参见［法］卢梭：《社会契约论》，何兆武译，商务印书馆1997年版，前言，第5页。
⑤ 参见董明：《新兴商人群体形成与地方社会转型——以义乌为例》，中国社会科学出版社2012年版，第222页。
⑥ 米运生、龙柏林：《试论政治企业界主导型制度变迁——中国经济体制改革的一种理论假说》，载《宁夏党校学报》2000年第5期。
⑦ 参见刘平：《新二元社会与中国社会转型》，载《中国社会科学》2007年第1期。

会这样的经济组织要想获取经济利益,显然只能在当前政治与经济生态关系下,通过政策参与获取治理权力,并通过治理权力推进自身经济利益的实现。经济利益是政策参与的深层次动机。

第二,政治博弈空间。政府通过自我裁量权获取较大的资源利益空间,为商会提供了政策参与的博弈空间。目前,随着国家放权给社会,地方政府在地方事务中拥有较大自我裁量权,政府自主空间也因此增大。政府根据自身对文件的理解,进行"文件政治",寻求最有利于自身的政治空间和文件使用标准。地方政府通过自我解读文件的方式获取较多的政策制定、解释政策和执行政策等方面的权力。因此,企业家或者商会组织在与政府接触中,通过政策参与获取利于自身的政策制定、政策解释、政策执行等,利益诉求自然成为他们的理性选择。商会围绕地方政府进行博弈,并最终获取自身最大的经济利益。政府官员也会用文件解读的方式获取自由裁量权,并博弈自己想要的利益。学者孙立平认为,这种现象实际上可以概括为:权力低水平均衡化下的非制度化生存状态。①其意思就是说,中国现有的权力运行缺乏制度化设定,特别是那些拥有较大自由裁量权的地方政府在实际权力的执行中,不会根据制度设定运行权力,而是根据与他们进行权力博弈的角逐中分享权力所带来的利益链条来运行权力,政府自我裁量权力是个体或者组织获取资源的通道。这表明,商会组织只有不断地通过政策参与与政府进行接触、博弈,才能最终获取自己想要的利益。

第三,获取经济利益的非制度化。非制度化获取经济利益的方式已经成为商会获取利益的重要途径。人们对利益的追求通过的方式一般是:生产和再分配。通过生产性的努力获取新财富所付出的代价,比通过再分配性的努力获取的财富要大得多,这是因为后者分配财富是一种"搭便车"的行为,是属于不劳而获的行为。当前,改革处于政府主导型的制度变迁时代,存在着非制度化政策参与现象,体制内获取自己想要的东西在当前的参与渠道中并不多见,人们因此转而寻求体制外方式。体制外寻求利益的方式刚好被以"自我主义"为基本文化特质所加固。学者费孝提出了"自我主义"概念,强调人的一切价值以"己"为中心。它有别于西方社会所崇尚的"个人主义"。"自我主义"包含三个特征:一是自我是一个很自主性的主体;二是自我处于社会关系网中,自我无论在什么时间和空间都处于中心地位;三是自我有充分的经济动力和理性去建构和利用他的关系网络。②拥有"自我主义"思想的人总会利用自己的关系网络构筑服务于自己利用的网络。"关系理性"注定会形成许多小集团,通过权宜关系绕过制度或者通过非正式制度谋取自己的利益。这就意味着,在中国,无论是个体,还是小团体或者商会,都会通过与政府官员结成"权宜关系",通过私人接触的方式与政府进行博弈,获取政府的稀缺资源。目前,由于产权不完全成熟、法治不够健全及其政府过度干预等原因的存在,人们不得不通过关系,而不是通过市场公平竞争等方式获取自己想要的经济利益。市场经济实际上就演

---

① 参见孙立平:《权利失衡、两极社会与合作主义宪政体制》,载《战略与管理》2004年第1期。
② 参见汪和建:《自我行动的逻辑——理解"新传统主义"与中国单位组织的真实社会建构》,载《社会》2006年第3期。

化成"非依附于官僚体制而不能生存的市场经济"。① 在当前社会转型中,商会政策参与生态环境是政治掌控经济,温州商会政策参与获取治理权力必然透露出较强的经济动机。但是,由于经济动机的出现容易导致商会政策参与公共性的缺乏,并进一步弱化商会政策参与的民主价值。

总之,温州商会政策参与俨然成为温州地区政治生活的一大特色,但由于制度化和非制度化的政策参与行为彼此相伴,存在诸多的政策参与问题,梳理商会政策参与的政治学意蕴已经成为必须要思考的问题。温州商会政策参与的现状正如上文所分析的那样,是中国行业组织政策参与现状的一个缩影,可能温州商会组织有其自身的一些例外性,但也能整体上折射行业组织政策参与的现实生态。

第六节　中国温州服装商会政策参与

温州商会发展至今,服装商会是设立最早,也最具有民间性的组织。由此,本书以温州服装商会的发展经历、作用和政策参与情况来进一步验证温州商会政策参与的现状、民主意义及其现实困境,也为了更好地镜像中国行业组织政策参与的现状、困境和民主意义。

一、温州服装商会概论

服装工业是温州第二大经济支柱产业,1999年全市服装总产值达到203.4亿元,仅次于制鞋业。温州人最早是以"地摊式"开始温州服装业的发展。尽管衣服的销量很大,但发展规模基本上都是家庭手工作坊,衣服档次较低。在温州市政府提出"质量年"以后,服装行业改变经营方式,狠抓质量,如今温州已经成为中国服装名城。1999年,温州服装达到国家质量最高等级标准的有35个企业,其中五家企业代表中国去法国参加"99巴黎·中国文化周",温州服装一鸣惊人。2011年9月,中国服装协会正式发布了"2011年温州服装行业百强企业"名单,其中温州的报喜鸟、法派、庄吉等六家企业入围。最近,温州服装领军企业家邱光和、吴志泽、郑元忠三人喜获"中国服装行业功勋奖章",浙江森马、庄吉、报喜鸟等集团公司获得"中国服装行业优势企业"称号。② 温州服装业发展的骄人战绩都和温州商会有很大的关系。

1. 温州服装商会的组建和经费来源

1994年3月25日,温州市服装商会成立,是由工商联牵头、企业自发建立的一个商会。成立之后,商会有了长足的发展,在1999—2001年期间连续三年被评为温州市优秀社团之一。服装商会在刚刚成立时,会员中没有政府机关人员,显示了较好的民间性,温州市总商会主管商会,社团登记在民政局,党团关系在统战部。这些机构间接领导商会。1998年,党支部在服装商会成立,是温州商会中第一个党支部。商会成立初期采用"五

---

① [美] 费正清:《美国与中国》(第四版),张理京译,世界知识出版社1999年版,第43页。
② 参见温州服装商会官方网站,2012年9月,http://www.wzfashion.org/。

自"方针：自愿入会、自选领导、自聘人员、自筹资金、自理会务。商会的领导通过商务大会公开选举，并且实行差额选举。目前，服装商会会员有1000多家，100多位理事，会长和秘书长连任不可超过三届。商会有八个工作委员会和三个专业委员会，其负责人由正副会长、理事担任，他们负责协商内部事务和与政府结合处理问题。商会经费来源主要有二：一是会员费。按照企业在商会中担任领导职位高低来缴纳费会。二是服务收费。利用商会对外给非会员企业提供咨询获取一定收入。一般来讲，这些费用刚好够商会使用，如果遇到大的问题，如展览会等，商会会专门筹集资金，比如向政府要钱，或者利用多给摊位、广告面积等吸纳企业多交资金。作为一个典型的民间组织，温州服装商会对会员没有太多的硬性指标，本着自愿的原则。

2. 温州服装商会工作职能

温州服装商会从成立以来一直承担的主要职能是：

第一，注重提升温州服装的质量。温州服装产业技术水平整体落后，小农经济意识浓厚和手工作坊较多，服装质量一直不高。为此，商会开始宣传教育，通过座谈、召开研讨会宣传质量意识。同时，商会还通过培训企业的管理、营销、设计等方面的知识，提升企业整体管理水平。商会也承担监督职能，定期检查企业产品质量，一旦发现有不好的质量问题，马上进行通报批评。在培训人才方面，商会为企业服装设计、管理提供人才，从而推进了企业的发展。

第二，注重向外推介温州服装产品，打好宣传战。温州产品在改革开放初期，由于质量意识不高，假冒伪劣产品居多，企业产品声誉因此受损。为了挽回不好的名声，商会定期或者不定期组织大型温州服装展览向国内和国外宣传温州商品质量，由此提高了温州服装的知名度。

第三，注重做好服务，为会员解忧排困。比如在1998年，一个企业由于不慎着火，商会号召会员募捐，为该企业迅速恢复生产带来契机；在2002年，商会还组织人员调研，开展对小企业的支助行动，维系行业的整体利益。

第四，注重承担政府职能，开展政策参与。商会积极引导会员遵守政府法规、支撑政府决策；同时商会还为政府提出搞好服装发展的行业规划——"十个一工程"。商会承担了政府部分职能，也显示出自身的参与能力，并由此受到了政府的重视。

3. 温州服装商会作用和目前发展困境

温州服装商会对温州地区经济、社会文化的发展均起到了重要作用。在服装商会的带领下，温州服装行业取得了骄人战绩。到2011年时，温州服装行业共有2777家企业，整个服装行业总产值有620亿元，同比增长6.9%；在出口方面，据海关统计服装及其配件出口总额是15.77亿美元，同比增长21.78%；全年完成服装产量有39100万件，同比增长37.76%。[1] 服装行业取得骄人的战绩，温州服装商会起到了重要的作用。从提升温州服装行业服务上看，经过温州服装商会的努力，温州服装行业的服装质量、规模和档次都

---

[1] 参见温州服装商会官方网站，《商会简介》2014年5月，http://www.wzfashion.org/。

得到了提升。数次的研讨会和培训使业内人员树立了质量意识、人才观念和技术意识,让温州服装行业的发展上了一个新台阶;从温州服装行业整体发展上看,商会催生了温州服装行业的规模化经营模式。温州地区是生产力落后的地方,分散经营是其主要特点。在温州商会的推介和整体带动下,温州服装行业整体态势开始显现,大批大规划化的服装品牌发展起来,形成产业规模效益。温州服装商会正在以鲜活的作用影响温州地区服装行业的发展。

当然,服装商会在促进温州地区服装行业发展的同时,也存在一些问题。

第一,温州服装商会缺乏制度化保障。温州服装商会和其他商会一样,尽管政府已经意识到商会作用,认为商会是沟通企业和政府之间的桥梁,但到目前为止,缺乏较为系统的成文法律来界定商会的法律地位。正是因为缺乏系统的法律保障,温州服装商会在和政府博弈中,充其量只是一个协调组织,其根本性功能的出现带有显著的政府主导意识痕迹。

第二,温州服装商会与温州地方政府关系模糊。尽管温州服装商会存在自主性,是个典型民间组织,但随着在商会设立党支部和商会领导的行政化,商会面临着统战部等部门多头领导。政府也经常用行政命令方式干预商会活动,或者通过工商、税收、物价等行政部门制约商会的活动,商会经常处在不想干或者干不了的境地。这严重制约商会自身的发展。

第三,温州服装商会专职人员缺乏。行业协会在中国发展的历程十分短暂,本来就缺乏管理人才。温州服装商会虽然是民间性很强的组织,但其商会工作人员也缺乏专业训练,业务水平差。这些都制约了商会的发展,对开展商会工作极为不利。为了解决此类问题,商会往往聘请退休行政人员,利用他们的社会资本为商会谋求发展空间,尽管起到一定的作用,但其也导致政府人员过度地介入商会,商会自身的民间性也因此开始萎缩。

第四,温州服装商会面临整体契约性不高的窘境。温州服装商会尽管是自愿参与、协调成立的组织,但商会在一开始成立就是由较大企业来主导。商会会员权利很大程度上是由于那些实力较大企业所掌控,其他小企业基本无法掌握商会权利。历届温州服装商会会长或其他领导的承担者几乎是大服装企业的领导。从刘松福到陈敏,再到吴仁毅、吴志泽等人,他们都是温州业界有名服饰集团的老总。这些领导者一旦缺乏为公的思想,商会就逐渐成为私人服务的机构,商会自此丢失了契约精神,商会也将渐渐地被寡头化。

二、温州服装商会政策参与的民主意蕴

从考察温州服装商会发展的历程、职能、作用等看,温州服装商会几乎和其他商会经历一样的历程。温州服装商会在现有的国家与社会关系的影响下也陷入发展的困境,其政策参与的政治学意蕴到底有多大呢?

1. 温州服装商会政策参与

随着国家与社会关系的变动,温州服装商会在组建过程、设计章程等方面都有政策参与行为。

第一,从政策参与途径上看,服装商会参与的途径主要有参与公共政策制定、参与人

大政协和设立地方党组织等。服装商会在建立以后积极地为本商会成员开展经济服务,努力地实现商会建立的宗旨:"维护会员企业合法权益……为提高产品质量和经济效益,提高服装行业信誉。"① 在推进温州服装行业经济发展的同时,商会开始替政府调研,最后也参与制定本行业相关规划和政策。1996 年,服装商会开始建立,从那时起至今国家与社会关系在整体上没有太多的改观。在政府主导下,处于边缘化的商会组织为了获取自己的合法性,积极与政府合作,开展政策参与活动。在公共政策参与方面,温州服装商会也积极地参与公共活动,如,2000 年温州服装商会承办"温州服装发展战略研讨会",邀请国内知名专家、学者齐聚温州,共商温州服装发展战略。会议讨论的成果后来许多被政府采纳,比如,构建温州服装名城等建议就是在此次会议上被提出了;温州服装商会主动和政府合作,设立质量监督检测机构,承担政府职能,促进行业质量提升。2001 年,在《温州服装产业"十五"发展计划》中,政府出面先后召集有关部门和商会领导开会,经过反复的研讨,商会提出了详细的计划和思路,后来被写入政府关于服装工作计划之中。服装商会参与公共事务逐渐成为常态化的行为。在人大、政协的政策参与方面,温州商会主要成员也积极地加入行列当中。在历届人大和政协代表中,温州服装商会会长,如陈敏、吴志泽等著名温州服装企业界领军人物几乎都是温州人大或者政协委员。有些人甚至还当选了全国人大代表。比如,2002 年森马服饰集团董事长邱光和被选为十二届人大代表。代表们在两会期间多次向政府建议,提出"穿在温州"、打响温州服装品牌等一系列政策建议。温州市政府采纳了建议,积极地采取措施支持商会自律性管理,实施了一些利于温州服装业发展的措施,最终把服装行业的影响力和服装行业的产值大幅度提升。在组建党支部方面,温州服装商会是温州商会中最早组建的组织。尽管中间有些曲折,但到现在,温州服装商会党组织建设在温州商会中已成为最有影响力的一个。2012 年前后,服装商会党组织已经连续两届获得了"先进党组织"荣誉称号,部分党员还获得"优秀党员"称号。尽管党组织的建设可能会加大政府对商会的控制,但也可以成为商会政策参与的途径,人们在党组织生活中获取政策参与的合法性资本,"制度化"的意合可以换取一些政治空间。

第二,从政策参与动机上看,温州服装商会参与动机主要表现出政治合法性的获取和经济利益的需求。温州服装商会建成至今,温州服装商会一直是在一个政府强力控制的政治生态环境中。温州服装商会是体制外生成的民间组织,因此在社会治理方面,可能会获得政府的宽容;但在政治层面上,商会恐怕短期内很难有个较大的权力空间。由此,服装商会一开始为了自己政治环境的改善,力图使自己变得政治合法性十足。服装商会章程旗帜鲜明写道:"一切活动以《中华人民共和国宪法》为根本准则,严守国家法律、法规、和政策,遵守社会道德风尚,遵循党的基本路线,以经济建设为中心,坚持四项基本原则。"② 商会在政治上通过书面来表达忠诚行为,为服装商会合法性的获得起到了至关重要的作用,也为商会政策参与提供一个政治渠道。自从党组织要求在私人企业中建立党支部,1998 年服装商会率先建立支部,积极迎合政治层面的呼唤,为商会能够进行政策参

---

① 温州商会官方网站,《温州服装商会章程》,第 3 条,http://www.wzfashion.org/。
② 温州商会官方网站,《温州服装商会章程》,第 3 条,http://www.wzfashion.org/。

与和其他功能的开展赢得了资源依赖。在以后工作的开展中，温州服装商会也积极地用政策参与获取生存合法性，商会章程明确规定"贯彻党的和政府的方针、政策和法令、法规"①，做企业和政府的桥梁似乎是服装商会必须要贯彻执行的核心要素。由此可见，服装商会政策参与的动机是为了获取合法性。当然，取得合法性是否就是商会的终极目标？这当然不是。正如马克思所说，人们一切活动都跟利益有关。② 服装商会政策参与合法性的取得最终的归宿要回到经济动机上面。从服装商会章程中，其开篇主题就是为了行业集体利益服务，人们设立商会的目的是"为提高产品质量和经济效益，提高温州服装行业的信誉，推进温州服装行业发展，为建设社会主义现代化温州做出贡献"。③ 从温州服装商会实际工作中看，服装商会提出的议案大多关注自身行业工作问题。在 2000 年"服装名城"的提案中、2001 年《服装行业十五规划》的提案中以及 2013 年构建"中国纺织服装品牌中心"、"温州电商服务中心"和"境外营销平台"等议案中，服装商会几乎都是关注自己行业经济发展的问题。由此可以认为，商会成立的宗旨是为了会员企业的发展提供行业规划、发展战略等。

2. 温州服装商会政策参与民主意蕴

温州服装商会政策参与是比较有代表性的一个，从政策参与的民主意义上看，服装商会政策参与体现了一定的民主价值意蕴。

第一，温州服装商会的组建展示了自主治理性。服装商会从开始组建时遵循自愿的原则，加入商会的企业有自愿去留的权利，商会不能强迫它们的去留。自愿性表现了自主性和平等性的特点。其实，商会中的企业几乎都是民营经济企业，在社会主义市场经济体制渐趋成熟过程中培养了独立性和自主性。在 1997 年国家经贸委下发的《关于选择若干城市进行行业试点的方案》文件中，温州成为试点之一。在温州政府"无为而治"的管理模式下，服装商会很快取得了法人地位，在商会与政府的关系上服装商会也取得了独立性；再加上商会的组建呈现了自主性特点，具有独立精神的民营企业显示了良好的民主治理能力。服装商会是第一个实行差额选举的商会，领导人的选举依照协商方式通过直接民主产生，表明了温州服装商会民主自主机制从一开始比其他商会显得更加成熟和完善。经过几十年的发展，目前温州服装商会逐渐建立了合理的权力结构分布，各个层级之间权力的界定比较清晰，商会是一个会议制度健全的自治性组织。服装商会包括会员大会、理事会、秘书处、会长办公会议等权力结构。其中会员大会权力最大，理事会是在会员大会闭会期间的一个常设机构。商会权力机构分配清晰，形成了会员大会——理事会——会长分配方式。商会权力配置和商会会员自身平等性结合起来，就构成了一个自主权力分配结构。在权力分配中，商会通过制度设计，并且对违反游戏规则的人加以惩罚，在"自我管理、自我服务、自我协调、自我约束及自我教育"中增进彼此的协作和信任，从而达成了商会自我治理管理模式。

---

① 参见上网站《温州服装商会章程》，第 2 章，业务范围，第 7 条，http：//www.wzfashion.org。
② 参见《马克思恩格斯选集》第 3 卷，人民出版社 1995 年版，第 54 页。
③ 温州商会官方网站，《温州服装商会章程》，第 3 条，http：//www.wzfashion.org/。

第二,温州服装商会具备自主力量和行政资源依赖弱化特点。温州服装商会经费来源于自筹,从而摆脱了政府对商会的控制。一般商会的组建都缺乏经费,为了能够生存下去,不得不接受政府的管辖和领导;而温州商会组建的经费基本上可以实现自足。商会的经费来源:一是会费。每个加入会员的企业定期缴纳一定会费,数额是800元,每年会费收入数额都基本上超过30万元以上;二是理事会单位资助。商会要求理事会会员企业每年缴纳不低于2000元费用。理事会会员的资助占整个会费的61.3%;三是其他服务获得收入,如培训、广告、办杂志等。这些费用加起足够商会的办公费用。服装商会资源费用的来源表明,商会依赖政府资源所占的比重比较低,从经济上已经摆脱了政府的掌控,商会自主性得到增强。同时,服装商会主动脱离政府机关,成立顾问委员会替代政府顾问团,也增加了自主力量。服装商会从开始成立时,为了增加政治合法性主动邀请一些官员到商会担任要职或者名誉顾问,如当时政协主席蒋云峰、市人大常委会副主任王思爱、温州市副市长冒康夫等人。服装商会对行政资源的依赖性折射了政府控制社团组织或者商会的程度,商会缺乏独立自主性。2003年6月,服装商会单独设立一个顾问团,使商会逐渐摆脱了政府顾问团。制度的创新进一步促使服装商会更加走向自主,商会自主力量得到增强,并逐渐走向自治。自我管理体现了服装商会自身力量的强大,在参与政府事务中,商会的独立性如果增强,就增加了商会政策参与的主动性,也增强了约束政府的力量。

第三,温州服装商会政策参与具备民主意蕴。温州服装商会依据自己独特的民间性通过逐步的发展,体现了政治学层面的意蕴。首先,服装商会存在自主性。温州服装商会频繁地参与政府服装行业规划和管理体现了商会组织自主性的增强。行业组织是社会治理力量,为了防止"利维坦"贻害社会主体利益或者公共利益,必须增强社会主体的监督能力。温州服装商会依靠组织的自主性和能力在与政府的博弈中获取一定的权力空间,应该来说,改善了政府对社会的控制,增加了社会自由空间。一旦增强社会主体的自主能力,那就会逐渐重塑国家与社会的关系,并进而推动社会民主和政治民主的协同发展。

第四,服装商会提升了会员民主技能。温州服装商会通过治理机制训练会员民主思维和民主技能。服装商会从一开始就秉承了"五个自愿"原则,到现在已经形成了系统的权力分配和选举程序。企业把在市场中独立、自主、平等的经济观念带到了组织内部生活中来,对于企业主自身来说,是一个民主思想的洗礼过程。中国社会是"臣民"较多的社会,民众缺乏公民精神,这导致公民或者行业组织很难形成对国家或者政府的参与,由此形成不了权力制约机制。所以,有了服装商会这样的民主训练场域,对富有的阶层来说,提升自身政策参与的能力将会起到重要的作用。

第五,温州服装商会与政府关系的转变体现了社会力量的成长。温州服装商会与政府的关系从商会建立到现在,经历了从"关系性意合"到"准制度化"合作的转变,体现了未来"政府——市场——社会"的局面。温州服装商会充满了自主治理的特点,但温州服装商会也在和政府进行积极的合作,在连接政府与社会之间架起了桥梁。这种连接体现了商会对政府权力的分享和社会空间的拓展,增加了商会自身的合法性。"自治的NGO比缺少自治的NGO能够更好地进一步增强已有的独立性,并强化与政府互相作用中已产生的影响。"① 温州服装商会怎么能够获取合法性？商会选择通过"关系性合意"到准制度化的转变路径。在服装商会组建时，商会会员、影响力和财力都相对微小，为了获取政府的支持，采取了在领导层吸纳政府官员作为领导或者顾问团的工作方式，从而使商会和政府在博弈中建立了"关系性合意"。可是，随着自身实力的壮大，温州服装商会和政府的关系就逐渐走向了"制度化合作"。其表现在②：多元沟通渠道和制度化的形成、单向沟通向双向沟通的转变、分享政府公共权力等。由于服装商会具有现实的作用，政府对其态度也逐渐从轻视或者控制服装商会转变为重视、放松管理，这为服装商会提供了一个制度化合作的通道。商会和政府关系的转变标志着商会逐渐成为社会中权力治理主体之一。在分享社会权力时，商会成为权力的主体，已经不是政府准机构，而是社会中独立的组织和权力的核心。由于社会力量增长的标志之一就是行业组织独立、自主等特点的形成，缺乏具有自主性组织的出现就没有自主社会的结构性存在。温州服装商会一旦与政府形成制度化合作，进而推动了社会力量的结构性成长。

三、温州服装商会政策参与困境

温州服装商会政策参与体现了政治学意蕴上的民主性，并不意味着政策参与就没有困境。事实上，温州服装商会从一开始就注定其政策参与必然伴随着困顿。

1. 从政策参与合法性上看，温州服装商会政策参与面临法律合法性缺失

服装商会是自主性最强的商会之一，但由于受到国家与社会关系大环境的制约，服装商会政策参与也面临法律合法性的缺失。1994年，服装商会建立。为了方便管理商会，政府早期颁布了两个管理条例，即1998年的《社会团体登记管理条例》和1999年的《温州市行业协会管理办法》。管理条例或办法主要体现在社团或者行业协会种类、社团或行业协会成立条件、社团或行业协会内部关系、社团或行业协会财产管理、社团或行业协会管理等方面都加以严格规定。从规定中看出，管理办法或者条例主要建立了一些行业协会的严格登记制度。此时的温州服装商也缺乏一定的自由活动空间。尽管商会自身有强大的经济合法性或者是社会合法性，但从法律层面上，商会仍然比较缺失法律保护。缺失使商会很容易陷入新的囚徒困境，商会在和政府或其他主体分享治理权力的过程中很难具备法律优势。服装商会治理权力必须要获得国家法律的承认或追加，乃至制约，使商会的治理权力既具备足够的权威，而又不被滥用。③在法律缺失的背景下，服装商会治理权力主体地位无法保证，在加上双重管理制度的存在，服装商会也时刻处于被取缔的状态。服装商会政策参与是要分享治理权力，如果在博弈中没有法律作为支撑，一旦行业组织受到

---

① ［美］朱莉·费希尔：《NGO与第三世界的政治发展》，社会科学文献出版社2002年版，第72页。
② 参见陈剩勇：《组织化、自主治理与民主：浙江民间商会研究》，中国社会科学出版社2004年版，第297页。
③ 余辉编等：《行业协会及其在中国的发展：理论与案例》，经济管理出版社2002年版，第16页。

不公正的待遇，服装商会政策参与空间就会变小，直至被取消。因此，只有为商会制定详细的法律、法规，明确商会的法律主体地位，才可以保证商会的健康发展，也才可以为服装商会政策参与提供合法性。

2. 从政策参与渠道上看，温州服装商会政策参与渠道面临缺失

就目前来讲，温州服装商会制度化的政策参与渠道主要是参与公共政策制定、担任人大政协代表和参与党组织建设。从表面上看，这些参与让温州服装商会政策参与具备了广泛的渠道，但在公共政策制定参与方面，服装商会政策参与仅仅限于与服装行业有关和参与范围十分有限的区域。在担任人大政协代表方面，担当代表的人也只能是商会中的领导，是商会实力派，代表并不具有广泛性的特点。从商会组建党组织上看，商会为了获取上级组织的政治认可，向党组织宣誓忠诚，让服装商会获取了政治合法性，但它们也丢了组织的自主性，商会渐趋成为党的一个分支机构。因此，从整体上看，温州服装商会和其他商会一样都面临着制度化参与渠道过窄的窘境。服装商会一旦没有制度化参与渠道，那就必然会进行非制度化政策参与。一旦服装商会进行非制度化政策参与，可能会通过私人接触或者抗争方式参与分享治理权力。但是，体制外的参与一方面破坏了社会秩序的稳定，同时也会滋生政府官员的腐败行为。数年来，温州地区各级政府大多是从经济角度而不是从民主治理的角度看待商会政策参与和利益诉求；再加上改革开放以来依靠政绩，特别依赖于 GDP 为政绩论的官员考核标准，管理者和商会存在利益上的契合关系，二者刚好就默契地进行私人接触，满足了彼此的需求。个别官员可能还会为了个人私利损害公共利益，故意和商会合作，通过官商勾结的方式利用权力参股和职务之便创收。由此，服装商会政策参与的非制度化行为不仅不能推进政治的民主化、为公民和行业组织提供一个有序的政策参与路径，反而会助长政治腐败的产生。

总之，通过温州服装商会政策参与个案的分析看到，温州商会政策参与行为，或者说行业组织政策参与行为成为国家治理当中一道靓丽的风景线。但是，通过探寻温州商会，或者说行业组织政策参与的类别、途径、动机等，本书认为，在当前行业组织参与中存在诸如非制度化参与、参与途径狭窄、参与动机过于利益化等现象。中国行业组织当下的政策参与现状对于公民和社会进行有序政策参与路径的形成和国家治理现代化建构路径的推进是否或者说多大程度上存在一定的价值意义？这需要本书进一步去研判。

第四章 中国行业组织政策参与民主意蕴

引言：本章重点阐述行业组织政策参与的政治意蕴，提出行业组织政策参与在政治领域具备一定政治学意义。政策参与是现代民主政治生活的标志之一，也是政治学研究中命题之一。"公民参与是民主的希望。"① 公民不断地参与公共事务的制定，是未来民主政治发展的必然趋势。"政治参与的扩大是政治现代化的标志。"② 现代民主理论认为，政治参与是公民或者团体沟通政治意愿制约政府行为从而实现公民政治权利的重要手段。③ 行业组织是改革开放以后慢慢发展起来，是处在"政府与私人企业之间的那块制度空间"④。行业组织一开始主要是维系组织自身利益的需求而产生的利益机制，但随着行业组织合法性的取得和政府对于行业组织功能的采用，行业组织政策参与行为逐渐凸显出来。那么，新出现的组织在组织民众政策参与上到底对于未来民主政治生活起到多大的效用，恐怕有待去商榷。它们的出现是不是另一领域的民主？⑤ 这种民主到底对于未来公民和社会进行有序政策参与有多大的积极意义？本章基于个案——温州商会政策参与现状的分析为契机来进一步研判上述诸多问题。

第一节 政策参与和民主

一、政策参与与民主正相关

在学界，人们一提到民主，就大致认定其从一出生天生就是个政治概念，它是指一个国家的宏观管理体制。在民主管理体制下，人们"在政治领域内获得解放，实现了平等的政治权利"⑥。民主最早在古希腊语境下出现，源于城邦政治，是人民的统治。"人天生就是政治动物"意味着公民与政治生活融为一体，公民依靠自身的美德维系着公共的善。随着国家治理的发展，一些学者开始思考如何解决国家治理扩大所带来的传统民主理

---

① [美] 马克·彼特拉克：《当代西方对民主的探索：希望、危险与前景》，载《国外政治学》1989 年第 1 期。
② [美] 萨缪尔·P. 亨廷顿等：《难以抉择——发展中国家的政治参与》，吴志华等译，华夏出版社 1989 年版，第 1 页。
③ 参见孙关宏、胡雨春、任军锋主编：《政治学概论》，复旦大学出版社 2003 年版，第 283 页。
④ 王绍光：《多元统一——第三部门的国际比较研究》，浙江人民出版社 1999 年版，第 6 页。
⑤ 参见陈剩勇：《组织化、自主治理与民主：浙江民间商会研究》，中国社会科学出版社 2004 年版，第 198~258 页。
⑥ 王沪宁主编：《政治的逻辑》，上海人民出版社 1998 年版，第 320 页。

论局限的窘境。约翰·密尔、马克斯·韦伯、约瑟夫·熊彼特等西方著名学者开始重构民主理论。学者们认为，民主是一种"为作出政治决定而实行的政治安排，在这些安排中，某些人通过争取人民的选票取得决定的权力"。① 在此类民主界定下，民主只是一套程序，是选择政治领导人的一种制度保证。现代社会人们把民主作为公民或者行业组织参与社会决策和治理的一种制度。这表明，在国家政治领域里，人们主要的活动是定期的政策参与、选举官员或者参与政府公共决策的制定。在社会领域中，公民或者行业组织彼此把民主管理和民主治理的思想贯穿于社会生活之中，通过这种思想规约人们的行为。由此，除了古典意义上的"民主是人民统治"的含义之外，现代意义上的民主更主要指的是一种参与制度。在此语境下，民主必然和政策参与关联起来。可以这样讲，没有政策参与就没有民主的市场空间，公民或组织的民主化过程就是"用在自由、公开和公平的选举中产生的政府来取代那些不是通过这种方法产生的政府"。② 很多学者认为，政策参与的程度已经成为体现一个国家是否民主的风向标，是国家的民主政治制度建设质量的评估要素之一。政治体制改革的核心在于通过政策参与架构官僚行政和民众之间建立起制度化的政策参与渠道。如果将民主理解为公民政策参与活动的话，那不同层次之间的政策参与则折射出不同层次的政治民主进程。③ 从政策参与视角上看，民主政治的发展一般可以分为选举为核心的民主制度和共同参与的协商民主制度。一个政治体系如果没有政策参与就不是民主政治体系，国家依照法律或者制度方式规定公民或组织相关政策参与程序，并就此来证明现有政权的民主性，同时也会赢得执政的合法性。④可见，政治民主性与政策参与在一定意义上呈现出正相关性。学者萨托利认为，"原汁原味民主离不开公民的政策参与"。⑤学者彼特拉克把政治参与视为"民主的希望"⑥。无论在古典意义上，还是在现代层面上，人们在谈论民主时必然会涉及政治参与或政策参与，离开参与谈任何民主都会成为无根之基。当下，政策参与越来越成为考察一个国家的政府、公民、组织和社会之间的一个中轴线。政府在政策参与中可以看到自己的责任和权力的平衡点。公民或者行业组织通过政策参与可以学到民主的知识、技能以及现代民主政治不可或缺的民主精神等。因此，可以这样说，缺乏公民或者组织的政策参与就没有现代民主政治的出现。

二、政策参与与民主正相关条件

民主离不开政策参与，但应该看到，作为民主政治核心要素的政策参与不能直接带来

---

① [奥地利] 约瑟夫·熊彼特：《资本主义、社会主义与民主》，杨中秋译，电子工业出版社2013年版，第295~396页。
② [美] 萨缪尔·P. 亨廷顿等：《第三波：20世纪后期民主化的浪潮》，三联书店1998年版，第7页。
③ 参见王明生等：《当代中国政治参与研究》，南京大学出版社2011年版，第12页。
④ 参见李金河、徐峰：《当代中国公众政治参与和决策科学化》，人民出版社2009年版，第43页。
⑤ [美] 萨托利：《民主新论》，冯克利、阎克文译，东方出版社1993年版，第118~119页。
⑥ [美] 马克·彼特拉克：《当代西方对民主的探索：希望、危险与前景》，载《国外政治学》1989年第1期。

民主政治，因为政治民主的实现除了政治体制程序结构、社会经济条件及历史、文化等因素之外，还受到政策参与本身的性质、结构和方式的影响。① 如果说政策参与对于民主政治的发展有促进作用，那么推行政策参与活动时必须具备的特质是：

1. 政策参与与现行制度承载力匹配

在一个制度化承载能力差的政治体系中，民众政策参与不能被合适的渠道吸收入体制，结果会导致参与者寻求体制外的暴力参与。暴力政策参与不仅对民主政治的实现缺乏任何帮助，反而可能会增加非民主制度的出现。因此，政策参与必须适度，即必须与现行体制基本相适应。基本适应可以为公民或者行业组织政策参与提供渠道，从而在政策参与中推进更高层次的民主制度的到来。

2. 政策参与规模适当组织化

非组织化的政策参与可能堕落为群众运动。在现代政治体系中，民众政策参与行为变得越来越广泛，特别是随着新阶层的出现，对政治权力的渴求已经激起他们政策参与的欲望。但是，个体的政策参与一方面难以适应现代社会官僚化的政治体系的发展，另一方面也会造成彼此的冲突，从而使人们陷入"囚徒困境"。因此，通过组织化政策参与以便利用集团力量介入公共政策，追寻彼此利益。如果缺乏适当的组织化政策参与，那将会降低人们政策参与的能力，通过政策参与推动民主的进程显然会因此而受阻或者被搁置。

3. 政策参与体现民众性、非精英化特点

政策参与要体现广泛的代表性，不仅体现在参与者的广泛性上，也体现在参与地区的均衡性上。如果一个社会的政策参与只是少数人玩的政治游戏，那这种政治最多是精英政治。一旦出现精英政治就会导致民众政治冷漠行为的出现，政策参与的广泛性就会萎缩，政策参与也由此沦为上层经济富裕者或者组织内部精英人物玩弄的天堂，民主发展的最后趋势是精英民主。精英民主的形成从现实和法律角度上看，都无法推动现代民主制度的到来，更不会形成古典或者现代意义上的民主。

第二节　中国行业组织政策参与和民主

行业组织自改革开放以来逐渐参与社会治理，在现有的制度框架下积极地参与政府政策的制定。在合理界定政府和社会的关系上，在促进社会力量的发展上，行业组织对于中国公民或行业组织进行有序政策参与途径的培养可能有一定的民主作用。但就目前来讲，政治学界对于行业组织的民主作用还存在诸多的争议，行业组织政策参与的民主性到底有多大，需要加以理论的厘定。为了更好地探析行业组织政策参与的民主价值功能，本书以温州商会为个案进行实证分析。

---

① 参见孙关宏等：《政治学概论》，复旦大学出版社 2003 年版，第 311 页。

一、行业组织与民主关联相关阐述

一般来说,整个组织体系可以分为社会组织和政府组织。政府组织对人们生活的影响是不言而喻的,而随着中国行业组织在社会中承担的治理功能逐年变大,对行业组织政策参与的民主意义研究提上日程。

1. 行业组织与民主正相关

一些学者认定,行业组织的健康发展是一个国家民主发展的前提和未来的支撑点,行业组织的强劲发展有助于社会民主化结构的优化。持有此类观点的代表人物主要有洛克、伯克、托克维尔和帕特南等学者。有人认为"生气蓬勃的民主社会的必要性条件是中介组织的发展"。① 学者洛克认定,政府的权威来自于人民的授权或者默认的契约。② 因此,洛克认为人民有权利集合起来,并通过契约方式去限制政府权力,保护个人的权利。为了避免单个个体遭受强大"利维坦"的日益侵蚀,人们需要组织起来用集体力量抗衡国家,行业组织就有这个基本功能。法国著名学者托克维尔认为,负责有时是由这个国家社团来承担,"假如一个民主国家的政府何时何地都替代社团出现,那么,这个国家的道德和知识方面出现的危险将不会低于它在工商业方面发生的危机"。③ 托克维尔认为,在民主制国家里面结社是一门主要学科,这个学科决定其他学科的发展,在人类法则中,结社艺术是人类通向文明或者继续文明最为重要的道路选择。④ 就连多元主义代表人物达尔也认为:"行业组织的独立性在一个民主集中制的国家里面是必须需要的东西,最起码,在具备良好底蕴的民主制中是如此。一旦一个民主的运行过程在整个国度里面被广泛地运用,那么自主性的行业组织就会频繁出现,这是一个民族国家政治过程民主化的一个直接结果,也是为一个国家民主过程本身运作所必须的,其功能在于使政府管制最小化,保障政治生活的自由,改善人的生活。"⑤ 学者奈斯比特也认为,自由民主的源泉是中介组织,因为在个人和社会宏观制度之间起着桥梁沟通作用的是中介组织,中介组织的桥梁作用为社会对抗国家非正当干预提供了缓冲区。⑥ 可见,行业组织对于一个国家政治民主的发展具有积极的意义。其具体体现在:行业组织承担了社会制约政府权力的组织化载体功能;政策的科学化、民主化有赖于行业组织制度化的政策参与;公民的民主精神和民主素养依赖于行业组织的培育。⑦ 托克维尔在《论美国的民主》一书中也提到类似的观点。他认为,"再没有比一个民主的国家更需要用结社自由去防止政党专权或特殊阶层的特权的

---

① Peter L. Berger and Richard John Neuhaus: To Empower People: The Role of Mediating Structures in Public Policy, Washington: American Enterprise Instiute for Public Policy Research, 1977.
② 参见[英]洛克:《政府论》,商务印书馆1982年版,第21~35页。
③ [法]托克维尔:《论美国的民主》(下卷),董果良译,商务印书馆1988年版,第638页。
④ 参见上书,第640页。
⑤ [美]罗伯特·达尔:《多元主义民主的困境》,尤正明译,求实出版社1989年版,第1页。
⑥ Robert Nisbet: Community and Power, New York: Oxford University Press, 1962.
⑦ 参见陈剩勇:《组织化、自主治理与民主:浙江民间商会研究》,中国社会科学出版社2004年版,第203页。

了。……在没有这种社团的国家,如果人们彼此不能构建相似的社团,我看不出有什么可以防止暴政的堤坝"。① 社会需要限制国家权力过度膨胀,缺乏行业组织的存在,社会限制国家的能力将会降低。随着行业组织政策参与行为的频繁出现,行业组织凭借自身的信息优势,在政府政策制定中显示出收集信息的优势。这样在就可以弥补如哈耶克所说的那种包括政府在内的任何组织和个人都无法摆脱的人类存在的"结构型无知"。"结构型无知"会造成在政府政策制定中由于有限理性和信息短缺而作出的错误决策。因此,行业组织如果可以通过政策参与和政府保持良好的沟通就会使政府政策的制定显示更强的针对性和现实感。更为重要的是,行业组织在政策参与和织建设中还可通过组织的自我管理和发展在互动中习得民主管理、民主决策的精神和技能,进而培养了它们的合作精神。"长此以往,这样的互动便会产生宽容、合作和妥协的协会文化。"② 合作和宽容文化是现代民主政体存在的基石,自愿结合的组织可以提供民主所需要的实际技术培训,因而其有民主教育的功能。学者彼德·伯格和理查德·纽豪斯认为:"社团创建和制定法律,选举官员,展开辩论,倡导和议论行动过程,这就践履了民主学校的功能。虽然我们可能认为一些社团的目标是零碎的、误导的或者怪诞的,但是它们的确践行了这一富有活力的功能。"③ 应当说,学者大多是肯定行业组织的民主价值功能,认定行业组织在促进各国民主化进程中有着重要意义。

2. 行业组织与民主负相关

当然,有些学者或者学派对行业组织的发展是否一定推进政治民主化进程持有怀疑的态度。如果说行业组织和民主正相关成为多数人的共识的话,那么一些学派,如雅各宾主义、反多元主义和民粹主义都持有相反的态度。雅各宾主义者认为,中介组织不可以赋予个人自由和力量,不可以通过公平竞争去实现公共利益。因为,中介组织、制度结构往往压制人们的自由,它们不仅不给民众力量,还会削弱人们的力量。卢梭认为:"公意要想更好地表达,国家之内不能有派系的存在是最重要的,并且每个公民表示的意见只能是自己的。"④ 实现民主、摒弃派系纷争是必须的,需要削弱中介组织,扫清中介组织造成的特权和人们自由推行的障碍。黑格尔在专著《法哲学原理》中,质疑市民社会的价值功能,认定市民社会是特殊的,是充满了欲望和堕落的利益冲突领域。⑤ 这种由自私、自利的人组成的组织显然不可能营造一个民主价值的氛围。在美国,有人认为集团之间的争论不会形成公共利益,自愿组合的组织可能会体现利益表达和聚合能力,但是人们不可能在很多利益中找到符合公共利益的选项。许多利益集团、中介组织为了集团私人利益往往损害公共利益,不具备"公民精神的共同意识"的中介组织已经演化为民主的障碍。行业

---

① [法] 托克维尔:《论美国的民主》(上卷),董果良译,商务印书馆1988年版,第217页。
② [法] 托克维尔:《论美国的民主》(上卷),董果良译,商务印书馆1988年版,第63页。
③ Peter L. Berger and Richard John Neuhaus: To Empower People: The Role of Mediating Structures in Public Policy, Washington: American Enterprise Instiutie for Public Policy Research, 1977.
④ [法] 卢梭:《社会契约论》,商务印书馆1982年版,第40页。
⑤ 参见 [德] 黑格尔:《法哲学原理》,商务印书馆1961年版,第75~78页。

组织由于用派系削弱政府的整体结构，弱化了民主控制，最终会使得少数派控制多数，并最终毁掉了民主。这点和多元主义反对者的观点极为相像。多元主义者的反对者认为，组建行业组织的前提是民众平等、自由性的参与，但在现实组织中，"多元主义天堂的缺陷是天国唱诗班的合唱带有强烈的上层阶级的腔调"。① 一旦行业组织沦为寡头组织，组织自身的特点就会荡然无存，其公共性受到重创，对于民主的推进就会无从谈起。民众利益可能会被代表，但是这种代表已经不是自愿组成的行业组织代表，所以民主化进程和行业组织之间没有关系，反而日益寡头化的组织成为民主的障碍。民粹主义者也意识到日益官僚化和寡头化组织的危害性。民粹主义者认为，行业组织的运作越来越像本身要控制的官僚制度，因为组织逐渐演化成精英控制，正逐渐走向官僚化，与其最初建立组织的目标渐行渐远，原本为人类服务的组织日益退化为疏离顾客的组织。由此，行业组织如果演化成此结果，肯定不会促进民主化进程，倒可能是民主化进程的障碍，因为行业组织运行所反映的只是少数人的利益，不是多数人的公共利益。鉴于这样，以至于一些人提出要终止行业组织在民主进程中的作用，代替其出现的是民众的直接民主，无中介的政治才是真正实现民主化的政治。

3. 行业组织和民主分离

有些人认为，行业组织和民主的发展关系是促进抑或是障碍都没有太多的关系，因为二者存在彼此剥离关系。就美国来说，大量经验表明，行业组织在很大程度上不参与政治，因此和民主没有任何关联。20世纪80年代，霍普金斯大学教授萨拉蒙对行业组织调查中也证明，行业组织与民主不存在任何关系。这是因为只有3%的组织在从事政治活动，18%的组织在从事政策制定工作。人们一般认为这种现象的出现是因为行业组织接受了政府的捐助，所以就接受政府的领导，很少去干预、影响政府的决策，在政府政策的制定中只是政府的绿叶，没有较多的参与行为，因此行业组织政策参与就不具有较大的民主功效。

总之，行业组织和民主的关系极为复杂，不能一概而论。二者在具体的条件下呈现出不同的关系。一般来说，当国家权力过于强大，社会权力过于弱小，社会缺乏自治空间时，行业组织是民主化进程的推进剂。当社会被精英控制，或者行业组织逐渐演变成寡头控制组织时，行业组织是民主化进程的巨大障碍。当行业组织不参与政府公共事务制定时，行业组织和民主进程毫不相干。当下，中国行业组织政策参与是否具有民主性，是否可以成为公民和社会进行有序政策参与的路径，本研究基于温州商会政策参与为个案进行理论的梳理和镜像。

二、温州商会政策参与民主性

温州商会的产生是顺应市场经济和企业自身发展的需要。从一开始商会组织经济性功能的实现到现在商会参与公共政策的制定，商会功能得到了延展。就目前来讲，随着政府

---

① Schattsneider: The Semisovereign People: A Realist's Wiew of Denocracy in American, New York: Hold, Rinehart and Winston, 1960.

职能的转变，大量的管理权力下放社会，商会组织也承接了政府治理职能。基于本书上面的分析看到，商会政策参与越来越成为商会常态化的一种行为。这种政策参与行为有民主性吗？这需要本书进行理论研判。其实，关于温州商会的民主价值意义，学者陈剩勇给予极高的评价。他认为，这种民主是温州民营企业家自发进行一场"草根"民主的实践，这一伟大的民主实践对于中国基层民主建设的意义，完全可以与村民自治的民主实践相媲美。① 从企业角度上看，企业加入商会组织的主要目的是为了确立合理市场秩序，利用集体力量维系企业发展所需要的环境和利益。从政府层面上看，温州市各级政府对于民间商会采取默许和积极引导的政策，主要目的是基于商会在维系地方经济秩序方面的独特作用。但是，随着民间商会数量的不断增多，当商会通过民主原则选取自己的商会领导人和自主决定自己事务时，商会组织成员也如上面所分析的那样，积极地参与政府政策的制定，商会组织此时已经超越了经济学的范畴，体现了现代民主价值。

1. 温州商会自身的组建体现民主程序

第一，构建商会体现契约精神。依据委托—代理原则，商会领导通过协商和商会章程处理商会事宜，体现了民主契约精神。契约是一组承诺的集合，承诺是当事人在签约时作出，并在未来是能够兑现的承诺。对于契约理论的产生，人们认为，学者霍布斯是近代契约理论的创始人。学者洛克在《政府论》中认为，政府是人民自由契约的产物，是人民和统治者通过订立契约形成。一旦统治者破坏了契约和侵蚀了人民的基本权利，人民就有权利组织起来推翻政府，并进行重建。契约是一种彼此出让一部分权益来制定制度而形成的一个约定，存在自愿出让和彼此尊重的特点。商会是一个制度安排，本质也是一种契约。商会契约是指商会成员预料到自己在与其他厂家竞争或者政策参与中，由于存在信息不完全或者不对称，害怕自己的长远利益受到损害，就主动让渡一部分权益给商会组织，并通过条款或者章程方式规定下来。温州商会的建立大多是由于会员利益受损，商会成员自愿出让部分权利，自觉组建一个共同体，遵循协会章程，以便消除内部的不正当竞争。比如，温州服装商会通过《温州市服装行业行规行约》中规定，加入商会的企业必须进行严格规定，树立法律意识，杜绝假冒伪劣商品。不遵守规定的企业要加以严惩，或者被开除商会。由此，商会的领导人和商会成员之间存在契约关系，商会之间为了协调彼此利益，会遵守章程和制度，体现了商会的民主精神。

第二，组织结构体现民主和平等精神。一般来讲组织结构可以分为横向结构和纵向结构，横向结构体现结构成员之间的平行关系，体现民主平等关系，而纵向结构一般体现上级对下级的控制关系和折射了专制和非平等性。温州民间商会是一个自愿性组织，每个企业加入其中都基本上都是自愿入会和自愿退会，企业不论大小在自愿性上是一律平等的。因此，温州商会组织是一个互利互惠的联谊关系，不是中国传统意义上等级和依附的关系，是一种平等的民主关系。商会总会长郑胜涛曾经表示，对于每个入会人都一视同仁，商会坚持在开展工作中要把小企业利益考虑其中；服装商会会长陈敏说，"我们商会是自

---

① 参见陈剩勇：《组织化、自主治理与民主：浙江民间商会研究》，中国社会科学出版社2004年版，第204页。

发组织的,如果商会里大企业垄断,对小企业施压,后果是很多小企业就会不来参加商会,这样就直接影响到了商会的发展"。为此,服装商会还特意在小企业成立分会的时候,加以扶持它们。商会会员之间是平等的,彼此之间没有命令的存在。一旦会员遇到了矛盾,商会鼓励他们去法院或者仲裁。① 温州商会的这种横向组织结构有别于中国传统社会结构中的纵向组织结构。传统的组织是垂直和纵向的,在这种组织中的成员关系是一种"差序格局",他们彼此没有太多的民主,只有服从和控制。温州商会成员都是自愿加入和退出,这颠覆了传统行业组织的纵向结构,每个商会成员都是平等和独立地参与商会事务治理之中。学者帕特南在意大利北方地区调查中也发现了相似的横向社会网络。学者帕特南发现意大利北方地区各种超越亲属纽带的网络扩大了人们的团结,增进了彼此信任,增强了人们对于合同和法律的公正性的信心,这是至关重要的。② 温州商会组织的这种横向组织结构为每个参与者提供了平等和民主的平台。

第三,选举遵循民主选举原则。选举的民主、公开性是选举公正的重要保证。温州商会领导人的选举采用公开选举办法,根据商会章程实行差额选举,地方工商联一般不插手相关事务。比如,温州服装商会在建会之初,得到了工商联的大力支持,会长和副会长是由成立发起企业的领导来担任。2000年换届选举时,服装商会实行了差额选举,三名候选人之一陈敏同志最后获选。在担任会长之后,陈敏鞠躬尽瘁,为商会的发展作出巨大的贡献,后来连续当选会长。温州商会中像服装商会进行差额选举的商会在逐年增多。这表明,民主选举理念被人们逐渐接受和采纳,选举模式的推进将有助于温州商会组织民主的发展。

第四,内部事务推行民主化管理。商会民主管理是指商会日常事务实行自我管理,商会自身建立了一套独立的管理结构。政府也看到商会在维护当地经济发展功能作用,一般也不干涉商会的日常管理活动。商会组建组织机构,一般分三级:会员大会、理事会和会长办公室。商会组织结构的每个级别都有自己独立的程序和职能,配有相应的制度保障。无论是最高权力机关——会员大会,还是大会闭会期间承担职能的理事会及其会长、办公室成员等,都会通过定期选举产生,选举中也严格遵循相关选举程序和制度。而且,日常管理方面都遵循民主管理方式,履行自己职责。

2. 温州商会政策参与体现基层民主生活的新窗口

如果温州商会组织自身的民主运转程序体现了民主元素的话,那么商会近年来在地方政府公共政策制定中的参与行为更折射了商会对中国民主政治生活的政治学意义。中共中央在《关于构建社会主义和谐社会若干重大问题的决定》中指出,扩大公民有序的政策参与要体现多层次性,以便人民依法管理国家事务具有保障。③ 政治学界一般认为,公民

---

① 参见徐明:《民营力量:温州商会做好企业"老娘舅"》,载《21世纪经济报道》2003年12月27日。
② [意] 罗伯特·帕特南:《使民主运转起来》,王列、赖海榕译,江西人民出版社2001年版,第149页。
③ 参见《光明日报》,2006年10月19日。

政策参与是现代民主政治的主要特征之一，是公民通过合法程序走进政治生活、影响政治体系构成和政策制定的一种政治行为。作为现代政治学的一个核心概念，政策参与主要用来衡量一个国家的政治发展状况，尤其是衡量一个国家民主政治的完善程度，其核心在于衡量一般公民的政治权利是否得到保障和实现。[1] 当今世界很多国家都把实现和扩大公民政策参与作为未来民主政治生活发展的重要手段和推进目标。进入21世纪以来，随着市场经济体制建构的不断推进，扩大公民有序的政策参与成为中国未来政治发展的基本目标之一。这不仅能够推进中国社会民主政治生活的发展，也可以为中国公民民主参与提供政治合法性。越来越多的公民参与政治生活，从参与基层的村民自治活动，到高层的人大代表参与都显示公民政策参与愿景的广阔性。在如此多政策参与中，新出现的私人企业主阶层的政策参与更加引起人们关注。私人企业主的出现是中国20世纪的一件大事，私人企业主政策参与对于中国政治生活的发展和传统政治结构都是一个重大冲击。[2] 但是，这个新阶层的政策参与存在着政策参与的低度组织化、务实性、发展不平衡性等因素。存在的诸多因素制约了私人企业主政策参与的功效和积极性。中国公民政策参与中呈现的特点与私人企业主面临的问题极为相似。在现有制度化参与渠道不完善的状况下，私人企业主政策参与出现了私下接触、非组织化、政策参与冷漠等现象。温州地区是改革开放后私人企业主涌现最多的地方。从经济结构上来看，温州民营经济占有很大的比重，到2007年的时候，温州民营经济的比重约占全市经济的80.7%。[3] 随着民营经济的发展，推动民营经济发展的企业主也随之大量产生。这些经济上的巨人在政治上也显示了浓厚的兴趣，通过政策参与影响政策的制定，获取自身经济上的利益是企业主参与的主要原因。但和其他政策参与面临的困境一样，私人企业主政策参与也呈现低度的组织化现象。这降低了企业主政策参与的功效，也显示出他们政策参与的力度小、随意性强和低层次性等特点。为了提升私人企业主政策参与的效能，实行组织化政策参与，商会组织的出现刚好可以较好地完成了这一任务。

第一，政策参与提升参与能力。现代社会的人是社会人，每个人都不可能独善其身，人们彼此不可能彻底分离，为了共同的利益，人们需要组织起来。当社会发展水平越高时，行业组织化程度就越高。温州商会会员在利益趋同下走到一起，组建商会和利用商会强大的组织能力提升商会的参与能力。商会可以通过商会大会向政府提案，集中行业之中绝大多数人的意愿，提出政策建议，这比原子化提案影响政府的力量要显著。

第二，政策参与拓宽参与渠道。一般来说，在传统代议制下民众政策参与渠道不外是通过选民身份定期进入政党生活，单一的参政渠道显然无法满足民众政策参与的热情。在中国，由于目前民众政策参与渠道相对不足，满足不了经济财富日益增长的私人企业主们政策参与的渴求。而温州商会组织的出现，可以让会员之间增加协商的参与渠道。商会会员经过协商议案去影响公共政策的制定。由此，私人企业主政策参与的渠道开始呈现多样

---

[1] 参见王玉宝：《公民行业组织政治参与的效能分析》，载《市场周刊》2007年第4期。
[2] 参见赵丽江：《中国私人企业家的政治参与》，中国经济出版社2006年版，第2页。
[3] 参见郁建兴、江华、周俊：《在参与中成长起来的中国公民社会——基于浙江温州商会的研究》，浙江大学出版社2008年版，第58页。

化的特点。

第三，组织化政策参与拓展参与范围和内容。在政党制度大行其道的背景下，民众政策参与大多在政党争夺执政党的选举中参与政治生活。在中国政治生态下，私人企业主参与的内容显得单调，一旦有了商会组织，私人企业主除了作为普通公民参与政治生活之外，还可以通过商会组织的提案来关注政府政策的制定，从而使商会会员对政府政策的制定产生了连续性，也会扩大私人企业主参与的范围。

因此，组织化温州商会政策参与对于中国民主政治生活来说又是一民主政治的新窗口。如果说农民通过村民自治找到政策参与窗口，那么私人企业主们在改变自己低度组织化的境遇下，利用商会这一民主化程序所建构起来的组织扩大了参与效能，影响了公共政策的制定，参与了公共生活，提供了政策建议。这种民主生活为私人企业主开启了另一扇民主的窗户，对于中国基层政治生活的民主化来说也不失为一个新的尝试。比如，温州皮革化工商会的领导有二位担任政协常委，一位是市联副主席，另一位是市慈善总会工商联分会会长。三位担任市工商联执委、常委。戚列雄、徐建国被温州市政协评选为年度优秀政协委员。二人提案的数量最多，被认为是温州商会政策的提案大王，例如《关于创新商业网络和经营模式，着力打造温州区域品牌》、《如何缓解温州交通拥堵的建议》、《关于加强我市群众体育场地设施建设与管理的建议》、《关于缓解停车难的建议》、《关于解决到银行办事排队时间长的建议》、《关于经济适用房改革的建议》、《危险化学品使用单位安全生产不容忽视》和《采取综合有效措施缓解交通拥堵》等提案。① 这些议案大多被政府采纳，成为商会政策参与的典范。

三、温州商会政策参与民主性意蕴孕育基础

如果温州商会政策参与在中国民主政治生活中是一道亮丽风景的话，那么风景的出现并不是偶然的，是和温州商会自身的民间性、政府自身的制度供给和本地传统社会结构元素相结合而结出的民主硕果，有其自身孕育的基础。

1. 社会结构中传统因子

任何客观事物在一定场域中才可以演化和表现出来。但是，社会学家迪尔凯姆认为，历史的发展主要不在于外部环境，而在于社会的内部环境，一切社会变迁的起源都必须要从社会内部构成中去找。②恩格斯也曾经认为，"一切社会变迁和政治变革的终极原因，不应当在人们的头脑中，在人们对永恒的真理和正义的日益增进认识中去寻找，而应当在生产方式和交换方式的变更中去寻找；不应当在有关的时代的哲学中去找，而应当在有关时代的经济学中去找"。③ 由此，想了解温州商会政治民主性的特点，就要从温州地区社会结构的传统文化因子中去探寻，因为无论从任何视角出发，文化传统都是一个不可或缺的社会结构性元素，其中隐藏着纷繁芜杂的内在逻辑。

---

① 参见《温州行业协会商会示范化建设》申报项目，2014年温州皮革化工商会申报材料。
② 参见[法]迪尔凯姆：《社会学研究方法》，胡伟译，华夏出版社1998年版，第90~93页。
③ 《马克思恩格斯选集》第3卷，人民出版社1972年版，第307页。

温州偏安于浙江东南部,地势自西向东倾斜,东部是沿海冲击平原和滩涂,中部是丘陵和低山,西部是山地,特殊的地理特征造成了温州三面环山、地势险恶的地理环境。温州地区由于受到封闭环境的影响,孕育了温州独特的历史和文化。不像中原地带由于受到政府重农抑商意识形态的影响,商业自发发展比较迟缓,温州地区人发展了温州特色的自主性,特别注重社会自主治理和重商精神的塑造。新中国成立后,受全能政府体制的影响,温州的传统尽管也受到限制,但基于学者斯诺"路径依赖"和布迪尔的"实践理性"概念的解读,温州的历史和文化传统仍然塑造温州人的行为方式和价值理念,保存了蕴涵早期民主的结构因子。

第一,社会自治风气盛行。温州地处偏远地区,早期中央政治势力很难控制该地区。俗话说天高皇帝远,天子势力无法较多的辐射温州地区,自由的温州人便形成了"民风犷悍,目无法纪"的人文环境,其中数平阳最为难治。从1760年到1911年,73个平阳知县担任职位4年以上只有12人,多数人在数月后就离去。① 温州地区外来移民较为普遍,其中福建人居多。移民者大多以血缘关系为依托聚集在一起,构建宗族势力,对抗外部势力。新中国成立后,宗族的影响性并没有削弱。温州由于开放较早,外来宗教势力极为强大,宗教组织也比较多。1978年宗教政策落实之后,宗教在温州势力渐趋强大,强大的宗教势力构建了一个不同于官方的价值。这种价值影响民间力量和政府之间的关系,为民间赢得了自主空间。宗教组织按照彼此的信仰和血缘关系组建起来,两者都在人们之间形成彼此的认同感,彼此的信任体现出社会资本的特性。② 温州地区的宗教和宗族成员之间的关系是横向联系的一个社会网络。横向网络比垂直网络好,因为"垂直的网络,无论多么密集,无论对于其参与者多么重要,都无法维系社会的信任与合作"。③ 彼此信任和规范的人员关系培养自我的自主、平等意识,为加入商会中的成员培养信任网络,提高彼此合作和民主的意愿。温州地区政府的财政一直比较拮据,公共物品提供较为稀少,宗教组织由此分享政府治理权力的机遇大为增加。许多宗教组织利用自身的优势募捐资金,提供公共产品,在某种程度上解除了政府因为公共产品提供的不足而造成的施政窘境,同时也为社会开展自我治理开启了方便之门。这种以血缘关系为基础的"差序格局"下构建的宗族网络和基于信仰为基础建立的宗教组织网络为温州人的自治提供了一个空间,也为后来商会的成立培养了大量的、具备民主素养的会员。

第二,契约商人精神影响温州人民主观念。由于地势边缘化和人地关系紧张的原因,温州人世代都比较注重商业的发展,商业也一直比较发达。永嘉学派叶适认为,温州人重视商业,并体现了"以利和义"、"四民皆本"和理财富民的商业特点。在追逐利益和注重道义上,叶适认为可以统一它们,在追逐利益中义可以作为规范和导向作用。由此,他

---

① 参见李世众:《晚清绅士与地方政治——以温州为中心的考察》,上海人民出版社2006年版,第111页。

② 参见郁建兴、江华、周俊:《在参与中成长起来的中国公民社会——基于浙江温州商会的研究》,浙江大学出版社2008年版,第49页。

③ [意]罗伯特·帕特南:《使民主运转起来:现代意大利的公民传统》,江西人民出版社2001年版,第205页。

认为:"既无功利,则道义者乃无用之虚语耳。"① 对于社会等级划分的情况,他认为社会被分为等级是不合理的,他主张国家减少对商业干预,要鼓励工商,提升工商业者地位。在叶适看来,"抑末厚本,非正论也"。② 他同时也反对过度地征收民税,认为只有富民才可以富国家,富民为治国之根本。以叶适为代表的永嘉学派的重商思想在温州历史文化中源远流长,成为温州文化中的脊梁。这种在夹缝中生成的独特温州文化长期型塑着温州人,直到现代以来温州模式及其经济行为的出现也是温州早期文化历史的必然映像。③ 温州人商业精神塑造了独立、自主、契约的商业文化,影响后来商会组建中温州人之间的行为模式,彰显了温州地区的文化民主性。文化中的民主性对温州商会会员们的民主观念起到了神奇的力量。有些学者认为,"观念不仅在我们的思想道德情感和生命攸关的利益感悟中根深蒂固,而且深藏我们的基本价值中、深藏于过去神话所隐含的原始契约中","观念一旦形成,一旦被系统阐述并且转化为行动,就产生一种无法预见的命运"。④ 温州人在传统文化下培养了民主意识,为以后商会政策参与民主性的呈现提供孕育的因子。

2. 现代制度变迁供给因子

如果温州地区独特的历史文化是温州商会组织产生民主元素的本土因素,那当今政府制度的变迁则是温州商会产生一定民主性的制度供给因子。在整个行业组织政策参与中,制度变迁因素的影响带有普遍性,体现了行业组织政策参与的制度因子。

第一,经济制度变迁:商会民主性出现的宏观制度供给。商会或者其他行业组织的出现和蓬勃发展是和市场经济体制的建构和完善分不开,市场经济体制取代计划经济体制是商会产生的经济制度保障。中华人民共和国成立以后,中国长期构建了高度集中的政治权力体制。中国社会的"总体性社会"和"行政性整合"的特征逐渐彰显,国家权力强力地、全面地掌控社会每个角落。社会在一元化统摄下,国家几乎垄断了所有的社会稀缺资源,从组织上的单位制、人民公社制,到政府权力的条块分割,社会成员和组织全部被统摄到"总体性社会"中来。此时,政府成为唯一的合法组织,其他组织都必须在国家体制中进行定位才能最终获得资源和合法性,整个社会都处于国家行政化的网络之中。⑤ 此时,各种行业组织都成为政府的二级机构,是政府权力的延伸,无法体现独立自主的民主性,更无法体现出行业组织对于政府的监督和政策参与的可能性。1978年以后,中国通过几次大的会议,如1983年党的十二大、1987年党的十三大、1992年党的十四大和1997年党的十五大会议的召开,使市场经济体制替代计划经济体制的理念、步骤和建立过程在社会全部展开。到目前为止,尽管中国市场经济体制的建立还显得不够成熟,计划经济体

---

① 叶适:《习学记言序目》卷23,《汉书》,中华书局出版社1977年版。
② 叶适:《习学记言序目》卷19,《史记》,中华书局出版社1977年版。
③ 参见徐令义:《温州实验区发展态势》,上海科学出版社1988年版,第14页。
④ [美]菲利克斯·格罗斯:《公民与国家》,新华出版社2003年版,第12~13页。
⑤ 参见陈华:《吸纳与合作——中国行业组织与社会管理》,社会科学文献出版社2011年版,第86页。

制的些许弊端依然闪现在社会某些层面，但不可否认的是，市场经济体制取代计划经济体制的制度变迁给社会个体和行业组织的生成空间提供了经济制度空间。市场经济要求市场主体之间是平等、独立、自主性的关系。于是，商会等一些行业组织建立的制度空间得以出现，为商会组织未来政策参与提供了较多的参与渠道。

第二，行政体制改革：商会民主性出现的权力制度供给。在计划经济体制下，中国形成了"整合性行政体制"，政府由此扩展管理职能。在乡村社会中，政府权力直接延续到乡村的最低层，政府权力干预乡村的基本生活，整合着乡村资源，把国家权力永久地通过一些组织架构嵌入乡村中去。比如，通过土地革命，新生政权获得了广大人民的认可和支持，奠定了新政权建立所需要的广泛社会基础与政治支持①，新政权由此取得了在农村的权威和"行政性整合"的社会支持基础。20世纪50年代，合作化运动和人民公社运动进一步干预了社会基础，实现了对于农村全面的"干预控制"，国家权力嵌入社会的最低层。除了在农村进行权力嵌入外，在城市，新中国通过"单位制"的组织形式限制民众的自由流动，政府利用单位制度控制城市的稀缺资源，把所有人都纳入"单位"中来，借助这一组织形式，国家权力完成了在新中国成立初期的社会整合。在资源总量不足的条件下，单位组织形态呈现了自上而下的、平行林立的"伞状结构"。② 每个单位组织既接受上级单位组织资源的配置和支配，也会对下级单位组织进行整合和掌控。就这样，单位组织就通过"伞状结构"把每个单位凝结为如同网络上的一些纽结，通过纽结的层层扩展和层层收缩，最终实现了资源的有效配置和社会全面的整合。③

自此，通过农村和城市的整合、控制，一方面，政府逐步缩小了社会自治空间，减小了行业组织的活动空间，压缩它们的政治空间，把许多行业组织转化为准政府组织，如工会、工商联等。这导致此类组织缺乏政策参与的空间；另一方面，政府由于管得过多，管了不该管的地方，政府职能过度扩展，降低了政府的施政能力，"政府失灵"渐趋成为人们诟病政府的话题之一。为了适应市场经济体制的建构和提升政府能力的需求，从1988年开始，中国政府开展瘦身运动，也即是政府机构改革运动。在政府机构改革经历数次反复和失败之后，政府开始逐渐把权力下放给社会，政府的管理也由微观到宏观、直接到间接、部门到行业等进行转变。根据与市场经济的要求相适应，政府体制改革已经提出了行业管理的目标。这意味着"从政府直接管理企业转向为通过行业协会组织实行间接管理"。④ 到1998年，政府强调按照市场经济的要求实行政企分开，政府职能要切实转到宏观调控上来，把权力下放给中介组织，如商会等。这就为行业商会的发展提供了权力制度供给。

---

① ［美］吉尔伯特·罗兹曼：《中国的现代化》，中国社会科学基金"比较现代化"课题组译，江苏人民出版社2003年版，第439页。

② 参见刘建军：《单位中国：社会调控体系重构中的个人、组织与国家》，天津人民出版社2000年版，第48页。

③ 参见陈华：《吸纳与合作——中国行业组织与社会管理》，社会科学文献出版社2011年版，第92页。

④ 戎文佐：《从部门管理向行业管理的实质、难点、方案、对称》，载《中国行业协会——改革与探索》，中国商业出版社1999年版，第300页。

第三，行业协会法律制度建立：商会民主性出现的法律制度供给。如果说市场经济体制的建立为商会的成立提供宏观经济制度环境，那么行业协会相关法律制度的出台为商会长期合法地拥有民主权力空间提供了法律制度供给。一般来说，权力会一直到它使用的边界才会停止运作。面对经济体制变迁的逼压、面对政府主导放权的空间大小和时效长短的考量，政府，包括政府官员总会在权力放与不放之间挣扎、徘徊。因此，为了给商会等行业组织提供一个稳定的权力制度空间，法律恐怕是最好的选择。中国早期没有一部较为完善的行业组织法律法规，但1989年出台了《社会团体登记管理条例》以及党的十八大会议中对于加快行业组织发展决定的提议，都让人们看到行业组织相关法律条款已经处于逐渐发展中。特别是一些地方政府，如温州政府也在单独制定管理办法，如《温州行业协会管理办法》等。这些法规已经整体上为行业组织的发展提供最为直接的制度供给。民主的出现需要法律制度作为制度供给，否则民主只能是虚幻的，它瞬间可能就被剥夺。温州商会目前出台一系列法律、法规显然提升了商会的民主制度供给水平。

3. 强烈政策参与意识因子

民主理论家认为，民主的出现依赖于公民的参与，一旦缺乏民众的长期参与意识的形成，公民的参与也无从谈起。民众的参与意识来源于公民文化的影响。学者阿尔蒙德和伏巴认为，民主政治的运作有赖于参与型政治文化的配合，而参与型文化的特色在于政治系统成员独立型文化意识的形成，也就说公民应该成为一个独立、有自信政治决策能力、具备热情积极地参与政治生活中的人。① 参与型政治文化与地域型政治文化、顺从型政治文化不尽相同。地域型政治文化和顺从型政治文化显示了公民对于参与的冷漠或者无能，而参与型政治文化则体现了公民希望积极地通过参与改变和自己密切相关的利益分配趋向。改革开放以来，中国随着市场经济体制的建构，那种依附性的人际关系逐渐被契约性的人际关系所取代，传统地域型文化和顺从型文化被公民的积极参与政府政策制定的参与型文化所取代。参与型文化激起民众的参与意识，扩大了参与范围；同时，中国目前政治和经济依然纠缠和胶着，其最显著特征是政治资本强势地位没有得到基本削弱，由此导致的后果是"在市场转型中，甚至是在市场机制已经成为整个社会中占主导地位的经济整合机制的情况下，政治权力仍然保持着对于社会重要资源的控制和操作能力"。② 这说明，人们参与政治，直接获取权力或者影响权力运作长期以来对自己利益分配将会有决定性的影响作用。因此，谋取政策参与将成为经济精英们无二的选项。这将会极易造成现有官商之间的结合，政治资本和经济资本之间的结合可能性将会变大。甚至有人会这样说，在中国不懂政治就不可能成为企业家。由此，现在很多民营企业家不仅通过商业活动寻求与政府官员建立更好的关系，而且也积极地参与政策或者公益活动，以谋取经济利益或寻求政治保护。温州由于有着历史特定的文化元素，如善于经商、社会自治空间较大等元素，铸就

---

① 参见［美］阿尔蒙德、西德尼·伏巴：《公民文化》，华夏出版社1989年版，第183~258页。
② 孙立平：《对市场转型实践过程的分析》，载周晓虹：《中国社会与中国研究》，社会科学文献出版社2004年版，第102页。董明：《中国私营企业家的政治心态研究》，中国经济出版社2001年版，第272~308页。

了参与型文化的底蕴，在政策参与的意识、态度、动机等方面更具有强烈的地方特色。企业家们特别关心政治，甚至在温州人十大经商经验总结里面，人们把了解中国政治动态放在第一位。早期，政府部门在围绕所有制的问题上长期存在肯定和否定的意识形态纷争，政治权力博弈对于当地经济的冲击较为强烈，这使长期在夹缝中生存的企业家比其他地区的人更能感受政治与经济的巨大关联。一旦出现强烈的政策参与意识，再加上政府经济制度的供给和法律制度的保驾护航，温州地区个体和商会组织普遍的政策参与行为就会出现。由此，商会政策参与彰显了民主的底蕴，温州商会如同其他中国行业组织一样逐渐成为公民和行业组织进行有序政策参与的一个重要路径。

第三节　中国行业组织：公民有序政策参与新途径

扩大公民和社会有序政策参与途径是新时期中国民主政治发展的重要内容之一。随着公民和行业组织自身实力的增强，他们的政策参与行为在逐渐增多。但是，现今公民和社会进行政策参与的无序、非制度化的现象也趋于增多，直接影响了中国政治文明建设和社会稳定。[①] 因此，为了更好地推进人们进行有序的政策参与，党的十六大、十七大强调，要从各个层面推进公民有序的政策参与。提高公民的组织化政策参与，完善人们政策参与渠道和推进行业组织系统的发展是当下中国扩大公民和社会进行有序政策参与的重要途径，具有重大的民主意义。

一、行业组织提供公民有序政策参与新渠道

政策参与一般可以分为有序和无序的政策参与。有序的政策参与是指公民通过合法的、理性的、自愿的、适当的对公共政策进行个人或集体意愿表达的行为。[②] 无序的政策参与则是指公民在参与中是被动的、违法的、缺乏理性的，通过越级上访、群体性事件等方式进行政策参与的行为。当下，随着改革的稳步推进，处于利益追逐中的人们在政治领域也逐渐觉醒，为了扩大自身利益，迫切希望通过政策参与向政治系统输入自己的观点，并获取自己想要的利益。但是，由于中国目前基层政策参与渠道不多，普通民众无法在短期内实现广泛的政策参与，单个个体也很难将自己的意愿通过政策参与合理地传达给上级政府，所以，如果有个组织化的渠道把民众意图传达给政府，这不仅将会增大个体政策参与的效能，也会防止个别公民通过无序的渠道进行政策参与，从而减少体制外政策参与行为的产生。因此，中国行业组织的蓬勃发展刚好迎合了这种需求。尽管当前行业组织的发展面临诸多的困境，但会成为中国公民进行有序政策参与的组织化渠道。亨廷顿认为："组织是通往政治权力之路，也是政治稳定的基础，同时也是政治自由的前提。"[③] 目前，

---

① 参加刘美萍：《行业组织：扩大公民有序政治参与的重要途径》，载《天津行政学院》第 13 卷第 5 期。

② 参见魏星河：《中国公民有序政治参与的含义、特点、及价值》，载《政治学研究》2007 年第 2 期。

③ [美] 萨缪尔·P. 亨廷顿：《变化社会中的政治秩序》，三联书店 1989 年版，第 53 页。

中国行业组织的发展水平还有待提高，但通过行业组织的集体力量向政府传达民意显然比单个个体的传达更能够引起政府的重视。行业组织刚好可以把分散的、模糊不清的个体政治意愿经过讨论、协商的方式集中起来通过提案纳入政府政策议程之中，从而实现公民的有序政策参与。从上述的论述中看到，温州商会通过集体力量把商会成员的利益集中起来向政府传达，避免了一些商会成员通过对抗、无序的渠道去参与政治，从而把无序的政策参与导向有序的方向，避免了群体性事件的发生，为公民进行有序政策参与找到了一个新的参与途径。

二、行业组织减少和预防公民无序政策参与

一些时段，中国频繁地发生群体性事件和越级上访事件，极大地影响了国家治理和政治秩序的稳定。如何化解此类矛盾，推进中国公民进行有序的政策参与如今业已成为政治生活领域中亟待解决的问题。很多学者认为，群体事件的产生很大程度上是政府和民众之间的信任错位造成的；再加上许多社会弱势群体由于不适应社会的急剧变化而被甩在边缘地带，在社会利益的新分配格局中逐渐被弱化。弱势群体一旦遇到参与的渠道过度狭窄的情况，就会进行无序的政策参与，有的甚至通过暴力等手段表达自己的利益诉求。因此，社会需要一个组织化的途径满足这些人的政策参与需求。行业组织具有民间性、自愿性、非营利性等特点，这使得行业组织能被社会大多数公民，特别是那些弱势群体所接受。自身的优势地位比起政府来说，更能回应社会弱势群体的诉求。经过行业组织的帮助和自身的努力，弱势群体可以通过组织化的渠道参与政治生活，表达自己的意愿，并最终通过合理的利益表达渠道参与政治生活。这样，行业组织就成为社会和政府之间的一个缓冲阀，减少了弱势群体对于政府的不满，提高了人们对于政府的信任度，公民无序政策参与的可能性将会大大地降低。①

同时，长期以来各级政府是社会管理的唯一主体，政府几乎很难被其他管理主体监督和制约。随着行业组织的出现，在监督和制约政府行为方面，行业组织越来越起到重要的作用。由于很多行业组织具备强大的吸引力，很多弱势或者强势的个体都纷纷加入其中，在政府政策的制定和执行中，一些专业性的行业组织在承担政府职能方面愈加凸显其价值地位。有些行业组织还可以利用自己的专业优势向政府提出政策建议，向政府施加影响，从而在一定程度上可以减少政府"寻租"的机会。② 一旦政府出现了违规或者违法行为，行业组织就可以直接提出自己的建议或进行抗议，组织民众向政府表达诉求，进行积极的监督。可以预见的是，在一些行业组织比较发达的地区，政府及其官员的压力就比较大，他们就会较好地依法执政，减少一些不作为的情况，从而最大限度地提升政府的形象，增

---

① 参见刘美萍：《行业组织：扩大公民有序政治参与的重要途径》，载《天津行政学院》第13卷第5期。
② 参见刘美萍：《行业组织：扩大公民有序政治参与的重要途径》，载《天津行政学院》第13卷第5期。

加民众的认同感,这样就从源头上预防和减少了公民无序的政策参与。①

三、行业组织培养公民意识,催生理性公民行为

公民能否进行有序的政策参与,除了和公民是否进行组织化的政策参与或者公民是否有着宽广的参与渠道有关之外,还和公民自身的公民意识是否缺失有很大的关系。公民意识一般指涉公民个人对于自身在国家中地位的一种自我认识。公民具有了公民意识就会自觉地去遵守宪法和法律赋予自己的权利和义务,主动地把自己融入国家之中,内心时刻充满了自我意识。② 中国历来是个缺失公民意识的国家,从传统文化中的"官本位思想"和"权威崇拜思想",再到现代的集权制度下政治冷漠和消极思想等,无不体现出中国公民意识的短缺。在这种文化的长期影响下,中国公民的个体意识和公民的主体地位较为缺失,并且随之而来的是公民独立人格的萎缩和臣民文化的形成,由此导致了现代中国公民政策参与自我意识的泯灭、权利意识的缺乏和自主能力的羸弱。③ 中国要想培养公民的理性行为,除了依赖于公民文化的长期培养之外,还要通过行业组织民主场域的训练达到公民参与意识的增强。因为良好的公民文化需要漫长的时间才可以铸就,而时下的行业组织由于自身的特点,如组织成员的自愿、平等、协商对话等可以较好地对会员进行民主技能、民主知识和民主意识的培训。会员的民主观念和民主意识使公民在以后的生活,特别是政治生活中学会参与的技能,形成独立的人格和公民精神。公民一旦具备了公民意识,就会积极地参与政治生活,甚至于还认为,参与政治生活应该具备理性的、合法的、自愿的品行,中国社会就会因此减少公民无序政策参与行为的发生。

可见,公民如果要进行有序的政策参与,在时下的政策参与渠道不太丰富的情况下,壮大中国行业组织,推进行业组织政策参与不失为一个推进中国公民进行有序政策参与的重要途径,有着重要的民主意义。

---

① 参见刘美萍:《行业组织:扩大公民有序政治参与的重要途径》,载《天津行政学院》第13卷第5期。

② 参见孙玉华、宋富华:《强化公民意识:促进公民有序政治参与的重要条件》,载《学术交流》2009年。

③ 参见刘美萍:《行业组织:扩大公民有序政治参与的重要途径》,载《天津行政学院》第13卷第5期。

第五章　中国行业组织政策参与困境

引言：本章以温州商会政策参与面临的困境为典案例，来镜像中国行业组织政策参与陷入困境的原因。通过案例的分析，本章认为行业组织政策参与面临着合法性、自治生态环境、微观制度基础等的缺失，而导致上述困境出现的症结是经济契合逻辑的长期存在。通过本章的研究，为本书以后论证如何化解行业组织政策参与之困提供理论践行的支撑点，也为进一步探析如何建构国家治理现代化路径提供一个新的理论研究视角。

第一节　行业组织政策参与现实困境

如果说者行业组织的政策参与是民主制度重要维度的话，那么在此时行业组织政策参与面临着挑战：一是现有单位体制下政策参与行为以国家或者政府动员为主导，行业组织只是政府决策的"出场"或者绿叶，行业组织政策参与缺乏实际的贯彻和权力的执行过程；二是在社会转型中，人们的利益开始多元化，经济上富足的人们对政治的兴趣与日俱增，"无论是谁，一旦怀揣了社会力量的拳头就必然要高举政治权力梦想的价值诉求。这是政治学最高法则，如同万有引力是物质世界的至高法则一样"。①"有钱就要说话，就要拥有政治发言权，这同样是有产者政治性格或者一般特质表现。"② 但事实上，面对涌动的政策参与者——行业组织，中国尚未形成合适的表达渠道，行业组织政策参与的实际功效并未完全表露出来。许多非制度化或者体制外政策参与行为影响着政治稳定，进而破坏了政策参与的正面作用。由此，当前从理论与现实角度探析行业组织政策参与存在问题并进行化解，将有利于中国基层民主的发展和公民有序政策参与行为的出现。中国行业组织政策参与存在的困境具体表现在：

一、行业组织政策参与面临着合法性缺失

近年来，中国市场经济体制快速建构越来越折射了法治精神的缺失。中国历来是一个崇尚人治的国家，在长期人治熏陶下的人们要想在短期内实现从人治到法治的转身恐怕需要时日。成熟市场经济体制的建构如果没有法律的及时跟进，那么将会放大市场经济体制的外部性，同时也会阻挡市场经济体制建构前进的脚步。行业组织在市

---

① ［英］阿克顿：《自由史论》，胡传胜译，译林出版社2006年版，第505页。
② 房宁：《西方民主起源及其相关问题》，载《政治学研究》2006年第4期。

经济体制推动下快速发展，未来也有着较大的发展趋势，但是由于专门性和系统性法律制度的缺位，注定了行业组织缺失政治合法性。温州商会合法性的发展历程充分地证明了这一点。

改革开放以来，商会经历了政府主导下商会——民营经济发展促动商会——政府管理体制转型促动商会——对外开放下促动商会等几个发展阶段，形成了官办和"自下而上"民间不同发展模式和组织体制。① 商会的发展引起多方重视，1993 年，政府首次提出"发挥行业协会、商会等组织的作用"。② 党的十六大报告中又提到了社会要建立基层自治组织和民主管理制度，"扩大基层民主是发展社会主义民主的基础性工作"。③ 中国共产党十六届三中全会报告提出，要在专业领域提升中介组织的服务水平，要通过遵照市场化的原则去规范和发展各类行业协会的自律性组织；报告也提出要强调行业协会的社会功能，发挥行业组织为社会经济服务的作用。2007 年 10 月，胡锦涛同志在党的十七大报告中提出，要在扩大群众参与、反映群众诉求等方面推动行业组织的发展，发挥行业组织的自治功能。④ 为了规范商会发展和响应党的十七大报告的提议，国家经贸委在 1997 年印发了《关于若干城市进行行业协会试点的方案》。在此方案中，政府对于行业协会的地位、职能和性质等进行了初步规定。1998 年和 1999 年，政府又分别印发了《关于加快培育和发展工商领域协会的若干意见》（试行）和《社会团体登记管理条例》。通过这两个规定，政府进一步加强了对商会的管理。但是，它们都不是法律，还不能从法律角度上确定商会的法律地位，可能更多的是侧重商会对政府扶助功能方面的考量。而且，条例对商会等行业组织的规定和管理比较笼统，使很多关于商会问题的处理显得无法可依，特别是在立法中商会自身存在立法权威的缺失、实体法的缺失和立法内容的缺失等问题。⑤ 温州市根据 1998 年国家出台的登记管理条例的精神，1999 年制定了《温州市行业协会管理办法》。通过该管理办法，温州商会初步具备了法人资格，有了一定的自治空间。但由于受国家整体对行业协会、商会政治空间框架的影响，温州商会管理办法中除了第 16 条的规定之外，大多没有完全实施。通过对温州 60 个商会的调查发现，政府没有赋予商会更多权利是制约商会发展的主要原因，参见表 5-1⑥。

---

① 参见刘剑雄：《改革开放后中国行业协会和商会发展的研究》，载《经济研究参考》2006 年（16）。
② 《中共中央关于建立社会主义市场经济体制若干问题的决定》，1993 年 11 月 14 日，第 14 条。
③ 江泽民：《全面建设小康社会 开创中国特色社会主义事业新局面——在中国共产党第十六次全国代表大会上的报告》，2002 年 11 月 8 日，第五部分，人民出版社 2002 年版。
④ 参见胡锦涛：《高举中国特色社会主义伟大旗帜 为夺取全面建设小康社会新胜利而奋斗——在中国共产党第十七次代表大会上的报告》，人民出版社 2007 年版。
⑤ 参见周志忍、陈庆云：《自律与他律：第三部门监督机制的个案研究》，浙江人民出版社 1997 年版，第 78~80 页。
⑥ 参见陈剩勇：《组织化、自主治理与民主：浙江民间商会研究》，中国社会科学出版社 2004 年版，第 246~247 页。

表 5-1　　　　　　　　　　商会组织发展的制约因素

回答状况 商会组织发展制约因素	回答数	百分比（%）
没有回应	34	53.125
政府没有把赋予行业协会的权力下放给商会或协会	10	15.625
不健全的内部机制	1	1.5626
不积极的会员参与	1	1.5625
领导人领导不力	1	1.5625
经费不足，工作很难开展	5	7.8125
商会、协会的法律地位不清，职能不明确、不具体	12	18.75
总　　数	64	100

温州商会缺失法律地位的窘境体现在现实当中就是政府可以凭着随意性裁决商会的去留，商会能不能获得生存地位主要看政府职能的转变及其商会和政府之间能否达成某种契合。缺乏完备的法律制度做保障，温州商会的存废取决于政府的意愿，其政策参与的合法性随时都会出现夭折现象。因此，温州商会在困境下开展政策参与，本书认为其对于行业组织进行有序政策参与的民主价值意义显得尤为低下。

由此可见，通过温州商会政策参与面临法律制度缺失的探析可以看出，不仅温州商会政策参与面临这样的困境，中国行业组织政策参与也大多面临同样的境遇。"随着经济和政治体制的变迁，行业组织由改革开放前公与私、国家与社会、政府与民间高度一体化的组织体制中逐渐分化出来，同时逐步伴生于新的政治文化中。"[1] 随着国家逐渐把行业组织由民间的发展变成官方的管理，政府正在逐步通过"双重管理制度"牢牢地控制行业组织的发展，通过不合适的法律制度限制行业组织的发展和政策参与，折射出行业组织政策参与面临合法性的挑战。一旦合法性出现了严重的错位，行业组织政策参与就会陷入困境。

二、行业组织政策参与面临着自治生态环境缺失

伴随着新中国的成立，中国政治权力主体结构发生了变化，但社会实际上仍然是一个集权制的社会。后来在全能社会主义政治权力结构的影响下，国家绝对地维持政治强制和对公民、行业组织的严格控制，行业组织被牢牢地控制在国家制度之内。改革开放以来，部分学者认为，中国社会结构由原来的"总体性社会结构"向独立和自治性的社会结构转变，社会开始向市场资源配置中起主导作用的市民社会方向发展。[2] 有人也认为，中国

---

[1] 年勇：《非政府组织公共政策参与问题与对策研究》，载《天水行政学院学报》（社会科学版）2009 年第 1 期。

[2] 参见孙立平、李强等：《中国社会结构转型的中近期趋势与隐患》，载《战略与管理》1998 年第 5 期。参见萧功秦：《中国社会各阶层的政治态势与前景展望》，载《战略与管理》1998 年第 5 期。

社会现在是由"全能政治社会"向"后全能体制"过渡的社会。①"后全能型体制"的社会体现了三个基本特征：一是有限多元化下非政治领域出现了自治空间，但是共产党依然是意识形态领域组织整合和凝聚的主体；二是还有全能体制下国家动员和掌控能力；三是具有强制型巨大资本。这些观点强调了国家与社会的分离、政府与个体或者组织的分离。但实际上，目前在国家与社会关系上，中国国家与社会确实开始了博弈行为，但它们之间的关系仍然是国家占据主导地位，二者的分离不是主流。尽管改革开放以来社会自由流动资源和自由活动空间在加大，国家给行业组织让出一定的空间，政府与官员也减少了对于行业组织和经济活动的干预，政府也会吸纳行业组织参与到政策制定中来，但政府仍然采用一种超经济强制来加强对行业组织的控制。比如，政府把温州商会登记在工商联里面或者由政府机构派出人员担任要职，或者干脆通过行政吸纳方式吸纳商会中的精英分子参与政治生活。政府通过对商会的掌控，控制了商会组织。虽然商会组织可以进入政治生活，但挑战国家权力的前景微乎其微。国家到现在仍然是，而且将来可能继续是经济的主人。由此，温州商会在国家依然是社会主要掌控者的政治生态环境下，要想获得较好的政策参与，存在比较大的困难。而且，由于国家掌控社会，社会参与渠道必将减少，也会导致参与体制的缺乏。学者亨廷顿认为，一个国家政治体系要成功地适应现代化，必须要把现代化中不断涌现出来的社会力量成功地吸纳到这一体系中来，当我们现有的政治体制缺乏这个吸纳能力的时候，社会将会产生秩序的混乱。② 就目前来讲，温州商会政策参与制度化途径显得较为狭窄。商会通过行政吸纳途径参与政治生活尽管体现了一定的民主性，但也应该看到，结构性的政策参与功效比较有限。政府选择部分商会通过行政吸纳的方式进入温州地方政治生活中，以人大或者政协委员的身份进行参政议政，商会拥有的权力大小都是政府根据自己的需要来取舍。而且，被吸纳到政府体系中的商会代表们几乎都是商会高层人员，缺乏广泛的代表性，代表们得不到组织的支持，政策参与的成功率也因此降低。商会政策参与往往最后演化成"个人政策参与"，商会也演化为"个人商会"。由此看到，在国家对社会掌控没有较大改观的状态下，商会政策参与渠道显得较为狭窄。商会进入政治生活也可能是非制度化的参与行为。非制度化的政策参与行为将会破坏现有政治体系的稳定，破坏现有政治发展的有序性。从而可以认为，非制度化政策参与和民主的发展显然不是正相关关联，更不能推进公民或者行业组织进行有序的政策参与行为的产生。

基于上述梳理可见，导致温州商会政策参与困境产生的原因是国家与社会的现有关系模式，也即是强国家与弱社会的关系模式。宏观的国家与社会关系结构不仅对温州商会政策参与渠道有着较大的影响，对其他行业组织或者是公民个体的政策参与渠道也都具有结构性的影响。因此，中国要想真正地推动行业组织开展有序的政策参与，那就必须要改变现有的国家与社会关系结构，从制度上为公民或社会进行有序的政策参与提供宏观的制度基础。

---

① 参见［美］莫里斯·梅斯纳：《毛泽东的中国及其发展》，社会科学文献出版社1992年版，第543页。
② 参见［美］萨缪尔·P. 亨廷顿：《变动社会中的政治秩序》，王冠华、刘为等译，华夏出版社1988年版，第332~340页。

三、行业组织政策参与面临着独立自治性缺失

行业组织具有自治性、自愿性等特点，是行业组织存在政治民主性的基本内核。一旦行业组织缺失自治性等特点，行业组织自身的政治民主优势就不复存在。自治在不同的语境中，其含义是不一样的。在《布莱克维尔政治学百科全书》中，编者认为自治是 autonomy & self-government 的意思。前者是指自我统治或者是个人自由的一面；后者是指某个人或组织单独管理某一事物，也可以指某个人或者组织用所特有的"内在节奏"来赞美自主品格或据此生活品格的一种学说。① 行业组织更倾向于后一个概念内涵，也即，行业组织强调对国家的自治性、独立性。一般来说，具有独立性的组织就会有自由和容易实现社会资本的形成。何谓自由？在哈耶克眼中，其指涉没有他人意志强迫的、自主选择的自由，个人是否自由取决于能否按照现有的期望形成途径，或者取决于他人是否有权操作条件。由于人是有限理性的人，那么人的自由是不干涉别人，人没有权利干涉别人的自由。人们一旦有自由就有自由结社权利，可以根据需要签订契约，形成独立自由的组织。在形成组织时，人由于彼此平等、自由，所以像温州商会这样的民间自主组织，其组建的程序充满契约精神，管理体制的建构体现了民主精神。但是，随着组织发展的膨胀，现在许多行业组织正日益被精英分子控制，长期下去，行业组织内部民主治理机制遭到破坏，走向了寡头组织。这样，行业组织中势力单薄的会员容易失去平等对话的权利、平等协商的机制和彼此信任的基础。行业组织将会出现对行业组织的活动表现出冷漠、不参与等行为，从而破坏行业组织会员的自我学习民主技能和民主知识场域的出现，也会破坏行业组织自主治理机制的产生。行业组织如果缺乏自主治理机制的存在，那就不会出现通过行业组织介入政治生活参与公共治理的行为。

通过温州商会的发展历程看出这一端倪。如果说温州商会来源于民间，一开始商会富有较强的自主治理机制，那么随着温州商会自身的发展和政府对于温州商会"双重管理登记"制度设定的出现，商会自主治理的特性渐趋消失。缺失了自治性的商会组织呈现出官僚化和准政府化的趋向就会明显，发轫于商会早期的民主组建程序也开始断裂。商会从此就失去了训练民主技能和知识场域的功能。而一旦成为准政府组织，商会的独立性就会缺失，其政策参与行为的民主性就可能会降低。温州商会从产生之日起就以自身的民间性而显得与众不同。民间性意味着商会与国家或者政府的远离，意味着商会是独立和自主的组织，但随着近年来日益剥离的政府职能被商会所取代，政府开始重视商会的治理职能。重视凸显两层含义：一是商会确实承担了政府管理不了的职能，价值功能凸显，因此商会受到政府的重视；二是商会成员大多是企业家，商会是经济富足成员的聚会，富足人员的财富聚集反映在政治层面上是对政治权力的希冀。面对经济功能比较强的温州商会，政府为了掌控组织的发展趋势，开始有意识地推进商会组织的政治化过程。首先，政府通过行政吸纳方式吸收商会会长等主要成员加入政府组织，如政府进行政治安排，吸收他们加入中国共产党，让他们成为人大代表或者是政协委员。借助于政治安排，商会把精英分

---

① 参见［英］戴维米勒、韦农·波格丹诺：《布莱克维尔政治学百科全书》（修订版），中国政法大学出版社2002年版，第49、745页。

子牢牢地控制在可以掌控的政治范畴之内。其次，商会部分领导来源于政府部门。为了提升商会的功效，一些商会组织都雇用从政府部门退下来的政府职员借以获取政治资本。这在增加商会影响力的同时，也意味着商会未来发展趋于政治化倾向。退休政府官员凭借自己和现任政府官员千丝万缕的关系，一方面可以通过私人接触途径去影响政府政策的制定，从而维护了商会的利益；另一方面也在转达政府的政治意图，诱导商会未来的走向。此时，退休官员就变成影响商会组织走向的棋子。最后，政府"双重管理"制度的长期存在意味着商会成为准政府组织。行业组织和政府关系一般分为三种：一是政府设置的组织。这类组织官办色彩浓厚，直接挂靠到政府部门下，实际上和政府机关没有区别，如共青团、妇联等。二是行政化的组织。这些组织是法定化的准政府组织。组织部分承担政府职能，主要领导来源于政府部门，享受政府干部待遇，部分工作人员拥有双重身份。这些组织如商会组织、各种行业协会等。三是民间非正式组织。这些组织和政府之间没有直接关联，政府对其监管力度较小，组织之中没有专职人员编制，不享受政府待遇，很多组织也选择不登记等方式摆脱政府的监督，通过非制度化的方式进行彼此的联系。温州商会虽然民间性很强，但也是按照"归口登记、双重负责、分级管理"管理制度来运作。这表明，商会也应该具备准政府组织的特点。商会的管理制度让商会成为政府衔接社会的一个中介，商会自此成为半政治化组织。准政府组织身份表明，商会在政府监控下生存，商会尽管有自由，但一旦政府收紧权力，商会就没有发展的可能。近年来，温州商会在地方政府经济发展的需求和不作为下有了长足的发展，但商会自身双重管理身份没有切实的改善，而且随着商会加入党组织人数的增多和商会内部党组的设立，商会半政治化趋势则一定会加大，商会独立自治性特点此时会更加缺失，商会政策参与的民主性也会渐趋萎缩。

由此，通过推进行业组织政策参与路径能否促进公民或社会进行有序的政策参与，行业组织的自治性特点显得尤为重要。如果行业组织丢失了自治性，成为准政府组织，那行业组织的存在对政府权力的监督职能就会消失，此时行业组织的民主价值功能就失去意义；而且，如果行业组织缺失自治性，行业组织对于公民的民主技能和民主知识的培训就显得毫无意义。因此，当下诸多像温州商会这样的行业组织由于受到现有制度等因素的影响丢失了自身的自治性，这样就会导致行业组织政策参与陷入困境，由此也会导致行业组织在促进公民或社会进行有序的政策参与路径的形成方面失去了价值功能。

四、行业组织政策参与面临着微观制度化参与途径缺失

行业组织政策参与是促进国家民主和社会民主的推进器。良好而适当的行业组织政策参与可以为公民和社会开展有序的政策参与提供路径。但是，要想让行业组织政策参与发挥价值功效，就必须要为行业组织政策参与提供丰富的制度化政策参与途径。可事实上，当前中国缺乏此类政策参与途径。中国目前政策参与的微观制度化途径显得较少，宏大的政策参与制度无法给诸多的公民和行业组织提供政策参与的途径，造成了行业组织政策参与途径的长期缺失，进而弱化了行业组织为公民和社会提供有序政策参与路径的价值功能。

1. 行业组织政策参与宏观渠道狭窄

从中国现有的宏观制度化政策参与途径上看，公民或者行业组织政策参与途径比较有限，参与的渠道狭小，实质参与程度低。在现有的政策参与制度途径里面，公民和行业组织可以通过人民代表大会制度、政治协商制度等参与政治生活。中国宪法也明确规定人民是国家的主人，有选举权和被选举权，可以通过合法的渠道参与国家大政方针的制定。这一点也凸显了中国是一个民主的国家，可以通过人大制度和政协制度保证人民享有主人翁的国家地位。但是，不可否认的是，在现实政治生活中，人大制度和政治协商制度由于诸多原因的存在，在体现代表和民主的优势上，有些民主制度还不能真正地为公民和行业组织提供真正的参与途径。人大代表和政协代表的素质、兼职身份和代表分布的些许不合理性问题的存在，都会使得公民或者组织无法真正地亲自参与政治生活。从温州商会担任全国人大代表或者政协委员的数目上可以看出，商会会员担任全国人大代表人数共有7人。① 尽管人大代表和政协委员能够积极地参政与议政，具有民主性，但对于中国这么庞大的人口来说，就全国层面上而言，公民或者行业组织的代表参与政治生活所占的比例并不高，这与公民每个人亲自参与政治生活状态相去甚远。如何真正地做到推进公民和社会进行有序的政策参与，为他们提供组织化的参与路径，从宏观制度化层面上看，很难在短期内为他们提供一个参与的途径。宏观制度化的参与路径，也即是人民代表大会制度和政治协商制度等，在现实的微观层面上无法给中国广大的公民和行业组织提供切实的参与路径，需要不断地去推进人大制度和政协制度的建设，以便更好地发挥它们为公民或者社会进行有序政策参与路径的形成提供制度设定。

2. 行业组织政策参与微观途径缺失

从微观制度化政策参与层面上看，公民和行业组织的政策参与的途径也并不多。目前，中国公民或行业组织参与政治生活，除了上面宏观的人大制度和政协制度外，从微观层面上面看，村民自治制度和社区自治制度有着丰富的民主制度基础。两种微观政策参与制度为公民参与政治生活提供了一个制度保障。基层的政策参与行为增长公民的政策参与知识和政策参与技能，便于推进政治民主化。但是，随着基层民主制度的发展，无论是城市社区的民主参与，还是农村村民委员会的政策参与活动都遇到了极大的困境。从农村村民委员会的政策参与上看，发轫于基层村民的参政和议政行为尽管给中国基层民主的发展带来一定的希望，但近期基层公民进行无序的政策参与行为开始增多。近年来农村贿选和群体性事件的逐渐增多，基层民众政策参与的无序化、非制度化和原子化的参与行为日益侵蚀着村委会政策参与的政治学功效。从社区政策参与上看，城市社区里公民参与社会治理，对公民自身参与技能的培养，显然不失为一种良好的民主场域。人们通过政策参与可以传达政治意愿。但是，城市社区的民主参与对公民或行业组织进行有序政策参与路径的建构所起的作用还是十分有限。因为从城市社区公民参与的数量和关心的提案上看，政策参与行为只能局限在小范围内，再加上单位制度的长期存在和社区自身管理的缺陷使社区

---

① 参见本研究表3-1关于温州商会参与人大和政协的数量分布表。

自我治理、参与政治生活的活动并不能真正地开展起来。社区民众的政策参与由此陷入了困境。

可见，无论是中国宏观制度化的政策参与，还是微观制度化的政策参与，都无法为公民和行业组织提供政策参与渠道。具体的、微观制度化政策参与途径的缺失严重制约了行业组织政策参与行为的出现，成为中国公民和行业组织的政策参与行为陷入困境的瓶颈性因素。

第二节 经济契合逻辑：中国行业组织政策参与困境的经济逻辑视角

通过研究发现，现今的中国行业组织政策参与面临着政治生态环境、自身民主元素、政治合法性和微观制度化途径缺失的困境。行业组织政策参与一旦陷入困境，对推进中国公民或社会进行有序政策参与的价值功能愈加贫乏。那么，如何提升行业组织政策参与功效，促进其民主价值的提升？当下，化解行业组织政策参与的困境可能需要从国家与社会关系的调适入手。通过分析国家与社会经济契合逻辑发现，政府与行业组织经济契合逻辑是导致行业组织政策参与陷入困境的最深层次原因。此种影响一旦被制度加以固化，将限制行业组织参与行为的发展。

一、"经济人"理论概述

"经济人"理论和"看不见的手"理论共同构筑经济学的两大理论基石。经济学上较为系统地阐述经济人假设思想并作为理论逻辑基础首推的人是亚当·斯密。其实，经济学界首次提出"经济人"思想的是曼德维尔，他比那个时代更早阐述了古典经济学家构筑的理论体系，也即是经济人思想。1705 年，曼德维尔通过著作《抱怨的蜂巢：或恶棍变成老实人》描述了一群像蜜蜂一样的人的兴衰史：在他们去私人追逐荣华富贵时，整个社会是繁荣昌盛的，人人都有其工作；在他们不去贪念奢侈生活时，社会却陷入了萧条，一片凋敝。曼德维尔据此认为，正是人性的贪念、野心等个性中的罪恶铸就了社会的繁荣和进步。后期，学界据此形成曼德维尔悖论：个人劣行即是公共利益。任何人给社会带来好处不值得去夸奖，那不过是自己的激情碰巧迎合了公众利益。没有人的恶德，任何社会都不会成为富国，即使成为富国也不会长久。[①] 曼德维尔悖论在 17 世纪末到 18 世纪上半期受到部分学者的认可并加以探讨，并且探讨也得出了一些理论成果。1776 年，亚当·斯密在《国富论》中第一个将曼德维尔的寓意进行系统化和理论化。他认为，个人具有谋取私利的动机和行为，因此，在经济学分析框架中，那种依靠道德哲学阐述个人利益和社会利益的关系被经济人假设思想所取代。亚当·斯密系统地用经济人假说分析了人类社会的分工、交换、价值等，进而他得出"经济人"和"看不见的手"的理论。经过斯密的贡献，经济人假设理论达到了新的高度，并一直支撑二百多年来整个经济学大厦的发

---

① Bernard Mandeville, The fable of the Bees, or Private Vices, Public Benefits, F. Bkaye (ed), Liberty Classisc, 1988, Vol. I, pp. 333, 335.

展。斯密之后，穆勒对经济人假设作出较大贡献，总结经济人假设的三大特征：第一是利益最大化，即经济人自利，追求个人的最大私利；第二是完全理性，即人有一套完备知识，可以利用成本收益原则量化自己所面对的一切，从而可以实现自由选择，实现利益最大化；第三是完全竞争，即在现实良好的法律和制度保证下，经济人会在"看不见手"的指引下追逐自己利益，也会无意识地和有效地增进社会公共福利。法国学者魁奈也认为，利己心使人们去追逐有利于自己的事业。人们由于对利益的追求必然会采取一定的方式振兴农业，耕者利益是所有经济活动的一切原动力。学者布坎南把追逐个人利益引向了公共利益政治秩序，他对于良好的法律和制度加以论证，并由此创立了公共选择学派。公共选择学派就是利用经济人假设分析市场本质和有关政治问题，成为时下比较流行的理论模式。

梳理"经济人"假设理论演进的路径看出，尽管每个时期学者的探讨和界定可能不完全一样，但毫无疑问的是"经济人"假设俨然成为西方经济学理论的基石之一，在探析人类的基本行为方面成为不可或缺的元素。它大致有三次大的思想蜕变：

1. 古典意义"经济人"假设

在斯密和古典者的眼中，"经济人"假设还不是一个独立经济范畴，假设只是初露端倪，人们对于"经济人"概念的使用即使在《国富论》之后还只是有意或者是无意，显得不够系统。不系统主要体现在：第一，没有把"自利"假设推演到消费者身上，消费和生产行为缺乏系统分析。以至于穆勒认为，在赚钱和消费上面的感情是不一致的。第二，利润最大化假设也只是粗糙形态。第三，生产者追逐利润最大化可以依靠市场机制实现，但是市场如何实现却缺乏细致的逻辑推理和论证。①

2. 新古典经济学派"经济人"假设

新古典经济学派主要是以西蒙为代表的一批学者。学者们在亚当·斯密"自利人"理论的基础上，对"经济人"假设进行修正。学者们普遍认为，由于现实中人的能力、知识、经验、资源等因素的制约，人们面对复杂多变的环境具有不可预测性，不可能做到完全理性地计算出最优化的决策和利润抉择，人们做到的只能是"满意"。于是，人并不是完全可以做到理性，只能是一个有限理性人。西蒙等人的修正使传统的经济人理论摆脱了现实和逻辑的窘境。

3. 公共选择学派"经济人"假设

公共选择学派把"经济人"理性的假设延伸到政治学领域，认为政治领域如同市场一样，存在着交易，选票被看作"货币"，选民、官员和政府等都是政治市场的博弈者，为了实现各自利益，在现有的约束条件下每个人都努力地实现自己效用函数的最大化。在自己的职务津贴、公共声誉、权力、地位、所得等方面，人们会根据自己的成本—收益分析选择自己的行为。和经济学中的观点一样，公共选择理论也是以"自利"为出发点解

---

① 参见朱昌好：《"经济人"假说、演变及其现实意义》，载《现代商业》2008年第9期。

释人类行为，政府组织在政治领域的行为如同经济领域个体一样都是经济人，都是自利的人。政治市场和经济市场存在相似的交易性，都是因为人类的自利而体现出交易结构上的一致性。政治市场上的政治人也会效仿经济领域经济人的行为，以经济人的面貌出现在政治市场中，政府官员天生具有"经济人"理性，政治是利益或价值市场，很像一般的经济市场，与市场不同的是政治市场的范围比经济市场的范围显得更大。①

二、经济人理论的中国适用性和政府、官员的自利性

自从"经济人"假设理论出现之后，绝大多数的西方学者认为，经济性在任何地区、任何时代人们固有的本性，也就是说"经济人"假设具有普遍性和永恒性。由此，国内许多学者把它当做一个既定事实加以运用和发展。事实是否如此？外来"经济人"假设理论在中国有多大的适用性？学界仍然存在诸多的分歧点。

1. 人性假设的永恒性和普遍性

"经济人"理论假设人性是自利的，而且"人性是自利"也是永恒的。但事实并非是如此。马克思主义理论认为："人的本质并不是单个人所固有的抽象物。在其现实性上，它是一切社会关系的总和。……费尔巴哈所分析的抽象个人，实际上属于一定社会形式。"② 人们从人的自然属性上看，人对于基本生理的需求，如饥渴等，在任何时代都是一样，具有功利性，是自私的人。但人不仅是自然人，有自然的属性，还是社会人，有社会的属性；而且人的社会属性是处在一个社会中，会随着社会形势变化而变化。因此，永恒不变的人性并不存在。对亚当·斯密"经济人"概念的解读之后，学界提出了"斯密问题"。"斯密问题"是指在亚当·斯密的两部代表作《道德情操论》和《国民财富的性质和原因的研究》之间有着不可解决的矛盾。人们认为，《道德情操论》一书以人性善为基础的预设，把人们的同情心当作道德行为出发的基石；而《国富论》一书以人性恶为基本的假设，认为人类的利己主义是经济行为出发的基石。"斯密问题"的出现印证了人性的复杂性，"人性是自利"，但还包括其他属性。人有社会人假设性，人处在社会人中，决定人们除了经济行为自利之外，还有源于责任感、光荣感、同情心、爱等行为而产生的利他行为，单纯地用经济人的利己行为去解释已经无法还原事物本质。"社会人"是马克思、恩格斯经济学观点，该观点强调从具体历史、环境、社会关系中分析人性问题，社会历史考察方法的"前提是人，但不是处在某种幻想的与世隔绝、离群索居状态的人，而是处在一定条件下进行的现实的、可以通过经验观察到的发展过程中的人"。③ 因此，马克思主义经济学认为，分析人的动机要在一定社会历史关系背景下进行，"经济人"不是孤立人，而是联系在一起的人，人的任何动机都离不开其所处的社会条件，是社会关系的

---

① 参见[美]詹姆斯·布坎南：《自由、市场和国家：20世纪80年代的政治经济学》，北京经济学院出版社1989年版，第36页。
② 《马克思恩格斯选集》第1卷，人民出版社1972年版，第18页。
③ 邓春玲：《"经济人"与"社会人"透析经济学两种范式的人性假定》，载《山东经济》2005年第2期。

总和决定"经济人"的社会条件。学者马歇尔认为,"经济人"除了是利己人之外,还是"一个怀有利人愿望、甘受劳苦和牺牲以赡养家庭的人",是一个真实存在的、真实的自由之躯体的人,是一个有着丰富理性计算得失的人,而不仅仅是虚构的、抽象的"经济人"①。其实,"经济人"假设理论一直存在脱离了现实的基础而显得缺乏说服力的问题。西蒙认为:"古典经济理论对人的智力做了极其苛刻的假设,为的是产生那些非劳动人的数学模型,用来表示简化的世界。在这方面,近年来人们已经提出了质疑,怀疑那些假说是否与人类行为的事实相去甚远,以至于根据那些所得出的理论同我们所处的现实状况已经不再有什么关系了。"② 因此,对西方社会传来的"经济人"假设理论,由于人性假设的复杂性,单纯从经济人视角或者从社会人视角都不足以分析人性本质。在马克思主义政治经济学中,人们也非常重视分析个人利益动机和行为。列宁认为,物质利益问题"是马克思主义者整个世界观的基础"③。马克思指出,"人们奋斗所争取的一切,都同他们的利益有关","历史不过是追求自己目的的人的活动",恩格斯也指出:"每一既定社会的经济关系首先表现为利益。"④ "政治权力不过是用来实现经济利益的手段。"⑤ 可以看出,马克思主义并不是否认人的经济性,而是认为人的经济性是在社会性中产生,分析经济人的自利性需要在一定社会背景下来考察。经济人和社会人之间不是水火不相容,在既定社会条件下,人性的两面性可以得到统一。"经济人"注重个体微观行为探析,"社会人"在分析社会关系时显得尤为深刻和透彻,两者在一定程度上可以彼此互补。马克思认为人的发展有"三形态"说,也即是自然状态下的"人的依赖关系"、商品经济下的"物的依赖关系"和产品经济下的"自由而全面的发展"。人在不同的社会条件下体现人的经济人和社会人的属性成分展现了不同的侧重点,凸显了人性的现实追求。中国处在社会主义初级阶段,人们还没有超越对于"物的依赖关系",因此,将经济人假设理论作为分析人性假设也应该具有较大的现实意义。

2. 政府与官员的自利性

一直以来,政府与官员是否具有自利性是学界讨论的焦点。有人认为,中国是社会主义国家,政府官员及其构建的政府是为人民服务的公共利益机构及其代表者,经济人假设理论在中国政府和官员身上缺乏理论的解释力。但事实上,政府和官员从应然上是社会人,从实然上是社会人和经济人的组合体。由此,在具体制度环境下,两者体现出的张力存在差异性。

第一,官员自利性。人的经济人和社会人双重属性决定官员必然在"公共人"和"经济人"之间徘徊,人的行为趋向于"公共人",抑或"经济人"取决于官员自身的风险——成本收益。从主权在民和民主是现代文明基本理念和价值上看,民选出来官员无论

---

① [英] 阿尔弗雷德·马歇尔:《经济学原理》,商务印书馆1997年版,第43~47页。
② [美] 西蒙:《现代决策理论的基石》,前言,北京经济出版社1989年版。
③ 《列宁全集》(第27卷),人民出版社1986年版,第339页。
④ 《马克思恩格斯选集》(第3卷),人民出版社1995年版,第209页。
⑤ 《马克思恩格斯选集》(第4卷),人民出版社1995年版,第250页。

怎么样都要恪守委托人——公民的基本权益，坚守公共利益的阵地，公共权力的运作真正符合主权在民的基本价值要求。可是，在实践中，公共权力往往沦落为部分官员追求个人经济利益的工具，部分官员背离"公共人"角色，趋向于"经济人"的行为愈加增多，公共权力也由此出现异化。① 自利行为体现在：一是个人利益取代公共利益的自利行为。按照公共选择学派观点，官员与民众是委托—代理关系，作为委托人，民众希望通过最小的投入或者最小成本换取最大社会效益，实现社会公共利益最大化或者次优化。民众希望把实现的结果寄托在代理人——官员身上。但是，由于委托—代理关系中存在信息不对称的因素，委托人无法准确考量代理人劳动能量的大小，以及能否达到最优或者次优，从而容易出现官员在处理个人利益和公共利益时会弱化公共利益和增加个人利益的行为。一旦个人利益在诸多场合取代公共利益，官员自利性就会加大，"经济人"属性也会加大。由于公共权力具有分配稀缺性资源的权利，普通公民很难索取和监督，将会进一步导致官员"经济人"属性的增强和公共权力异化趋势的加强。公权力异化表现出个人利益取代公共利益，加剧个人利益与公共利益之间的矛盾。二是上级责任取代下级责任的自利行为。按照委托——代理理论，官员负责于民众，而不是上级官员，官员在政府组织中应该履职尽责。作为民选官员应该主动承担和维护民众利益，倾听民众的呼声，为民负责。但部分官员为了满足上级主管单位的要求，特别是为了满足关系到自己职位升迁的上级部门的要求，部分官员会遵循上级部门利益最大化的原则。一旦上级责任和民众负责角色发生冲突，在一个职位取决于上级考量的官员考评体系中，部分官员自利的"经济人"属性将会膨胀，进而出现民众负责角色和上级负责角色的错位。此时，官员自利性行为就会出现。三是权力寻租的自利行为。权力寻租是官员以公共权力为筹码获取自身私利的非生产性活动，或者说是权力的商品化。作为政治市场中的"经济人"，官员存在利己性，在理性计算得失中，官员会利用手中所拥有的合法权力在资源分配中独享分配特权。分配特权一旦失去监督就会演变成官员自身肆意干涉公共事务的权力，此时的公共权力"含金量"就会超然增大。官员一旦依据"经济人"角度分配资源，公共权力的公有化会异化为官员的私有化，官员会把富有公共意识的政治权力带入市场交易中来谋取个人私利。此时，官员自身的道德意识、责任意识渐趋被"经济人"角色所淡化，以权谋私的现象将会盛行于社会。四是搭便车的自利行为。搭便车理论认为，如果没有适当的激励，个人不会参加有利可图的集体行动，因为人都是"经济人"，人的经济理性注定人在行动中有成本—收益核算。人们会选择和集体行动不一样的行为，在不付出或者少付出背景下获取自己最大利益，坐享公共产品带来的集体福利。搭便车的自利行为存在于部分官员。学者奥尔森认为，一个具有共同利益的群体必然会为实现共同利益付出集体行动，个人的理性行为不会自动组合成集体理性行为。这一现象无论是在"囚徒困境"中，还是在"公共墓地悲剧"中都得到了佐证。官员作为"经济人"会以自身或者所属的集体利益作为自己制定政策的出发点，在政策执行中官员总是特别关注政策运行是否为自己带来收益，并且自己对于集体行动的付出不是取决于是否有效，而是取决于自己在不付出的境遇下

---

① 参见叶盛楠、许健：《官员"经济人"角色分析及制约路径选择》，载《理论界》2010年第4期，第13页。

获取收益的大小。

第二，政府自利性。如果说官员的经济人属性得到了许多人的认可，那么政府是经济人的论断恐怕让许多人不敢苟同。政府是否是经济人？在制度经济学和公共选择理论中，政府与其他行业组织一样都是经济人，而在行政伦理和政治哲学中均认为政府是公共利益的代表者，两者的争论一直都难以统一。学界认为政府是经济人的观点有：（1）政府是自利的政府。学者金太军认为，地方政府是自利的政府，政府职能部门是自利的部门，政府组成人员是自利的人。① 学者齐明山人认为，政府本身有其自身利益，中央和地方政府也有很大区别，政府行为和公务员行为与其利益存在密切联系。② 还有些学者认为，政府官员的自利、部门的利益、政府组织的整体利益都是政府自利的表现，因为"政府也是市场经济的利益主体之一"。③ 他们认为，自利与阶级性、社会性并存，政府的阶级性意味着政府会为自己所属的阶级服务，自利通常会在社会属性中得到实现。④ （2）政府自利有两面性，不会自动消失。政府自利正面上表现利益的共融、内在的驱动，负面上表现出机构的扩张、利益的独立、行为的规范等方面。⑤ 政府要想消除自利必须克服外在的强制。强制力量的形成是依靠制度的重新安排、法治权威的树立和合理界定政府利益来实现政府的控制。⑥ （3）组成政府的人是经济人。政府不是自利的政府，但操纵政府的人是由自利人组成。他们会借助政府的强制力来实现自我利益。此时，政府权力就表现出同大众的利益相分离，由此导致政府部门自我扩张。⑦ 基于政府自利性的相关论述，学界大多认可政府有自利性的特点，只不过在政府自利是否合理上似乎存在争议。

本书认为，政府自利性在现实中确实存在。政府何时表现出公利人还是自利人，主要取决于政府或者行政机关是否受到制度的约束。一旦外在制度的约束缺失或者疲软，政府行为恐怕更大程度上趋向经济人角色行为。政府自利性在理论上是对"经济人"理论的衍生，在政府自身利益和官员自我利益的驱使下，政府组织自利的行为也会逐渐增多。

首先，政府自我利益客观存在。政府利益一般是指公共利益，很少去指涉自身利益。但政府自身利益客观存在。著名经济学家诺斯认为，国家职能有两种，一种是促进社会福利的最大化；另一种是追求自身利益的最大化。两个经常矛盾的职能，学界谓之为诺斯悖论。著名学者大卫·休谟认为，"在设计制度时，必须把每个人当作无赖，这种人除了私利，没有其他目的，而且不论他们多么利欲熏心，我们都必须假定这些人一旦进入政治生活，他们就可能成为无赖。这就说，在他们成为领导之后，他们不仅以损害公共利益来中

---

① 参见金太军：《政府的自利性及其控制》，载《江海学刊》2002 年第 2 期，第 106~112 页。
② 参见齐明山：《转变观念界定关系——关于中国政府机构改革的几点思考》，载《新视野》1999 年第 1 期，第 37~39 页。
③ 涂晓芳：《政府利益对政府行为的影响》，载《中国行政管理》2002 年第 10 期，第 16~18 页。
④ 参见高庆年：《政府的自利性及其法律调控》，载《探索》2000 年第 1 期，第 42~45 页。
⑤ 参见涂晓芳：《政府利益对政府行为的影响》，载《中国行政管理》2002 年第 10 期，第 16~18 页。
⑥ 参见任晓林：《政府行为的非理性、自利性及其调控》，载《延安大学学报》2003 年第 1 期，第 27~30 页。
⑦ 参见蔡立辉：《政府部门的自我扩张行为分析》，载《人文杂志》1999 年第 6 期，第 76~81 页。

饱私囊，而且会沉迷于各种卑劣的行径"。① 人们认为，休谟"无赖原则"是设计制度的预设前提之一，与经济人假设、政府自利假设相类似。这也证明经济人假设在政府层面是客观存在的。

其次，政府自利性和公务员自利性彼此共生。一般来讲，政治家和公务员都有私人时间和工作时间。在私人时间领域，人可能以追求自己私利最大化为原则；而在工作时间领域，公共领域是超利益的领域，人奉行的原则是利他主义原则。公共领域中行政权力的公正、有效性不允许受到滥用，追求公共利益和解决公共问题是政府的基本行为目标。一旦行政权力超出该范围，个人行为就演化为追求个人利益，部门和阶层的行为就演化为对政治利益的追求。良好的制度和法律要想维系平衡，就要尽可能去实现政府公共利益的最大化。但在实现中，个人往往会超越公共需求来追求个人私利，进而会导致政府自利行为的产生。其具体表现在：一是地方保护主义。地方政府作为一个相对独立的经济利益实体经济人，在财政和政绩的冲动下，地方政府经济人角色身份可能会被加强，地方政府在经济发展中不自觉扮演了"推进利益分化角色"，也会作出地方保护主义的自利行为。其自利行为具体表现在：（1）地区封锁和行业保护；（2）保护地方企业利益，实行地区垄断；（3）地方政府动用行政力量参与市场，为本地企业提供保护和财政支持。② 二是维护本部门利益。出于维系部门利益的需要，许多政府机关、单位部门从个人私利出发，为了部门福利的增加，滥用公共权力。在市场经济体制不健全的环境下，单位充当"运动员"和"裁判员"的双重角色，通过出台一些垄断型政策来维护行业利益。

最后，政府自身发展的不足和非理性造就政府自利性。政府自利性是客观存在的社会现象，但政府的自利性行为并不具有合理性，不是政府必然的逻辑选择，而是政府自身发展的不足和非理性行为所导致的结果。其具体表现在：（1）经济人组建的政府必然是自利政府。政府自利性是基于公共选择理论中"经济人"假设的推演。假设理论认为，人是"经济人"，从而由经济人组建的政府也是自利的政府。在古典意义上，经济学家认为，政府从本质上是源于人们的公共意愿和公民授权，通过一定契约关系组建的公共管理组织，为保护私人财产而存在。③ 因此，政府只有社会性，没有自我私利性。但现代经济学家却认为，政府也是经济人，是追求自己利益最大化的组织。学者布坎南指出，在公共决策中根据公共利益进行选择的过程实际上并不存在，有的只是各种利益彼此"缔约"的过程。④ 在政治市场和经济市场都是同一个人，动机是一样的，都是为了经济利益的需求。如果同一个人存在不一样的动机，那么在逻辑上将会自相矛盾。由此，个人是经济人假设自然也延伸到政府层面，政府也自利。此时的逻辑假设就是政府官员在公共领域与私人领域中的行为相一致。但是，人不仅是经济人，也是社会人，人的何种属性得到放大取

---

① 何包钢：《可能的世界和现实的世界——解说休谟政治哲学的一个原理》，载《市场社会与公共秩序》，三联书店出版社1996年版，第10页。

② 参见黄玉妹：《地方政府经济人行为模式及根源探析》，载《湖南工程学院学报》2012年第22卷第1期。

③ 参见［英］约翰·洛克：《政府论》，光明日报出版社2009年版，第122~130页。

④ J. Bchanan., A Contract ran Paradigm for Applying Economics, American Economics Review, No. 5, 1975.

决于当时人们所处的社会制度环境。而且，学者奥尔森也认为，个人行为不见得相加就自然成为集体行为。所以，政府自利性不是政府天生就有，而是由经济人组建政府以后才具备。（2）经济人假设理论混淆政府管理者和政治家的角色功能。政府是"政府管理者"的政府，不是"政治家"的政府。因此，政府管理者不能代表私人利益，只能代表公共利益，一旦使用权术为个人和集团谋取利益，政府管理者就蜕变为政客。政府自利性行为的出现是因为政府管理者在缺乏有效的制度约束下，违背了政府管理者自身应该承担的角色责任，借用手中被赋予的公共权力假公济私、投机取巧。此时，政府管理者就变成了纯粹的"经济人"，从而使政府公共利益开始变异，公共政策偏离公共利益的轨道。（3）政府自利性行为的出现是公共权力异化的结果。政府管理者滥用公共权力谋取私人利益是不合理、不合法的行为，是政府侵蚀社会利益的一种不合理现象。早期的政治学家几乎都认为，城邦是一种合作关系，城邦的真正意义在于实现和维系正义，正义与城邦的"善"是紧密相连的关系。① 近代的政治学家们也从公共契约精神、公共福利等方面论证，政府的公共性是政府始终不变的宗旨，政府的基本属性和发展的基本逻辑是：从低级善到高级善，从低级正义到高级正义。任何杂念的私利行为都与政府的本质相排斥。政府一旦出现自利行为，也正是政府侵蚀公共利益、社会个体或者组织利益，折射了政府与社会关系的走向。

三、经济契合逻辑：行业组织政策参与困境内在根源

在分析"经济人"理论假设之后发现，无论是官员自身，还是由此组建的政府都存在自利性行为，无论自利行为的存在是否具备合理性，目前来讲都客观存在。政府自利性行为的客观存在性折射了官员自身和政府对于利益的趋向性，体现在国家与社会关系中是彼此的型塑。一旦政府官员和政府自利性增大，体现在国家与社会关系上就是国家控制社会渐趋紧张，国家淹没了社会，行业组织和个人参与公共政策的空间将会被挤压。当政府和官员自利的趋向减弱时，体现在国家与社会关系上就是国家控制社会的力量在减弱，社会力量得到增长，行业组织自我参与空间就会扩大。因此，本书认为，国家与社会关系如何走向，实际上折射了二者的经济契合关系。无论是社会权力的增大，还是政府权力的增大都体现在对于经济利益的争夺上面，决定二者空间大小的是经济利益的契合程度。

1. 自利的政府组织

我国政府自利性行为倾向客观存在。改革开放 30 多年来，政府在改革中起到了主导作用，政府每次推动改革都增强了党和政府的合法性。国家与社会关系的变化体现了政府主动释放的结果。社会在国家的掌控下没有太多的自主权，和国家不是平等的博弈主体。对政府而言，政府既需要社会作为一种辅助力量来提供公共物品，又要努力地削弱社会的对抗性来维护政权的稳定。② 学者康晓光等人认为，一个追求自身利益的政府将会对行业

---

① 参见秦德君：《制度设计的前在预设》，载《新闻文摘》2003 年第 4 期，第 48~57 页。
② 参见江华、张建民、周莹：《利益契合：转型期中国国家与社会关系的一个分析框架——以行业组织政策参与为案例》，载《社会学研究》2011 年，第 141~144 页。

组织选择性分类控制，以期达到在不损害自己利益的背景下提升自己的合法性。相对于中国社会而言，国家强势地位由来已久，国家可以自主地选择行业组织，并给予其发展的空间和机会。对一些组织，如高风险高收益的组织（工会）、高风险低收益的组织（异议组织）、低风险高收益的组织（行业组织）、低风险低收益的组织（兴趣小组），一般政府比较喜欢选择低风险高收益的组织作为其承担公共物品的替代者加以控制。当人们把经济GDP作为官员政绩主要考核标准时，行业组织维系经济增长的功能刚好也符合政府自利的需求。由此，政府自利性客观存在。其原因具体有：

第一，公共权力高度稀缺性。公共权力是为了管理公共事务而设定的一种权力，其使命是维系私人权利，是由政府所掌控。在正常情况下，公共权力由人民授予，政府代表人民实施管理。但由于公共权力的稀缺性，再加上现有监督机制的缺失和官本位思想的影响，中国的部分官员会铤而走险使用公共权力寻租。这种情况在转轨时期显得尤为突出。在市场经济体制不健全、法治精神缺失的背景下，经济学家加里·贝克尔认为，效用的最大化会使在政治领域人们也会像经济领域那样追求利益的最大化，追求利益往往使公共权力异化为私人寻租的工具。

第二，权力高度集中的政治体制。计划经济体制长期的推进给中国经济带来诸多的辉煌，同时也给政府实施权力高度集中的政治体制提供了强大的经济力量。中国在几十年的计划经济体制下建构了一套高度集权的政治体制。集权式的政治权力结构形成了纵向和横向的网状结构，使政府很容易进入地方事务发展中去。因为政府此时具备了进入市场的动力和手段，政府既是国有资本投资的主体，也是招商引资的主体。政府官员在无所不能的权力结构中扮演教练员和运动员的双重身份。同时，压力体制下所形成的官员考核途径和标准也导致官员会把更多的精力放在经济发展上，从而使政府官员喜欢用权力肆意地干涉社会事务的发展，官员希冀经济等事务向有利于自己晋升的方向发展，但却不管社会空间的大小。

第三，部分公共权力私人化。公共权力是服务于公共事业的发展，但由于部分政府官员趋利避害性特点，政府部门或者官员会利用公共权力谋取局部利益，在法律和制度不健全的中国，这种可能性会被放大。政府非理性行为一旦泛化，政府权力公共性就容易被私人化，政府与市场的界限将变得模糊，政府的越位现象和缺位现象将并存于社会。政府一旦越位，国家就会过度挤压社会空间，行业组织失去更多的参与机会。

第四，监督机制过于弱化。学者孟德斯鸠认为，一切有权力的人都会趋向滥用权力，有权力的人会使用权力一直到遇有界限的地方才会休止。由此，要防止权力不被滥用，就要想办法制约权力。中国也存在权力监督机制，但十分弱化。其具体表现在：首先，监督主体的多元化和分肥化。中国监督机构较多，如人大、纪委、政协等机构，但监督力度和效果不尽如人意。究其原因是，诸多的监督机构处在权力中心，监督者和被监督者同在一个权力金字塔结构，彼此关系密切，甚至于为了共同利益，达成默契，共同分肥。人民群众也是监督的主体，但由于渠道不畅或者制度保证的缺失，人民群众很难起到有效的监督作用。其次，监督客体风险与收益不成正比。监督客体成本的风险价值判断很小，收益倒较大。由于很多腐败行为都在私人空间，很难查找，使官员滥用权力谋取私人利益风险较小，加剧官员贪腐的系数；再加上权力地位是官方授权，使部分官员越来越不必依赖于社会支持作为生存的政治资本。① 社会授权机制的缺失、官员与人民契约关系的淡化必然会使官员漠视民众的公共利益，转而去追逐私人利益。政府在自利性动机的驱动下必然会把国家触角深入到社会角落中汲取自己的私利。长此下去，国家与社会关系将会因此而发生改变。

2. 自利的行业组织

如果中国政府的自利行为驱动了一个现象的产生，也即是政府强烈地想进入社会，并获取自己想要的利益，那行业组织是否也具有强烈的自我经济利益需求？其答案自然是肯定的，行业组织也有自身经济逻辑需求。以温州商会为例，学者陈剩勇认为②，商会是作为理性经济人的民营企业家自我组建的行业协会，它们的出现是为了满足民营企业家的利益聚合、利益协调和利益表达的需要，商会的终极目标是依靠组织的力量扩大和保护本阶层的利益。一般来说，人们组建的组织最终目的是为共同利益服务，是为了满足个体无法实现、只能依靠组织去实现的利益而构建的组织形式，组织的存在是为其利益而存在。这一点，学者阿瑟·本特利也认为："不存在没有利益集团，集团利益才是基础，没有集团利益就没有集团。"③《集体行动的逻辑》的作者曼瑟尔·奥尔森认为，"尽管组织也经常服务于纯粹的私人、个人利益，他们特有的和主要功能是增进由个人组成的集团利益"。④作为在市场经济发展中出现的商会组织实际上就是为了企业家自身的利益诉求而出现的组织。温州是中国市场发展最早、民营经济最发达地区之一。在早期改革和开放中，由于温州特有的地势和人文环境，温州在没有得到国家认可的背景下，温州人以市场化为导向，以家族组建的民营经济企业为主导的经济发展模式风生水起，形成了20世纪著名的"温州模式"。当然，自发的发展模式，除了凭借他们敢为天下先的勇气外，在早期也遇到诸多的阵痛。由于小作坊式的生产模式缺乏成熟的市场机制作为配套，容易造成单个企业为了自身利益的最大化，就会做假冒伪劣产品，由此导致市场中不正当竞争行为频繁出现。20世纪80年代末期，"温州鞋"、"温州柳市低压电器"等都成为假冒伪劣的代名词。单个企业声誉污染了整体温州市场信誉，于是，维系政府和市场主体利益，需要组织去调解商家彼此因为纠纷和不正当的利益争夺而导致的矛盾，温州商会就此产生了。可以说，温州商会的出现，正是迎合了温州民营企业发展利益的需求，是为了发展行业的自律、寻求彼此的合作以及推动行业和地区经济发展利益的最大化而诞生的组织，利益的共同需求催生了企业整合、组织化趋势的形成。随着改革的推进和私人企业主地位的提升，国家退出一些社会治理领域，企业主参与政府管理、政策制定的空间在日益扩大，温州商会在聚合企业主利益表达和政治诉求等方面，逐渐成为一种良性的参与渠道，为私人企业主与政府的沟通提供了便利，也为政府与企业、政府与社会关系的和谐共建发挥建设性的作用。和

---

① 参见张静：《基层政权：乡村制度诸问题》，上海人民出版社2006年版，第43页。
② 参见陈剩勇：《组织化、自主治理与民主：浙江民间商会研究》，社会科学出版社2004年版，第30~40页。
③ Arthur, Bently, The Process of Government, Principia Press, 1949, p. 211.
④ [美]曼瑟尔·奥尔森：《集体行动的逻辑》，陈郁等译，上海三联书店1995年版，第7页。

谐参与渠道促进了国家与社会的制度化合作，并在彼此的利益博弈中型构着国家与社会关系的走向。

3. 经济契合逻辑

政府的自利和商会的自利彼此存在，折射出国家与社会关系的两大主体：政府与行业组织之间的利益博弈才是引导二者未来走向的关键因素。政府抑或行业组织彼此权限的大小受到了二者经济逻辑的指引。了解国家与社会关系的走向，最重要的考量自然要看彼此对于经济利益争夺的强弱。当前，在国家强与社会弱的现实背景下，行业组织参与权力严格地受到政府的掌控。一旦行业组织和政府利益相契合，行业组织的政策参与就会得到政府强力的吸纳和支持，也会得到政府高度制度化的安排，否则就会被打压或者其合法性被取缔，行业组织政策参与此时就会出现低度制度化的现象。因此，行业组织由于经济契合原因成为政府工具性的价值因素，行业组织政策参与存在较大的不确定性。相反，要想了解中国国家与社会关系走向，可以通过行业组织和政府经济契合程度，二者呈现了正相关关系。这一点，从温州商会组织发展的演变轨迹中可以得到佐证。

中国行业组织从一开始就一直掌控在政府手中，政府为行业组织设置了诸多的门槛和可操控的制度设计。行业组织的前身是中国古代行会，早期行会主要是为手工业和商人维系同行业利益的经济组织，在先秦时称作"肆"，汉代时它被称为"行列"、"市列"，唐代时它被称为"行"。在隋、宋时，行会发展较快，数量持续增长，到明清时期又得到长足的发展，行会组织也五花八门。此时的行会组织主要目的是维系自己利益，应对官府的课税和徭役，联系彼此感情。[①] 行会是城市经济发展到一定程度，统治者为了对市场工商者进行分类管理，在政府命令下组建的组织。虽然当时行会的存在在应对官府某些不合理的要求方面有一定作用，但政府组建行会的本意是为了贯彻政府有关法令的执行。由此，行首工作时一贯是眼睛向上看齐，也即是行首首先要对政府负责。[②] 政府对于行会的控制即便到了唐朝时仍然受政府管控。到了清代末期，随着民众民主意识的增强，清政府迫于民众的压力，1903年设立商部，并颁布《商会简明章程》、《商会章程附则六条》等条规。诸多条规使商会的成立有了法律依据。1912年，随着中华民国的建立，伴随着西方文化的东进，尽管中国社会当时出现了大批行业组织，但由于后期军阀混战的原因，各地会馆、商会已经名存实亡。1918年，北京政府颁布了《工商业公会规则》，在规则中再次承认它们的法律地位，为行会组织的发展提供较大的法律制度空间。1926年，国民党二大通过的《商民运动决议案》和后来的《商民协会组织条例》的颁布，促进了商会的蓬勃发展。但随着国民党一党专政的到来，国民党政府颁布专门法律，如《工商同行公会法》、《农会法》和《文化团体组织大纲》等法律，最终使"行业工会应受省或政府及工商部之监督，遇必要时得解散之"。[③] 由此，国民政府完成了对行业组织的重组和集中控制。这种控制符合国民政府垄断权力和控制社会的需要。在中国共产党领导地区，1942

---

① 参见朱英：《中国行会史研究的几个问题》，载《江西社会科学》2005年第10期。
② 参见曲彦斌：《行会史》，上海文艺出版社1999年版，第6页。
③ 《工商同业公会法》，载《国民政府公报》1929年8月17日。

年通过的《陕甘宁边区民众团体组织纲要》和《陕甘宁民众团体登记办法》等法令明确规定,人民社团的成立和解散均需要依法申请登记和注销,不得擅自去决定。改革开放前,通过1949年《关于组织工商业联合会的指示》和《工商业联合会组织通则》等条款,中国通过组建中华全国工商业联合会的方式统一了行业组织。这表明,行业组织是在工商联统一领导下才可以开展工作,工商联逐渐由主要经营者组建的人民团体演变为各种经济成分的企业、工商团体、行业公会协会等统一战线性质的人民团体。同时,它还具备了民间商会组织的性质。① 改革开放之后,为了适应市场经济发展和政府职能改革的需要,政府对行业组织管理进行了几次调整:第一次是20世纪80年代初期,是商会初步发展的阶段,时间大致是1978年到1983年期间;第二次是20世纪80年代末期,时间大致是从1984年到1988年期间,是商会撤销了行政性和快速发展阶段;第三次是从1989年到2003年期间,由于受1989年政治风波的影响,商会处于调整充实阶段;第四次是从2004年至今,是商会推进和促进阶段。②

从古代的行会、公会到现在的行业协会、商会,国家对于行业组织基本上采用相似的政策:放大经济功能、弱化政治功能和掌控其发展历程。从早期"行"的开始,到现今的行业组织都是国家或者政府用经济价值功能的标准去推进其角色地位的塑造,商业经济利益是行业组织存在的前提和价值。在古代"行"发展时期,它们是个彻头彻尾的经济性组织,历代的"行"都没有摆脱政府掌控的工具地位,"行"的些许自由只不过是经济的些许自由。到了近代,商会组织尽管有了发展,但无论在清末时期,还是在民国时期,也只不过是政府经济发展的工具。解放后,行业组织有了巨大的发展,数量也在增加,但行业组织的经济功能仍然是第一位,政府在采用行业组织承担社会管理责任时,会有意地采用一些低风险的和高收益的组织来促进经济和社会的协同发展。中国行业组织为什么必然受国家或者政府的控制?这和中国社会结构有很大的关系,也和国家对于行业组织策略性的选择有很大的关系,经济利益逻辑考量是国家对于行业组织关键的抉择,影响着国家和社会关系的走向,也影响着行业组织政策参与状况。其具体表现在:

第一,社会一元结构与附属地位。古代行会到近代商会的附属地位是由社会一元结构所决定。不同于西方社会的城邦民主,中国社会一开始就是把公共权力建立在层级制之上。春秋战国时期,国家的统治者试图对层级制进行变革,但变革"不但没有削弱或者改变传统国家制度中的专制主义性质,反而发展了中国早期国家形态中的专制主义因素"。③ 一元社会结构使国家不断地吞噬社会的肌体,任何行业组织都逃脱不了国家的控制。封建社会推崇的儒家文化也进一步加剧了国家对行业组织的控制。为了能够控制民众或者组织,政府与儒家文化结合,驯服民众,使民众变为"臣民"或"草民",降低民众的权利、自由、平等的意识。因此,很难想象在专制政治背景下,体制内会产生民间组织的自主能力。政府对维系商人利益的行会疑神疑鬼,不放心在体制之外

---

① 参见黄孟复主编:《中国商会发展报告 No.1(2002)》,第19页。
② 参见徐家良:《互益性组织:中国行业协会研究》,北京师范大学出版社2010年版,第55~69页。
③ 谢维扬:《中国早期国家》,浙江人民出版社1995年版,第132、190、191、474页。

任其自由发展,自然也就不会放松对其的掌控。而且,在儒家文化的熏陶下,行头也主动乞求上层的保护,以便换来存在的合法性。如此环境下发展的行会何来独立、自治?由此,中国古代行会的发展证明了商人社会团体一开始就不可能有独立的空间,政府对行会的取舍在于其经济利益的价值工具。这也是政府为什么一旦政局稳定就要去整顿、掌控行会的主要原因。

第二,总体性社会结构与附属地位。新中国成立后到改革开放之前,国家权力高度集中的"总体性社会"一直是独占鳌头,控制社会的一切。尽管"政府是必要的恶"有合理存在的可能,但一旦"恶"被无限放大,那将是社会的灾难。孙立平等学者认为,"总体性社会"是指社会的政治中心、意识形态中心和经济中心三者重合为一体的社会结构状态。重合一体的社会结构说明资源和权力的高度集中。国家具有很强的动员和组织能力,但国家结构较为僵硬、凝滞,其主要特征是国家掌控一切,个人要想获得基本的生存条件,个人必须听从国家的制度安排。计划经济体制下形成的社会基本特征使行业组织缺乏生存和发展的社会空间。总体性说明,从经济领域上看,国有和集体成分独占鳌头,掌控社会生成和生活的资源,国家依靠单位组织调控资源分配;从政治领域上看,政府扮演全能者角色,政府对社会事务完全包办,抑制社会性组织的作用和功能;从社会领域上看,国家依靠户籍、单位等制度,运用行政权力对社会政治、经济和文化等进行全面的控制,政府不仅控制旧资源,在新资源出现后也会迅速地加以制度化的掌控,从而给行业组织留下狭小的空间;从意识形态上看,政府进行高度的垄断和政治化,为了宣扬现有政权合法性,展开强大宣传攻势,利用同传统决裂的舆论宣传构筑政权的合法性。其中,在负面合法性上[①],政府强烈地揭露旧社会的腐朽、落伍、专制及其帝国主义弊病等反衬现有政权的合法性;在正面合法性上,政府利用新政权消灭旧政权和废除私有制等行动,通过描述未来新社会的美好愿景来加强意识形态的灌输。[②] 在"总体性社会"下,中国行业组织的基本定位是不具备生存的社会空间。新中国成立后到1978年期间,受计划经济体制的影响,中国社会结构是一元二层的社会结构,一切资源都是由国家掌控,国家利用延伸到基层的政权控制社会一切,国家管理的行动过程依靠权力资源来推动,社会靠系统的力量进行整合。[③] 在此社会背景下,尽管在党的十四届三中全会、五中全会以及十五大、十六大报告当中,政府都明确行业组织是社会不可或缺的一部分,行业组织得到政治的保护,但由于行业组织几乎都是从上到下由国家动员建立起来,行业组织承担的职能只能是政府管理体制的延续,政府对行业组织的态度是选择性的态度。1949年到1966年期间,政府开始整顿社会团体,政治性强的组织,如九三学社等被转为民主党派,带有迷信色彩的社团被取缔,政府利用政治吸纳的方式组建青联、妇联、工商联等组织。此时,行业组织主要承担的功能是无产阶级专政的辅助功能,是党联系群众的纽带,它们缺乏一定的自

---

① 参见[美]萨缪尔·P. 亨廷顿:《第三波——20世纪后期民主化浪潮》,刘军宁译,上海三联书店1998年版,第59页。

② 参见汤蕴懿:《行业协会组织与制度》,上海交通大学出版社2009年版,第122~124页。

③ 参见康晓光:《权力的转移:转型时期中国权力格局的变迁》,浙江人民出版社1999年版,第16页。

我利益。"文化大革命"时期，除了造反派组织之外，几乎所有的社团都停止了工作。

第三，控制、吸纳与附属地位。改革开放之后，政府对行业组织采取控制和吸纳政策主导行业组织的发展。依赖于独特的资源配置方式的市场经济体制是每个走向现代化的国家必然会选择的一种文明体制。中国人从一开始拒绝，到后来尝试，再到晚近首选的制度形式，也证明中国也要经历市场经济体制的文明洗礼。由于计划经济体制的长期推行，要想在短期内构建市场经济体制，废弃计划经济体制恐怕尚需要一些时日。同样，计划经济体制下所形成的全能型政府必然在市场经济体制的建立中扮演着核心推动或设计者角色。其具体表现在：（1）完成富国富民的目标，需要国家权力的干预。中国政府干预市场的初衷不是弥补市场的失灵，实际上是弥补成熟市场不存在的窘境。由于重农抑商和缺乏发达的商品经济，中国面临的紧迫任务不是如何弥补成熟市场经济先天性不足的问题，而是面临建立成熟市场经济体制所必备的基本要素发展完善问题。这种建立不是一蹴而就，而是一个漫长的等待和完善过程。学者青木昌彦认为，制度的建构受一个路径依赖体系的影响，如果无视制度之间互补性的存在，那肯定不是好事，同时也是不可能的。他同时也认为，比较制度分析可以提供政策变更的尺度，新旧制度互补性使渐进式改革比较适合那些宏大的改革，有必要为制度设计排列顺序。①渐进式改革中的政府扮演了顶层设计者的角色，对于任何改革体现出超强的掌控能力。在此背景下，再次复苏和发展的行业组织就很难摆脱政府主导的命运。（2）培育市场主体的自主和自治性，需要政府进驻。建立市场机制需要备成熟的自我治理意识的社会，实现自我管理是构建市场机制不可或缺的部分。中国自古以来较为缺失自主意识，社会治理力量缺失，行业组织自治能力较差，如果改革缺乏政府的设计和进驻，单靠民众的自我摸索，那市场自然的演进将变得极为缓慢和混乱。实际上，改革需要一个强有力的政府，因为"很多改革需要政府更多的行为，这是显而易见的。改革需要有人去管理"。②（3）市场主体多元化，需要确立新型主体地位。成熟的市场经济具有一个显著标志就是市场主体的多元化。在计划经济体制下，国有企业一家独大，尽管保证了公有制主体地位，但缺失市场自由竞争的环境将会导致市场逐渐失去活力。随着市场经济的发展，市场主体开始变得多元化。但由于社会存在对私人企业歧视政策和舆论氛围，私人企业与国有企业很难具备平等竞争的空间。改变私人企业享有市场主体地位不高的问题，单靠私人企业和行业组织恐怕难以实现，必须要政府出面，展开制度设定才可以扭转实现。"在一个不发达国家加强社会纪律和克服其软政权中固有的对发展的限制和障碍，必须由那个国家自己来完成。在这件事情上，外国没有多少可帮助的。"③由此可见，市场经济活动主体的多元化单靠市场自身的演进恐难实现，唯有政府合

---

① 参见［日］青木昌彦：《市场的作用 国家的作用》，林家彬译，中国发展出版社2002年版，第80~81页。
② ［德］L.达仁道夫：《现代社会冲突》，林荣远译，中国社会科学院出版社2000年版，第169页。
③ ［瑞典］G.缪尔达尔：《世界贫困的挑战——世界反贫困大纲》，经济学院出版社1991年版，第218页。

理的进驻才会给予行业组织一个自由的参与空间。（4）增强政府宏观调控，需要提升政府掌控地位。中国政府处在转型期，增进市场的制度供给是政府的重要职责，但与其他成熟的市场经济体制国家相比，政府职能不是弥补市场先天不足的问题，更多地是扮演经济政策制定者的角色，以便促进市场的良性发育。政府此项功能间接地规划着行业组织，包括行业协会组织在市场中的地位和空间位置。

可见，无论是古代行会，还是现代的行业组织，政府主导性发展的特性凸显无疑。行业组织政策参与行为能否成功，政府与行业组织彼此的利益契合最为关键。政府主导性的特点表明，在撤出社会领域中，政府一直是掌舵者的身份，行业组织的发展离不开政府的主导，政府也可以通过自身权力使行业组织的利益诉求和政府政策目标的一致性达到最大的契合。否则，政府将控制或者取缔行业组织。据此说明，在国家控制社会大背景下，对行业组织是控制，还是支持取决于二者利益契合的程度。

基于此，本书认为，如果行业组织和政府具备共同的经济诉求，政府将支持行业组织政策参与；反之，如果在政策制定中，政府与行业组织存在利益冲突，行业组织政策参与将会受到政府抑制。行业组织政策参与是受政府掌控下的经济逻辑条件限制，也即是政府控制下的经济契合逻辑的影响。就中国当前的国家与社会关系来看，国家掌控社会状况仍然未有太大的改变，政府对行业组织政策参与也只是控制下的参与。政府或者官员控制还是支持行业组织政策参与，取决于二者经济契合的程度。与其他分析不同，本书认为，在现有的国家与社会关系下，行业组织政策参与是机遇与困难并存，政策参与趋向何方在于国家与社会经济契合的程度，在于政府与行业组织经济契合的程度，经济诉求是二者彼此型构的驱动力。当行业组织和政府经济契合程度较高时，组织政策参与程度就高，此时行业组织接近于私益政府或者准政府组织。当二者利益契合度低，行业组织政策参与程度就低，二者关系是政策倡导或者是游说关系模式组织。行业组织政策参与程度完全取决于国家和社会，或者是政府与行业组织经济契合程度，行业组织在契合空间中只是被控制的角色。这种关系如图5-1所示。① 考量行业组织政策参与程度实际上就是在考量行业组织和政府的经济契合程度，利益契合才是行业组织政策参与的关键，也是它们能否确定参与的前提。那么，从这一视角看，中国行业组织政策参与陷入困境的深层次根源其实就是行业组织在政府的眼中只是经济契合的合作者，并不是因为它们是真正地具备了独立参与能力的行业组织，也不是因为行业组织政策参与有多大的政治民主意蕴，在某种程度上行业组织政策参与只是政府公共政策制定的绿叶。结合本书上面梳理行业组织政策参与的现实困境，似乎可以认为，当行业组织缺失自治能力、合法性、微观制度化途径和自治生态环境的情况下，行业组织因为经济契合问题而凸显的政策参与困境就会愈发突出。改变行业组织政策参与的经济契合困境，建构一个制度化参与路径，需要从现有的国家与社会关系调适出发，进行政府观念的转变、制度化参与途径的建构和行业组织自我能力的培养等方面来化解行业组织政策参与困境，以期为公民和社会能够进行有序政策参与提供一个重要的

---

① 参见江华、张建民、周莹：《利益契合：转型期中国国家与社会关系的一个分析框架——以行业组织政策参与为例》，载《社会学研究》2011年，第141~144页。

参与路径。

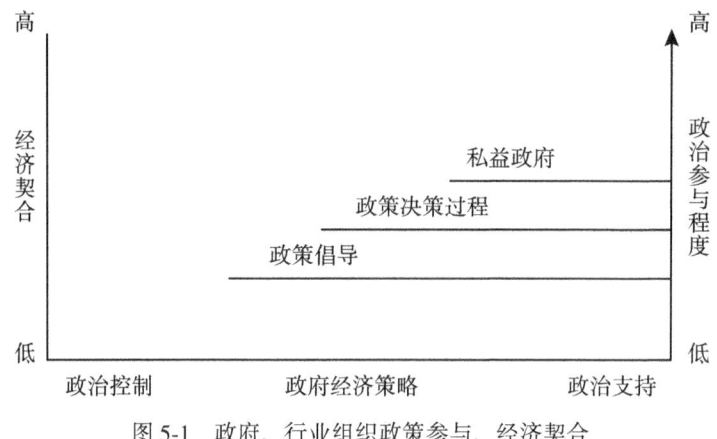

图 5-1 政府、行业组织政策参与、经济契合

第三节 中国温州商会政策参与经济契合逻辑实证

从经济契合逻辑视角上看，对于中国目前国家机构改革或者是政府职能的转变都具有很大的解释力，因为不论是机构改革抑或政府职能转变，实际上也都折射了不同利益主体之间的博弈过程。在机构整编、职能转变中，政府和其他利益主体围绕权力的获取或者影响政府政策的制定等方面进行博弈，以便借此获取自己想要的利益。在早期，国家对于社会进行直接的掌控，社会没有独立的空间，政府权力介入社会的任何领域，其他治理主体也都没有太多的空间，行业组织获取的利益空间都由政府让渡。现在，随着社会力量的增强，行业组织与政府博弈的力量开始增强，尽管目前依然是政府领导，但行业组织的治理力量也开始显露端倪，具备一定的治理力量。因此，二者在彼此力量的博弈中，以经济契合程度决定行业组织政策参与程度。温州商会的民间性毋庸置疑，参与政治生活以后，商会与政府关系开始变化，或者说国家与社会关系出现一些变化。为了实证上述结论，本书继续用温州商会与政府的经济契合程度来实证行业组织在政策参与中遭遇的经济契合逻辑困境。

一、温州地区改革开放以来政府和商会关系变迁

1. 政府与行业组织的关系

社会与国家的关系是学界研究重要议题之一。自从 20 世纪以来，国家与社会关系理论开始复苏，成为学界主流的话题。其中，民间性社会组织考查是国家与社会关系的重要参数之一。学者戈登·怀特认为，"国家与家庭之间的一个中介性的社团领域，这一领域由同国家相分离的组织所占据，这些组织在同国家的关系上享有自主权并由社会成员自愿

结合而形成以保护或增进它们的利益或价值。"①

在建立良性的国家与社会关系方面，但正如一些学者所说的那样，中国未来的发展趋势是均衡的国家与社会关系。一旦这一关系得以建立成功，那行业组织将会得到充分的发展，可以通过自由的结社表达自己的意愿，也可以通过同政府进行沟通、对话、协商等方式参与政府的决策。此时，整个社会在现实中就会充满了公平和民主，政府和行业组织的关系也显得比较融洽。然而，就目前来讲，中国距离良性的国家与社会关系真正的建构还存在一定的距离，可以说是在理想和现实之间进行相互构建。② 中国要想真正地建构良性的国家与社会关系，就必然要考察行业组织和政府的关系，因为它们的关系是国家与社会关系的具体化和深化。在社会中，政府与行业组织的关系直接折射出当下行业组织的自主程度，没有自主性的存在，就没有良性国家与社会关系的建构。从20世纪90年代以来，对于政府与行业组织关系的研究主要有几个影响较大的理论③：

第一，四种模式理论。该理论认为，政府与行业组织有四种关系。它是在批判20世纪80年代以前理论界认为政府与行业组织是零和博弈关系基础上所形成的一种理论，持有此观点的主要是以本杰明·吉军、克莱默和萨拉蒙等为代表的西方学者。他们认为，政府与行业组织有四种关系：政府主导模式、行业组织主导模式、并存模式和合作模式。此类学者突破传统的视角，认为政府与行业组织不是绝对冲突，而是可以合作。政府主导模式是政府在行业组织发展的经费上扮演的是提供者的角色，行业组织因此生存的空间显得极为狭小。行业组织主导型是指政府能力比较弱小，行业组织独占鳌头。并存模式是指政府与行业组织都提供发展经费，但彼此活动的区域不一样。合作模式是指政府与行业组织共同行动，彼此合作，政府提供发展经费，行业组织提供服务，此类合作模式可以分为"自动售货机"模式和"合作伙伴"模式。

第二，"三模式"理论。学者丹尼斯·杨提出"三模式"理论。在经济学理性选择模式的基础上，学者丹尼斯·杨认为，政府与行业组织之间有三种关系模式：补余模式、合作模式和冲突模式。补余模式理论逻辑是指由于公民偏好的异质性，总存在着政府不能满足公共物品的需求，而行业组织刚好可以替代这种功能。合作模式主要是指政府与行业组织可以合作，共同提供公共物品。冲突模式主要指的是行业组织通过政策参与推动政府改革，政府也通过管制行业组织的服务和回应行业组织的倡导行为，去影响行业组织的行为。

第三，资源依赖理论。④ 学者吴锦良认为，任何组织都无法完全生产自己所需要的资源，必须要依靠其所在的环境通过交换、交易或者权力控制等方式获取资源。不同组织间的资源依赖一般可以分为：水平依赖、共生依赖和垂直依赖。水平依赖主要指不同组织为

---

① 何增科主编：《公民社会与第三部门》，社会科学文献出版社2000年版，第3页。
② 参见朱士华：《理想与现实：中国公民社会建构研究》，载《理论与改革》2014年第2期。
③ 参见邓国胜：《公益项目评估——以"幸福工程"为案例》，社会科学文献出版社2003年版，第197~202页。
④ Pfeffer, J. & Salancik, G. R. The External Control of Organizations: A Resource Dependence Perspective. Stanford, CA: Stanford University Press, 2003.

了获取资源，进行竞争和输出相似的产品或者服务，但因为处在同一水平上，有着相似的地位、功能或者服务对象。一般在特殊情况下，它们可以结成联盟建立联合阵线关系。共生依赖是指彼此互补，掌握对方资源，从而形成依赖共生关系。垂直依赖是指组织之间明显存在着上下级的关系，底层对上层绝对依赖，彼此的关系是非对称的关系，为了获取资源底层组织最终会牺牲自主性。可以看出，在资源依赖理论中，政府与行业组织之间是互补的关系，不是对立的关系。政府由于自身的弱点，没有办法提供全面的服务，而行业组织由于自身资源的局限性不得不依靠政府提供帮助。所以，二者就可以契合，也容易形成依赖关系。学者萨德尔认为，政府与行业组织之间的关系不单纯地表现为单方面的服从关系，而是彼此相互依赖的关系，因为二者都掌握资源。萨德尔描述政府与静态的行业组织关系如图5-2。① 在图5-2中，政府和行业组织之间各有对方需要的资源，当两者的彼此需要达到契合时，政府就主动让渡空间，允许行业组织参与政府活动，承担政府释放的职能，政府与非政府在资源彼此依赖下走向了契合。

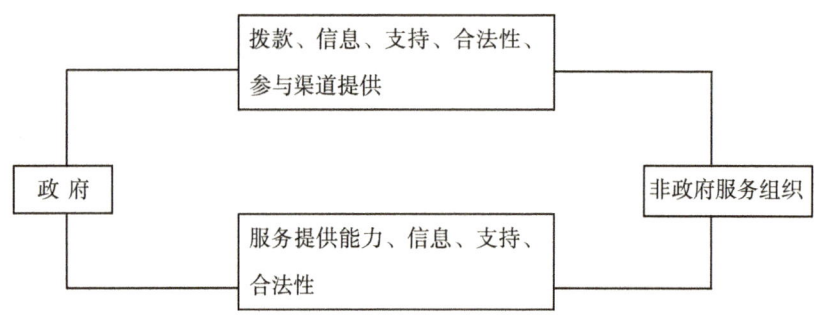

图 5-2　行业组织和静态的政府资源依赖关系

2. 温州商会与温州地方政府关系变迁

通过政府与行业组织关系的几种理论模式分析看出，随着国家与社会关系的变迁，政府与行业组织的关系在现实层面上存在变动性，一般体现出政府主导下补充模式在渐趋向政府主导下的合作模式进行转变。政府与行业组织合作的程度取决于政府与行业组织经济契合的程度。基于中国历史传统和现实状况的分析可以得出类似的论断。

从历史上看，自秦汉以来，中国虽然有着大量行业组织的存在，但中国千年来一直是封建专制制度。在封建制度下，皇权高于一切，国家权力可以随意地触及社会任何角落。在高度集权一元化的社会体制下，人们一直具有官尊民卑的思想。因此，从古代到当代，中国一直是政府管制行业组织。一旦政府放松管制，行业组织就有了巨大的发展，否则行业组织就会销声匿迹或者处于极度萎缩的状态。此时，行业组织与政府的关系体现为政府主导的补充模式。有时候它们的关系直接呈现出垂直依赖的特征，也即是一些行业组织，

---

① Saidel J. Resource Interdependence: The Relationship between State Agencies and Nonprofit Organizations. Public Administration Review, 1991, 51 (6), pp. 543-553.

如商会等都是在政府导向和管制下建立和发展起来。它们秉承了政府的要求，为政府公共事务拾遗补阙，充当政府的助手，有些组织甚至沦为政府的增税机关。① 这表明，中国行业组织虽然贵为民间性组织，但实际上它们并非是完全独立的社会联合体，行业组织必须依赖于国家结构而生存，并且只能在国家让渡空间里面积极地拓展空间，国家与行业组织存在着边缘——替代关系或者是依附和服从关系。

从现实上看，自改革开放以来，开始成长起来体制内的行业组织尽管未能改变对于政府的政治、经济上过度依赖的特性。但也不难发现，随着市场经济体制和政治体制不断地向前推进，中国行业组织和政府的关系也发生一些变化：第一，出现民间性组织。这些组织开始根据自身建构的原则，积极主动地参与公共事务治理，在促进经济和政治的发展上彰显了作用；第二，商会承担了大量因为政府职能转变和政府体制改革而释放出来的管理职能；第三，许多行业组织逐渐摆脱了政府的控制，开始了艰难的独立行为。由此，中国行业组织和政府的关系开始向政府主导下的合作模式进行转变。它们的政策参与方式、途径等都有长足的发展。可是，无论政府怎么变化，都不能太过于乐观地看待商会和政府的合作关系，不能过高地估价商会的自我主动性或者政策参与的意义。因为，目前在中国社会中，政府仍然主导合作的掌控地位，是社会资源的主要掌控者。商会要想获取资源依赖，必然要和政府产生契合，特别是经济契合，否则商会的政策参与就无从谈起。

时至今日，温州商会组织大致经历了政府主导下的补充模式、政府主导下的行政吸纳模式和政府主导下的经济契合模式的变迁。变迁的轨迹较好地反映了温州商会政策参与的状况，也比较有代表性地反映了中国国家与社会，或者政府与行业组织关系的变迁历史。

第一，政府主导下的补充模式。温州商会的诞生是一个典型的政府主导结果。这一点从温州商会产生的背景中可以找到其根源。1906年，温州商会在清政府举办"新政"中产生。也就是说，商会产生是政府劝办的结果。劝办带有典型的政府主导性。政府之所以劝办，原因有三：一是新政需要改革新气象，而商会的成立就是其中一个新气象。二是缓解官商的紧张关系。一直以来在重农抑商的政策下，商人没有地位，政府也大力遏制商业的发展，商人也认为"商视之官，政如猛虎，其能上下相维之益乎？"② 政府希望通过商会的建立，"上下一心，官商一气，实力整顿，广辟利源"。三是改变早期中国商人之间个体化的弊端。由于中国传统行会限制商人群体的发展，商人难以形成大规模的行动。在面临外商压力时，商人们无力反击，因此，建立商会可以消除中国商人"见识狭小，心志不齐，各怀其私，罔顾大局"的弊端。③ 在清政府劝办商会的号召下，温州人根据自己便利的地理位置和发达的商业发展境遇，于1906年成立了温州商会，并颁布了《商会章程》。《商会章程》中部分条例规定体现了民主精神，提出商会要有保商、振商等责任。此时，温州商会有了较大的自主性，但政治依附性依然很强。商会在成立时候邀请名流充当业董，方便商会日后走动衙门。在日常行为中，商会章程要求商会成员不要妄论政事。

---

① 参见张捷、徐林清等著：《商会组织治理与市场经济——经济转型期中国产业中间组织研究》，经济科学出版社2010年版，第79页。
② 中国史学会（主编）：《戊戌变法资料》第二册，上海书店出版社1998年版，第399~400页。
③ 参见彭泽益主编：《中国工商行会史资料》下册，中华书局1995年版，第970~971页。

到晚清时期，商会领导基本担任政府要员，商会处理问题类似于衙门，"召开董事会，各董事均要起身迎接。商人有事向商会提出申请，必须要用呈文形式"。① 因此，温州商会一开始就伴随清政府的需要而出现，它们整体上就是清政府职能的一个补充，政府严格掌控商会的发展态势。到南京国民政府时，政府加强了对商会的控制。1929年，《人民团体组织方案》中条例规定，人民团体必须向高级党部申请许可，高级党部审核合格后才具有合法性。1932年《民众团体组织方案》中条例规定，政府、党部、人民团体职员之间的关系是："本党对于依法的组织之民众团体应尽力扶植并加指导，对于非法团体或有违反三民主义的行为之团体应严加纠正，并由政府分别制裁之。"② 此时，商会失去了自主性，成为政府主导的产物。北伐战争开始后，温州商会的选举等诸多问题都受到党部的掌控，商会也渐趋沦为党和政府的附属物，服务于会员和社会的功能趋于不断弱化的态势。

第二，政府主导下的补充——行政吸纳模式。新中国成立后，从1949年到1978年期间，商会基本上是处于被改造的境遇，发展陷入了沉静状态。此时，政府主导商会的发展愈加凸显，商会被吸纳到政府中去，成为准政府组织。新中国成立以后，中国在经济领域效仿苏联建构计划经济体制，并依托高度集中的政治权力体制掌控了社会的一切。学者邹谠称之为"全能主义政治"。"全能主义"意味着"政府权力可以侵入社会的各个领域和个人生活的诸多方面，在原则上不受法律、思想、道德（包括宗教）的限制。在实际上（有别于原则上）国家侵入社会领域或个人生活的程度或多或少，控制的程度或强或弱"。③ 在全能主义政府体制影响下，中国社会的功能日益被政府取代，市场作用也开始弱化。政府代表公共权力的高层结构，单位是底层结构，政府掌控单位，国家与社会成为二元结构，政府将社会行政化，行业组织缺乏一个独立的经济或者社会空间。1951年，政府为了掌控商会等经济组织，开始筹建工商联统领商会组织。全国设立中华全国工商联联合会，统领各个地区的工商联，积极地学习、讨论过渡时期的总路线和国家经济建设方针的制定与执行，配合共产党和政府贯彻各项方针，对社会主义经济建设发挥了较大的作用。此时，工商联不是一个自主性组织，而是八大"人民团体"之一。温州商会也是在此背景下成立了工商联，1955年通过的《温州市工商业联合会组织章程》中明确提出，温州市工商联接受上级的领导。温州地区工商联通过自己的掌控把商会紧紧地吸纳到自己身边，通过自己的功能配合政府进行社会主义改造和反右倾等运动。温州商会此时被吸纳入政府，为政府补充政治功能。"文化大革命"时期，商会的功能日趋消失。

第三，政府主导下的补充——行政吸纳——经济契合模式。1978年以后，随着改革开放的推进，中国社会开始了市场化、自治化、政治民主化为取向的改革运动，标志着全能主义政治模式开始松动。松动折射了国家与社会关系的调整，也体现在政府与商会组织关系的调整上。政府与商会的关系逐渐走向了补充—行政吸纳—经济契合模式。从全能主义模式到后全能主义模式的转变，温州商会与政府关系出现变动。后全能主义是指20世

---

① 温州市博物馆藏：《永嘉伞业调整工资谕示碑》（光绪二年四月初十）。
② 《中国民国法规大全》第四册，商务印书馆1936年版，第5470页。
③ 邹谠：《二十世纪中国政治：从宏观历史和微观行动的角度看》，牛津大学出版社1994年版，第233页。

纪 80 年代以后，随着市场经济体制建构的推进，中国新阶层——新经济精英开始崛起，有了对政治行为的渴求。政府为了适应市场经济体制发展的要求，回应下层政治民主的诉求，开始进行机构改革，转变政府职能。政府开始采用补充——行政吸纳——经济契合模式构筑政府与商会等组织的关系。此时，不可否认的是，商会等行业组织有了民主性，但它们依然体现了政府主导性地位。政府在社会中的主导地位没有因为商会组织些许的民主性、政策参与性的出现而发生根本性的改变。商会政策参与是在政府主导下，通过彼此经济契合的方式规约着商会政策参与的程度和范围。温州商会在 1978 年以后伴随着温州地区私营经济的发展崛起而出现。温州商会在推动温州地区私营经济快速发展方面呈现了不可估量的价值意义。同时，商会也在政府的指导下，开始有目的承担政府释放的职能，发挥了行业管理、参政议政、调节纠纷、维护合法权益、参与国际交流和协作等作用。[①] 但在考察温州商会参与治理的积极意义时发现，政府对商会活动仍然起主导作用。因为就目前来讲，政府在社会中依然是资源的主要掌控者：（1）政府控制主要资源，商会不可能完全独立于政府之外。温州商会尽管有其较好的民间性，但温州政府依然是目前一些资源，如土地和资本等主要资源的分配者。没有政府的赋权，商会就得不到发展的资源，商会此时并没有因为政策参与而摆脱对于政府的依赖。（2）商会的自愿失灵导致商会需要政府的介入。温州商会组织是一个依靠自愿组织起来的组织，由于其内部也存在着治理问题，如商会治理精英化、服务性和代表性不足等问题，温州政府不会对商会实行绝对自由放任的状态，否则商会不仅不能起到分担政府职能的作用，恐怕也会使得行业治理陷入混乱。由此，政府也加强了对商会的监管和管理，一般采取参与——赋权——规范——发展的操作方式来主导商会的发展。（3）商会的自律性需要得到政府的支持才会增大其功效。温州商会尽管是个自律性组织，但自律性是没有法律的约束力，从而导致商会在正常工作的开展中缺乏法律支撑，商会一旦遇到依靠自律无法解决的管理困难，也需要政府出面处理。

由此可见，当前，温州商会和政府之间存在着极大的依赖性，政府主导地位来源政府对于资源的掌控，而商会也需要政府的干预以此获取政府的资源，彼此之间的经济契合促使二者走向合作。未来政府与温州商会关系模式的走向也由此可能更多地体现出补充——行政吸纳——经济契合模式的特点。

二、温州商会政策参与和地方政府经济契合逻辑

从温州商会和政府关系变迁的未来走向上看，温州商会要获得政府的认可，要想进行政策参与，必须要和政府进行经济契合。温州地方政府在中国"压力型"政治体制的影响下，和在中国以经济 GDP 多寡来决定官员是否升迁的政绩考核标准的推动下，自利的温州政府、官员和商会在彼此型构中通过经济契合的方式紧紧地契合一起，并共同推动温州地区的经济、政治、文化的发展。

---

① 参见郁建兴等编著：《在参与中成长的中国公民社会——基于浙江温州商会的研究》，浙江大学出版社 2008 年版，第 45 页。

1. 压力型体制和地方政府的运行空间

所谓压力型体制是指一级组织为了完成上级下达的各项经济指标、经济赶超等任务，采用量化方式来管理组织内部成员，并在工作考核中形成一定相关评价的体系。① 通过压力体制将行政命令、物质刺激、奖惩等元素结合起来，用物质刺激、职位变迁来确保经济目标的实现。压力体制是中国在1978年"以经济建设为中心"的工作重心转移中，逐渐被各级地方政府构筑起来。它反映了后起国家赶超发达国家现实的经济压力，也反映了国家权力高度集中的特点，上级可以通过层层转包的方式分配任务给地方政府经济发展目标，通过经济指标和政治升迁的挂钩来控制地方政府的日常行为。地方政府在压力体制下，为了提升自己的政治地位，采用尽可能多的手段去博取资源以便促进经济的发展，并换取自己政治生涯的升迁。在地方经济事务发展中，政府被压力体制推行，越来越多地扮演着主角的身份。地方政府也积极主动地增强自己的自主性，寻找满足经济发展所需要的各种制度资源。有时候，地方政府甚至会违背中央的某些精神来追求自己的利益。原本政府和官员都带有经济人的特点，在监督制度不健全情况下，自利行为将会增加。一旦再遇到压力体制，地方政府的主动性就会变得愈加强烈。追逐经济的行为如果得到政府制度的支持，将会为地方政府提供更大的行动空间。20世纪80年代以来，为了改变吃"大锅饭"带来的弊病，中央政府实行了"分灶吃饭"和分税制。财税体制的改革使中国财政体制出现了较大的变化，出现了财政联邦主义的特点。财税体制改变了中央与地方的关系，重塑了地方政府的逻辑行为和动力机制。中央对地方的严密控制被地方政府自主性的增大所取代。地方政府从早期的执行人，一旦变成了利益的主体，在资源分配中就会有发展自己和地方利益的冲动。因此，随着压力体制的出现和中国财税体制的转变，地方自主性运行空间在增大，地方政府会根据自身偏好以及制度设定赋予自己前进的权限，有时候甚至于会越界来主动地谋取自身的利益。其结果是地方政府逐渐成为地方经济和制度创新的"第一行动集团"角色。② 在现实中可以看到，地方政府有时为了地方利益，不惜违背中央精神也要为企业发展谋取制度空间，好像地方政府此时成为地区民众福利的守望者一样。但在事实上，究其原因是地方政府需要的经济发展和企业的自身发展相一致，彼此已经结成利益容体。地方政府的冒死行为从根本意义上也是为了自己未来的发展做铺垫。此时，地方政府不仅小心翼翼地防止自己权力被削弱，还会凭借各种关系借助上级权威捞取扩大自己权力的资本。此时，国家倒是成为一个力不从心的被动者，而地方政府成为一个拥有很大独立运行空间的所有者。③

---

① 参见荣敬本、催之元：《从压力型体制向民主合作体制的转变：县乡两级政治体制改革》，中央编译出版社1998年版，第40~53页。杨光斌：《试论中国现行国家权力结构与权威资源的关系》，载《学习论坛》2008年第6期。
② 参见杨瑞龙：《中国制度变迁方式转换的三种阶段论》，载《经济研究》1998年第1期。
③ 参见张静：《基层政权：乡村制度诸问题》，浙江人民出版社2000年版，第216、281页。

2. 压力型体制下温州地方政府行为逻辑的考量

一般来讲，影响地方政府行政逻辑有几个变量：顶层性配置、下层性回应、自主性配置。① 顶层性配置是指上级直接分配给地方政府权力。由于中国权力是从上到下进行纵向配置，使地方权力的获取主要来源于上级政府，没有顶层的权力配置就没有对应的权力结构和机关。回应性配置是指每个政府处在不同行政生态环境中，由于历史、当地人文等差异性的存在，政府会显示出不同的回应微观主体的方式和特点。在地区竞争日益加剧和压力体制下，地方政府会主动地采用不一样的政策回应地方民众的需求。自主性配置是指地方政府根据自己的偏好进行选择。每个地方政府有不同性格的领导，导致领导有不同的偏好；再加上压力体制的影响催生了更强的自主性和地方民众特质的回应性配置的驱动，地方政府行为烙上了个人化色彩和地域文化的自主性特色。可见，地方政府行为逻辑是综合性的结果，是现有的"制度约束与其内在目标函数"② 的综合结果，是各种势力博弈的结果。在三种配置中，顶层性配置不可以更改或者忽略，否则官员就会面临政治合法性的缺失。因此，官员只能适应压力体制下政绩式的考核方式。其余两个配置：回应性配置和自主性配置则在相当程度上赋予了地方政府较大的自主选择空间，能够体现主动建构的因变量，体现了地方政府不同的行为逻辑。

温州地处偏远的山区，历史上交通极为不便，中央或者上级对于温州地方政府的管理比较松散。因此，温州地方政府在历史上存在较多的自主性。新中国成立以后，随着计划经济体制的建构，温州也被纳入高度集中的权力结构中来，并形成了压力型体制。但相对于其他地区来讲，温州在财税改革以后，在地方民营经济发展的推动下，温州地方政府的行为逻辑展示了较强的独特逻辑。

第一，温州地方政府的行为逻辑源于国家制度供给。在政府主导、国家严格掌控社会的情况下，"政治制度在无处不在的市场竞争中仍然具有重要作用"③。为了赢得压力体制下上级的认可和自己职位的晋升，温州地方政府不可能完全违背政府的价值需求，否则政府就失去了行为的合法性，失去了制度供给。

第二，温州地方政府的行为逻辑体现了强烈的自主性配置和回应性配置。从回应性配置上看，温州人多地少，外来的移民占据温州绝大多数的人口；再加上温州又是地处偏远的山区，交通极为不便，中央供给的财物较少，因此，改革开放以后，在还没有政策的允许下，温州人开始自谋生路的探索，大量的温州人开始经商，开办私人企业。面对温州人的紧迫需求，温州地方政府开始制度性的回应，在"无为而治"的思路下，政府给私人企业"挂户经营"等各种制度供给，逐渐满足了民众在建立市场经济时所需要的制度供

---

① 参见马斌：《地方政府职能配置的三种路径》，载《学习时报》2009年6月1日第6版。
② 何显明：《地方政府研究：从职能界定到行为过程分析》，载《江苏行政学院学报》2006年第5期。
③ ［美］白苏珊：《乡村中国的权力与财富：制度变迁的政治经济学》，郎友兴、方小平译，浙江人民出版社2009年版，第220页。

给。在此过程中,"适应和促进市场经济的发展逐步成为地方政府行为模式调整的基本坐标"①,政府从而形成了自己独特的行为模式。从自主性上看,温州本来就地处偏远的地方,在历史上受到皇权关注度并不高,有较好的社会自主治理的基础,也有流行的工商业传统和重商精神,相比其他地区来说,温州地区具备了较大的自主性;再则,分税制的推行更加催生了温州地方政府自主性的产生。在此推动下,温州地方政府和企业等联合推出了"温州模式",促进了地方经济的发展,为政府自己赢得了政治资本,也为中国非公有制经济的合法化赢得了鲜活的筹码。这种回应性和自主性意味着温州地方政府的行为充满了自我选择空间和与其他利益主体进行经济契合的可能性。

第三,温州地方政府的行为逻辑更多地体现了经济逻辑行为。温州地方政府处在贫穷、民营企业发展和压力体制共同构筑的压力生态环境中。这种环境决定了政府行为必须要和企业进行经济契合,其行为逐渐体现了经济逻辑化的趋势。现代国家建构的理论表明,一个有效的国家能力是发展市场经济不可或缺的元素。由于市场经济面临外部性问题,也会出现失灵,需要一个有效的政府进行化解市场失灵等问题。学者波兰尼认为:"这种自我调节的市场的理念,是彻头彻尾的乌托邦。除非消灭社会中的人和自然物质,否则这样一种制度就不能存在于任何时期。"②由此,"市场不存在于'自然状态'中,而是必须受到国家的管理"。③温州刚刚兴起了民营经济,无论从制度合法性上,还是市场失灵的解决上都需要温州地方政府的行为契合。而由于受到地区经济贫困和压力体制存在的压力,温州地方政府关注的焦点和温州民营经济家对自身经济发展的需要都催生了他们的经济契合逻辑行为的产生。

3. 温州地方政府与温州商会政策参与的经济契合逻辑

从温州地方政府的行为逻辑中可以看到,温州地方政府在压力型体制和温州历史、现实的背景下,其更多地体现了一种经济行为。这点和温州商会政策参与有着经济契合的逻辑关系。温州商会是一个经济组织,是为了赢得"集体行动"利益的共享性而构建的一个经济组织。温州商会政策参与本来就不在其建构主旨之中,只不过随着政府把许多公共职能转嫁给商会,而政策参与又存在着权力分配和利益分配,因此,温州商会政策参与行为和温州地方政府经济行为契合在一起就不足为奇了。如果温州商会经济职能是其存在的核心价值理念,那么政策参与恐怕则是其"非意图扩展"的结果。温州地方政府对于商会政策参与更大程度上是利用商会的经济功能实现政府行为的经济逻辑的需求。由此,温州商会政策参与行为和地方政府行为的耦合点是他们的经济契合点,商会政策参与对于温州地方政府和商会本身来说都是工具性的。这种工具性的价值地位必然体现在温州商会政

---

① 何显明:《浙江地方政府创新实践的生成机制与演进逻辑》,载《中共宁波市委党校学报》2008年第5期。
② [英]卡尔·波兰尼:《大转型:我们时代的政治与经济起源》,冯钢、刘阳译,浙江人民出版社2007年版,第3页。
③ [美]白苏珊:《乡村中国的权力与财富:制度变迁的政治经济学》,郎友兴、方小平译,浙江人民出版社2009年版,第220页。

策参与的策略性选择和政策参与困境的长期萦绕。如果中国不改变地方政府和商会自身的工具性价值理念，温州商会政策参与的民主意蕴将大打折扣，它们也不能成为新时期中国基层民主发展的一个有益的尝试，也不能为公民和社会进行有序的政策参与提供一个路径。

总之，如果说像温州商会一样，中国行业组织的政策参与都面临着同样的境遇，那么行业组织政策参与在中国国家治理现代化的建构方面的价值意义便无从谈起。因此，寻求行业组织政策参与困境如何化解的路径，以便为分析国家治理现代化的建构提供一个有益的思考视角。

第六章　中国国家治理模式建构

引言：国家治理的现代化是每个现代国家在发展中必然会经历的历程。在全球化时代，如何构建符合自己国家特色和发展道路的国家治理模式是每个国家在走向国家治理现代化的过程中都会面临的思考。本章基于中国国家治理模式变迁的梳理指出，当前中国在政治领域、经济领域、文化领域、社会领域的巨大变化对国家治理的有效性提出较高的要求。这表明，中国当下必须要探析如何建构一个科学、合理、现代的国家治理模式，也即是权威型国家治理模式。

第一节　中国国家治理模式变迁

一、国家治理模式：一个变动的过程

良好的国家治理是促进一个国家经济社会发展的关键要素，而一个国家要想构建良好的国家治理必然要有一个现代、合理的国家治理模式。现代国家治理模式的形成是一个国家治理现代化必然的表象。一个国家治理模式是由这个政府、市场和行业组织相互合作形成的一种整体性制度结构模式。① 这个制度系统是由不同的制度安排、组织形态和治理机制共同形成，它们共同维系国家的治理秩序，通过彼此的合作最终推进经济和社会的持续发展。在经济和社会的发展中，每个国家由于受到不同的政治思潮和经济发展理念的影响，在国家治理模式中，政府治理地位不尽相同，并且因此呈现了不同的变迁轨迹。但是，从历史上看，这些国家治理模式变迁的基本趋势都是从传统治理模式向现代治理模式进行转变。在自由主义思潮和市场经济体制的影响下，西方社会一直推崇政府是管理最少的就是最好的政府，人们由此认为自由放任的国家治理模式是最好的。可是，随着市场经济体制自身弊端的出现，失灵的市场严重地冲击了"看不见的手"的理论，再加上频繁经济危机的出现严重地挫伤了资本主义社会经济的发展，西方社会于是发起了以"福利制国家"为模式的国家治理模式的建构，以此希望解决国家治理危机问题。一直到20世纪60年代，政府主导国家经济发展的策略模式备受人们的推崇。人们认为市场的发展需要政府强力的介入，以便弥补市场自身的缺陷，国家治理或者政府治理成为唯一不可或缺的治理主体。有些国家，如前苏联和早期中国，已经把国家治理模式构筑为全能主义国家治理模式。20世纪70年代，随着政府和市场都出现了失灵，似乎人们又开始剔除政府在

---

①　参见张慧君、景维民：《国家治理模式建构及应注意的若干问题》，载《社会科学》2009年第10期。

国家治理中的作用，再次把私人的自主决策和市场的自发作用推崇为市场的主角，一直到20世纪80年代，它们逐渐成为理论界和政策实践领域的主导思想。[①] 但是，随着自由经济的发展和政府过度的退出，很多国家并没有形成一个良好的国家治理态势，倒是市场混乱和社会矛盾的交织出现映衬了这些国家治理模式的失败。如今，很多国家力求在国家与社会之间，政府与市场之间找到平衡点，希望通过彼此的合作实现良好的治理。许多国家抛弃政府和市场哪个更为重要的争论，而是从二者合作治理的视角来构筑现代国家治理模式。由此可见，无论何种国家治理模式，大多涉及几个元素，也即是地位排序和比例问题：一是政府地位；二是市场地位；三是社会力量。政府——市场——社会力量的三维一体彼此发挥自身的作用，并在不同时期，调整彼此的关系。经过调整，国家治理模式从而呈现了动态和多样化的特点。

1. 专制型国家治理模式

从政府层面上看，政府如果在社会和市场中占有绝对的统治地位和管理地位，或者说政府是国家治理的唯一合法主体，那么此时国家治理模式是传统型或者全能型治理模式。转制型国家治理模式大多出现在传统政治社会里。因为在传统社会里面，国家统摄社会，社会空间比较狭小，政府无所不能地管理社会，政治权力的触觉延伸到社会的每个角落。政府用一些正式或者非正式的制度去协调经济和社会的发展，政府垄断一切公共管理活动。但随着政府自利行为的频繁出现，政府机构开始变得膨胀，缺乏必要制衡的国家权力渐渐失去了公共性，公权力沦落为私人寻租的工具，再加上社会财富的增加和人们之间利益的复杂化，政府为了自身，也为了社会的安宁，政府权力开始变得极具膨胀，几乎淹没了市场和社会的空间，专制型国家治理模式于是就成为很多国家延续的国家治理模式。

2. 二元型国家治理模式

在早期的市场和社会层面上，伴随着市场经济的发展和社会力量自治能力的增强，国家整体的治理模式发生了变化。市场经济的快速发展和行业组织的壮大，特别是行业组织的发展逐渐承担一些治理职能，市场经济的成熟和行业组织自治能力的提升已经预示着市场和社会不需要更多的政府干预，它们需要自己的治理权利空间。此时，政府的权力和作用范围开始缩小，而市场和社会力量开始进一步扩展自己的势力范围。只不过此时的市场或者行业组织都还没有真正意义上从国家中分离出来，国家还会经常侵蚀社会。但这种分离已经凸显了国家与社会的分野，二元化结构已经形成。国家和社会开始相对剥离的国家治理模式颠覆了早期专制型国家治理模式，并最终演变成二元治理的国家治理模式。

3. 三元合作型国家治理模式

从当代政府、市场、社会力量层面上看，随着政府、市场、社会力量之间的不断博弈，现代意义上的国家治理模式逐渐形成，也即是合作式的国家治理模式。合作治理模式

---

① 参见张慧君、景维民：《国家治理模式建构及应注意的若干问题》，载《社会科学》2009年第10期。

的出现意味着国家治理模式开始趋于现代化，因为也只有现代民主政治制度才会孕育出现代化的国家治理模式。进入现代以来，尽管市场和公社会力量逐渐承担了治理职能，但很多场合依然可见政府矫健的身姿，政府还是会提供一定的制度和公共物品来维系社会和市场的自我运转。甚至于在有些时候，在偶发事件中，如在灾难、经济危机、战争等事件中，政府的治理作用的重要性是不言而喻的。西方社会因为干预经济危机而出现的"凯恩斯主义"和后来"福利制国家"的建构都让西方社会走出经济发展和社会发展的泥潭。在汶川地震和非典事件中，政府治理和整合作用也证明政府存在着强大的魅力。因此，崇尚绝对的"无政府主义"思潮很难满足社会现代发展的需要，人们现在需要政府出现在治理中，但并不排挤其他治理主体的价值功能，因为此时政府只是充当"守夜人"角色。这点在学界一直推崇各个国家打造"有限政府"和"服务政府"理论的劝说中可以得到有力的佐证。有限政府和服务政府其本意指涉政府不是万能的政府，政府也只是国家众多治理主体之一，政府的价值意义不是统治，而是在现代民主制度保证下为公民、行业组织、市场的发展提供制度和秩序。那么，三元治理的模式单单依靠政府的有限治理就可以实现么？这显然是不可能的事情。因为权力一直到它使用遇到阻止的地方，方才可能真正地停止运转。所以，作为自利性的政府单独依靠自律去维系权力的公共化或者公共性，实现政府不去侵蚀市场和社会的权利应该是人们一厢情愿的事，唯一的方法就是把公共权力放在制度的笼子里面。这需要公民或者行业组织的参与，通过一系列现代民主制度的设计，如法律制度、政策参与、选举制度等，尽最大可能地实现政府权力的有限化，进而给公民、行业组织和市场一个独立和自治的空间。通过市场、公民、行业组织自身的发展，一方面可以承担国家抽身社会而溢出的权力，另一方面也可以监督政府，真正地实现现代国家治理模式所需要的治理主体多元化态势，从而为三元一体合作治理模式的实现打下坚实的基础。

国家治理模式的三种转变说明，一个国家治理模式处在不断地变动中，何时采用什么样的国家治理模式并不固定。但是，唯一不变的事实是国家治理模式通向现代化是个不争的事实，它的建构体现了一个国家现代民主制度发展的情况，更体现了政府、市场、社会力量三者之间的一种地位和需求的变化。

二、中国国家治理模式变迁：基于温州商会政策参与的视角

考察中国国家治理模式的变迁不仅可以折射出早期国家与社会关系，反映出行业组织政策参与的情况，也可以思量未来国家治理模式现代化如何建构的问题。中国国家治理模式的变化其实也体现出行业组织自身参与政治生活的状态。在国家与社会关系的调整下，行业组织的政策参与行为呈现从无到有，再到渐趋频繁的趋势。行业组织政策参与行为的变迁既促进了中国现代民主制度的发展，也折射了中国国家治理模式的变迁。反过来，中国国家治理模式的变迁也会影响行业组织政策参与行为的运动轨迹。

1. 专制型国家治理模式

1949年以前，中国国家治理主要是专制型治理模式。从专制帝国到民国统治，中国行业组织几乎没有任何生存空间，行业组织政策参与行为几乎为零。这折射了早期中国国

家治理模式的专制性特点。造成这个结果很大程度上是因为"中国历史有着漫长的专制主义传统,强势的国家渗透于社会之中,挤压社会的生存空间,扼杀社会的自主性"。①长期专制国构建的政治体制意味着社会没有独立空间,而作为社会主要的组织结构、权力主体,行业组织更不可能有存在和发展的空间。因此,从历代统治者都设定"严禁结党"的规定可以看出,行业组织的生存都不具有法律合法性和政治合法性,更不具有较好的政策参与行为。国家或者政府独断的治理模式使社会成为中央集权的附属物,社会没有任何独立、自治的可能性。其实,那个时期就连温州商会这样最具有自治性的行业组织也不具备政策参与的可能性。随着清末政府自救的开始,在晚清政府调整国家与社会关系中,温州商会在政府的劝办中开始艰难而合法性的存在。1896年,总理衙门提出"重商"以消除官商之间的隔膜,实现"官商一气,实力整顿,广辟利源"②。1905年,温州商会在劝办中筹建了商会,商会在章程中明确商会的责任是保商、振商等,在与政府沟通和参与行业的管理中,温州商会也起到作用。③ 但从整体上看,温州商会的政治独立性并不强,长期依附于地方政府官员,并且商会被要求不可妄论政治。民国早期,温州商会有了较大的发展,组织反帝和抵制洋货的行动,并表现出一定的自治能力。但南京政府统治时期,政府出台了《人民团体组织方案》和《指导人民团体改组办法》,温州商会也因此再次失去政策参与的合法性和自主性。温州商会政策参与的发展遇到瓶颈性因素在很大程度上是因为温州商会处在一个国家强力侵蚀社会的专制治理模式中,温州商会此时不可能有个合法的制度化政策参与渠道,国家治理模式规约了商会的政策参与轨迹。

2. 全能型国家治理模式

在1949年到1978年之间,中国国家治理模式是全能型治理模式。自从中华人民共和国成立以后,在经历无数次仁人志士的浴血奋战换来了和平和成功之后,中国人通过初期的调整和"三大改造"走向了社会主义道路。在学习苏联的数年中,中国建构了计划经济体制和中央高度集权的国家权力模式。集权模式直到1978年仍然强烈地镶嵌在国家与社会关系中,形成了如学者邹谠所认为的"全能主义"政治模式。集权政治模式的形成意味着政治权力可以侵入社会各个领域和个人生活的诸多方面,而且侵蚀行为原则上不受任何限制。④ 在集权政治模式下形成的国家治理模式是全能型国家治理模式。全能型国家治理模式中国家与社会紧密结合,国家包揽社会一切,行业组织等社会治理力量都是在政府的控制下生存和发展,不能越轨,否则将会遇到合法化的危机。政府此时代表公共权力唯一拥有者的身份强力地通过政治权力向下传达、贯彻自己的意志,并形成了以单位制为主导的行政管理体制。从行政部门的党政不分,到基层的村社管理都深深地烙上了国家的

---

① 郁建兴、江华、周俊:《在参与中成长的中国公民社会——基于浙江温州商会的研究》,浙江大学出版社2008年版,第35页。
② 《商部劝办商会谕贴》,载《东方杂志》1904年第2期。
③ 参见郁建兴、江华、周俊:《在参与中成长的中国公民社会——基于浙江温州商会的研究》,浙江大学出版社2008年版,第38~39页。
④ 参见邹谠:《二十世纪中国政治:从宏观历史和微观行动的角度看》,(香港)牛津大学出版社1994年版,第25页。

印记,作为政策参与者也只能通过指定的渠道去有限地参与政治生活。1949年,工商联尽管参与政治协商会议,参与政治生活,但工商联基本上不是一个自治型的行业组织,原则上只是一个半官方性质的政府组织,是一个维系政治权力传达的行业组织。"人民团体"实际上是政府体制的一部分,其官员都是在享受政府的待遇。温州商会在1949年以后有了较大的发展,但在1955年以后,温州市通过《温州市工商联合会组织章程》明确告知温州商会受温州市工商联的领导,温州商会自此也逐渐失去行业组织独立的特性。在反右派和"文化大革命"期间,温州商会陷入瘫痪状态,停止一切活动。因此,从温州商会在全能型国家治理模式的发展历程和政策参与上来看,商会,这个具有较大自主性的组织,也逐渐失去其自身的特性,其政策参与和政治宣传也只是在政府允许的架构内运行,其绝对不可以越轨,否则商会将会受到被视为非法。可见,在这种国家治理模式下,行业组织的发展只能依靠政府的施舍,根本不具备独立的空间,更谈不上通过政策参与实现国家治理模式的变化,也不可能通过政策参与实现国家与社会关系的变化,进而推进国家治理模式的现代化。在全能型国家治理模式中,政府是权力唯一的拥有者,也是治理唯一的主体,市场和行业组织只是配角,均依附在政府的怀抱里。依附意味着淹没了自身的独立性和自主性。可见,全能型国家治理模式其实是政府一元式治理模式。一元型治理模式不仅很难适应日益复杂的社会需求,也会让国家治理能力得不到提升,更会长期因为政府治理能力的低下引发民众对当今政府合法性的质疑。

3. 二元国家治理模式

1978年以后至今,中国国家治理模式从全能型治理模式向国家与社会二元型治理模式转变。改革开放以后,随着市场经济体制逐步的建构和政府职能改革的推进,"以市场化、社会自治化和政治民主化为取向的改革开放深入开展,这标志着中国开始告别全能主义政治体制,重构政党、国家、社会和市场之间的关系"①。在此推动下,国家与社会关系悄然地发生着变化。这个变化给社会空间的增大提供了可能,也为行业组织的生存和发展提供了可能。尽管后全能型国家治理模式还遗留着前全能型国家治理模式的特点,比如,还存在一些党政不分的现象、政府管理市场太多、政府职能需要转变等问题,但随着国家与社会关系的松动,社会治理力量的主体——行业组织开始得到了长足的发展,它们逐渐在市场经济的发展和政治民主化过程中显示自己的价值地位。温州商会是在改革开放以后恢复发展较快的行业组织。随着工商联改革的推动,温州商会雨后春笋般快速地增长,在温州地区和其他地区行业经济的发展、政府的管理等方面提出自己的议案,为政府出谋划策,进行政策参与,参与社会和经济的管理。温州商会的积极参与态势可能和其获取政策利益有很大的关系,但缺失政府治理模式的转变,温州商会政策参与行为不可能得到实现。同样,如果没有温州商会长期的政策参与行为,政府也不可能看到行业组织政策参与的治理作用,也不会改变治理主体唯一性的垄断地位。因此,温州商会政策参与的扩大既是国家治理模式变迁的结果,反过来也是温州商会政策参与行为逐步频繁地推动地方

---

① 郁建兴、江华、周俊:《在参与中成长的中国公民社会——基于浙江温州商会的研究》,浙江大学出版社2008年版,第43页。

政府治理模式改变的过程。

梳理中国国家治理模式变迁轨迹发现，无论是早期的专制型国家治理模式，还是全能型国家治理模式，以及晚近的二元治理模式，每个时期选取何种国家治理模式是受"政府——市场——社会"彼此地位所决定，反映了中国国家与社会关系的变迁。如果单从行业组织结构和权力主体——行业组织政策参与的视角上看，中国国家行业组织政策参与发展的程度恰恰映像了中国国家治理模式的变迁。每次国家治理模式的变迁都预示了行业组织所在的社会权利空间的变迁，预示着中国国家与社会关系的变迁。行业组织的政策参与既是中国国家治理模式变迁的结果，也是考察中国国家治理模式是否趋于现代化的一个视角。

第二节　当代中国国家治理模式建构适合性

每个国家都有自身国家治理模式变迁运行的轨迹，中国也不例外。时至今日，中国国家治理模式从专制模式演进到二元治理模式。一味地去评析何种治理模式是好，或者是不好，并不具有科学性。因为每个国家当时面临的环境存在差异性，构建适合那个时代的国家治理模式才是一个国家提升国家治理能力、实现经济和社会发展的重要考量标准。如今，中国进入了实现中国梦的时代，面临着诸多转型和发展的困境，如何处理像中国这样超大发展中国家的发展，似乎历史上没有先例可以借鉴，完全移植别人的路径似乎也不科学。因此，转型时期，中国政府面临诸多的治理问题急待人们去解决。这就会要涉及国家治理模式的选择等问题，因为没有一个良好的国家治理体系和治理能力就不可能在后工业社会中复杂化的、非均化的境遇下实现中国社会、经济的良性发展。中国正面临着一个如何构建国家治理的现代化问题。"历史的每一次重大的发展、社会每一次深刻变革都伴随着对原有理论的重新认识和审视，这是时代发展的必然，也是时间推进的结果。"①在党的十八届三中全会上，中国共产党提出了发展"中国特色的国家治理现代化"的总体改革目标。这一改革总目标的提出在实际上指明了未来中国经济社会发展的总方向。事实上，国家治理现代化的提出也是在中国目前面临着政治、经济、社会的三重重叠的转型背景下，为了解决中国的政治发展、经济发展和社会发展中涌现出来的各种矛盾，中央领导希望经过理论的研究和实践的推进来改变中国长期以来单纯地依赖政府进行单向度的国家治理和社会治理的模式，转而在构建有中国特色社会主义国家治理现代化模式下，如何利用社会力量的参与推进中国走合作治理模式建构的道路，以便提升国家治理能力，解决政府遇到的公共治理难题。中国国家治理现代化有着中国特色和自身发展的原则，不同于其他国家治理模式，有着自我的适应性。

一、国家治理模式适合性：以温州商会政策参与现状为依据

自 20 世纪 90 年代以来，"治理"一词在学术界比较流行，成为学术界的宠儿。早期

---

① 杨家兴：《走向国家治理的现代化：转型期发展中国特色社会主义的战略选择》，载《大连干部学刊》2013 年第 12 期。

专制型国家治理模式和全能主义国家治理模式在很多国家都失去其重要的地位。很多国家都在选择适合自己的国家治理模式，以便人们更好地促进自身的社会经济发展。21世纪，中国正面临多个层面的转型，转型带来了经济、政治、文化、社会、生态层面的问题，使国家承受治理的压力与日俱增，政府治理的失灵问题时有发生。因此，中国需要良好的国家治理来化解失灵问题。这也恰巧印证了治理理论的产生是缘于西方社会"政府失灵和市场失灵"的正确性和需要治理的必要性。① 西方社会出现福利制的管理危机和市场机制的外部性，再加上社会力量的逐渐成长和成功承担了政府溢出的部分职能，这都使治理成为人们信服的一种现实必要。同时，20世纪七八十年代以后，社会科学领域出现了范式危机，有些范式已经无法解释"现实的世界"②，人们开始用治理理论去重建新范式。因此，中国学者在大力译介治理理论时，也大多去寻找中国需要治理理论的原因，并在长期译介中开始思考适合中国治理的理论问题。在西方世界治理理论的引导下，世界在关于国家治理模式的研究和实际运用上，如今已经逐渐呈现了三种模式：政府主导治理模式、社会自治治理模式和合作治理模式。三种国家治理模式现在风靡世界。那么，在中国现实语境下，中国该如何选择？如同治理理论有中国的适用性一样，西方社会流行的国家治理模式自然也有其适用性的一面，如果完全移植，也可能并不适合中国，需要梳理三种模式的中国适用性。

1. 政府全能治理模式与当前的中国适合性

一般来说，政府全能治理模式是指政府在治理中充当主导者，国家通过政府制定制度进行国家治理。政府全能治理模式存在以下特点：一是治理主体体现政府主导性。政府是元治理，国家一切治理活动的推行都依赖政府，政府尽管不是唯一的治理主体，但政府具有强大的统摄力、唯一性。二是治理主体必须具备圣者的智慧。"贤人治国"从古希腊就开始在一些政治学者的笔下获得了美好的描述，但那也只是美好的愿望。因为"政府也是理性的经济人"，所以，无论是官员，还是政府都存在自利性。一旦政府权力监督机制存在缺失，政府很快就会沦为腐败和寻租的温床。因此，维系治理主体——政府的公共性面临诸多困境，需要良好的制度设计。有时候人们甚至说，优良的制度也很难避免政府公共性的变异。比如，代议制和民主制的缺陷就是证明。于是，人们只能寻求最优化或者次优化的结果。三是国家治理的范围比较小。政府全能治理模式体现出优势前提是，国家规模不易庞大。因为庞大的国家治理面临的问题和矛盾相对比较多，国家治理不可能依靠一个主体——政府去实现善治，更何况政府还存在时刻变坏的可能。由此，政府全能治理模式在很大程度会逐渐演变为专制治理模式。因为一旦治理主体——政府做不到贤人治理、做不到制度设计绝对的优良、做不到治理范围的有限性，那国家治理模式最终必须依靠国家或者政府权力的强行推进方可以实现其治理。此时，国家治理的结果自然是国家强势侵蚀社会，社会自由的生存空间和活动空间并不存在。社会治理力量——行业组织也基本上

---

① 参见俞可平：《治理和善治引论》，载《政治学》（人大复印资料）2000年第1期。
② 吴志成：《治理创新——欧洲治理的历史的新热点》，载《复旦大学学报》（社会科学版）2000年第4期。

没有活动空间，其政策参与也只是政府引导下有限地介入治理权力之中，体现不了行业组织对于国家治理现代化建构的重要影响。

事实上，实行政府全能治理模式的国家大多是发展中国家。这表现在，一方面，治理理论一开始就是因质疑为何广大发展中国家治理危机的长期存在而提出来的一种理论，很多学者就此得出的结论是发展中国家政府治理能力比较差，所以解决国家治理危机就需要政府科学地、全面地制定合理的规划应对国家治理问题。另一方面，发展中国家大多存在发展的后发压力。后发压力来源于国内和国外。双重的挤压迫使发展中国家希望通过政府快速地推动本国经济社会的发展，实现国家的现代化。由此，在国家治理模式的选择上，建立一个高效、统一、威权的政府是发展中国家优先的选择对象。全能型国家治理模式在早期发展中国家中风靡一时，很受人们的欢迎。无论是底层的百姓，还是高层的管理者，都乐得其出现，希望通过全能型国家治理模式快速地实现富国强民，实现民族的振兴。发展中国家选择这样的治理模式有其合理的意义，本身并没有错。但问题是，全能型国家治理模式一直都存在其合理性？或者说是否存在着中国的适合性问题？本书认为，政府全能型治理模式在中国当下渐渐失去其合适的地位。

中国是一个发展中大国。自中华人民共和国成立以后，中国人民开始了富国的漫漫征程。长久以来，中国选择建立计划经济体制和中央集权政治体制。中国早期选择建构的全能型国家治理模式，给经济、社会、政治等层面的发展都深深地烙上了政府印记。而且，政府全能型治理模式也帮助中国实现了早期的辉煌。此时，国家与社会关系是国家统摄社会，社会淹没于国家之中，社会治理力量——行业组织在政府的整顿、改造中开始沉寂，直至停止一切活动。1949年到1978年期间，温州商会就处在类似的环境中。1949年，温州商会在工商界的号召下参加了中国人民政治协商会议。1953年10月，全国工商联成立并举行了第一届代表大会。在工商联的领导下，商会成为政府的一个准政府组织，商会官员享受政府待遇。1949年，温州召开了工商界的代表会议，在此会议上工商联成立了筹备委员会，1955年温州市工商联也正式成立，也颁布了章程。温州商会渐渐变成了自我教育为主导的团体，此时商会失去了行业组织的特性。1957年，温州商会开展反右派斗争和整风运动，"文化大革命"期间商会停止一切活动。可见，温州的一切发展均为政府掌控，政府主导商会一切事宜。政府在行业组织领域的主导地位促成了国家早期的治理模式，也即是政府全能型治理模式。全能型模式出现的原因有：一是国家刚刚经历了长期的战争，需要强力政府统一调度一切资源，以便集中力量短期内创造辉煌；二是计划经济体制铸就了强势中央集权政府；三是民众的强力支持，政府合法性增强，政策执行变得较为彻底；四是社会结构和人们之间的关系都极为简单，便于政府介入人们的生活。基本国情既需要政府主导治理的出现，也便于出现政府主导治理。但任何事物都有其适用的时空范畴，政府全能型治理模式也不例外，有其存在的时间和空间的范畴。

改革开放以后，温州商会有了较快的发展，开始复兴，并迅速地建立行业公会、协会，并且在行业治理和同国外贸易争端中展示了自身强大的治理能力。温州商会由此登上了经济、社会和政治的舞台。商会治理获得重视很大程度上和政府全能型治理模式自身的缺陷相关联。政府此刻面临诸多无法解决的治理问题：一是政府管理制度无法提出适合时代需求的制度设计。"政府运行和管理的无序化、人治迹象较为明显。"① 随着时代的发展，中国旧政府体制的设置存在不合理性，缺乏科学化的设计；同时，政府也存在自身的建设问题。政府无力独自承担治理问题，出现了政府治理失灵等问题。二是中国超大国家的发展状态，而且又处在转型时期，作为唯一治理主体的政府似乎显得势单力薄。经过几十年的发展，中国无论在人口总量，还是在经济总量及其社会矛盾方面都大为增加，本来就职能不清、效率低下的政府在承担整个国家治理方面更显得捉襟见肘。由此，政府全能型治理模式渐趋被丢弃，新的国家治理模式需要建构。三是市场经济的发展催生了民众政策参与的激情，政府唯一掌权的局面面临着民众政策参与的冲击。市场经济体制的建构不仅是对计划经济体制的替代，更是一种人性的解放。计划经济体制下的人被政府掌控，人的臣民角色较为浓厚，缺乏独立、自治、参与的精神；而在市场经济下的人是公民角色，充满参与、契约和创新的精神。角色的替换反映在政府层面上，就是民众对政治生活从冷漠、不参与到多渠道参与。温州商会为政府提供政策建议，并通过公共治理行为逐渐改变政府政策制定的逻辑空间，影响着政府全能型治理模式的转型。

2. 社会自治治理模式与当前的中国适合性

政府全能型治理模式是人们对依赖政府唯一治理可以实现国家一切管理优化的一种期盼。持有此类国家治理模式的人，很显然是滑向了一个过于国家至上的政治思想情结。因为把政府作为唯一贤能治理主体的国家治理模式显然无法面对日益复杂化的社会现实，政府全能型治理模式迟早会因为政府大量失灵之事葬送自己存在的合理性。当一种治理模式陷入窘境，那另一种国家治理模式便悄然生成。社会自治治理模式近年来受到人们的热捧。人们一般认为，社会自治治理模式是指在国家治理中，尽可能让社会主体，如行业组织等，参与国家治理，承担治理主体责任，通过人的自我管理实现国家治理的现代化。自治型治理模式存在几个特点：一是治理主体不是国家，而是社会力量；二是社会有大量成熟的行业组织，并且都愿意积极地参与国家治理；三是公民或者政府知趣地进行无政府管理，在社会自治治理下每个人都是自由的人，没有人去操作他们；四是自治性治理模式是包容性的模式，每个人都会吸纳别人。高度自治的治理模式显然把政府的角色地位放在很低的位置，甚至政府与社会组织之间不存在地位的差异性。

产生社会自治治理模式的观念有诸多原因：一是国家统治的恐惧。长期以来，思想界无论是对"利维坦"警惕，还是对国家未来走向的预判，人们一直都对国家，或者其权力代表者——政府充满了警惕和厌恶。人们总是希望通过优良的制度设计限制政府权力的扩展或者变异，由此所鼓吹的自由主义思潮也是人们在理论上对于政府作用的精辟而流行的论述。因此，社会自治治理模式的出现恰恰迎合了人们长期的心里需求。二是现代民主制度催生管理者自信。进入现代政治以来，随着一些民主制度的出现，再加上个体或者行业组织自身自治能力的增强，人们有理由相信通过自我可以完全实现自治治理，政府不需要出现。由此，社会自治治理模式现业已成为很多国家民众希

---

① 参见贺豪威、任晓林：《治理理论的三种模式浅析——从发展中国家的视角》，载《陕西青年职业技术学院学报》2009年第3期。

冀的、理想的国家治理模式。

那么，中国也可以走社会自治治理模式？显然，这并不适合。社会自治治理模式是一种新的治理模式，推行社会自治治理模式需要一定的社会基础条件。其一般包括：

第一，存在独立和公共目标的群体。社会自治治理模式的建构需要有一个真正意义上独立并且有共同目标群体的存在。群体人员彼此包容和存在自律的精神，也可以真正地代表公共利益。这点在中国很多行业组织里面似乎很难找到。社会自治思想支持者——学者托克维尔认为，"在社会团体中，承认过个人的独立，每个人就像在社会里一样，同时朝着一个目标前进，但并非都要遵循着同一条路走不可。没有人放弃自己的意志和理性，但要用自己的意志和理性去成就共同事业。"① 但为了维系共同事业，可以放弃自己私人利益和目标的行业组织在中国目前来讲几乎并不存在。因此，行业组织承担公共责任在中国比较难以实现。比如，温州服装商会是一个较为成熟的商会。商会成立初期，服装界的企业家们本着自愿精神组建商会，通过制定章程和召开商会大会选出商会会长和代表。此类活动表现出自治意义，但商会会长和代表们存在"精英化"或者是"寡头化"的趋势。商会能否成为一个真正地具有公共意识的商会，而不是成为个人谋利的商会，关键在于商会治理权力运行监督机制是否健全。四川省温州商会前会长何必奖认为："一个好的会长是把所有会员的无形资产聚集在一起，使之增值，然后由大家共享；一个坏的会长则是把大家的无形资产放到自己或家族的钱袋里。"② 所以，一旦一个商会靠会长的自律实现行业组织自身的公共性，那一不留神商会就会失足跌下深渊，唯有依赖制度的保证才可以真正地实现商会的公共性。因此，当前中国行业组织极容易缺失非营利性、公共性，容易沦为个人自利的工具，也不具备社会自治组织所必备的公共性特点。

第二，存在成熟的行业组织。社会自治治理模式的建构需要一个成熟的行业组织，而中国似乎目前并不存在。行业组织存在的根源是其有替代政府或者市场治理失灵的价值功能。政府有做不到的、考虑不到的区域，行业组织可以承担政府责任。因此，实现"他治"的价值功能是行业组织存在的基础性条件。社会能够实现自我治理，行业组织必然具备强大的自治能力，否则，国家容易陷入无政府主义状态，去政府化或者去国家化的结果只能使国家陷入混乱和经济发展停滞不前。许多发达国家由于长期存在广阔的行业组织发展空间，行业组织的发展相对比较成熟。在发达国家的治理中，行业组织承担了较大的角色功能，国家也由此进入社会自治治理模式。如今，社会自治治理模式成为很多发达国家的首选。和发达国家成熟的行业组织生长态势相比，发展中国家行业组织的发展并不令人乐观，而且自治能力低下，不具备较好的自治环境。考察中国行业组织发展历史轨迹发现，行业组织的发展呈现了曲折的发展过程，直至现在才开始剧增。截止到2012年底，在民政部登记的社会组织已有49.9万个③，各类行业组织的发展和分类开始精细化，初

---

① [法] 托克维尔：《论美国的民主》，董果良译，商务印书馆1988年版，第220~221页。
② 《温州商会夹缝中滋生：政府与市场之间的"粘合剂"》，载《南方周末》2004年4月15日。
③ 李路等著：《社会组织参与社会管理研究》，中国计划出版社2015年版，第23页。

步建立了门类齐全、覆盖面广的行业组织体系。① 但和发达国家相比，中国行业组织的发展依然存在诸多问题：一是由于强国家和弱社会的整体格局没有改变，行业组织的发展缺乏制度保证；二是改革开放以来，中国行业组织的作用受到政府重视，但在整体上中国依然以政府控制为主，行业组织并缺乏一个自由发展的空间；三是中国行业组织挂靠在政府部门，成为一个准政府部门，大多缺乏自治精神。因此，建构一个可以控制政府或者说和政府平等的政府与行业组织关系模式在中国当下几乎是不可能实现的愿望。

温州商会可以说是一个最具活力和自治性的行业组织，是民间自发成立，一直以来都得到地方政府的默认，并且近年来也得到长足的发展。比起其他的行业组织来说，温州商会更具有自治特色，也在现实公共政策的制定中初步展示了它们的政治学意义。② 但是，从整体上看，温州商会政策参与的现状并不乐观，其政策参与存在诸多的困境：一是受国家与社会关系的影响，温州地方政府管理商会一般较为松散，但从长期看来，政府对温州商会依然掌控过多，凸显了温州商会其实是不具备完全意义上的独立自治性。二是现有的政府管理制度制约了温州商会政策参与的制度空间。无论是双重登记制度，还是现今关于温州商会的相关法律制度的建立，都从制度层面严密地管制商会组织。商会与政府之间由于缺乏合理的治理机制，温州商会自然就没有长久的发展空间，也不会为温州商会提出合理的政策建议提供制度激励。其实，"任何文明都是在与非文明因素的对抗中发展起来的，其中理所当然地也包含着竞争，政治文明建设的过程中也同样离不开竞争。只有竞争机制的存在，才能实现优胜劣汰和政治进步"。③ 缺乏和政府的合理的治理机制，温州商会在促进政府管理水平和提高自身服务方面就缺乏积极性，商会政策参与就很难推进。三是发展的不完善制约温州商会政策参与。温州商会是在整个中国缺乏对于行业组织正式、合法认定的大环境下成长起来的行业组织。尽管温州地区有其自身独立性和特殊性，但温州商会组织的长期发展仍然存在很多问题，如资金短缺、营利性存在、过度依赖政府等问题。长期存在的问题制约温州商会的自身发展，使温州商会在动员群众、发动群众参与政治生活和自身组织的角色建构等方面都缺乏成熟。与西方行业组织的发展相比，中国行业组织的发展水平显得比较低。④ 也更别说，中国有西方社会那样为了组织的公共利益奔走、呐喊等行为的出现，商会实现组织的愿望大多依赖于商会会长个人或者企业的影响力，并通过私人接触方式开展政策参与活动。这说明，温州商会很难独自在政治生活中承担主要角色。四是由于长期受到经济发展至上的国家治理模式和政治压力政治体制的影响，温州商会的存在只是政府维系政治统治的一种策略选择，并不是西方社会所指涉的由内部民众自发产生的一种结社行为。因此，其政策参与带有很大的不确定性。这种不确定性会降低商会社会自治治理能力和治理范围，从而无法实现社会自治治理模式的建构。

---

① 参见顾建键、布鲁斯·哈迪：《非政府组织的发展与管理——中国和加拿大比较研究》，上海交通大学出版社2009年版，第3~9页。
② 参见本研究关于行业组织政策参与的政治学意蕴的有关论述。
③ 李江涛：《政治建设中竞争机制》，载《南方日报》2003年2月12日，第4版。
④ 参见周巍：《中国非政府组织政治参与的困境及对策研究》，湘潭大学2006年硕士学位论文，第26~27页。

由此可见，社会自治治理模式在一些行业组织发展水平比较发达的国家，有较大的适合空间。因为社会自治治理模式所需要的成熟的行业组织、良好的自治水平刚好在发达国家里面大多发展得很好，采用社会自治国家治理模式能够更好地推进社会和经济的发展。一旦行业组织发展水平相对低下的国家冒然推行社会自治治理模式，恐怕更大程度上是一种破坏行为，可能会把国家至上的国家治理状态一下子推进到无政府主义治理状态，从而给国家带来的不是治理的稳定，而是治理的无序和失败。

3. 合作治理模式与当前的中国适合性

如果说政府全能型治理模式逐渐被人们舍弃，社会自治治理模式渐趋被人们所采纳，是人们从国家至上主义思想向自由主义思想转变的话，那么晚近的，对合作治理模式的追捧则成为学界研究国家治理模式的新宠儿。人们在高歌无论在私人企业治理、还是国家治理、乃至全球治理等方面，合作治理都成为解决麻烦的一剂万能良药。那么，是不是任何国家都可以快速地步入合作治理的快车道？中国可以吗？这需要加以理论梳理。

何为合作治理模式？其实，对于何为合作治理模式，不同学者从各自研究的视角提出了自己的观点和看法，迄今为止它并没有一个固定的概念。学者 Taehyon Choi 认为，合作治理模式是一组相互依存的利益相关者（一般指公共、私人及其非营利的部门），为了解决一个复杂的、涉及多面的公共难题而进行协调工作并制定相关政策的过程和制度。① 有人认为，合作治理模式是为了解决那些单靠单个治理主体无法解决的公共难题所建立、督导等跨部门的制度安排，其要义是更多的部门进行彼此合作、互利互惠、自愿参与的一个过程。② 有人认为，合作治理模式是一个或者多个部门与政府合作，依靠共识为导向的、旨在制定公共政策和实现公共事务的治理。也有人认为，合作治理模式是为了实现一个共同目标，使人们有建设性地参与跨部门、不分级别地进行公共政策的制定和管理的一个过程。学者张康之认为，合作治理模式是人们在后工业社会为了实现社会治理而通过多元社会主体协商合作的一种新型治理模式。③ 学者杨文婷认为，合作治理模式是指治理的目的具有多元价值因素考虑，是有多种治理主体，而且各种治理主体是在平等、主动、自愿的原则下参与社会公共事务治理的一种方式。④ 梳理诸多学者合作治理概念可以发现，尽管人们对于合作治理模式的概念存在一些差异性理解，但大致都认为：一是治理主体多元化。合作治理模式是不同于政府全能型治理模式和社会自治治理模式。合作治理比较崇尚多元治理，政府、行业组织、企业组织等各个部门联合行动共同解决治理问题。随着合作治理模式的推行，在公共部门管理中，许多国家的政府掀起了政府再造运动，崇尚合作治

---

① Taehyon Choi. Information Sharing, Deliberation, and Collective Decision—Making: A Computional Model of Collaboration Governation. Governance. Doctoral Dissertion of University of Southern California, 2011, p.4.
② Shuiyan Tang, et al. "Understangding Collaborative Governmence from the Structural Choice", Politics, IAD, and Transaction Cost Perpective, 2010, pp.25-37.
③ 参见张康之：《合作治理是社会变革的归宿》，载《社会科学研究》2012 年第 3 期。
④ 参见杨文婷：《基于合作治理理论在乡村治理模式中的探索研究》，西南交通大学 2011 年硕士学位论文，第 10~11 页。

理的国家也开始研究如何利用公共服务的私营化来提升政府的服务水平。改革带来的后果是国家治理主体的多元化，政府不是唯一治理"角色"。二是治理权力分散化。"国家治理主体的多元化必然带来国家治理多层级和公共权力多向度。"① 为了更好的治理，每个治理主体都承担部分治理权限，充分地利用自己的治理权力实施治理活动，并最终实现合作治理。三是治理主体平等化。"合作治理理论从根本上排除了任何政府中心主义的取向，不仅拒绝统治型的集权主义的政府中心主义取向，也不赞成旨在稀释集权的民主参与的政府中心主义取向。"② 在合作治理模式中，合作治理是一个平等、集体的决策过程。③ 这表明，每个参与治理的主体都是平等主体，每个参与治理的偏好都得到很好的参考，把人们的偏好纳入决策之中，那些没有实质性政策参与的活动不是合作治理。四是治理过程的协商化。合作治理是一个协商过程，每个治理主体都是平等的关系，治理参与者彼此平等地参与讨论，并最终在理解大多数人的利益上实现问题的集体决策。这就说明，参与治理者必然具备集体共识性，至少在决策时具备共识性。因为人们如果缺乏共识性，那将不可能达成协定，制定的政策也不可能得到大多数人的支持。协商可能很需要时间，但一旦人们达成共识，公共政策就会迅速得以执行。

梳理合作治理模式的几个特征发现，合作治理模式尽管是一种正在成为主流的国家治理模式，但实际上，很多国家并不具备合作治理模式的基本要义。中国也不例外。目前中国并不具备国家合作治理模式建构的现实条件。

第一，缺乏治理主体多元化环境。如果说中国具备治理主体多元化，那么作为治理主体，政府在国家中的地位和其他治理主体应该是一个具有领导地位，但又是竞争、合作的关系，政府不能随意侵蚀行业组织的生存空间。可纵观改革开放三十多年，政府在社会中的地位有着不言而喻的重要性，占有强势地位。比如，温州商会与政府关系的变迁足以证明政府与社会力量的关系。从温州商会的建立，到改革开放之前，温州商会都只是政府的附属物，缺乏自主性。尽管改革开放以后，温州商会有了蓬勃发展，那也只不过是为了迎合地方政府自身政治发展的需要。与政府复杂的关系决定了温州商会政策参与或者说政策参与地位不可能是一帆风顺的。所以，在政府公共决策时，行业组织的提案虽然很多，但决定政策制定的依然是政府起主导作用。

第二，缺乏治理权力分散化存在。缺乏治理主体的分散化，自然就没有治理权力的分散化。治理权力是政策执行的保证，因为在权力的强力推行下，新治理措施能够得到施展。什么是权力？对此，人们众说纷纭、莫衷一是。学者罗素认为，权力是有预期的努力结果。④ 学者韦伯认为，权力意味着遇到阻碍都可以贯彻自己意志的可能性。⑤ 学者彼

---

① 侯奇、巍子扬：《合作治理——中国社会管理的发展方向》，载《中共中央党校学报》2012年2月第16卷第1期。
② 张康之：《论参与治理、社会自治治理与合作治理》，载《行政论坛》2008年第6期。
③ 蔡岚：《合作治理：现状和前景》，载《武汉大学学报》（哲学社会科学版）2013年第5期，第66卷第3期。
④ 参见［英］伯特兰·罗素：《权力论》，吴友三译，东方出版社1988年版，第23页。
⑤ 参见米勒、波格丹诺主编：《布莱克威尔政治学百科全书》，中国政法大学出版社1992年版，第595页。

得·布劳认为，权力是通过消极制裁进行控制的能力，是个人或者群体强加于其他人的能力。[①] 中国学者认为，权力是一种社会关系，是人对于别人的一种影响力，它有强制性、社会性。[②] 可见，权力是个好东西，人们一旦拥有了权力，将会拥有强大的决断权力和分配资源的能力。所以，对于权力或者说治理权力的争夺是每个治理主体必须要关切的节点。因为治理主体的多元化反映了人们是否真正地实现治理主体的多元化，所以，如果治理主体无法实现多元化，那么，治理权力也不会多元化，也就没有行业组织参与治理权力的存在。人们维系权力的存在一是靠法律制度的赋予；二是靠权威的维系。前者需要制度加以保护，后者需要文化的长期积淀。温州商会从清末建立到现在，其被赋予参与治理的权力都是政府制定的结果。从早期清末商会可以参与议事，到现在的商会组织根据国家颁布相关法律文件组建商会和参与国家的一些治理，无不如此。从整体上看，温州商会每次获取的权力都是政府施舍的结果。一旦商会获取治理权力的能力较为低下，那商会就没有太多的机会去获取权力，也就没有更多的权力去进行社会治理。因此，中国行业组织治理权力的缺失当今非常普遍，很多行业组织都处在治理权力的边缘化位置，如同温州商会一样是没有真正意义上被赋予治理的权力。

第三，缺乏强力行业组织治理能力存在。由于成熟的社会治理力量的缺失，中国没有真正意义上的合作治理模式所需要的强大的行业组织治理能力的存在。诚然，进入20世纪80年代以来，人类社会步入后工业社会，由此带来治理的危机迫使人类对旧式的治理模式进行解构，在理论上和实践上人类需要探讨新式国家治理模式来面对现有的治理危机。合作治理模式是迄今为止最为人们看好和憧憬的一种治理模式。但生源于西方社会的合作治理理论并不一定完全符合中国国情。在当下，中国行业组织自身自治能力的落后严重制约了中国构建合作治理模式前进的步伐。合作治理模式的形成意味着治理主体的多元化，意味着治理主体的平等和协商。因此，治理主体——行业组织治理必须具备较强的自治能力，否则合作治理就成为空中楼阁。可事实上，中国行业组织自治能力的发展水平普遍较低，而且一直得不到民众的认可，存在治理志愿失灵等问题。比如，半官方化的中国红十字协会，数年来尽管也为我们做了不少实事，展示了其治理能力，但它也屡次被网民推上风口浪尖，成为网民口诛笔伐的对象。中国温州商会是最具有民间性质的行业组织，似乎具备西方社会典型意义上的行业组织的特点，而且其发展的势头不可谓不好，但也存在志愿失灵和政策参与困乏的问题。很多温州商会在成立初期都信心满满地要立志用商会去保证会员平安、利益的实现，积极地参与维系行业利益的活动，参与政府地方治理和公共政策的制定。但是，商会治理出现了失灵问题，其原因表现为：一是商会治理变成精英化治理，脱离了商会自身自愿、平等的特点；二是商会逐渐通过私人接触、吸纳政府官员任职等方式成为准政府组织，失去独立自治性；三是政策参与渠道缺失制约了商会分享治理权力。为了维系各自的经济利益的需求，商会和政府在经济契合下展开合作治理，但由于温州商会政策参与渠道过于狭窄，而且参与渠道缺乏制度保障。商会志愿治理失灵表

---

① 参见［美］彼得·布劳：《社会生活中的交换与权力》，张非、张黎勤译，华夏出版社1988年版，第137页。

② 参见《中国大百科全书·政治学》，中国大百科全书出版社1992年版，第498页。

明，商会并不与政府分担治理主体角色，而是成为政府机构一部分。可见，现有的国家与社会关系型构下，中国行业组织的自身发展空间有限，其并不具备西方社会自由民主机制环境下成长起来的独立、自治的个性特点。所以，行业组织很难分享治理权力。

总之，合作治理模式的出现需要民主治理机制的长期存在，需要治理主体具备良好的治理能力，需要国家与社会长期权力均衡化的制度安排和彼此合作。面对中国这样一个长期处于国家控制社会的国家，短期内构筑西方化的合作治理模式是不现实的，也是不可能的。

二、权威型合作治理模式：中国国家适合性治理模式

孤立地评价一个国家的治理模式是否合理，或是否科学，那显然是不公允的。社会存在决定社会意识，每一个国家治理模式在不同国家、不同时代都有其合理的时代价值，何时采用哪种国家治理模式是国家当时所处的社会存在所决定的。因此，政府全能型治理模式、社会自治型治理模式和合作治理模式何为最好？其并没有固定的价值判断。就中国目前来说，选择何种治理模式，显然孤立的三种国家治理模式都无法最终实现国家治理的最高理想境界——善治的出现。其实，"合作治理不是一种固定化、理想化的模式，而是一个不断变革的趋势"。[①] 合作治理是在西方语境下出现的一个治理学说。西方学者认为，合作治理蕴涵了自由、平等、多元合作、民主协商和国家权力回归社会等一系列的价值建构。依照上述价值建构起来的合作治理恐怕只有西方社会少有的国家才可初步具备其存在的条件，译介到中国来运用恐怕很少有其发展的可能性。但是，中国也需要合作治理，由此用来推进中国国家治理的现代化。因此，按照复合型的视角，中国当下比较适合的国家治理模式是政府主导下的合作治理，也即权威型合作治理模式。何为权威型国家合作治理模式？一般来说，权威型的合作治理模式是指在国家权威的建构下，通过国家治理主体——政府权威的推进，制定一系列适合当代的治理制度，走治理主体多元化、合作的一种国家治理模式。这种国家治理模式不同于政府全能型治理模式，也不同于社会自治治理模式，而是把两者结合起来，通过政府权威的建构走合作治理模式的道路。权威型合作国家治理模式不是任何国家都必须经历的一个过程，而是由中国当下特殊的国家与社会关系所决定，它具有以下特质：

第一，治理主体多元但不平等。权威型合作治理的主体尽管多元化，但主体关系并不平等。治理的特点之一是治理主体的多元化，有政府、企业、行业组织等治理主体。面对日益复杂多变的社会，人们希望通过治理主体的多元化，化解社会治理风险，构筑和谐社会。权威型合作治理并不否认治理主体的多元化，而是强调治理主体权威主要来源于政府。其他治理主体也具有权威，但在中国特定国家权威强势的背景下，只有政府才具备强大治理权威。这就决定了在合作治理中，权威是不对等的关系，治理主体关系也不可能是平等的关系。其实，既然治理是一种变革趋势，自然就不是固化的模式。"治理拥有自己的历史、文化和根深蒂固的传统，体现在保证社会稳定和延续的法典、机构和规则当中，

[①] 唐文玉：《权威型合作与民主型合作——合作治理的政治社会学类型的分析》，载《浙江省委党校学报》2011年第5期。

因此，无论从本质还是从使命上看，治理都是一种演变缓慢的体制。"① 这说明，合作治理是根植于每个国家的历史传统中，是受国家长期自身发展的影响。考察中国治理模式，自然要从中国长期的国家与社会关系入手，这样才可以看清楚中国国家治理的谱系。中国自专制以来一直奉行高度集权政治结构，政府是国家唯一的权威代表，代表国家统摄社会。这种依据权威主义或者说国家至上思想所构建的国家基本特征是支配、服从和政府权威的唯一性。在"统治——服从"政治权力关系下，中国建构了威权主义政治制度体系。国家利用制度体系一方面把政府塑造为权威的发布者，另一方面又奠定国家统治社会的基本制度体系。此时，国家权力凌驾于一切之上，控制公民或者行业组织的政策参与。中国权威主义国家权力结构一直延续到至今。尽管通过政治体制改革，还权于社会，但从各个层面上看，政府作治理权威仍然呈现独占性。由此，在构建中国合作治理模式时，政府在合作治理模式中权威地位依然突出，其他治理主体的地位和政府地位并不能相提并论。

第二，策略性合作存在。权威型合作治理主体之间有合作的存在，但与政府存在策略性的合作。在单纯的合作治理模式下，合作治理主体之间是对等的合作关系，主体通过协商达成共识来共谋发展。由此，治理主体之间是不存在彼此的"统治——服从"关系，不存在国家统治社会的关系，政府和行业组织之间也是一种平等的对话关系。但是，在权威型合作治理模式下，政府对其他治理主体具备超强的权威权力，政府和其他治理主体之间是"权威——依附"等级化合作关系，行业组织依附于政府，社会依附于国家。政府对参与治理主体都会进行策略性选择，把愿意服从自己，或者不能够对政府权威形成挑战的组织吸纳如政府组织，从而形成一种以政府为主导的合作关系。这种策略关系不是合作意义上的纯粹平等关系。政府的策略选择是"单一性和片面性"，是直接从上到下的一种权威推行过程。政府为了解决自己治理危机问题，有策略地选择能够为自己带来公共治理服务的行业组织，让它们去参与政策制定，以便政府从系统外采用行业组织的治理能力来化解政府政府失灵等问题。因此，权威型合作治理的治理主体关系只是一种策略性的选择关系，不是平等的合作关系。

第三，"中心——边缘"结构存在。权威型合作治理主体之间的结构不是"去中心化"，而是"中心——边缘"结构化。合作治理是是 20 世纪 90 年代以来各个国家政府与社会力量之间建立的一种对话机制。各种社会治理力量以各种方式和政府进行对话、协商，从而推动了国家治理模式的变化。② 合作治理模式理论显然是要排除政府中心主义或者国家中心主义，也就是"去国家中心化"。长期以来，在国家至上主义理论的影响下，人们把国家或政府作为"中心"，而把社会作为"边缘"，形成一种"中心——边缘"二元治理结构。随着合作治理模式的盛行，治理主体开始变得多元化和平等化，人们希望通过社会力量，如行业组织政策参与改变治理结构，并进一步开始酝酿"去中心化"的构想。但事实上，权威型治理模式并不认可"去中心化"的过程，权威型治理模式中的治理主体——政府，依然是"中心"，短期内"去中心化"可能会带来"多中心化"或者

---

① ［法］皮埃尔·卡蓝默：《破碎的民主：试论治理的革命》，高凌瀚译，三联书店 2005 年版，第 9 页。

② 参见张康之：《论参与治理、社会自治治理与合作治理》，载《行政论坛》2008 年第 6 期。

"无中心化"。在行业组织等社会力量自治能力较差时，一旦独立承担治理责任，"去中心化"只能使社会陷入无秩序的状态。因此，"中心——边缘"结构在权威型治理模式的国家里面依然是具备生命力的，有其存在的价值意义。

同合作治理模式相比较发现，权威型合作治理模式似乎把治理理论当中很多让人们引以为豪的具备现代民主特质的元素统统地进行淡化，如民主、协商、平等和合作等元素，人们转而去追求政府主导型治理模式中某些特质，如主导、权威、服从等特质。这难道是人类治理模式现代化的倒退吗？显然不是。正如鞋合不合脚，穿了才知道。当下中国国家与社会关系印证了权威型合作治理模式存在的合理性。

第一，政府权威地位长期事实存在。国家与社会关系现在是很多学者分析中国问题的一个理论框架，特别是"随着市场经济在中国的发展，中国产生了近代以来西方社会的市民社会与国家二元分离的历史现象，这使得市民社会理论似乎成为分析当今中国国家可以借鉴的理论视野和分析框架"[①]。用市民社会理论分析中国现实问题本身并没有错，但问题在于，在用市民社会理论分析中国社会问题时，很多人把流行和源于西方社会市民社会理论生硬地粘合到中国现实问题中来，并预设西方社会政治现代化模式及其发展道路是具有全球性的、普遍性的论断。[②] 这显然是错误的论断，因为每个国家在发展中都会受到国家长期存在的国家与社会关系机构的影响，每个国家的发展也因此具有自身的发展道路和模式。中国社会的"强国家——弱社会"关系结构模式注定要在很多关于中国的理论建构和现实发展中起到决定性作用。由此，中国建构权威型合作治理模式也应该从这个关系结构中去探寻。那么，当今中国国家与社会关系结构如何？关系结构依然是"强国家——弱社会"关系。中国国家与社会关系的演变大致经历几个阶段[③]：一是传统国家与社会关系是专制和服从。在此阶段，社会明显处于从属地位，国家通过一些制度对社会进行控制，防止社会对国家的权威进行挑战。在传统社会下，政府是唯一合法的权威代表，行业组织或者个体只能是服从，不具备和政府抗衡的实力和信心，有时候可能会是官逼民反，但大多是政府利用权威或者是军事强力镇压下去。此时，社会淹没于国家，国家治理其实就是国家专制统治，民众有时会揭竿而起，但大多都被国家专制统治所化解，国家与社会关系在整体上是专制和服从关系。二是近代国家与社会关系是政府主导下的互动。进入近代以来，国家与社会的互动关系开始增多。西方的坚船利炮敲开了腐朽的封建大门，清王朝的天国优越感瞬间被西方的文明所撕破。为了摆脱从属的地位，从政府层面，到仁人志士们都开始救国救民的艰难探索之路。此时，中国除了国家权威之外，在社会民间也涌动着新阶层力量，两者之间开始利益和力量的博弈过程。殊死博弈给近代中国带来一个新气息，除了国家有类似于现代政治体制的建立之外，社会力量也开始崛起。尽管国家依

[①] 罗许成：《全球化与当代中国马克思主义国家理论的新发展——一种国家治理的视角》，浙江大学出版社2009年版，第2页。

[②] 参见邓正来：《国家与社会——回顾中国市民社会研究》，载张静：《国家与社会》，浙江人民出版社1998年版，第263~302页。

[③] 参见眭海霞：《中国国家与社会关系的演变及其走向——以国家和社会关系互动为视角》，载《中共四川省委党校学报》2011年第1期。

然是权力的掌控者，但随着党派、行业组织、报纸杂志舆论等的兴起，国家对社会控制开始松动。只不过在整体上，国家治理还是以政府为主导的威权式统治。三是新中国成立后国家与社会关系是国家统摄社会。新中国成立后，在计划经济体制和集权政治体制的塑造下，中国国家与社会关系呈现为国家统摄社会、国家消解社会的关系格局。这种国家与社会关系在单一的意识形态文化的宣传下，一路高歌猛进，并在早期给中国经济建设、政治发展等带来巨大的影响。但是，新中国成立后国家与社会关系存在明显劣势是，国家过度侵蚀社会，国家权力强化对社会控制。过度控制导致国家与社会关系紧张，也制约了社会的活力。紧张关系给中国后期的经济和政治发展带来巨大的伤痛。无论是中国计划经济体制弊端的呈现，还是高度集权政治体制带来民主生活力的丧失都无疑说明，紧张的国家与社会关系到了需要改变的时候。国家统摄社会，不仅不能给国家带来治理的现代化，反而让中国国家的发展陷入了低谷。由此，构筑一个新的国家与社会关系结构成为国家治理通向现代化必须要面对的现实。四是改革开放以后，国家与社会关系是强国家与弱社会关系。改革开放以后，在市场经济体制建构的推动下，中国开始了从农村到城市的国家与社会关系调整。经过30多年的巨大发展，国家赋予社会一定空间，政府不是唯一的权威主体，行业组织等社会力量也可以在国家治理中承担部分角色。这种变化应该来说对中国国家与社会关系的松动，对早期形成的国家统摄社会关系结构起到一定的消解作用。但不难发现，对国家与社会关系如何调整，国家或者说政府掌握了主动权。一旦国家发现社会力量对国家权威构成威胁，或者超出了国家的预期，国家立刻就会对社会的自我发展进行干预，通过吸纳或者是禁止等方式消解社会力量对政府权威的挑战。由此可见，经过30多年的发展，中国社会力量依然是没有构建出一个和国家进行有效平等的对话机制。①

基于中国国家与社会关系演变历程研究发现，在整个演变历程中一直存在一个现象，那就是国家或政府在变化中的主导地位，政府权威地位基本上没有受到社会力量的撼动。政府权威主导的长期存在造成两方面的影响：一方面，政府限制了社会力量的发展；另一方面，为了维系自己的权威地位，政府会长期用制度设计去保护自己权威地位的存在感。于是，尽管长久以来推行政府权威过度膨胀的改革，但受"制度依赖"和政府对权威索取的影响，似乎中国"强国家——弱社会"关系模式并没有太大的改变。因此，中国如果构筑合作治理模式，那自然就要考虑政府权威在长久以来历史和现实中的地位。那种绝对依赖于治理主体平等地位的考量标准在中国目前并不存在。国家治理主体是多元化，但不平等化，这才是当下中国国家治理的现实政治生态环境。从此层面上讲，中国式的合作治理有自己的特色，那就是政府权威主导地位长久事实存在，证实了权威型合作治理模式存在的可能性。

第二，行业组织治理能力的强势崛起。行业组织政策参与的新气象说明，中国国家合作治理模式有存在的可能性。影响国家与社会关系变革的因素有两个：一是国家自身的调整；二是社会力量的增强。当一个国家自身调整的幅度较小时，社会力量自身强劲的增强往往可以迅速地改变国家与社会关系。中国社会长期以来处在国家掌控之下，社会自我力

---

① 参见眭海霞：《中国国家与社会关系的演变及其走向——以国家和社会关系互动为视角》，载《中共四川省委党校学报》2011年第1期。

量显得极为单薄。因此,梦想一夜之间通过社会力量的自我运动来实现国家与社会关系的变化显然是天方夜谭。但是,如果经过国家宏观层面的调整,再加上社会微观领域的政策参与,中国国家与社会关系的变化也不是遥不可及。改革开放增强了中国国家综合实力,人们生活水平有了较大的提高。在政治领域,政府开始逐渐推进政治体制改革,进行政府职能的转变。改革尽管步履缓慢,但也取得了惊喜的成就。人们政策参与渠道也在增多,党政不分现象也在逐渐改变,人大制度、政党制度和政治协商制度也开始日趋完善。由此,国家也放松对社会的控制,社会活力得到了释放。在经济层面上,市场经济的建构和渐趋成熟催生了人们对于自我管理、自我教育的一种追求。社会领域的治理力量开始承担一定的治理功能。像温州商会这样的行业组织也积极地参与到地方政府政策制定和治理当中,并体现一定的政治民主价值。① 行业组织的独立性、自治性处在不断增强的趋势。增强一方面维系自身的合法权益,分享政府的一部分权威,另一方面也迎合了政府公共治理的需要。因此,从经济契合策略上,政府也在不断地调整自己的权威范围,释放政治空间,从而给中国行业组织的发展提供翱翔的制度支撑,也为行业组织会员培养了自治能力。尽管中国政府还在受"'中心——边缘'模式影响,但行业组织参与行为也渐渐地对'中心——边缘'模式形成冲击,必将改变社会治理模式的'中心——边缘'结构。"② 行业组织参与国家和地方的治理活动,表明了行业组织已经在依据自己的方式在微观领域承担了国家治理的主体性、权威性和责任性。相信假以时日,随着其自身实力的壮大,再加上国家宏观制度设计的推动,中国国家与社会关系会因此而发生变化,逐渐趋向强国家与强社会关系模式。一旦这种关系模式形成,其必将给中国国家治理现代化的形成带来巨大的契机。因为在这种关系下,合作治理的最高形态——善治就会实现。所以,中国行业组织的发展和壮大对于权威型合作治理模式的形成所需要的条件——社会力量的成熟而言具有强大的现实意义。

第三,权威型合作治理的现实需要。人们认为,评价一种国家治理模式的好坏取决于两个原因:一是治理模式是否先进;二是这种先进是否适合西方流行的治理模式。但事实并非如此,评价一个国家治理模式的好坏的标准应该是:一是价值理性标准;二是工具理性标准。这两个标准是统一的。从价值性上看,一个国家治理模式要尽可能适合时代价值谱系的发展要求,构建最好的治理模式,是应然的考量;但从工具性上看,一个国家治理模式要尽可能适合本国当下的治理需求,是实然的考量。中国当下选择何种治理模式,可能更多层面上是从工具性角度看。因为这才是一个国家推行治理或者合作治理的本意。"治理"一词的出现是源于世界银行、国际货币组织在国家贷款或者释助时,对一些发展中国家中的混乱层面一种描述,也即是发展中国家出现了治理危机。发达国家把西方国家如今已经达到的一些价值评价体系用来衡量发展中国家是否存在治理危机,显然西方特殊语境已经把"治理"进行理想化,或者"异化"。法国学者卡蓝默认为,"将其(治理)应用到公共事务,正是回到了次本源,却有了异端邪说之嫌,这是因为这个词是在自由主义的背景下为大家所熟知的,目的是限制和限定政府行动的范畴,而实现这一目的的手段则

---

① 参见本研究关于行业组织政策参与的政治学意蕴的有关论述。
② 张康之:《论参与治理、社会自治治理与合作治理》,载《行政论坛》2008年第6期。

是世界银行、国家货币基金组织和欧盟所强加的带有规则色彩的'良药'药方，这是获得上述机构支持的条件"。① 因此，西方社会关于治理价值评价标准并不是普世性的标准。通过还原"治理"产生的本真含义认为，"治理是一门艺术，而不是机械地实施普适的原则；我们还指出，这种艺术就是要同时达到最大限度的统一和最大限度的多样化"。② 学者俞可平认为，"治理是一种政治行为，它体现着一定的政治价值，但治理行为的技术性因素要重于其价值性。在社会生活中，治理是一种偏重于工具性的政治行为。治理是实现一定政治目标的手段，相对于国家的统治而言，治理体制是一种工具性"。③ 所以，国家治理模式可以多样化，不是千篇一律，每个国家根据自己的传统和现在构筑适合自己的合作治理模式。对于当下的中国，更大层面上不是一味地追寻治理的价值性，更重要的是构建适合中国国家治理模式。因此，评价中国国家治理模式是否合适，更多的要从工具性层面去考虑，也即是否适合解决中国国家治理危机问题的需要。只有这样，才可能真正地用治理理论为中国经济社会的快速发展提供理论指导。那么，中国需要权威型合作治理吗？

首先，超大国家发展规模需要建构权威型合作治理模式。国家规模不能决定一个国家的发展形式，但可能会影响一个国家的发展速度。超大国家的发展在社会自治力量不足的情况下，一定会需要一个强有力的国家或政府的存在。因为超大国家的发展往往需要一个能力较强的政府，否则政府难以承担治理责任。这不是崇尚国家至上主义。国家至上主义是绝对把国家作为正义的化身，什么事情都由政府决定，政府管了不该管的东西。如果遇到一个治理能力低下的政府，其结果只能是依靠专制勉强地维系其统治地位。转制统治不仅毁掉了政府的合法性，也违背了长期以来通过民主政治生活消灭"利维坦"价值追求目标。因此，人类不需要国家至上，而是希望构建强国家、强社会，直至国家消亡的政治生态。但事实上，人类发展到迄今为止，依然需要国家为民众设计良好的制度，并且人们还利用制度维系人类的发展和人类秩序的稳定。所以，人们不是反对国家，而是反对国家治理的非现代化。中国是历史悠久的国家，几千年的历史长河铸就了中国自身国家制度的特点。现在，中国是世界人口最多的国家，人均资源的占有量相对较少，在全球化背景下又面临同其他发达国家竞争的压力等问题。如何应对未来发展的挑战，需要中国国家具备较高的治理能力，也需要一个强有力的国家来进行顶层设计，以便引领中国走向更高的天地。而权威型合作治理模式的建构刚好就可以一方面保证国家治理的存在，另一方面也可以使国家发展有个强有力的治理中心——政府的存在。通过政府权威、合理地制定国家政策，并带领各个治理主体通过合作共识、凝聚力量来实现中国的现代化。

其次，国家治理问题的堆积需要建构权威型合作治理模式。马克思、恩格斯认为："一切时代的体系真正的内容都是由于产生这些体系的那个时代的需要而形成的。"④ 当

---

① ［法］皮埃尔·卡蓝默：《破碎的民主：试论治理的革命》，高凌瀚译，三联书店 2005 年版，第 5 页。
② ［法］皮埃尔·卡蓝默：《破碎的民主：试论治理的革命》，高凌瀚译，三联书店 2005 年版，第 117 页。
③ 俞可平：《论国家治理现代化》，社会科学文献出版社 2014 年版，第 2~3 页。
④ 《马克思恩格斯全集》第 3 卷，人民出版社 1960 年版，第 544 页。

前，中国的发展正处在转型时期，各种矛盾和问题交织在一起，亟待去解决。从推进政治体制改革上看，中国正面临着政治体制改革艰难时期，构筑有中国特色社会主义政治制度成为当下政治体制改革的重要目标，"应该看到，中国特色社会主义制度是有特色鲜明、富有效率的，但还不是尽善尽美、成熟定型的"。① 因此，不断地进行政治民主制度建设，"我们只有建成现代化的社会主义民主政治和完善的国家治理结构，形成科学的治理体系，并通过这样的结构和体现，极大地促进了社会生产力的发展，使全体人民都能够过上自由、富裕、幸福的生活，才能从实质意义上超越资本主义制度"②。从维护社会公平正义和增强社会活力上看，尽快地解决社会贫富差距日益变大的问题。因为贫富差距变大问题严重地挫伤人们的积极性，也会让人民群众失去改革的信心，并最终导致改革的失败。维系社会公平正义，不能只依靠社会自身的发展去实现，恐怕更需要国家或者政府通过制度设计来保障，需要有个具有一定权威、公正的政府去通过合作治理实现社会的公平正义。从化解社会矛盾上看，矛盾是推动事物发展的一切动力，但是一旦一个国家短期内面临的矛盾过多，而且不能够很好地解决，就会激化社会矛盾，葬送国家秩序的稳定。当下，国内整体环境尚好，但也有一些不稳定因素。比如，群众上访和群体性事件、社会管理中出现的治安、公共安全等问题。不稳定问题一旦得不到妥善的解决极易酿成国家治理的失败，并进一步影响党政和府形象。如何使不稳定问题得以妥善解决，单靠一个治理主体显然无法解决这些带有全局性的问题。通过政府的疏导，在其他治理主体合作下才能够共同应对困难，从而走向国家治理的现代化。这表明，中国现实治理问题的解决需要权威型合作治理模式的存在。

---

① 许海清：《国家治理体系和治理能力现代化》，中共中央党校出版社2013年版，第33页。
② 许海清：《国家治理体系和治理能力现代化》，中共中央党校出版社2013年版，第33~34页。

第七章 国家与社会：一个推进国家治理现代化建构的分析框架

引言：本章认为，建构一个现代化的国家治理模式需要调适现有的国家与社会关系。这不仅是行业组织政策参与走出困境的路径选择，也有利于推进国家治理现代化建构。二者路径选择彼此联系性回应了"行业组织政策参与可以作为考察推进国家治理现代化建构的新视角"这一论断。一旦化解了行业组织政策参与困境，则公民和社会通过行业组织可以开展有序的政策参与，行业组织也因此承担了国家的治理责任，从而有利于推进国家治理现代化的建构。由此，本章在分析中国国家与社会关系结构状况及其对行业组织政策参与影响的基础上，通过政府职能转变、社会治理能力增强和法制制度的建设等的分析，试图调适现有的国家与社会关系，进而为国家治理现代化建构提供适宜性国家与社会关系结构。

第一节 中国国家治理现代化建构愿景

当前，中国国家治理建构适宜的模式是权威型合作治理模式。建构权威型合作治理模式是受现有的强国家与弱社会关系结构的影响，是在政府有效的治理和社会治理力量合作基础上建成的国家治理模式。就目前来讲，中国国家治理需要此类治理模式，但它还不是中国未来建构国家治理现代化的理想化模式。因为从真正意义上看，国家治理现代化的最高形态是良治，是以党和政府为治理核心，有着中国特色的治理体系和治理能力的良治。

一、国家治理现代化未来建构基本属性

现代化指涉的内容是一个不断变化的范畴，国家治理达到一个现代化的程度可能没有一个固定的模式，但从人类社会发展的初期至今，在每个国家自身特殊的发展历程当中，人们总会渐渐形成一个公认的国家治理现代化基本内核。中国是一个发展中国家，梳理国家治理现代化基本属性显然会对推进国家治理现代化提供方向性的引导作用，"因为确立一套基本属性，是正确而客观地认识国家治理状况的前提……只有通过治理的基本属性，才可以发现人类的现实状况与理想状态的差距，明确治理改革的分析，从而推动和引导国家的民主治理改革"。[①] 由此，分析国家治理现代化建构的基本属性显得尤为重要。事实上，如何评价一个国家治理现代化建构的基本属性，20世纪90年代治理理论兴起时便在一些发达国家受到普遍的关注。最早进行国家治理现代化建构的基本属性研判的是联合国

---

① 俞可平：《论国家治理现代化》，社会科学文献出版社2014年版，第218页。

开发计划署（UNDP）、经合组织和世界银行等组织。这些组织进行自己的治理评估标准的建构，大致形成了"世界治理指标"、"人文治理指标"和"民主测评治理指标"等标准。其中，世界银行的 WGI 体系研究是较早的评价体系，也最具有代表性的评价体系。该评价认为，治理评估体系包括：发言权与责任、政治稳定与无暴力、政府效益、管制质量、法治、遏制腐败。① 除了上述组织之外，一些民间组织也进行了专项治理指标体系的建构，如大赦国际、透明国家和自由之家等。应该来说，这些关于国家治理现代化建构评价标准体系的研究丰富了我们研究各个国家治理的发展状况。但是，治理理论本来就是世界银行等组织对于发展中国家的治理危机问题而提出来的一个理论，后来在公共治理等方面得到巨大的运用和发展。因此，这些组织或者国家关于治理现代化建构评价标准体系和属性带有西方化的特色，其反映的国家治理现代化的属性存在巨大的不足②：罔顾各个国家的历史差异，生硬套用一套标准；评估制定的数据缺乏真实性；发达国家控制的组织评估标准的建构缺乏公平性。由此，西方社会关于国家治理现代化建构基本属性的判断带有"西方色彩"，不具有普世性。为此，很多国家的专家自己或者与国家组织合作来根据国家自身的发展特色提出自己的国家治理现代化的基本属性判断。中国学者在治理理论传入之后，根据中国国情提出自己的基本属性判断体系，其中，比较著名的研究成果是俞可平教授的"中国民主治理评价标准"，还有后来综合和专项评价标准的研究，如"和谐社会评估指标体系"、"小康社会评价指标体系"、"社会稳定指标体系"和"城市法治环境评估体系"等。中国学者关于中国国家治理现代化建构基本属性的探讨，在推动国家治理建构方面起到一定的理论指导意义，但由于各个学者自己研究侧重点存在差异性，从而导致很多关于现代化基本属性的研判显得不够全面化。中国现在出现了一些治理方面的危机，通过研判国家治理现代化的基本属性，可能会为中国未来建构国家治理现代化提供方向性的作用。

其实，如何评价中国国家治理是否现代化，不仅要考量普世的一些评估标准，如民主、自由、稳定、公正和高效等属性，也要考虑中国国家自身在政治、经济、文化等层面的历史和现实的影响，在此情况下才去构筑有中国特色的国家治理治理体系和治理能力的现代化。衡量一个国家治理的建构是否现代化，至少要有几个基本标准：

1. 民主制度

公民或者社会力量的治理参与是民主治理的基础，参与程度越高，民主治理的程度就越高。一个国家能否构建一个现代化的国家治理体系和国家治理能力，人们的合作参与最为很重要。因为缺乏合作参与就实现不了治理基本价值。一旦治理的核心价值内核缺失，那国家或者政府的行为也趋于独断，国家统治或者政府治理充其量是一种管制行为。中国的治理参与，特别是在政治领域的参与是由中国的选举民主和协商民主所决定。选举民主是关系到政府官员是否代表人民，而协商民主关系到政府政策是否体现民意。这两种民主的实现都需要中国进行相关的民主制度建设。如今，有中国特色国家治理体系和治理能力

---

① 参见俞可平主编：《国家治理评估——中国与世界》，中央编译局出版社2009年版，第4页。
② 参见俞可平主编：《国家治理评估——中国与世界》，中央编译局出版社2009年版，第5页。

有待改善。在坚持中国基本政治内核政治条件下，着力改善民众参与机制，扩展公民和社会力量参与治理渠道，通过民主化参与制度的建构和良性运行保证民众或行业组织广泛地参与政府公共治理活动，并由此通过合作治理的方式实现国家的良性治理。

2. 法治

民主与法治是不可分割的两面。没有民主就没有法治，没有法治也没有民主的参与。法治是民主治理的基础，没有法治也没有良治。一个国家的治理能否实现现代化不是依靠贤人政治来实现，而是需要法治。国家治理需要法治来保证政治秩序的稳定和民主制度的建构。中国是个人治盛行的国家。为了改变治理中过于人治状况，提升法治治理能力，20世纪90年代国家提倡依法治国，并把依法治国作为国家治理的一个重要方略。这表明，在国家治理体系建构上，中国有了依法治理的保障。但是，由于法治精神的长期缺失，再加上中国国家治理法制化的建构跟不上时代的步伐，导致国家治理法治精神缺失。这不仅导致政府或者官员人治化色彩的增多，更会容易导致公共精神的缺失；而官员或政府一旦缺失公共精神，公共权力容易被异化，从而导致公共治理的失败。因此，一个国家治理体系和治理能力是否现代化，法治的实现程度是个较为直接的属性。一旦国家治理依赖于法律和制度为最高权威，那么任何个体或者组织的行为都必须在法律的框架内运行，从而规约治理主体责任和地位，推进国家治理的现代化。

3. 公共权力运行规范化

公共权力是国家或者其主体机构——政府拥有的权力。公共权力具有强大的强制性、持久性、公共性和工具性。[①] 一旦公共权力被私有化，那对另一些人们来说将是无尽的灾难。由于公共权力是被权威化和合法化的权力，一旦被私有合法化，容易形成权力独占。学者阿尔蒙德认为，"合法的强制力量是贯穿政治体系活动的主线，使之具有一个体系特有的重要性和凝聚性。只有政治当局才拥有某种公认的权力，可以在特定领土范围内采用强制手段并基于这种权力而要求人们服从"。[②] 因此，公共权力一旦被私有化，公民和社会的政策参与可能性微乎其微，治理权力主体也呈现出多元化的主体结构。此时，国家治理唯一的主体是政府，合作治理也因此成为空想，国家治理现代化的建构也将很难实现。

4. 高效治理能力

国家治理就是要通过国家治理活动实现社会经济的良性发展。在保证政治秩序稳定和社会秩序稳定的情况下，国家要努力地实现社会的政治、经济、文化、社会和生态的和谐发展。因此，富有较高的治理能力和治理效率是国家治理现代化建构的属性之一。低下的国家治理效率不仅不能实现治理的现代化，还会带来国家的治理危机，并进一步酿成政府或执政党的合法性危机。当然，促成国家治理的高效率还需要具备一群高素质的治理队

[①] 参见孙关宏、胡雨春、任军锋主编：《政治学概论》，复旦大学出版社2003年版，第50~51页。
[②] ［美］加里布埃尔·A. 阿尔蒙德、G. 宾厄姆：《比较政治学：体系、过程和政策》，上海译文出版社1987年版，第5页。

伍。因为国家治理的现代化不仅需要制定良好的治理体系,还要有高素质的人或者组织去执行。如果国家缺乏高素质的人或者组织去执行国家治理活动,中国"纵使有最完备的国家治理体系,如果官员素质低劣,国家治理能力必定会不强,社会也不可能有理想的善治"①。由此,培养一个高素质的治理队伍是提升国家治理能力的重要环节,没有一个高素质治理队伍的存在就没有国家治理的现代化。

5. 合作治理

国家治理有个宏大的治理范围。从纵向上看,分为中央治理和地方治理;从横向看,分为政府治理、市场治理和社会治理;从治理制度体系上看,分为政府治理体系、市场治理体系和社会治理体系。面对复杂的、多角度的治理主体层次,治理主体需要彼此合作才可以真正地实现国家治理能力的提升。其实,治理的内涵本来就指治理主体多元化。如果说治理主体是多元化的主体结构,那就必然意味着主体之间彼此合作治理存在着可能性。中国是超大规模国家,单靠一个治理主体可能并不能较快地推进国家治理现代化。因此,国家治理现代化的建构需要合作治理的存在。

6. 党和政府核心治理责任

中国共产党无论在国家治理层面,还是在乡村基层治理层面都是领导者。中国共产党和政府确立为国家治理领导者的地位,由我国国家性质、党执政能力和面临的具体环境所决定的。社会主义国家制度要求中国必须建构以中国共产党为领导核心的政治制度,中国共产党是我国唯一合法的执政党,其他党派都是参政党,社会主义国家性质决定我国政党政治制度的特点。党执政以来,励精图治,当前已经把我国建设成充满希望、人民群众生活水平普遍获得提高、正在为两个一百年而奋斗的伟大国家。我们党经过多年革命和社会主义建设既赢得了民心,也证明了自身具有伟大的领导能力。党的十八大以来,以习近平总书记为核心的新一代领导人提出了从严治党、反腐倡廉等一系列的治党理念和措施,更进一步提升我们党在治国理政方面的执政能力。当前,国际环境复杂多变,国家治理也出现了一些的矛盾,在经济下行压力逐渐增大、地缘政治也不利于我国外交问题解决的状况下,为了解决当前发展中遇到的问题,我国必须依靠党的智慧提出合理政策建议,在进一步提升党组织的执政能力、厘清党组织治理责任等因素下,化解国家治理中治理主体之间的矛盾,并最终推动国家治理现代化的早日到来。政府承担地区之间管理、引导的纽带。政府也是合法地拥有治理权力主体之一。通过政府,政府权力可以直接通向下层,并实现国家的治理。政府在国家治理中是国家权力向下传达的管理单位,国家一些政策的推进、文件的传送都是由政府进行引导,很多国家资源也是通过政府遵循相应的原则分配给下层。忽略政府治理存在,国家治理将缺乏引导者,乡村治理可能会陷入治理失序或治理失败。

总之,一个国家治理现代化的建构可能没有固定的模式,但就中国来说,在建构国家治理现代化的道路上,中国有属于自我的国家治理现代化属性的判断。国家治理现代化属

---

① 俞可平:《论国家治理现代化》,社会科学文献出版社 2014 年版,第 5 页。

性是中国目前建构国家治理现代化中亟待建构的基础条件,也是中国最终实现国家治理最好的理想状态——良治的核心价值意蕴。

二、良治:一个未来国家治理现代化建构愿景

1. 权威型合作治理是一个低层次的国家治理状态

权威型合作治理是中国当下比较适合的国家治理模式,但从国家治理的现代化层面来说,权威型合作治理还不是中国国家治理现代化的终极形态,因为权威型合作治理只是一个低级别的,或者只是一个低层次的国家治理状态。如果缺乏一个很好的国家治理制度来保证和促进其前进的话,权威型合作治理容易滑向政府全能型治理模式,从而将遏制良治的出现。因此,从长远观点来看,权威型合作治理的长期存在会制约中国国家治理现代化的建构。其具体表现:

第一,政府全能治理权力存在危害性。"政府全能治理权力"的长期存在会阻碍国家治理现代化建构所需要的民主化制度。国家治理现代化中治理主体在权力层面是合作的状态。无论是国家的代理机构——政府,或者是社会中的行业组织在运用治理权力方面都是合作关系。正是由于治理权力的合作性才让国家治理主体开始多元化,并长期保持下去。但是,由于权威型合作治理本质内涵是"统制——服从"权力基础关系,所以,权威型国家最终构建了一个凌驾于社会之上的、限制公民或者行业组织政策参与的、缺乏权力监督机制和利益表达机制的国家制度。因此,权威型合作治理稍有不慎就会滑向政府独自治理或者政府专制。缺乏制度层面保护的合作治理状态不可能是现代化的治理状态,因为现代化的国家治理状态应该是在民主化制度层面建立起来的一种国家治理机制。在民主化制度建构的国家里面,人们可以做到有效参与、平等投票、公开透明和包容等。① 组织或者单位都可以充分地参与政治生活,并积极主动地参与到监督国家公权力的运行当中。同时,国家也会欣然接受来自社会的监督,作为国家权力的执行机构——政府也会秉持一个开放的治理结构,社会上组织或个体都可以参与公共政策的制定。显然,国家治理的开放和社会广泛参与的合作治理结构不仅需要民主制度做保障,也会反过来促使政治制度的建设更加显得合理化和民主化。因为社会力量的广泛参与,国家权力只能够待在"制度的笼子"里面,这在一定程度上促使权威型国家向民主型国家进行转变,从而更好地推进权威型合作治理的转型。

第二,"中心——边缘化"治理结构存在危害性。"中心——边缘化"结构的长期存在会抑制国家治理现代化建构所需要的行业组织自治能力的成长。权威型合作治理尽管可以在一定程度上实现国家治理,但由于政府与行业组织之间的关系是一种"经济契合性逻辑关系"②,从而使行业组织和政府之间不是一种良性的合作关系,而是一种策略性的

---

① [美]罗伯特·A. 达尔:《民主及其批评者》,黄海军、佟德志译,吉林人民出版社2006年版,第143~158页。

② 参见本研究前面关于行业组织政策参与困境逻辑分析的有关论述。

选择关系。行业组织从出生、发展到消亡的权力都掌握在政府手中,政府与行业组织之间永远是"中心——边缘化"结构关系。"中心——边缘化"结构关系的长期存在会严重抑制行业组织的生长空间,因为此时行业组织很难与政府有平等的话语权,行业组织只能是边缘化的角色,政府每次取舍行业组织是为了满足自己统治的需要。这点从本研究上面关于温州商会与政府的关系变迁中得到充分的印证。因此,在权威型合作治理下,政府与行业组织的结构关系不具备国家治理现代化所需要的合作关系,也不具备国家治理现代化所需要的行业组织自治能力。所以,这种治理主体结构必须改变,因为"民主治理视角下的合作行动作为一个设计的结果,不同于危机涉及命令型合作,也不同于理性的纪律型合作和渐进设计中的协作型合作,而是一种回归政治平等的协商型合作"。① 在现代化的国家治理结构中,政府与行业组织之间是合作的关系,是非中心化的关系。此时,行业组织不是政府策略选择的对象和服务于政府的边缘性角色,而是有足够责任、代表性和自治能力的治理参与者。因此,权威型合作治理主体结构很难适合现代化的国家治理结构,需要建构新的治理结构。

第三,人治化权威存在危害性。人治化权威治理的长期存在破坏了国家治理权力运行的规范化。建构国家治理现代化需要国家的法治化,因为无论是国家治理现代化建构所需要的民主制度,还是国家治理主体之间的平等参与关系都需要通过法治来实现。权威型合作治理尽管有合作和治理,但由于政府处于绝对的强势地位,行业组织的治理地位缺乏制度保证,很快会沦为政府的附属物。如果说权威比权力更能体现政府的合法化,那么权威一定是有着法治的存在,否则政府权威就会很容易异化为政府专制的权力。一旦权威转变为权力,公共权力的运行就需要付出巨大的治理成本,同时公共权力的运行也会因为政府过度垄断治理使得其开始逐渐异化为私有权力。当公共权力运行没有法治作为基础制度保障时,公共权力的运行就不会有规范化的运行,而容易变成人治化的运行。此时,政府或政府官员执行公共权力大多会依赖于个人的自利行为去制定政策,从而会容易异化公共权力。一旦公共权力出现异化,不仅导致权力寻租,也会使政府合法性逐渐丢失。如果长期按照这种权力运行模式进行下去,民主制度的维系和建构都无法实现,更何谈进行国家治理现代化建构。这表明,治理的现代化需要一系列民主治理机制的存在,一旦一个国家没有民主治理机制,国家治理就会不存在。权威型合作治理主要是依靠政府的权威进行治理,不是依靠国家的法治进行治理。所以,权威型治理充满人治化的色彩,随时都有可能被政府或政府官员通过权力的私有化改变国家治理的目标、方向等。由此,权威型合作治理的人治化治理模式无法提供国家治理现代化所需要的法治基础,推进中国国家治理现代化的建构所需要的依法治国、依法行政、依法执政的推进,和所需要的法治国家、法治政府、法治社会一体化等条件②,在权威型合作治理下都将无法实现。

---

① 孔繁斌:《论民主治理中的合作行为——议题建构及其解释》,载《社会科学研究》2009年第2期。

② 参见杨亚佳:《如何认识推进国家治理体系和治理能力现代化的重要意义》,载《河北新闻网》2013年11月20日。

总之，权威型合作治理是当下中国比较适合的治理模式，但从国家治理现代化角度上看，它的长期存在并不是中国所需要的治理模式，需要进一步加以推进其现代化的步伐。

2. 良治是中国国家治理现代化建构的愿景

国家治理是否现代化是决定一个国家治理能力是否高低的重要参数。没有国家治理的现代化就无法实现一个国家经济社会的良性发展。由于这种国家治理模式存在自身无法解决的缺陷，在国家治理现代化建构上，必须进一步加以推进其发展，并最终实现国家治理现代化的理想状态——良治。良治为何是中国国家治理现代化建构的理想状态？或者说，为什么把良治作为中国国家治理现代化建构的愿景？良治自身内在属性和中国未来国家治理现代化基本属性的一致性决定中国未来国家治理现代化建构趋向良治。自1989年世界银行在概括非洲的状况时使用"治理危机"一词之后，"治理"一词便风靡全球。关于它的定义比较有不确定性，《我们的全球伙伴关系》研究报告认为，治理是指各种公共的或者是私人的个人和机构管理其共同事务的诸多方式的总和。该定义指出了治理有几个特征：第一，治理是一个过程；第二，治理是协调；第三，治理是合作；第四，治理是持续的互动。① 自从治理理论出现以后，"愈来愈多的人热衷于治理机制对付市场和（或）国家的协调"。② 但治理也不是万能的工具，也会如政府和市场一样存在着失败。学者杰索普认为："治理的要点在于：目标定于谈判和反思过程之中，要通过谈判和反思加以调整。就这个意义而言，治理的失败可以理解成是由于有关各方对原定目标是否仍然有效发生争议而未能重新界定目标所致。"③ 由此，人们提出关于治理的最高层次：良好的治理，也即是良治，人们期望用良治来解决治理失灵问题。良治理论一出来，就成为理论界一大热点的讨论领域。那么，什么是良治？一位法国银行家认为，良治有四个要素：法治、责任、有效性、信息灵通。④ 中国学者俞可平认为，善治（良治）包括六个要素：合法性、透明性、责任性、法治、回应和有效。⑤ 由此，根据学者们的讨论可以认定，良治就是公共利益最大化的管理过程或治理状态，是人们对于传统善政的一种国家治理的超越。在良治下，国家与社会是彼此良性合作，一个国家建构一个成熟的由社会力量组成治理主体的社会是一个国家良治的实现基础。相比权威型合作治理来说，良治的理想状态更是中国国家治理现代化建构的一个愿景，是对权威型合作治理的一种超越。这表现在：

第一，良治是对中国权威型合作治理的一种超越。权威型合作治理主要依靠政府权威进行合作治理。在此治理模式下，政府起到很重要的作用，需要政府有着严明的法度、廉

---

① 参见全球治理委员会：《我们的全球伙伴关系》，牛津大学出版社1995年版，第23页。
② ［英］鲍勃·杰索普：《治理的兴起及其失败的风险：以经济发展为例的论述》，载《国家社会科学》（中文版）1999年第2期。
③ ［英］鲍勃·杰索普：《治理的兴起及其失败的风险：以经济发展为例的论述》，载《国家社会科学》（中文版）1999年第2期。
④ 参见［法］玛丽·克劳德·斯莫茨：《治理在国际关系中的正确运用》，载《国际社会科学》（中文版）1999年第2期。
⑤ 参见俞可平：《治理与善治》，社会科学文献出版社2000年版，第9~10页。

洁的官员、行政的高效、服务的良好等属性，否则政府就不会形成超治理的作用。实际上，这种治理模式也就是人们称之为善政的政府管理模式。善政的治理意味着国家实现治理的有效性必须依赖于官员或者政府机构的清廉性，同时也要管理者具备良好的素质。只有这样，善政才会实现。一直以来，或者说自从国家出现以来，人们一直都希望自己的政府是善政的政府，这是人们对政府永远保留的期望。可是，善政治理一直存在着严重的、现实的实际应用困境，不可能是现代化的国家治理模式。因为相对于国家治理现代化的建构来说，人们不可能把国家治理现代化的实现依托在一个必须具备勤廉官员或者政府自身的治理机制上，这是典型的人治管理模式。所以，权威型合作治理必然要被以法治为治理理念的良治所替代。在良治的国家里面，法律是最高准则，每个人、组织都必须遵守法律。人们通过法律的运行来规范治理主体的权力运行范围，维系自身的权利，政府或者行业组织也都要在法律框架下运行自己的治理权力。法治是良治的基本要求，没有法治就没有良治。从这个层面上讲，良治是对权威型合作治理的一种超越，是用法治代替人治，是国家治理现代化建构的愿景。

第二，良治的形成意味着中国强国家与强社会合作治理的实现。"善治实际上是国家权力向社会的回归，善治的过程就是一个还政于民的过程。"① 通过还政于民，国家与社会，或者说政府与行业组织良好合作的开始。良治需要公民或行业组织的合作参与，如果没有他们广泛的政策参与，政府治理最多是良政，绝对不是良治。因此，良治的基础不仅是国家或者政府怎么治，更多是需要社会力量如何地参与到国家治理当中来。国家与社会的合作，或者说政府与社会力量的合作意味着早期强国家与弱社会的关系模式被打破，取而代之的是强国家与强社会的关系模式。社会治理力量与政府通过紧密的合作参与国家治理，就会有力地推动了自身政策参与能力的提升。政策参与能力的提升反过来又增强了社会力量国家治理能力。这样，二者彼此形塑着国家与社会关系，并最终形成良治的国家治理状态。

第三，良治的实现意味着中国国家治理现代化建构的成功。良治是对善政的一种超越。一个国家实现了良治就实现了国家治理的现代化，因为良治的国家必须具有：一是民主化的政治制度。民主化的政治制度可以让公民、政府、行业组织等治理主体有渠道参与政治生活，也让合作治理成为实现。二是良好的法制和法治。没有法治就没有良治，没有法治就没有政府与行业组织、公民的平等地位的存在，更没有政治秩序的存在。一个国家要想实现国家治理的现代化，就必须具备对法律的尊重。三是合作和有效的存在。国家治理是个宏大的系统工程，治理主体的多元化，并且彼此合作是实现国家有效治理的前提。现代社会的复杂的、非线性的关系使单靠政府的唯一治理主体难以完成治理任务，只有治理主体的彼此合作才可以实现政府治理的高效。无论是民主化治理制度，还是优良法制的存在，对于中国目前来说都并不完全具备，而未来国家治理现代化建构的趋向正是要把中国建设成一个有中国特色的民主、法治国家。这一点和实现良治价值趋势基本是一致的，

---

① 俞可平：《治理与善治》，社会科学文献出版社2000年版，第11页。

所以，良治是中国未来国家治理现代化建构的一个愿景。

第二节　国家与社会关系：一个影响国家治理现代化建构的结构性关系

一、国家与社会关系：一个分析国家治理现代化建构的理论框架

国家与社会关系自古以来就是人文社科领域的元命题，对于二者关系的解读形成了不同的理论流派。随着社会的发展，公与私、官与民、国家与社会、集体与个人的紧张在进一步加剧，学术界对之关怀的结晶便是国家与社会二元结构对立的理论框架或曰思维模式。① 因此，分析国家与社会关系者在国内外的学术界不乏其人，也有许多相关的专著。

1. 国外国家与社会关系理论流变

第一，在前工业化时期，国家与社会关系是从"一元论"到"二元论"的转变。前工业化时期是指从国家的产生到工业革命的前期。当时，由于社会结构比较简单，国家深入社会，国家与社会关系是"一元论"为主。到中世纪时期，二者关系演化为"二元论"。古希腊时期，国家与社会是一体关系。学者亚里士多德通过考察150多个不同国家不同形式的城邦理论，认为国家是社会，社会是国家，二者混为一体，公私不分。一个好的公民必然参与公共事务，"人天是一种政治动物"②，那些离开城邦的人不是神明肯定就是野兽。古罗马时期，由于地域和人数的限制，广场领域民主消失，不受国家干预的私域开始显现，国家开始依靠法律来治理社会。政治学家西塞罗认为，国家是"基于法的一致和利益的共同而结合起来的集合体"，"官员是说话的法律，法律是不说话的官员"。这表明，国家与社会关系开始松动。这种松动体现出了公民本位主义思潮，人们在强调国家服务功能时，已经希望依靠法律手段来治理社会，而不仅仅依靠道德和伦理等去治理社会。中世纪，国家与社会关系"二元论"开始形成。此时，教会的独立性推动了社会与政治的组织分化，人们契约观念的形成催生了权利与义务的分野，人们开始界定彼此的关系，一些自治城市的出现使君主权力在社会出现了断层。这都使国家与社会世俗"二元论"得以形成。③

第二，在工业化时期，国家与社会是"对立与共生"的关系。18世纪，受工业革命和启蒙运动的影响，欧洲许多国家的工业化、城市化和思想解放席卷了几乎整个欧洲，带之而来的是社会本位和国家主权的纷争在思想界开始滥觞，启蒙运动思想家们于是提出用"社会本体论"来界定国家与社会关系。政治哲学家霍布斯、洛克、卢梭等人提出了天赋主权、分权制衡、法律至上等思想。他们认为，国家是人们契约观念的结果，社会高于国

---

① 参见文史哲编辑部：《国家与社会——构建怎样的公域秩序》，商务印书馆2010年版，第3页。
② [古希腊]亚里士多德：《政治学》，颜一、秦典华译，中国人民大学出版社2003年版，第4页。
③ 参见邓正来：《国家与市民社会》，三联书店2000年版，第112页。

家,国家受制于社会。在自由主义思想家里的眼里隐含了社会具有自己独立的身份,国家与社会是彼此分离关系。这种分离正演绎着未来一种市民社会的重要分析框架。经济学家亚当·斯密后来又提出了古典经济学意义上的"自由放任"经济观念,再次印证了国家只要不干预,人们利用"看不见的手"就会物尽其用,增加社会利益。斯密认为,"每一个人处在他当时的地位,显然能判断得比政治家或立法家好得多"。① 这种论述表明,经济领域的社会开始独立于政治国家之外,成为自组织、具有自我发展规律和变化的"独立经济体系"。亚当·斯密的论述为洛克的"社会先于国家"的论断提供经济学上的实质论证,也为市民社会与国家的初步分野奠定了坚实的基础。之后经美国学者潘恩等人更深的理论挖掘,国家权力和社会权力的合理性界定都原则上沿着法制的路径前进。

与诸多启蒙思想家"社会本体论"思想有着相异的理念,恐怕是黑格尔的"国家本体论"。黑格尔本体论强调了"国家至上"的原则,它演绎了另一种国家与社会关系。黑格尔的"国家本体论"是在建构一种完全颠覆了"社会本体论"的解构过程。他认定,市民社会价值意义存在缺失,市民社会只不过是"个人的名利场,是人和人的战场,是私利跟公利冲突的场域",而且这种场域也表明私人和国家在观点和制度层面的冲突。在市民社会中,"个体都是以自身为目的,其他都是虚无","个体的一切嗜好、一切先天性、有关自己的诞生和幸运的机缘性都一切自由地跳动着"。② 同时,他也极力褒扬国家,认为由于"市民社会"有自我削弱的趋势性,并且具有非正义性,因此必须要具有作为人类绝对精神——国家的存在,也只有国家的出现才开始真正意义上地凭借国家的"伦理精神"、"至上的理性"的优点挽救了"市民社会"的非正义缺陷。③ 国家可以把社会特殊利益整合到一个整体利益政治共同体之中。可见,尽管黑格尔并不是完全否定市民社会的作用,也认为国家与社会是可以统一的,但在他的眼里国家高于社会,国家掌控社会,只有国家才可能实现普遍的利益和特殊的利益。

同黑格尔的"国家至上理论"有所不同,马克思主义的国家与社会关系理论强调对立与同一性。马克思主义吸收许多思想家的观点认为,国家与社会是对抗与一致的关系。马克思主义认为,国家是社会发展到一定基础上的产物,社会先于国家产生,"政治国家没有家庭的天然基础和市民社会的人为基础就不可能存在"。④ 马克思主义还认为,国家从产生之后,随着历史的演变,具有了一定的独立性,国家侵蚀社会肌体。如果国家与社会关系均衡化,那就需要社会治理力量加强自身力量,并最终用社会权力制约国家权力,而行业组织就有着类似的功能。

第三,在后工业化时期,国家与社会关系是"多元化"关系。随着20世纪后工业化的到来,在市场经济高度发展的背后,人类社会在发展中掩藏的"政府失灵"、"市场失灵"等问题愈加困扰人们的思绪。学者们从不同的角度探讨日益复杂化的国家与社会关

---

① [英]亚当·斯密:《国民财富的性质和原因的研究》下卷,郭大力、王亚楠译,商务印书馆1972年版,第26页。
② [德]黑格尔:《法哲学原理》,范扬等译,商务印书馆1961年版,第509、197页。
③ [德]黑格尔:《法哲学原理》,范扬等译,商务印书馆1961年版,第253页。
④ 《马克思恩格斯全集》第1卷,人民出版社1956年版,第252页。

系,形成了"回归国家"和"多元主义"学派纷争的境遇;再加上后期一些学者"公民社会理论"和"国家限度理论"也加入论争,使国家与社会关系变得扑朔迷离。多元主义理论过分强调社会对于国家的制约作用,"在国家与社会的关系方面,多元主义认定社会先于国家而产生,外存于国家之外,是个不受外界困扰的有着自己独到运行逻辑的一个自主和独立的领域"①。回归国家理论的支撑者则崇尚国家魅力,过度强调国家的自主性,但却忽视了社会独特作用规律。因此,两者从实质上看都似乎走向了极端的道路,都具有不可避免的局限性。为此,公民社会理论和限度国家理论似乎就是为了解决回归国家理论和多元主义理论的缺陷来查缺补漏的理论。从限度国家理论方面看,它主张限度国家的权力、运行轨迹和权威;从国家权力的限度层面上看,国家权力在事实上已经证明,它是实现一个国家现代化、公共利益和政治发展不可或缺的因子。但是,过度的国家权力泛滥也会成为一个国家现代化发展的障碍。为此,为了限制国家权力,人们形成一套限制权力的机制。比如,人们要求行政权力要受司法、立法的限制,通过完善的制度设计来规约行政权力,因为"宪政的根本原则是限政和法治,宪政的核心主旨就是对国家权力的法律限制"②,社会要有一套合适自己的制度设计等;从国家行动限度层面上看,行动的限度就是对国家能力的限制。国家能力包括政治的统治和管理能力,国家能力的增长就是国家行动的扩张过程。适度的国家能力是维持一个国家正常运转的必备条件,但一旦国家能力超过一定的范围,国家行动就有出现失败的危险③;从国家权威限度层面上看,国家权威限度是对国家权威的限制。国家权威来源于社会资本,取决于政府合法性的高低,不是依靠国家高压态势就可以形成,其合法性是来源于民众的自愿认同。可是,由于制度化国家权威比个人权威显得更加持久,因此要想形成良好的合法性的国家权威机制,并限制国家权威的过度,就必须按照依法治国的渠道推进法治主义的建设。完善各种规章制度,避免过度的国家行动引起人们对国家无限的期望和依赖。因为一旦人们放大国家权威,就会弱化社会权威,从而会加剧国家权威的提升。如果说限度国家理论是上层主动制约国家行为的话,那么公民社会理论更多在探讨建构一种社会微观基础。人们希望来源于下层的、有独立自主或者自治权共同体的建立来限制国家权力。公民社会理论强调政府、市场、社会组织三分天下,它摒弃了国家与社会二分天下的观点,主张在国家和社会之间有个来源于公域的共同体。这种强调国家与社会互动的观点,其主要特征概括起来就是:个人主义、多元主义、公开性、开放性、参与、法治和社会自治。其中自治和独立是其核心价值原则。人们主张在社会领域实行全面自治,因为只有社会自治才可以使政府面临的社会压力和社会管理成本开始减少。社会自治具有选择的自主性、发展的自我性和负责的自我性等内在特点,这使个体变为一个在政治、经济和人格上都是独立的个体,成为自我的主人。这在很大程度上规避了多数统

---

① 刘安:《市民主义? 法团主义?》,载《文史哲》2009年第5期,第7页。
② 刘军宁等:《市场与宪政》,三联书店1995年版,第22页。
③ 参见王建生:《西方国家与社会关系理论流变》,载《河南大学学报》(社会科学版)第50卷第6期。

治可能对个体正当权利、个体私域造成的侵害。①

梳理西方国家与社会关系理论流变不难看出，无论是国家中心论或者社会中心论，面对政府失灵或者市场失灵的长期困扰，两个极端理论似乎都走到了尽头。人们逐渐用正和博弈取代零和博弈，在模糊国家与社会界限的基础上使二者彼此交融与整合；而且在治理理论框架下，国家与社会关系开启合作互补、共生共成、相互依赖的新历程。和传统的管制概念有所不同，治理主要是强调主体的多元行为合作过程。这表明，社会组织也可以和政府一样共同分享公共管理职能，都可以成为治理的主体。其结果是社会治理力量成为一种重要治理资源和治理权力分担的接受者，从而促使治理权力下放社会管理格局的形成。在治理模式下，"权力不是集权，而是分散；分配不是由国家掌控，而是由市场推进；公私的合作替代国家的指导。"②这种合作关系演示了权力运行的上下互动状态。由此，把国家带回社会、建立有限政府已经成为当今西方社会很多国家建构国家与社会关系的逻辑趋势。目前，分析国家与社会的关系已经成为一个重要的分析框架。人们通过分析国家与社会关系来阐述国家政府与社会组织之间的权力关系，同时也可以通过政府与行业组织的关系来考量国家与社会的关系程度，二者成为一个彼此考量的分析框架。

2. 国内国家与社会关系理论流变

在国内近代以前国家与社会关系，学者张光直认为，中国古代国家的形成与西方存在不同。中国古代国家的形成与亲属有关系，国家具有亲属的组织关系。这种关系是以血缘联系为纽带，与西方社会不同。西方社会国家的产生是以生产工具、地缘关系为条件。中国古代国家是家国不分、公私不分。③梁启超先生认为，古代欧洲有市府、堡聚作为雏形，具备了内部团结、外部抗争的根本精神。由于中国是家国统一，国家不是最高体之地位，天下才是政治之根本，所以外向对抗之观点比较微弱，向内团结亦不强烈。④中国人不同于西方社会人，人们头脑之中没有阶级意识、种族意识和国家意识，因此"国家消融在社会里面，社会与国家相浑融"⑤。社会与国家密不可分的原因是中国文化的早熟性，由此造成了中国的固步自封，拒绝接受西方社会文明基石的国家思维观念。人们把诸如民主、自由、平等等也放于高墙之外，再加上中国社会缺乏理论实证，人们喜欢泛滥于典籍考证之中，儒家又是长期一通天下，在学术上人们也缺乏创造力。在此情况下，国家与社会关系自然是浑然一体，并且长期独霸天下。19世纪末20世纪初，随着国门的洞开和外来思想的侵袭，中国传统社会政治生活状态开始瓦解，社会权力开始显现。随着西方列强的入侵，中国独特的政治经济演进路径被打乱，各种势力开始粉墨登场，社会权力和国家权力的对立与冲突开始加剧。中国一方面是社会力量开始凸显，社会从国家桎梏下逐渐挣

---

① 参见袁传旭：《社会自治是真正稳定的社会结构》，载《学习时报》2010年3月29日。
② 俞可平：《治理与善治》，社会科学文献出版社2000年版，第33页。
③ 参见梁治平：《清代习惯法：社会与国家》，中国政法大学出版社1996年版，第6页。
④ 参见梁启超：《先秦政治思想史》，东方出版社1990年版，第2页。
⑤ 梁漱溟：《梁漱溟全集》第三卷，山东人民出版社1990年版，第163页。

脱了镣铐，获取些许的独立空间；但另一方面，由于民族危亡迫在眉睫，"国家主义"、"国家利益至上"等强国家的呼声也开始顺应时势，并独领风骚。因此，这个时期中国国家与社会关系基本上是国家一通天下的局面。直到新中国成立之后，由于受到国际和国内的形势所迫，这种局面不但没有转换，相反，国家权力反而走向极端，中国上演了一幕幕对于国家顶礼膜拜的闹剧，在"文化大革命"中达到了顶峰。① 此时此刻，国家成为社会的对立物。中国 20 世纪 90 年代以后，随着计划经济体制向市场经济体制的转轨，学界对中国国家与社会关系的研究提出不同的分析模式：

第一，在改革开放前，国家与社会关系模式是全能主义模式和总体性社会模式。学者邹谠认为，"全能主义"模式是从政治权力和政治体制的角度去解释建国后国家与社会关系的一种模式。他认为，政治结构权力无限制、随时都可以侵入社会的每个阶层和每个领域。② 在这种政治权力体制下，党与政府高度融合，国家与社会成为一体，社会缺乏独立性，社会呈现为孙立平等人所说的"总体性社会"，也即是政治整合代替社会整合。此时，一个相对独立的、带有一定程度自治性的社会是不存在的，国家与社会高度同质，人们的"自由流动资源"和"自由活动空间"也相对比较狭小。③

第二，在改革开放以后，国家与社会关系是从二者彼此对立到彼此互动，再到逐渐向一个"强国家"与"强社会"关系模式推进。20 世纪 80 年代，受政治学家亨廷顿的"新权威主义"思想的影响，一些学者提出，中国改革应该遵循"政治"与"经济"相分离的原则。他们主张经济上实行"商品经济"，政治上实行"集权式的政治体制"，强调使用国家权力推动经济的发展，然后再推进民主政治的发展。这点与学者萧功秦后来提出的"后全能主义"理论有比较相似的观点。"后全能主义"理论主张在社会有限权力基础上，坚持政党的政治中心地位，推进社会的发展，国家与社会关系也因此出现"国家权威本位"模式。④ 后来，随着市民社会理论的出现，人们提倡国家与社会的分离，反对国家本位，主张把市民社会看成是制约政治权力的一种力量。邓正来和景跃进认为，在改革开放之后，国家权力渐趋退出社会经济领域，社会契约关系在一些社会领域得以体现，市民社会力量开始显露雏形，国家与社会关系呈现了"二元对立"的关系。⑤ 但是，有些学者如韩恒等人认为，把国家与社会割裂开来不适合中国目前的发展阶段，他们提出"分类控制"模式。这种模式是指政府对行业组织等社会力量的管理不能以偏概全，而是要在拷问行业组织对承担公共产品责任大小的可能性中，政府对行业组织加以"分类控制"。通过建构，国家允许有限的行业组织承担社会管理职能，在限制行业组织挑战权威

---

① 参见文史哲编辑部：《国家与社会——构建怎样的公域秩序》，商务印书馆 2010 年版，第 8 页。
② 参见邹谠：《二十世纪中国政治：从宏观历史与微观行动的角度看》，（香港）牛津大学出版社 1994 年版，第 3 页。
③ 参见孙立平：《转型与断裂——改革以来中国社会结构的变迁》，清华大学出版社 2004 年版，第 5 页。
④ 参见萧功秦：《后全能体制与 21 世纪中国的政治发展》，载《战略与管理》2002 年第 6 期。
⑤ 参见邓正来等：《构建中国市民社会》，载《中国社会科学季刊》（香港）1992 年 11 月第 1 卷总第 1 期。

背景下调整国家与社会的关系。① 晚近几年，学界借用斯密特提出的"法团主义"理论来解读国家与社会关系，强调国家与社会有常规性互动和合作关系。这种解读超越了传统的国家与社会二元对立的分析框架。学者孙双琴认为，型塑中国未来国家与社会关系模式，法团主义模式或许更有解释力，更接近中国的现实。在当前社会力量较为单薄的情况下，中国强调国家的作用，等到社会力量发展壮大和充分自治以后，形成"强国家"与"强社会"的关系模式。②

总之，当今理论界，国家与社会关系分析框架逐渐成为学界不可或缺的一个理论分析框架。而且，单从中国国家治理现代化的建构视角上看，中国国家与社会关系的变迁也刚好体现了国家治理建构的结构性关系。反过来，中国国家治理现代化的建构也正体现了中国国家与社会关系良性化的一种关系。一旦中国形成良性的国家与社会关系，就标志着国家治理现代化的建构有了良好的社会结构性。如果说当下中国国家与社会关系是强国家与弱社会关系，那么中国国家治理的模式此刻应该是权威型合作治理模式；而一旦国家与社会关系变成了强国家与强社会的关系，中国国家治理状态就是民主合作治理模式。所以，推进中国国家治理现代化的建构其实就要考察中国国家与社会关系的现状与未来，就要考察政府与社会治理力量关系，而政府与行业组织结构关系刚好是国家与社会关系一个缩影。通过中国行业组织政策参与让国家与社会进行彼此互动和调适，并最终实现中国国家治理的现代化。本研究也正基于此原因，希望通过对行业组织的典型代表——温州商会政策参与的研究来试图考量中国当下国家与社会关系的现状和未来走向，并进一步通过行业组织政策参与之困化解路径的研究来探析中国国家治理现代化建构的路径选择问题。

二、国家与社会关系：国家治理现代化建构和行业组织政策参与结构性关系

1. 国家与社会关系：行业组织政策参与结构性关系

中国国家与社会关系多年来呈现出国家强与社会弱的局面。但随着中国总体性社会格局的改变，社会也有些许空间，社会个体或者组织参与公共事务的现象成为政治生活领域的新气象。由此，本研究认为，通过梳理行业组织政策参与现状在一定程度上可以成为考察国家与社会关系变量，而优化国家与社会关系也反过来利于行业组织政策参与走出困境。

第一，行业组织政策参与的扩大是国家释放社会空间的结果。行业组织是社会组织中比较典型的一个组织，和一些体制内正式的政党组织等相比，行业组织具有较大的民间性与自主性。比如，一些草根组织和异议性组织在社会中具有较大的社会合法性；一些基金会和环保组织具有覆盖性广的特点。因此，通过考察行业组织和政府关系可以看出，行业组织和国家之间关系的上限是国家释放的空间。国家一旦调整与社会的关系，行业组织政

---

① 参见韩恒等：《分类控制：当前中国大陆国家与社会关系研究》，载《社会学研究》2005年第6期。
② 参见孙双琴：《论当代中国国家与社会关系模式的选择：法团主义视角》，载《云南行政学院》学报2002年第5期。

策参与可能性就化为乌有。行业组织政策参与程度的大小直接反映了国家对社会控制程度的大小。

第二,行业组织政策参与的类型受国家与社会关系模式制约。从行业组织政策参与程度上看,行业组织一般可以分为:(1)政治倡导型,即是在多元化的行业组织中,利益组织采用游说的方式向政府施加影响来掌控政府政策制定的过程、内容和实施方式。(2)认可的公共政策参与,即是政府按照正规的方式与社会进行公共政策制定的商讨。(3)私益政府,即是政策制定和执行统一由行业组织来承担,在国家监控下行业组织成为准公共组织。[1] 行业组织在国家与社会关系影响下,有三种参与程度。其一端是私益政府组织,一端是政治倡导组织,中间是政策决策参与过程组织。对私益政府组织和政策倡导组织,有些学者认为,正好对应的是分析国家与社会关系视角的法团主义和多元主义视角。[2] 这点在美国为代表的多元主义为主导的国家中,利益集团的行业组织只能是作为院外集团用游说的方式影响政府的决策;而在欧洲大陆盛行法团主义组织的国家中,行业组织具有垄断地位,被设计在顶层组织中,参与政策的制定,与政府、劳方领袖组成三方协议掌控政策的制定和执行。中国既不是多元主义国家,也不是典型意义上的法团主义国家,因此,中国行业组织和政府的关系最多是国家认可上的一种协商,实际上就是国家掌控下的一种政策参与,行业组织从其初期政策参与行为开始都是在政府掌控下产生的行为,国家与社会关系的变迁是影响其参与程度的关键变量。

第三,国家与社会关系型构着行业组织政策参与的代表划分。学者斯密特认为:"法团主义是一个利益代表的体系,在此利益代表体系中,有限团体是具有一定唯一的、义务性的、非竞争的、层级性的、功能有不同的特性单位团体,国家认可并被赋予这些特性单位团体在其同行中具有垄断性的代表权地位。作为回赠的结果,国家相对控制单位团体的领导人的选择、需求和支持。"[3] 依据上述论述看出,法团主义组织具有参与的强制性、垄断性、非平等化等特点。因此,只有那些垄断的、具有高覆盖率的顶峰组织才可以具有参与资格;而在多元主义国家与社会关系下,行业组织的低覆盖率特点使代表一般呈现出会员制的特点,而不是行业制的特点。在参与的代表方面,行业组织显得较为广泛。在这种国家与社会关系模式下,行业组织政策参与的程度和参与的代表折射出与法团主义的不同。这表明,在中国现有的国家与社会关系下,行业组织政策参与必然会受到极大的影响,体现出有法团主义和多元主义的些许特征。

由此可见,中国行业组织如果要想真正地实现合理的、广泛的政策参与,必然要通过调适现有的国家与社会结构关系。缺乏国家与社会关系的协调,或者说缺乏社会的独立自治性,中国社会是没有行业组织政策参与的可能。中国行业组织要想摆脱政策参与之困,就必然要通过调适国家与社会关系结构,以便组建它们参与的路径。

---

[1] Garrity, M. & L. A. Picard. Organized Interests, the State, and the Public Policy Process: An Assessment of Jamaican Business Associations, *The Journal of Developing Areas*, 1991, 25: 369-394.

[2] Bell, S. Between the Market and the State: The Role of Business Associations in Public Policy, *Comparative Politics*, 1995, 28 (1): 25-53.

[3] Schmitter, P. C. Still the Century of Corporatism?, *The Review of Politics*, 1974, 36: 85-131.

2. 国家与社会关系：国家治理现代化建构结构关系

国家与社会关系状态不仅影响一个国家行业组织生成空间的大小，也会影响国家治理现代化建构路径的选择等问题。因为国家治理模式的变迁或者国家治理现代化的建构都直接受国家与社会关系结构变迁的影响。中国是一个发展中国家，在现代化国家建制中，任何问题的建构都逃脱不了强国家与弱社会关系结构的影响。因此，考察中国国家治理现代化建构的路径，首先要考虑现有的国家与社会结构关系状态，然后通过调适二者的结构关系，以便推进中国国家治理现代化的早日到来。其实，在中国国家与社会结构关系的变迁史上，无论是从传统的国家统摄社会，还是近代以来国家与社会关系的松动，再到新中国成立后高度集权的国家与社会结构关系，国家都是统摄社会。国家对社会的统治或者管理基本上是沿着国家需要的路径进行演变，国家对社会的掌控是通过有选择地控制社会的发展来实现。即使在改革开放以后，在经济体制改革和政治体制改革的双重推动下，中国国家与社会关系依然是强国家与弱社会的结构关系。因此，在此关系下形成的政府与行业组织、个体之间基本上也是一种政府管制关系。这种国家治理模式显然不可能是现代化的治理模式，其最多意义上是政府主导的治理模式。如果说中国未来想要建构一个充满民主制度、法治精神和高效合作的国家治理模式，那对中国来说，如何调适当下的国家与社会的结构关系恐怕是最为重要的结构性调整。通过这种调整，逐渐形成国家与社会良性合作的治理模式，并把中国推向良治的治国之道。

第三节 中国国家与社会关系优化路径

通过梳理发现，无论是中国行业组织政策参与困境的化解，还是中国国家治理现代化的建构都需要优化现有的国家与社会关系。那么，如何去调适现有的国家与社会关系？经过分析，本研究认为，要想真正地推动行业组织政策参与的广度和深度，使其向有序的方向发展，为中国公民和社会进行有序的政策参与提供一个新的途径，则必须要求：一方面，政府适当放松管制，进行制度化的政治体制改革和顶层设计，为公民和行业组织建立制度化的参与通道；另一方面，公民和行业组织需要走向自主，通过培养自己的独立和自主的精神，而且社会层面的结构性要素——行业组织的主体意识也需要提升。这样，在上层宏观制度设计和下层微观增量民主积累的共同助推下，推进国家与社会关系的优化。当然，鉴于国家与社会或者说政府与行业组织对权力的希冀都是无止境的，要想真正地维系合理的政策参与秩序，必然要通过法制的设计来界定彼此的权力边界，通过共享性权力结构的建构推动二者彻底走向合作，并进一步带动国家与社会关系结构的优化。

一、政府职能转变

如果一个国家治理现代化的建构体现出国家治理能力和治理体系的提高，那么中国要想真正地建构一个现代化的国家治理结构，在当前权威型合作治理结构下，作为国家权威主要的代表者——政府一定要进行职能转换和体制改革，要从全能型向有限型进行转变。在职能转换过程中，治理的权威主体呈现多元化。政府要通过自我职能的调整，从顶层进行制度设计逐渐改变国家过于垄断治理状态，并最终实现强国家与强社会关系的建构。这为国家治理现代化的建构提供合适的宏观制度基础，也为行业组织政策参与困境的化解提供制度化路径。

1. 全能政府和有限政府

全能政府和有限政府是彼此对应的两个范畴，政府的权力、规模、职能和运行是否受到法律的明文规定是二者区分的标准。同时，政府一旦越过了权力边界，政府是否受到惩罚和纠正也是政府是否有限或全能的体现。全能型政府一般是指政府的权力、规模、职能等都不受限制，政府可以随时随地凭借此工具介入社会领域，国家与社会高度一体化，社会被国家掌控，行业组织没有自主空间。全能型政府有两个特征①：一是权力的高度中央化；二是政治主导化。权力的高度中央化是指政府掌控全部权力，社会没有丝毫的权力空间，社会主体都在行政的架构下运行，社会主体缺乏独占、自主的精神；而政治主导化是指政府全面地采用政治手段介入社会、经济、文化等领域，政府直接干预微观主体的一切活动。政治统率一切，政府凌驾于一切之上，独掌政治。此时，国家与社会的关系彼此不分，公共领域吞噬私人领域，一切社会个体或者是行业组织都无法自主，要想拥有治理权力，进行政策参与活动，几乎不太可能。

有限政府则是指政府在职能、规模、职责方面都受到法律的制约。相对于事无巨细的"全能政府"来说，有限政府在政府权力、规模等方面是有限的。政府权力源于公民的委托是有限政府的理论基石，只有代表人民利益的政府才具有合法性，政府替公民或者行业组织掌权，利用民众赋予的权力服务于社会。因此，政府权力不是无限，而是有限，受制于公民的意愿。由于政府权力有限，所以有限政府职能也是有限职能。有限政府不可能事无巨细，政府权力只限于公共领域，不能够公权私用，或者侵蚀私人领域。政府主要职能是提供市场无法提供的公共物品，满足公共利益的需求。由此，有限政府要明确公共领域和私人领域的界限，限制政府的职能范围。"小政府"是有限政府的形态，是小而有效的政府。其基本特征包括：服务性、责任性和法治性。服务性是指有限政府是服务型政府。服务型政府表明，政府是以公民权利为导向，遵循为人服务的宗旨，办事必须高效。政府服务主要体现在市场服务、社会服务和公共服务上面。政府不是进行直接的、微观的管理，而是通过间接的、宏观的管理，政府依靠经济、法律、行政等综合手段协调服务，在明确"公共意识"和"权力公共性"理念下依靠公共机构为公民提供高效的服务。责任性意味着有限政府是责任政府。有限政府本身强调政府要对自身行为负责，更要对公民负责，要履行维护公共利益的责任。②这表明，政府要不断地回应政府的行政责任，满足多元化的社会需求。政府也要敢于承担责任，主动接受外界监督，提升责任水平。为了达到责任要求，政府必须改变传统的官民观念，政府要做到和公民或者行业组织建立起契约关系，以开放、民本、市

---

① 参见伍俊斌：《从全能政府走向有限政府》，载《企业导报》2009年第11期。
② 参见颜海林、张秀：《论有限政府本质》，载《湖南大学学报》（社会科学版）第24卷2010年第1期。

场为导向的基本姿态与社会主体进行互动，以追求民众满意度为考量其工作的核心标准。法治性是指有限政府也是法治政府，即政府行为必须要在法律的许可范围之内。法治和人治是一对范畴，法治尽管也是人在推进，但法治不同于人治的是，法治在治理时依靠法律来规约社会的一切，强调有限政府的公民拥有自主的立法权和参与权。一旦通过法治来构建国家或者政府，就意味着政府一定要在法律的监控下推行自己的权力，不可越界行使权力。在法律约束下，有限政府运行的边界、行为都是可以预见的，便于政府管理的高效和稳定，也便于监控政府权力是否侵蚀社会主体权利，从而做到维系社会主体参与可能性的存在。

由此可见，全能政府和有限政府都是政府的一种模式，但是二者最大的区别是对于权力的掌控范围问题。全能政府掌控一切权力，而公民或者行业组织没有权力；有限政府则是政府和公民、行业组织共享治理权力，组成权力共享结构。

2. 政府职能由全能型向有限型转变的必要性

随着对个人基本权利明确诉求意愿的增强和社会自治领域的日益扩大化，一元化权力结构渐趋消解。这表明，以国家权力为核心的权力结构开始松动，二元性的公共领域和私人领域的分化开始出现，有限政府理念逐步成为现代政府建构的主导型理念。① 建构有限政府，舍弃全能政府成为当代许多政府体制改革和职能转变的新趋向。当前，随着中国经济体制和政治体制改革的推进，落后的行政管理体制显然无法满足现有经济体制改革市场化、行业组织政策参与扩大化和国家治理现代化建构等要求，中国政府建构有限政府，促进政府职能转变，目前显得尤为必要。

第一，市场经济体制建构的逻辑需求。改革开放以来，中国经济体制改革的趋向是市场经济体制模式，用市场经济体制取代计划经济体制成为经济体制改革的目标。随着市场经济体制建构的完善，人们愈加感觉到现有的全能型政府管理模式显然是不适合市场经济体制的要求。在计划经济体制下，由于政府管理一切，由此形成的全能型政府职能模式把经济和行政混为一体。政府用行政命令手段调控经济发展，控制社会一切。政经合一、政社合一、公私合一的政府管理职能模式已经阻碍了市场经济体制的进一步建构。因为市场经济要求政社和政经分开，属于市场的归市场，属于政府的归政府，二者规约彼此边界，政府只是"掌舵者"，不能当"划船者"。尽管在经济领域需要政府调控职能，但也仅需要政府增进市场的作用，也即是弥补市场失灵问题，而不是包揽市场的全部职能。全能型政府的存在不仅管不了不该管的东西，而且也会破坏市场主体独立性的培养和私人财富的所有权问题。一旦市场缺乏主体性的独立存在，就不会存在自由的竞争，就会破坏市场竞争法则；而如果私人财富缺乏保护，人们就没有创造财富的激情，也就不会有市场活力的源泉。因此，由全能政府职能向有限政府职能的转变可以归还市场一个自由的空间，便于成熟市场经济体制的建构。

第二，行业组织政策参与扩大化的需求。打造民主政治是现代许多国家政治民主化的目标。可是，一个国家要想成为民主政治国家则需要政府是一个具有有限职能的政府。因

---

① 参见伍俊斌：《当代中国有限政府建构的必要性分析》，载《理论界》2010年第8期。

为民主政治实际上是一个有序政治结构,"在该体制中社会成员大体上能直接或间接地参与或可以参与影响全体社会成员的决策"。① 参与者对国家法律、公共政策等在内的所有问题都可以参与其中并进行自由的讨论,平等参与成为社会民主政治的关键因素。② 中国自改革开放以来,由于全能型政府职能的形成,公民或者行业组织没有太多空间去参与政治生活,也缺乏政策参与的渠道,即使像温州商会那样民间性经济组织也很难在全能型政府职能模式下获取较大的参与权利。由此,为了满足因为经济利益的膨胀而日益涌现出来群体们对于政治生活的诉求,政府必然要转变全能型政府职能,部分治理权力让渡给社会,人们通过合法的治权构建有限政府职能,为社会主体的政策参与提供权力通道。因此,推进民主政治的发展其实就是要在政府职能上,从高度集权向合作治理进行转变。这一般体现了两层含义:一是政府向社会转移管理职能。政府向社会转移管理职能就是把本来属于社会治理权力还给社会,政府不是唯一的治理中心,应该与社会中许多主体共享合作治理权力,共同致力于民主政治的建设。这表明,政府要转变职能,框定自己的职能边界,通过法律化、规范化、制度化的渠道把政府限定在一个"制度的笼子里"。通过规范行动的运行,政府把管不好或者是不该管的权力给予社会,从而为社会、市场经济的发展提供制度和权力的空间。这种还权于社会的行为打破了传统治理权力唯一管制的格局。构建此种政府职能结构意味着治理主体的多元化,公民、行业组织、私营部门等也都成为不同层面的治理中心,分担管理公共事务、提供公共物品和公共服务的职责。③ 政府向社会转移治理权力,不仅可以减轻政府负担,转变作风职能,打造精简、高效的"小政府",而且也可以通过增强公民或行业组织的自主意识、自由意识等培养他们未来政治技能和政治意识。二是政府之间分权。政府之间分权体现在中央和地方之间权力的博弈过程。全能政府是中央高度集权的体制,下级政府缺乏权力的独立性,下级受上级的控制。由此,我们要想使全能政府职能向有限政府职能转变,建立合理的府间职能机制,就一定要改变支配性政府体制和实现公民或组织的参政、议政。

第三,提升政府治理有效性的需求。政府治理的有效性不仅是政府存在的合法性基础,也是考评政府执政能力和国家治理能力高低的标志。20世纪末以来,政府治理的有效性逐渐成为各个国家推进政府发展的共识,人们普遍认为变革世界需要一个有效政府。经济、政治、文化的发展如果缺乏一个有效政府作为支撑是不可能完成的,因为有效政府是经济和社会发展的关键。④ 全能政府职能不见得都是有效政府,很可能是无效或者无能的政府,因为政府管了不该管的问题,其结果可能是该管的倒没有管好。有效政府由于更多关注自己的角色、职能,主动承担政府职能,结果在提升政府能力和关切民众的焦点等方面赢得了利好。当然,政府要想真正地提升自己的有效性,一定要转变治理理念和职

---

① [美]卡尔·科恩:《论民主》,聂崇信、朱秀贤译,商务印书馆1988年版,第57页。
② 参见万俊人:《市场经济与民主政治——从经济伦理的角度看》,载《哲学研究》2000年第4期。
③ 参见伍俊斌:《当代中国有限政府建构的必要性分析》,载《理论界》2010年第8期。
④ 参见《世界银行1997年世界发展报告:变革世界中的政府》,蔡秋生译,中国财政经济出版社1997年版。

能。法治要优于人治，古希腊先哲亚里士多德就明确指出"法治优于一人之治"①。因为人治是把政府权力集合于一个或者几个清官身上，人们希望依赖圣人的出现来治理这个国家。比如，孔子把国家的兴衰归结于有无圣主明君，"为政在人，其人存，则其政举，其人亡，则其政息"。②孟子同样认为"君仁，莫不仁；君义，莫不义；君正，莫不正；一正君而国定矣"。③荀子在《荀子·君道》中更开宗明义地指出"有治人，无治法"，即只有自觉致治的人，没有自动致治的法。"法不能独立，类不能自行，得其人则存，失其人则亡。法者，治之端也，君子者，法之原也。"④ 传统中国的人治思想一直在中国文化中盘踞着主导的地位。这使中国人治的影响远远大于法治。由此，中国长久以来是权力高于法律，权力淹没法律。如果权力极度支配法律将会导致法律对权力限制的消解，权力借法律之助侵蚀甚至剥夺公民的基本权利。⑤如果长期下去，结果就会导致人依靠权力去获取资源，而不是依靠法律。那么，那些无法获取权力的人要想参与政治生活，也只有采取抗争等暴力方式参与政治生活。因此，人们需要通过有限政府职能的建构去构建法治政府，再通过法治的推行去进一步限定政府的职能，维系民众权益。自此，法治政府成为提升政府有效性的重要通道。如果缺乏法治的建构，那就没有国家与社会的合理边界和职能，也没有社会主体权力的获取。此时，政府很快就会回到全能政府职能的时代，构筑有限政府职能是提升政府治理的有效性、赢得合法性的必然选择。

第四，建构中国国家治理现代化的需要。"治理的核心要义是多元主体参与。国家治理是国家主导下的多元主体的共同治理。……建构治理多元主体的过程是不断推进国家治理现代化的过程，而国家治理现代化的有效推进为多元主体的成功建构提供了基本的支撑。"⑥ 可见，国家治理现代化其实就是中国国家治理主体多元化的建构过程。治理主体多元化需要政府职能的有限性，剔除政府职能全能性是促进治理主体多元化渠道之一。有限政府强调政府不是万能的政府，职能也是有限的，政府也不是唯一的权力主体，行业组织等都可以成为参与主体，通过共识叠加达成一致实现国家治理活动的开展。因此，从这点上看，中国政府打造政府职能的有限性其实和国家治理现代化所需要的治理主体多元化的要求是一致的。换句话说，要想真正地实现国家治理的现代化，中国就需要打破政府一家独大的职能结构，需要政府和其他国家治理主体形成合作的治理结构，否则国家治理的现代化就不可能实现。当前，中国要想实现国家治理现代化的建构，就需要政府进行职能转变，需要政府由全能型向有限型进行转变。转变的结果就体现了政府——企业——社会力量共同承担治理主体责任模式的建构。

---

① [古希腊] 亚里士多德：《政治学》，吴寿彭译，商务印书馆1965年版，第30~38页。
② 参见《礼记》中的《中庸》篇，贵州人民出版社1998年版，第20~33页。
③ 参见《孟子》中的《离娄》篇。
④ 参见《荀子》中的《君道》篇。
⑤ 参见伍俊斌：《当代中国有限政府建构的必要性分析》，载《理论界》2010年第8期。
⑥ 魏崇辉：《当代中国国家治理现代化的理论指导、基本理解与困境应对》，载《理论与改革》2014年第2期。

3. 政府职能由全能性向有限性转变路径

当代中国政府改革的基本趋势是政府职能由全能向有限转变。那么，像传统文化中充满人治色彩的国家如何在现有的基础上推进政府职能向有限转变，并优化国家与社会关系结构？

第一，转变政府观念。观念是行动的先导，合适的观念是推动政府自身从某些领域自动退出，并向社会放权进行职能改革的号角。有限政府是服务性、责任性、法治性的政府，不同于独断专制的全能政府。全能政府意味着政府掌控一切，人治是政府必须培养的文化观念基础，否则全能政府的建构和存在就缺乏文化观念的支撑，政府维系全能政治体系的稳定就需要付出沉重的管理成本。与全能政府依赖的文化基础不同，有限政府依赖的文化基础是法治性文化观。人们在充满法理的社会里面感觉社会的公平和平等，社会主体具备平等地参与国家、社会事务的资格。一旦政府破坏平等性、主体性，将会有法制规约政府的行为，人们评估政府行为合法性依靠法律。中国长久以来是充满人治而不是法治、充满管制而不是服务的国家。长期以来，政府触觉盘踞在社会各个角落，利用自己权力的唯一性干涉社会主体的发展。因此，中国要想构建有限职能政府，一定要先转变政府那种唯我独尊的人治观念，要向法治、服务的观念进行转变。这不仅是中国政府提升自己效能的基础手段，也是符合主权在民的哲学理念，同时也是适应市场经济体制发展的需要。政府职能是有限，而不是无限，从政府起源上看，有其哲学的渊源。霍布斯是最早论述政府的正当性和必要性的学者之一。他认为，社会上是"人对人像狼一样"，政府有必要出来避免"人性中的恶"和"人对人的战争"的出现。人们要利用政府的力量改变不断处于暴力死亡的恐惧和危险之中，人生活中的孤独、贫困、卑污、残忍和短寿也需要改变。① 由此，人们需要出现像政府那样的公共组织，也即"利维坦"的出现将成为可能。② 从霍布斯关于政府起源正当性的描述中可以看出，他赋予政府强人的力量。他说，"如果要建立这样一种能够抵御外来侵略和制止相互侵害的共同权力，以便大家能通过自己的辛劳和土地的丰产为生并生活得很满意，那就只有一条道路——把大家所有的权力和力量付托给某一个人或一个能够通过多数的意见把大家的意志化为一个意志的多人组成的集体"，国家的本质"是一大群人相互订立信约，每人都对他的行为授权，以便使他能按其认为有利于大家的和平与共同防卫的方式运用全体的力量和手段的一个人格"③。可见，霍布斯政府观界定政府权限来源于人民，但过度强调政府力量，把民众排除在政府日常工作运行之外。因此，靠此观念建构的政府将会是全能政府，而不是有限政府。后来，学者洛克对有限政府理念作出巨大贡献。他认为，政府所拥有的公共权力是每个进入公共领域的民众让渡出来的自然权力，是通过个体之间的契约集合起来抵御对私人利益侵犯的一种权力。因此，政府权力是否合法，就要看它是否保障民众的自然权力，这是这种权力评价的

---

① 参见颜海林、张秀：《论有限政府基本特质》，载《湖南大学学报》（社会科学版）2010年1月。
② 参见［英］霍布斯：《利维坦》，杨昌裕译，商务印书馆1995年版，第94~95页。
③ 参见［英］霍布斯：《利维坦》，杨昌裕译，商务印书馆1995年版，第131~132页。

标尺，"除了保护社会成员的生命、权利和财产以外，就不能再有别的目的或尺度"。①一旦政府偏离这个价值尺度，人们就有权废除旧政府而建立新政府。因为政府权力是民众委托给政府的权力，如果政府破坏契约的话，是"与人民为敌"，人民就拥有革命的权利，"用强力对付强力"②。这说明，洛克的思想体现政府权力的契约性，也体现政府职能的有限性，为后来西方社会共和主义者或者自由主义者遵循组建政府有限职能的必要性和合法性基础提供了思想支撑。如果说西方社会政府组建的思想基础是源于契约思想，那么，对于以马克思主义理论为指导而建构政府的中国来说，"主权在民"和"国家权力一切属于人民"的价值理念其实也正体现了政府组建的初衷也是有限政府，并不是全能政府。人们之所以建构全能政府要么是一时之需，要么就是统治者对于权力专断的渴望。对于权力的渴望会堂而皇之地构筑全能政府，希冀通过专断权力攫取自己想要的资源。这显然背离了政府起源的初衷。由此，要建构中国的有限职能政府，首先要转变政府观念。权力主导者自身观念的转变，需要靠自身勇气和改革魄力才可以推进其前进。当下，中国经过数年的改革和开放，无论是政府管理部门，还是底层的个体或者行业组织都已经意识到政府权力独断的危害性。可以说，中国要改变国家治理权力的唯一性早成为改革的共识。但是，由于受到路径依赖和现实既得利益者的阻挠，建构有限职能政府的理念在官员或者政府中依然需要强力推进，只有这样，才可以真正地实现国家或者政府治理模式的转变。

第二，转变政府职能。如果说观念的转变是构筑有限政府思想层面的转变，那么如何把中国全能政府推向有限政府？现有政府职能转变将会是一重要推动路径。改革开放以来，随着市场经济体制建构的推进和中国行政体制改革的需要，中国掀起政府职能转变的高潮运动。市场经济体制的推行意味着社会"自由流动的资源"和"自由活动的空间"将会增大，社会日益成为与政府并列地、相对独立地、自由地提供资源和机会的社会。这就要求政府界定市场主体的产权，维系私人利益，而政府也要退出不该管的地方，因为市场需要一个自由、独立的空间，政府过度的介入会破坏市场均衡和自由的竞争环境。在政府放权的背后，行业组织和社会成员将会获取更大的参与空间，无论是在经济层面上，还是在社会管理和政治层面上都将显著增加。市场经济体制建构的倒逼迫使政府进行职能转变。从1982年到2008年，中国进行了几次大的政府机构改革，目的是精简国家机构和提高政府办事效率，但政府机构转变的效果收效甚微，政府机构改革始终呈现了"改革——精简——膨胀——再改革"的恶性循环。造成这种局面的原因有许多，其中政府职能界定不清恐怕是最为重要原因之一。政府职能集中在公共领域，由于长期以来政府不断地利用权力垄断性优势侵蚀社会机体，利用制度设计，如单位制度、户籍制度等把民众牢牢地掌控在自己可控的范围之内。过大的政府职能不仅没有很好地提升政府能力，反而弱化了政府能力，政府官员的官僚主义作风和腐败、权力寻租等现象盛行于社会。为此，只有通过法治的渠道界定政府职能权限，打造有限政府才是政府职能转变的重要趋向。反过来，中国目前全能政府要向有限政府进行转变，政府也必须先主动瘦身，通过政府职能的转变彻底厘定政府权限，为有限政府的塑造打通通道。就目前来讲，政府职能转变必须

---

① ［英］约翰·洛克：《政府论》（下），叶启芳、瞿菊农译，商务印书馆1964年版，第78页。
② ［英］约翰·洛克：《政府论》（下），叶启芳、瞿菊农译，商务印书馆1964年版，第140页。

要从转变内容和设想入手。从转变内容上看,政府要明确职能的内容、职能调整的结构以及职能转变的结果和重点。明确职能内容就是指政府要知道自己进行转变的方向是什么。这些转变是否适合目前市场经济体制发展的要求等,政府一定要分清它们的职能范围。职能结构的转变是指政府要科学界定各个组织自身组织结构,使之向扁平化、柔性化的方向进行转化。这样就会减少政府内部的纵向联系,加强横向联系以保证政府的高效。政府职能转变重点是从注重构建市场经济体制职能转向重视科学、教育、公共事务等层面上来,加强政府以市场经济为主题层面职能的推进和承担。从职能转变设想看上,要想很好地界定政府职能,光靠个别官员廉政或者偶发的自律行为是不可能真正地转变政府职能,政府必须要在法治的理念下,通过法制的渠道遏制政府权限的无限增长。因为政府在自利行为的驱动下有着天然扩张自己权限和边界的趋向,只有政府的活动范围受到遏制,政府才会停止扩展权力。所以,通过法制规约政府行为,厘定政府的职能范围,把全能职能变成有限职能,从而推动了有限政府的到来。

总之,通过国家与社会,或者是政府与社会关系的调整推进政府职能的有限性,不仅可以提升政府治理的有效性,增加政府存在的合法性,也会使社会力量,特别是行业组织获取了更多的参政机遇和权力空间。一旦通过国家与社会关系的调整增加了温州商会等行业组织的生存空间和参与空间,就为化解中国行业组织政策参与之困带来契机;同时,它也在逐渐为中国国家治理现代化的建构提供顶层的制度路径依赖。缺乏现有国家与社会关系的适度调整就没有行业组织政策参与行为的发生,也没有中国国家治理现代化建构所需要的结构性社会关系的存在。中国有限政府的制度建构为行业组织政策参与和国家治理现代化建构提供制度化路径依赖。

二、社会治理力量增强

一个国家的治理是否是现代化的治理,体现在治理主体上面是国家治理主体是否为"政府——企业——社会力量"三位一体的合作治理结构。如果一个国家缺乏三位一体的治理结构,无论政府多么有效,但该国家的治理很可能至多为贤人治理的状态,也即是善政的状态。尽管善政是优于专制管理模式,但善政的治理状态并不是国家治理现代化的最高状态——良治。所以,中国要想真正地实现国家治理现代化的建构,还需要从社会微观领域进行主体自主性的培养。这不仅是社会自身发展的要求,也是中国构建有限政府的要求。政府从全能向有限转变,可能会给中国社会治理主体带来更多的参与机会,但参与机会的大小其实还取决于中国社会力量自主性的强弱。因为这好比一场比赛,没有合适的竞争对手肯定不会是一场精彩的比赛。在现今政府主导的政治生态背景下,社会主体如果没有一定的自主性,假使政府变成有限政府,国家向社会放权,但社会由于没有承接者的存在,或者说缺乏治理社会主体的存在,社会就会失序,其最终结果是政府会重新收回权力,从而又让社会重新回归国家,国家重新独掌社会,国家与社会关系彼此胶着。因此,社会自主性的存在对于国家与社会关系的未来走向比较重要。那么,何为社会自主性?

1. 社会自主性

自主性在语义学上是指:独立性、自我管理和自我决定。从主体角度上看,自主性是指个人意义上的自主性和群体意义上的自主性。① 个人自主性意味着"个体化"的过程，而群体自主性则指群体或组织的自我运行、自我管理、自主发展、自我决策、自我服务。西方社会学家一般把自主性和个人的自由主义结合在一起。自由主义学者一般把自由分为积极的自由和消极的自由。积极自由的核心是"自主"，与受到法律保护个人的独立性、自我决定及其自我负责联系在一起。② 消极自由主要是需要法律来保护现代个人权利，不受其他因素的支配。同时，积极自由是个人理性的自我增长，也即是个人的独立、自我负责等都是建立在理性基础上。个人如果通过结社或者群体也会具有自主性。国家是个人主义的实体，国家本来是个人实现自由的工具，一旦国家出现了违背个人自由的意愿，就要对国家权力进行限制。由于单个个体无法聚集力量，所以人们便结社起来，用组织化的方式对国家权力进行监督和制约。"契约型"的国家与社会关系反映在现实中，就是多元的社会主体彼此在利益纠结中形成了权力分散的格局。主体们利用积极行为向政府施加压力，进行政策参与，从而影响国家决策的方向。行业组织是作为社会的具体存在形式，相对于国家来说有其自主性、独立性，能够自我协调、自我管理，承担政府某些职能，并最终在社会形成一个制度化的社会自治领域。鉴于此，社会自主性就是指社会发挥主体性的承担，在国家经济建设、文化建设、社会建设和政治建设等方面，社会主体，如行业组织等围绕公共事务进行参与的状况及其影响公共决策的程度。社会自主性一般是由社会中主要的组织来承担和体现出来，在探讨国家与社会关系时，一般用行业组织的自主性来考量一个社会的自主性程度。考察一个社会对于国家的监控或者控制力大小就要看行业组织的自主能力。自主性越大的社会对于国家的控制力就会越大，否则就会相反。在自主性弱的社会里面，受政府自利行为的影响，社会主体就没有太多参政的机会，也不会形成民主精神。

当然，有部分学者认为，社会自主性是相对的概念。从个体角度上看，个人的自主性很容易绝对化，会演化成个人绝对的自由。加尔文教认为，个人信仰不需要中介，个人对自己精神命运负责，有权利和义务以自己的方式并通过他自己的能力，直接地建立他和上帝之间的关系。加尔文教的个人自主性显然是和古典政治经济学所鼓吹的个人经济利益至上是一致的。他们都认为个体追求自主性就要按照自己的理性去塑造自己。这是一种绝对意义上的自主性。而从社会学角度上看，人不可能单独伫立在这个世界上，因此社会不存在绝对的自主性，自主性始终是相对而言。③ 其实，这点和马克思主义理论当中所讲的"人是社会人，是社会关系人"的理念是一脉相通的。因为人始终处在社会关系中，个人的绝对自主性并不存在，个体在处理社会关系时需要考虑他人的自主性，个人自主性建立在他人自主性实现的基础上。20世纪以来，西方社会社群主义、法团主义等理论的出现，其实也印证了绝对个人主义并不存在。社群主义认为，每个人都是特定群体中的人，处在

---

① 参见李友梅等编著：《中国社会生活变迁》，中国大百科全书出版社2008年版，第19~20页。
② 参见［法］贡斯当：《古代人的自由与现人的自由》，商务印书馆1999年版，第33页。张静：《法团主义》导论，中国社会科学出版社1998年版。
③ 参加［德］诺贝特·艾里亚斯：《文明的进程（Ⅰ）》，王佩莉译，三联书店2007年版，第154页。

群体中的人们，即使制度允许，也不可能自由地进出其中，原因是群体和每个人的阶级、价值、血缘等非理性元素勾连一起，这些元素共同决定人的自主性。因此，人或组织自主性的形成需要条件，不是先天性地就具备。学者边沁认为，土地财产的自由是个人自由不可或缺的组成部分。① 学者贝克也认为，人的个体化动力，除了劳动力市场外，还有个体经济收入的增加、接受教育的程度、劳动法的出台以及血缘关系逐渐松散等。② 边沁和贝克的观点阐明人们获得自主性的条件比较多，其中包括经济、政治、文化教育、法律等一些制度性因素，也包括社会结构、价值体系等。其具体表现在：

第一，自然权利观念是实现社会自主性的前提条件。观念可以引导人们的行为。"人生而平等"让多少人为之奋斗。"主权在民"和"人民是国家的主人"的理念彰显了人们对于民主、自由的向往。这些理念尽管在现实中存在诸多的困境和挑战，但为每个国家在构筑社会的法律和制度时，预先设定了目标和理想。在这些目标和理想下，汇聚人的信念努力地通过各种手段改变国家的专制，追求人们自主性的实现。

第二，财富的增长是实现自主性的基础条件。马克思认为无产阶级尽管彰显了最大的自由，但"自由的一无所有"。究其原因，无产阶级是没有经济基础，而经济基础决定上层建筑。人们没有物质的支撑，就不得不屈服于物的支配，由此会造成人没有自主性。人要想实现人的自主性一定要③：摆脱对于物的依赖；具有自我设计、自我选择和自我组织的经济能力；不会把自主性演化为反社会的运动。

第三，公共领域制度化政策参与渠道的畅通是实现社会自主性的必要条件。良好的政策参与是监督国家权力的重要渠道，也是折射一个国家政治民主化水平的重要标志。"政治自由是个人自由的保障，因而也是不可或缺的。"④ 如果没有公民或者行业组织政治上的自主性对国家自主性产生必要的约束和监督，就无法保障个人或组织不受到来源于国家机构等的侵害和控制，也就无法保障公民或者组织政策参与机会的获取和功效的提高。

第四，教育培育具备理性能力的公民是实现社会自主性的基础条件。教育是推动一个社会中人们的民智、理性和反思能力提升的助推器。良好的教育水平和普及度是提升一个国家公民理性的素养和培养公民自主性的基础。理性的公民具备自我反思、自我判断和自我完善的能力。在个人主义下人的反思能力使"人人都可以自由思考和自由感受，从社会各处自动喷涌而出的观念或印象，也可以不受限制地进行流通"⑤。人一旦拥有了理性和自主性，个人或者行业组织就会具备良好的公民意识。一旦具备公民意识就会具备权利意识、参与意识、法律意识和公共道德意识。⑥ 在公民意识支撑下的公民会充分意识到自己应该拥有的权利和实现权利的途径，会意识到自己实现自身自主性和他人自主性实现的

---

① 参见［奥匈帝国］波兰尼：《大转型》，冯钢译，浙江人民出版社2007年版，第154页。
② Beck, U. Rick society: Towards a New Modernity, Sage, London, 1992, pp. 95-96.
③ 参见李友梅等编著：《中国社会生活变迁》，中国大百科全书出版社2008年版，第23页。
④ ［法］贡斯当：《古代人的自由与现代人的自由》，商务印书馆1999年版，第41页。
⑤ ［法］涂尔干：《乱伦禁忌及其起源》，汲喆译，上海人民出版社2006年版，第241页。
⑥ 参见章秀英：《公民意识评价和培育机制》，中国社会科学出版社2012年版，第55页。

共生性问题,也会把个人利益和普世利益很好地结合起来,在保证公共利益下实现个体的利益,从而培养人们的共识、共生精神。在此情况下,人的自主性和他人及其社会的自主性都统一起来,"现实的人,真正的人,会像爱自己那样去爱这个社会,从而成为社会不可分割的组成部分"。①

第五,政府的再次分配是实现公民自主性的必要条件。社会保障制度是社会主体的安全阀。一旦个体陷入困顿,或者社会贫富分化过于严重,个体或者行业组织的自主性就会由于经济原因陷入低水平,这会加重人们对集体的依赖程度。过度的依赖会无法实现个体的自由。因此,为了增加民众的自主性,需要建构较为合理的社会保障制度,让民众摆脱国家过度束缚,扩大自主性。20世纪60年代,西方社会实行的福利制度就很好地推进了社会自主性的发展。福利制度意味着每个公民或者组织都可以及时地得到政府的援助,一旦他们陷入困顿,政府就可以加以援手。这为人的个体化奠定了基础,削弱了人们对于集体的依赖,使第一代社会所建立的集体生活失去了合法性的基础,并致使普遍自由和平等的这一代社会核心原则成为创造各种难为人知的社会形式的始作俑者。② 贝克关于福利制度的解释表明:福利制度再分配可以有助于财富分配相对均衡,它避免了社会自主性的精英化;福利制度也可以使人们超越对物的依赖,转而实现主体之间的自主性;福利制度还可以为人们规避一些风险,降低因为追求自主性所带给自己的一些伤害的程度。

2. 中国社会自主性现状

中国社会目前是否具备较为完善社会自主性?就目前来讲,中国社会需要努力地培养自主性。这一点可以从历史和现实的视角加以解构。从历史上看,社会的管理模式是国家一元统摄的管理结构,社会缺乏自主性的传统。在历史上,一直以来以"修身、齐家、治国、平天下"的传统治理结构行塑着中国的社会结构。这种理念造就了一个"己、家、国"不同层次的同心圆结构。③ 在此治理体制下,社会完全被国家掌控,其不存在与国家抗衡或者监督国家的社会自主性空间。政府由于没有受到权力的监督,政府权力极度膨胀,反过来又加剧了国家权力的高度集中。皇权至高无上的分配形式使社会的自主性淹没在家国同构的社会之中。在家国同构社会中,人与人之间的关系不是依赖于法治,而是依靠人治,依靠由血缘关系所构建的"差序格局"社会关系网。这种网络的形成意味着在陌生人的社会中,秩序的生成和治理的依靠不是靠契约和法律,而是依靠人伦关系和情意。社会公民或组织的主体性被等级专制所淹没,取而代之是国家一统天下局面的呈现。新中国成立后,社会自主性不仅没有改善,好像反而愈加削弱。随着新中国成立后的一些特殊制度的建构,比如计划经济体制、高度集中政治体制和社会体制的建立等,"总体性社会"和"行政性整合"的特征显现出来,国家不仅利用制度的建构控制了稀缺资源,

---

① [法]涂尔干:《乱伦禁忌及其起源》,汲喆译,上海人民出版社2006年版,第243页。

② Beck, U. & W. Boss, C. Lau. "The Theory of Reflexive Modernization: Problematic Hypotheses and Research Programme." In Theory, *Culture & Society*. Vol. 20 (2), 2003.

③ 参见陈华:《吸纳与合作——行业组织与中国社会管理》,社会科学文献出版社2011年版,第81页。

还利用单位制度、人民公社制度、户籍制度等制度,将人们牢牢地控制在国家行政化网络之中。此时,社会个体或组织的合法性缺失,社会独立自主性也因此较为单薄。1978年以后,中国社会发生巨大的变迁。在经济上,中国开始推行市场经济体制,许多人因此开始富裕起来。在社会管理上,中国随着"总体性社会"的逐步弱化,单位体制、人民公社制和户籍制等制度的控制开始松动,社会管理的主体呈现多元化的态势,民间组织得到迅速的发展,它们逐渐承担了国家释放的权力,一个相对开放的社会正在浮现。意识形态上,中国大一统思想被多元化思想所取代,尽管还是没有形成真正意义上的多元化思想,但毕竟不同声音得到官方的认可和接受,民主思想开始滥觞于社会,人们开始形成自己的自主思想。这些变化使"人们明显地感觉到,在许多方面,中国人已成为自己命运的主宰"[①]。因此,就目前来讲,中国社会受政府放权的影响,人们的活力和自主性得到一定的发展。但些许社会自主性的出现对国家与社会关系结构的型塑能起到多大作用?从现实性上看,社会自主性的回归缺乏诸多的现实条件,导致现有社会自主性并不强,无法短期内承担社会治理的价值功能,也无法呈现出如西方社会那样对国家监督性的作用,也就无法调适现有的国家与社会关系结构。目前中国社会自主性发展存在的困境主要表现在:

第一,社会自主性的发展缺乏文化的内在驱动力。中国社会自主性出现的原因主要是外在的制度供给,而不是内在民众的诉求,存在着极大的随意性。与西方社会不同,中国社会力量式微,西方社会力量强大。进入资本主义社会以后,西方社会民间组织相对比较发达,受多元主义思想和自由主义思想的熏陶,民众对个体的自主性和结社性都充满了渴望和动力。所以,在此思想的鞭策下,西方社会自主性有较高的水平,社会是一个具备良好的民众素养的社会。但同西方社会不同,中国长久是国家强势和社会弱势,社会中的个体在专制思想潜移默化的影响下形成了谦卑、顺从型的社会文化,人们结社行为不能得到政府的认可。所以,中国社会自主性大多是在国家或政府主动放权的背景下出现,是政府为了自己统治的需要搭建了一个自主性平台,一旦政府不需要这种平台,随时可以取走它。这种源于政府自身需要的非制度化供给所培养起来的社会自主性平台显然无法和西方社会长期积淀下来所形成的自主性文化依赖平台相提并论。西方社会民众自主性是长期性的、持续性的存在,而我国表现出来的是官方的随意性。因此,在缺乏文化内驱力影响下的中国社会自主性的发展所表现出来的是缓慢的、不成熟的状态。

第二,财富分配不均导致社会自主性的发展出现了分层和障碍。中国在改革开放以后建构了市场经济体制,给人们带来财富的增长和独立自主的市场主体,这有利于中国社会主体性的发展。因为财富是社会个体、组织自主性发展的经济基础,而市场中经济主体的独立、平等也会带来社会发展自主性所需要的契约文化。但受市场经济体制建构不够成熟的影响,社会上出现了两极分化的现象,再加上现有社会保障制度的缺损,一些经济低收入者就会缺失自主性。社会自主性此时只是出现在少数人的手中,中国出现了寡头式的社会自主性,社会自主性因此出现了分层。底层社会人或者组织不仅缺乏必要的政治资本、经济资本和文化资本,就连自己的社会资本也在不断失去,其自主性的发挥不仅自己缺乏自主性,也会受到上层强势群体自主性的掣肘。假如一个社会只是少数人的话语权起到了

---

① 《德国之声》,载《德学者点评中国社会发展》,www.Singtaonet.com。

作用，那么这样的社会肯定不是自由和自主性的社会，至少它是自主性很弱的社会状态。

第三，私人自主性与公共领域自主性之间出现了悖论。公私领域中的悖论使社会自主性沦为极端个人主义，缺乏公共性。社会自主性不仅体现了个体或组织的自由，更体现了个体或者组织对公共性的承载，体现了民众对国家或者政府权力监督的一种行为。人们监督政府有没有违背权力的公共性，是对公共利益的一种维护。人们希望通过个体或组织民主性体现社会的自主性，私人领域的民主性和公共领域的民主性是并行不悖的民主，实现私人自主性是实现公共领域自主性的前提。可是，奇怪的是，"中国人的私人生活领域的自由开放，国家权力机构以及经济组织的并存和运作方式令西方人感到陌生。但是这种结构似乎比我们想象得要稳定很多。我们原以为，中国私人领域解放的火花会波及公共领域，但是现在看来似乎没有必要"。① 这种判断其实表明，在中国，个体的私人自主性在加大，但公共领域的自主性却在萎缩或者没有发展起来。这让人看到一种悖论，中国私人和经济领域个体的自主性，特别是对经济追求的自主性在高扬，但公共领域的自主性却乏善可陈。很多个体为了个人极端的自主性，可以毁掉任何亲情、公共道德，甚至通过不正当手段获取自己的利益，而公共领域原先的集体主义价值理念并没有把人导向公共性价值理念，反而助长了利益集团、小团体私人集团的暴涨，人们在疯狂追逐个人自主性实现时，却是以牺牲公共领域的自主性为代价。这种原子化的极端个人主义自主性很难实现对国家或政府的监督作用，也就很难撼动目前中国"强国家、弱社会"的关系，并严重地制约了行业组织独立性的发展。

通过分析可以看出，中国目前社会自主性的发展存在诸多的困境。如果不改变这种困境，社会个体或者组织就没有能力参与国家治理，进而不会对中国国家与社会关系结构的调整有促进的作用。就中国行业组织走出困境和国家治理现代化建构来说，要想真正地实现各自的目标，就必须要加强社会力量自治的培养，通过社会力量自治能力的发展来承担国家多元治理的责任。只有这样，中国国家治理的现代化才可以真正得到实现。

3. 中国社会主体性培育路径

社会主体性主要指公民或者行业组织要有自我主体意识，要有主动参与国家治理能力和责任意识。从个体上看，个体需要培养公民精神。从组织上看，行业组织需要培养自主意识和责任意识。国家治理现代化要求国家治理权力主体的多元化，都是治理主体。但受国家长期统摄社会和政府掌控个体政治体制的影响，无论是个体抑或行业组织的自主性水平较低。似乎当下的社会无法承担国家治理现代化建构所需要的国家权力回归社会的责任。一旦缺失治理权力彼此竞争条件，国家治理的权力结构最后可能会演化为独享性权力结构或者是消长性权力结构。由此，中国国家治理现代化的建构需要培育中国社会力量的主体性，其具体培养的路径是：

（1）培养公民精神

随着中国经济、政治和社会的发展，公民政策参与成为民主政治生活中比较频繁的事情。如何理性地规范和提升公民的政策参与，保障人们政策参与的有效性、合法性和民主

---

① 《德国之声》，载《德学者点评中国社会发展》，www.Singtaonet.com。

性，并推动一个国家民主政治发展，是人们不得不去思考的问题。如今，建构公民精神对培养公民理性，推动公民走向良性的、高效的政策参与将起到不可或缺的作用。那么，何谓公民精神？学界众说纷纭，其研究也源远流长，门派较多。

西方语境下公民精神不是一个新名词，英语中一般用"civism"来表示。学术界用"civility"称呼它，译为汉语是"礼仪、礼貌"等意思。政治学和社会学界，"civility"一般译为公民性、公民精神和市民认同等意思。有些学者认为，"civility"意指两层含义[1]：一是个人修行，指德性方面的"礼貌待人"；二是指集体价值，指的是共同体的默契。从个人修行上看，"礼貌待人"指涉"公民习性"，而"集体价值"含义指涉公共精神。学者张凤阳在《政治哲学关键词》中把"公民精神"理解为：公民德性和公民自主性。政治学界持这两种看法的人很多。到底哪种合理？其实，二者都在公民精神的渊源中蕴涵。探究公民精神的渊源，当然要从公民概念的缘起说起。古希腊时期，人民对公民的美德十分崇拜，公民精神就是公民美德。古希腊人认为，人要有四德："端谨"或"明哲"、"勇毅"、"节制"或温厚、"正义"。现代意义上四德是指人要有：智慧、勇敢、节制、公正。柏拉图系统地分析它们，并导出公共生活的最高价值理念。亚里士多德认为："所有的公民都应该有好公民的品德，只有这样，城邦才能成为最优良的城邦。"[2] 并且，他也认为，城邦的人尽管品德可能有不同，但不能违背城邦的公共善，"那么，公民既各为他所属政治体系中的一员，他的品德就应该符合这个政治体系"[3]。可见，古希腊时期人们对公民精神的理解更多的是关注公共的善，关注公共生活。人们不仅关注着自己，更要关注国家，关注他人。人们的私人空间都被公共城邦所淹没，以共同体为人们最高的利益和最高的衡量标准，因为这才真正地表现出公民的公共品质。这种品质体现了民主、自由、公民本位、超越自我的公共精神和美德。古罗马时期，公民精神和公民德性等同使用，因为在古罗马帝国里面，为共和国做任何事情都是最伟大的事情。但随着社会的发展和公私不分，公民逐渐用私人利益取代公共利益，公共精神此刻消失殆尽，古典的公民精神也烟消云散。现代以来，随着公共行政的兴起，公域与私域开始渐趋分离，公民精神再次泛起波澜。20世纪30年代起到20世纪80年代，公民精神再次被人们关注，演绎了弱——渐强——较强的轨迹。如今，公民精神再次被许多学者所关注。学者弗雷德里克森教授指出，"在公共行政领域，现代公民精神理论假定，充满活力的公民和有效的公共行政是相辅相成的"[4]。学者哈特认为，公民具有崇高品德精神包含：践行公共政策能力、具备信念能力、承担道德责任和具备宽容操守。[5] 此时，公民精神等价于人的德性，关注人们的德性教育成为培育公民精神的主要通道。人们逐渐用公民德性来取代公共精神的研究和命

---

[1] 参见高丙中：《中国的公民社会发展状态——基于"公民性"的评价》，载《探索与争鸣》2008年第2期，第9页。
[2] [古希腊] 亚里士多德：《政治学》，吴寿彭译，商务印书馆1965年版，第124页。
[3] 赵映诚：《古希腊公民社会与公民精神》，载《理论月刊》2005年第5期，第59~61页。
[4] [美] 乔治·弗雷德里克森：《公共行政的精神》，张成福等译，中国人民大学出版社2003年版，第39页。
[5] [美] 乔治·弗雷德里克森：《公共行政的精神》，张成福等译，中国人民大学出版社2003年版，第39页。

名。研究出现了较多的流派，主要是自由主义的公民德性理论、共和主义的公民德性理论、左派的公民德性理论以及社群主义的公民德性理论。① 就现代公民德性理论来讲，人们主要关注公民的素质，如自主性、公共精神、政策参与能力、宽容和合作等培育问题的研究。

中国对公民精神研究时间不是很长，因为中国是臣民、子民居多的社会。20 世纪 80 年代，关于公民精神的研究才刚刚开始。其中，研究公民精神具有代表性主要是：①从社会资本角度看，强调公民精神就是公民参与行业组织、公共事务所表现出来的一种和谐公益品质。这种品质具备社会资本元素，体现在参与意识、自治精神、自主精神等方面。② ②从公共行政角度看，公民精神强调公民对于公共事务的参与和关注，人们具备了公共责任和义务就容易忽视建构优良的德性。③ ③从公民社会角度上看，公民精神是一种美德。这种美德强调公民身份的重要地位，关注不同群体的公平性、主体性等问题。④ ④从民主政治角度看，公民精神是现代民主社会公民具备的一种意识素养。⑤ ⑤从人类存在学角度上看，公民精神是指在人类发展中需要对公共生活进行关注，人们要拥有对善的追求品性，要有对社群的虔诚和归属等。它要求一些基本的价值得到张扬，比如民主、自由、秩序、公共利益等。⑥

基于对公民精神内涵的一个梳理发现，就西方社会而言，公民精神从古希腊时期一直演绎到现在。但中国学者 20 世纪 50 年代才开始关注公民概念，晚近的学者也才加强对公民精神内涵的解读。尽管公民精神在某时段的研究可能会呈现出不同的侧重点或者受学者追捧程度差异性，展示了不同的特点，但就目前来讲，通过公民精神的培养可以提升公民素养，增加公民参与政策的理性和水平，已经成为学界的共识。自党的十七大以来，中央领导也在不断地发出要推进公民意识建设的决心和信心。十七大报告首次把公民意识和民主法治、公平正义理念的培养置于凸显地位，意义非同寻常。⑦ 在中国语境下，公民精神指涉公民的一种素养，指公民应该具备权利意识、主体意识、责任意识、民主意识、法治意识、公共意识和道德意识等。作为一个处在现代市场经济中的人，公民是国家与社会的主人，不是臣民或子民。这表明，公民要具备一定的担当责任，要让自己具备成为国家和社会主人的素养。公民为此要积极主动地参与社会、政治、文化生活中来，把自觉精神和公共精神内化到自己行动中去。人一旦具备公民精神，就会有强烈地维系社会公共利益的思想和行为，可以通过公民精神塑造集体自我意识。"集体性自我意识是将自我视为集体

---

① 参见张镇镇：《公民精神与中国现代社会改革》，上海大学 2010 年博士学位论文。
② 参见黎玉琴：《论当代中国社会中的公民精神》，载《当代世界与社会主义》2006 年第 5 期。
③ 参见党秀云：《公民精神与公共行政》，载《中国行政管理》2005 年第 8 期。
④ 参见高丙中：《中国的公民社会发展状态——基于"公民性"的评价》，载《探索与争鸣》2008 年第 2 期。
⑤ 参见马长山：《公民性塑造：中国法治进程的关键要素》，载《社会科学研究》2008 年第 1 期。
⑥ 参见刘鑫淼：《公民性：现代人的存在样态和品质吁求》，载《社会主义研究》2006 年第 4 期。
⑦ 参见王虎东主编：《公民意识研究》，郑州大学出版社 2009 年版。

之一部分的认知状态，它内含着一种将集体利益置于个人或地区与集团利益之上的规范。"① 具备公民精神的公民会把共同体作为一种依托，把共同体看作自己的一部分。一旦个人利益和公共利益发生矛盾，"个人的自我意识被他的集体性自我意识部分取代"②，即自觉地使个人利益服从于公共利益，从而减少自利的行为。

国家治理主体多元化，表明治理权力主体应该具有、多元性、共生性、共享性和分散性。一个国家想要建构治理的现代化，那社会权力主体就要主动地承担国家溢出的权力。社会主体必须具备作为一个权力主体应该具备的素养，以便在自主和自治中实现自己的政策参与行为。否则，在一个政府独占鳌头的权力结构中，中国怎么可能构建一个多元、平等的治理结构？更有甚者，一旦政府违背了公共性，侵蚀公共利益，拥有良好公民精神素养的公民就会有能力，也有责任承担监督政府的职责。因此，培养公民精神，目前来讲是中国国家治理现代化建构所需要一个文化的道德底蕴。中国目前公民精神存在缺失。因为无论从"路径依赖"历史角度，还是从现实角度，中国都缺乏形成现代公民精神的基础。从历史看，传统小农经济的发展并没有因为市场经济的推进彻底改变了传统社会结构，社会的等级制度目前并没有彻底的改变；再加上"差序格局"和"伦理本位"的长期影响，中国社会公民精神所需要的自由、民主、平等环境并没有到来。由此，公民精神的自主性等元素不可能在短期内建构起来。从现实性上看，政府主导和社会、个体跟随的整体局面仍然广泛的存在，政府不受太多监督表明公民自身在社会中大多是臣民身份，一个类似于臣民和子民的公民不可能内生出公民精神。由此，培养公民精神，必须要打破传统和现实的桎梏，从宏观和微观两个层面推进公民精神的培育。

第一，宏观上构建市场经济、民主政治制度和公民文化。①市场经济是公民精神培养的物质基础。市场经济有开放性、公平竞争性和契约性等特点。传统社会中固守一个地方的人，被现代的、流动的、公平的和法治的人所取代。市场经济中的契约精神培育人的自愿、诚实守诺的精神，推动了人的平等意识、自主意识和自由意识的产生。人也逐渐开始"依靠理智来思考，来行动，来建立自己的现实"③。尽管市场经济存在严重的利己行为，可能会侵蚀公民的公共性、责任性等精神，但如果政府等组织通过制度化的设计，减少市场的外部性行为，市场经济就会依靠自身的特点推进公民精神的形成。②民主政治制度为公民精神的培养提供制度性保障。公民政治是现代民主政治的基本态势之一。缺乏公民政策参与就没有民主政治的形成。因此，很多现代化国家都着力通过制度设计推动公民政策参与的扩大化。国家制度的建构行塑公民参与模式，影响公民精神。学者阿尔蒙德曾经比较过英国和美国两个国家制度差异性发现，长期生活在专制制度下的英国民众和长期生活在乡镇自治制度下的美国民众形成了不同的参与风格。前者是臣民、服从式的参与，而后者是主动的参与，后者极力通过参与防止政府权力的扩大。中国宪法规定"主权在民"、

---

① ［美］爱德华·希尔斯：《市民社会的美德》，载邓正来等编：《国家与市民社会——一种社会理论的研究路径》，中央编译出版社2005年版，第44页。

② ［美］爱德华·希尔斯：《市民社会的美德》，载邓正来等编：《国家与市民社会——一种社会理论的研究路径》，中央编译出版社2005年版，第34页。

③ 《马克思恩格斯选集》第1卷，人民出版社1995年版，第2页。

"一切权力属于人民",但由于现实的政策参与制度、渠道不够完善,导致当前公民政策参与机会不多。长期下去,导致人们对政策参与的冷漠,臣民意识较浓,公民也因此缺乏公民精神。因此,中国要想培养公民精神,必须要建构民主政治制度。通过制度的建设给公民个体以自由、民主、平等的机会参与治理生活。在政策参与中,公民的民主技能得到训练。同时,建设民主政治制度改变制度本身留给我们厚重的历史记忆,改变了几千年来专制制度对人们臣民性格惯性的影响,"因为它们给定了行为人的身份、权力和战略"①。由此,中国通过民主政治制度可以塑造人们的平等、自由、自觉、自信、参与的公民精神,从而提升了公民精神的层次。③培养公民文化为公民精神的培育提供精神食粮。文化是人类发展的精神食粮。中国要想培养公民精神,当然离不开公民文化的培育。中国公民文化相对较为缺失,在构建中国特色的公民文化中需要做到:首先,中国传统文化中要吸收世界先进国家对公民文化形成所具有普世价值和共识的东西。比如,党的十七大报告指出,公民文化普世价值是"民主、自由、公正、法治、人权、人格尊严"。在剔除其中不符合中国价值认可基础上,根据中国现实情况来决定构建符合当前的公民文化。中国公民文化建设既不能止步不前,也不能全盘西化。因为我们的权利"绝不能超越社会的经济结构以及由经济结构制约的社会文化"②。其次,对传统文化,通过剔除糟粕和吸取精华的方式来推动现有公民文化的培育。由于受"路径依赖"影响,中国尽管处在社会转型时期,但传统文化仍然深深地影响人们的生活,根植于人们心灵之中。要剔除传统文化对公民独立自主性的培育,可能会形成"伦理本位"、"轻私权,重公权"等思想。因为传统思想和现代公民精神所追求的开放、独立、自主等精神并不相符合。如今,中国正处在社会主义初级阶段,需要构筑符合时代特色的公民文化。亚里士多德认为,"公民的德性与他们所属的政体有关……既然政体有许多种类,公民也就必然是多种多样"。③ 因此,目前来讲,中国利用社会主义核心价值体系构筑政治共同体,形成类似于"中国梦"等这样的伟大理想,把民众聚合在一起,让民众为了共同体目标的实现而行动,并最终达成认同意识。学者金里卡认为,"在许多情况下,共同体认同的基础不是一套共享的理想生活信念,而是一种更为普遍的感受:同属于一个世代相传的社会,拥有一个共同的历史并且分享一个共同的未来"。④

第二,微观上通过学校教育、基层自治和行业组织治理培育公民精神。如果说宏观层面是公民精神培养的外在环境的话,那么微观的、自我增量的运动则可以加速公民公民精神的提升。其具体表现在:①通过参与提升公民精神。公民需要积极地加入自治活动之中,通过现有的民主训练场域培养公民精神。善于参与公民容易熟悉参与过程,提高自我效能感和自我责任感。中国公民现在的基层参与渠道也有一定的增加,如有村委会选举、

---

① [英] 罗伯特·D. 帕特南:《使民主运转起来——现代意大利的公民传统》,王列、赖海榕译,江西人民出版社2001年版,第7页。
② 《马克思恩格斯选集》第3卷,人民出版社1995年版,第305页。
③ [古希腊] 亚里士多德:《政治学》,颜一等译,中国人民大学出版社2003年版,第76~81页。
④ [加拿大] 威尔·金里卡:《少数的权利、民族主义、多元文化主义和公民》,邓红风译,上海译文出版社2005年版,第370页。

社区选举和工会选举等。尽管现有的村委会选举或者其他选举存在着贿选,"大多数农村地区的村民自治仍然处于干部支配型或能人主导型的发展阶段"①,但比起早期上级直接任命的行政模式要民主得多。民众通过政策参与,训练民主的技能、了解民主的知识,从而培养了他们的公民精神。②扩大政策参与路径利于公民精神的培育。行业组织的蓬勃发展为公民精神的培养提供了途径。公民自愿地通过结社方式组建行业组织,如行业协会、商会及其民间组织等。这便于人们增进彼此的了解,并最后达成共识。"人们只有相互作用之下,才能焕然一新,才能开阔自己的胸怀,才能发挥自己的才智。"②学者帕特南认为,公民自愿结成横向的团体可以形成普遍的信任、规范和互惠网络,从而推动公共精神的成长。③中国尽管现在对结社还是严加管理,但毕竟行业组织从数量、质量和参与社会治理、影响公共政策制定等方面,越来越凸显了自己的作用。尽管对促进民主的发展可能不如西方社会那样明显,发展也还存在困难,但毕竟行业组织政策参与正在促进中国的民主发展。如果加以很好地解困、利用,就会呈现较好政治学层面的意义。民间组织是自愿结合、彼此平等、自我管理的组织,通过自身参与将会行型塑参与者公民精神,增进公共利益。而且,通过主动让出部分权力结成共同体,在维系共同体运行中培养公共精神。因此,民间组织的发育是公民结社精神的体现,也是公民性在组织中的体现。④ ③学校教育平台是公民精神培养的主阵地。公民自治参与和结成行业组织是培育公民精神的有效途径,但未必就一定可以形成公民精神中的美德。因为无论是公民,还是组织都存在着自利的行为。增大人们公共利益行为需要政府引导人走向德性,需要教育平台的出现。学者凯姆利卡认为,"我们似乎不能依靠公民社会中的市场、家庭或社团来传授美德",而"学校就必须教给孩子们如何从事界定公共理性的评论性推理与道德判断"。⑤ 可见,在公民美德的培育中,学校承担了重要角色。就目前来讲,按照十七大报告要求,政府可以在学校设置公民教育课程,通过课程设计传授公民知识。同时,通过学校一些社团传播公民文化,训练他们参与结社,培养他们的公民精神。

总之,通过宏观制度的设计,加上微观增量的积累,两者结合起来,彼此联动对中国未来公民精神的培育将起到重要促进作用,为国家治理现代化建构中治理权力主体公民精神的培育,特别是公民主体意识的培养起到关键的助力。

(2) 培养行业组织主体意识和公共精神

公民精神的培养为共享性权力结构设计打通了公共性精神的通道,集体或者行业组织的主体意识也需要培育。因为就目前来说,行业组织的主体意识并不很强。其实,像温州商会这样民间自治性很强的行业组织,随着时间推移其自主性也渐趋弱化,具体表现在:第一,商会自身行政化的态势有加强的趋势。无论是在专业队伍中行政干部兼职的增多,

---

① 卢福营:《论村民自治运作中的公共参与》,载《政治学研究》2004年第1期,第17~23页。
② [法]托克维尔:《论美国的民主》,董果良译,商务印书馆2004年版,第638页。
③ 参见[英]罗伯特·D.帕特南:《使民主运转起来——现代意大利的公民传统》,王列、赖海榕译,江西人民出版社2001年版,第203~204页。
④ 参见高丙中、袁瑞军:《中国公民社会发展蓝皮书》,北京大学出版社2007年版,第14~22页。
⑤ [加拿大]威尔·凯姆利卡:《论公民教育》,天津人民出版社2003年版,第287页。

还是政府"双重管理"制度的设计都让商会有半行政化的趋势。商会自此失去了组织的自主性。第二，商会的管理有精英化的趋势。尽管商会适当的精英化可以缓解商会之困，但精英化推进商会发展的前提是精英者必须有着公共性精神，其做事情不是仅为了自己，也是为了集团共谋发展。所以，公共精神一旦在会长、精英身上缺失，商会就沦为私人化的组织，其公共性、自主性、平等性等特点就不会存在。第三，法律制度的缺失。当前，社会缺少正式法律来界定行业组织的发展等相关问题，因此导致行业组织容易缺失法律制度保护，进而影响它们的自主性和独立性。行业组织主体性的缺失就会造成组织与政府分享治理权力可能性的缺失，也就无法建构多元化的治理权力结构。

行业组织主体性的缺失是行业组织和其他权力主体分享治理权力的障碍，行业组织一旦出现公共精神的缺失则会造成行业组织自利行为的出现，从而弱化其作为行业组织的基本定位。或者说在自利行为的支配下，行业组织容易出现经济契合行为的现象。它们会利用经济契合逻辑来型构与国家或者政府的关系，这不利于其自身政策参与的扩大，也不会真正地对中国现有行业组织政策参与渠道的拓宽有任何帮助，更不会催生国家治理所需要的强国家与强社会关系结构的形成。此时，中国行业组织狭窄的政策参与渠道不可能对中国公民和社会有序政策参与路径的形成发挥重要作用。由此，着力发展行业组织的公共精神是推进行业治理作用应有之义。何谓公共精神？一般来讲是指孕育于人类公共生活中的、以公共性为价值依托的、位于人类心灵深处的基本道德和政治秩序、观念、态度和行为。① 人或者组织一旦具有公共精神，就会表现出对公共生活的热爱，并且也会积极地融入公共事务，并对政治社群有认同感和归属感，对公共的善会进行践履。由此可见，行业组织一旦具备公共精神就会以公共的善为价值准则推进自己参与公共事务。这一方面可以改变自己的自利行为，另一方面也可以在共同体下和其他权力主体之间达成契约，并通过它们增进彼此的信任，在维护公共的善中达成国家治理主体权力的多元化合作结构。

总之，通过研究发现，在中国国家治理现代化建构推进上，作为和国家一起共担治理责任的社会要想承担起治理的主体责任，社会必须要培养自主性。从国家层面上看，作为国家治理的权力主体，政府要学会做好自己分内的事情，在有限职能政府建构的指引下承担起治理的责任。从社会层面上看，作为社会治理的权力主体，行业组织，特别是社会治理主体结构——行业组织要具备较好的自主性，在自治的基础上通过政策参与方式与政府一起合作治理，在国家与社会互动中最终实现国家治理现代化的建构。组织的自治能力不仅对国家治理主体多元化的形成有着巨大的意义，而且为中国行业组织政策参与之困的化解提供了主体责任和能力。一旦公民和行业组织自身自治能力较弱，则行业组织政策参与机会将萎缩。由此，国家与社会，或者说政府与行业组织两者之间的参与和治理主体的责任缺一不可，否则，无法实现国家治理现代化的建构和行业组织政策参与之困的化解。

三、法制建设

当前，中国社会的自主性，或者说行业组织的自治性面临着亟待培育的境遇。同时，政府职能的转变也正处在关键时刻，如何在真正意义上打造一个符合国家治理现代化建构

---

① 参见刘鑫淼：《当代中国公共精神的培育研究》，人民出版社2010年版，第38页。

所需要的有限性职能政府似乎也不是一朝一夕就可以实现。如何化解症结,推动中国社会的发展?这是在进行国家治理现代化建构时必须要面对的问题。其实,无论是中国职能有限性政府的建构,还是社会自主性的培养都牵涉到国家治理权力的共享问题。一旦国家治理权力形成不了合理配置,容易酿成社会的动乱或不安。因为人们对权力之下利益的追求无法使人们能够心平气和地进行彼此的合作。由此,提升国家治理能力,为中国社会经济的发展提供一个良好的治理机制,也为商会等行业组织提供更多的政策参与渠道,通过中国法制的建设来解决,恐怕是一种较好的制度选择。因为通过法制的建设可以厘定政府与行业组织的治理权限。通过法律的厘定,国家与社会或者政府与行业组织之间的权力就会被制度化加以设定,国家与社会之间的合作治理就有了法律制度的保证,从而使中国国家治理和行业组织政策参与不会因为人治的原因而葬送治理主体与参与的平等性。这样,国家与社会关系才可以得到持久的均衡化、制度化,中国国家治理现代化的建构才可以实现,并进一步为化解行业组织政策参与之困提供解决的契机。

1. 依法治国思想

宪法是一个现代民主国家必须具备的根本大法。当今社会,把依法治国作为现代政治生活的样式渐渐成为人类的共识。① 依法治国制度已经成为人类追求的先进制度之一,人们普遍相信依法治国是迄今为止人类历史上最科学、最理想的国家制度。那么,到底什么是依法治国制度?人们众说纷纭,界定不一。由此,我们先从依法治国的起源说起。依法治国最早起源于古希腊。古希腊人的依法治国思想主要体现在公民享有参政议政的权利、宪法和法律至上以及制约国家权力机制的建构等,政权的合法性来源于法律,统治者必须依法而治。"古典的宪政思想传统上关注于最大限度地'保护社会成员彼此不伤害,同时将政府侵害其公民的机会降至最小程度'……它的反面是专制统治。"② 在雅典建国以后,雅典人通过改革建立以地域和财产为基础的新政治体制,这些都被后人称为现代依法治国的起源。"雅典人在人类的政治发展之中最早时期,已经达到了'主权在于全体人民'及'普通人民执政'之最高点。"③ 尽管古希腊人孕育了现代依法治国思想,但古希腊人的依法治国思想与现代依法治国思想的理念相去甚远,他们的依法治国思想仅是一种制度设计或者获取稳定政治秩序的一种设计,其并不是现代完全意思上的依法治国。古罗马时期,随着罗马人吸收古希腊人优秀的政治思想,并建立自己的共和国制度,设立了元老院、民众大会、执政官等机构,对公私法进行了区别,古罗马人对分权和依法治国思想有着伟大的贡献。其实,现代依法治国思想真正意义上的起源地是英国。"自由政制的治术是诺尔曼种族对于世界文明的最大贡献……唯有关于政治组织中之基本概念,现代文明人必须请教于英国的宪政制度。"④ 英国人通过《大宪章》、《权利请愿书》、《权利法案》

---

① 参见王士如等编:《宪政视野下的公共权力与公民财产权》,法律出版社2011年版,第1页。
② [美]斯蒂芬·L. 埃尔金、卡罗尔·爱德华·索乌坦:《新宪政论——为美好的社会设计政治制度》,三联书店1997年版,第27页。
③ 应夏克等编:《西方民主史》,中国社会科学出版社1997年版,第62页。
④ [英]门禄:《欧罗巴政治》,第1章。

三个重要文件把依法治国思想推向当时的顶峰。美国独立之后，在继承英国人的依法治国思想的理念下，美国人剔除了英国人的阶层、爵位或等级差别等思想，融合了各家所长，独创了自己的依法治国文明。正如《联邦党人文集》中的自我评价那样："这是美国人的幸福，我们相信，这也是全人类的幸福，美国人民在追求一种新的和更为崇高的事业。他们完成了一次人类社会历史上无可比拟的革命。他们建立了地球上尚无范例的政府组织。"①

可见，追溯依法治国思想的起源，英美两国是最具有发言权的国家。时至今日，西方学者普遍的认为，依法治国就是有限职能政府，核心在于限制和约束国家权力，目的在于保护公民的权利和自由。依法治国思想传入中国以后，学者纷纷加以界定。中国学者李步云认为，"依法治国是国家依据一部分体现现代文明的宪法进行治理，以实现一系列民主原则与制度为主要内容，以厉行法治为基本保证，以充分实现最广泛的人权为目的的一种政治制度。根据这一定义，依法治国这一概念包含三个基本要素，即民主、法治、人权"。② 学者文正邦认为："宪政是以宪法为前提，以民主为政治核心，以法治为基石，以保障人权为目的的政治形态或政治过程。"③ 学者王怡认为："依法治国是一种以法治为形式、司法为屏障，以民主为基础、分权为手段，以保障个人自由为终极目标的政法体制。"④ 从动态上讲，依法治国是制定宪法的过程，要达到的目标是约束政府权力，保障公民的民主、自由、平等与权利等。⑤ 依法治国的价值在于补充和协调不同理性之间的关系，是将传统理性价值，如民主、法治、人权和自由等理性价值有机地整合起来，并进一步发挥它们整合的价值。⑥ 学者杜钢建认为，依法治国的直接目标是自由，而不是民主，依法治国在近代出现是为了保障人的自由，人们构建依法治国不外是要将国家权力纳入法制轨道，使管理者的权力受到约束。⑦

可见，对什么是依法治国，人们莫衷一是。但是，但凡崇尚依法治国思想的学者或者国家一般都认为，依法治国就是以一部成熟的宪法作为国家的最高权威用以制约国家权力、保障人民权利的一种政治运作。它具备一些价值理念：社会契约理论、民主、法治、权力制约和保障人权。⑧ 其具体包含：

首先，社会契约理念是依法治国的基础。西方社会契约理论是依法治国思想出现的基础。从古希腊的伊壁鸠鲁到霍布斯、洛克，再到卢梭在《社会契约论》一书的正式确定。卢梭认为，人民主权和国家是社会契约的结果，所以政府统治源于人民的委托，在委托中

---

① ［美］汉密尔顿、杰伊、麦迪逊：《联邦党人文集》，程逢如等译，商务印书馆1980年版，第70页。
② 李步云：《什么是宪政》，载《法学》2008年第3期。
③ 文正邦：《宪政：人类法治文明的最高结晶》，载《现代法学》2002年第5期。
④ 王怡：《宪政主义：观念与制度的转捩》，山东人民出版社2006年版，第4页。
⑤ 参见何勤华：《宪政是社会主义应当继承和发展的普世价值》，载《法学》2008年第3期。
⑥ 参见莫纪宏：《宪政是一种完整的价值理性》，载《法学杂志》2004年第1期。
⑦ 参见杜钢建：《新宪政主义与政治体制改革》，载《浙江学刊》1993年第1期。
⑧ 参见王士如等编：《宪政视野下的公共权力与公民财产权》，法律出版社2011年版，第14页。

人们没有失去自我、自由，体现了自主性。① 这就说明，依靠契约获取权力的国家或者政府要被人民严格监督，不能专权或破坏民众的权利。

其次，民主是依法治国的起点。衡量一个国家是否具备正义的标准就是看国家的民主程度。从社会契约理论上看，实行依法治国的国家权力属于人民，管理是多数人的意志，人们可以民主地参与国家大政方针的制定，或者发表自己的看法。这种参与受到法律的保护和支持，是天经地义的事情。因此，在依法治国思想建构中，公民或者组织有政策参与的民主权利，应该受到法律的保护。

再次，法治是依法治国的基石。何谓法治？学者亚里士多德认为，"法治包含两重含义：已成立的法律获得普遍的服从，而且大家所服从的法律本身又应该是制定良好的法律"。② 这说明，法治首先要有良好的法律，其次这种法律得到很好的遵循。法治是依良法而治，在实行法治的国家中任何人、任何组织都要遵循法律。"法治与宪政有着天然的联系。"③ 在实行法治国家里面，国家权力和公民权利是彼此分离和对立。这既是依法治国产生的缘由，也是实现依法治国而采用的策略，依法治国通过法治途径达到其目标。④ 由此可见，法治是依法治国的基石。

又次，制约政府管理权力是依法治国理念的精神实质。人们对权力的崇拜和使用是无止境的。孟德斯鸠认为："一切有权力的人都容易滥用权力，这是万古不易的一条经验。"⑤ 为了防止人的贪欲和对权力的滥用，人们从制度设计上谋求制约政府权力，而依法治国就是人们的一种尝试。人们认为，只有用法律制约政府权力才可以让政府权力不被滥用，也可以让政府权力在制约下得到更好的发挥。由此，依法治国与权力的无限使用二者不能共生。人们通过法律要把政府权力纳入法律监督体系之下，使公共权力实行的边界得到约束和限制。

最后，保障人权是依法治国的终极目标。何谓人权？人们界说不定，但基本上是指人应该享有的权利。依法治国产生的原因就是为了保护民众的人权，可以说，没有保护人权就没有依法治国思想的流行和依法治国制度的建设。依法治国理念就是对政府权力的限制，其限制的归宿点是通过限制政府权力来保护人权。因此，依法治国无论如何都不能丢弃保护人权，否则依法治国就成为无本之源。

2. 中国依法治国制度建设

中国人对依法治国的理解和研究到了现代达到了顶峰。在实现依法治国的道路上尽管存在制度的设计与西方流行制度的设计不一样，但依法治国一些基本理念是必须要具备的，否则中国就成为假"依法治国"，或者说光有法律而没有依法治国。这点从近代以来在构建依法治国经验中可一窥端倪。1908 年，清政府在内外压力下颁布了中国历史上第

---

① 参见［法］卢梭：《社会契约论》，何兆武译，商务印书馆 1982 年版，第 23 页。
② ［古希腊］亚里士多德：《政治学》，商务印书馆 1981 年版，第 167~168 页。
③ 刘军宁：《共和·民主·宪政——自由主义思想研究》，上海三联书店 1998 年版，第 147 页。
④ 参见谢维雁：《论宪政的德性》，载《探索》2002 年第 2 期。
⑤ ［法］孟德斯鸠：《论法的精神》（上），商务印书馆 2002 年版，第 154 页。

一部宪法大纲文件——《钦定宪法大纲》,其中包括两部,第一部是君上大权,是主要的内容;第二部是附臣的权利与义务。从制定宪法的内容上看,全部宪法包含的精髓是大清帝国和皇帝不可侵犯。虽然其里面也含有法律治权的原则,但从整体上看,中国第一部宪法给人们的印象就是"挂羊头,卖狗肉",是彻头彻尾的巩固皇权、并且用宪法的形式公然固定下来的伪"依法治国"。这显然违背依法治国的基本含义——限制政府独断权力、依法治理国家和保护人权。因此,中国人较大的依法治国运动就这样草草收场。随着清朝的覆灭,代之而起的以孙中山为代表的革命者进一步用实际行动推进中国早期的依法治国运动。这次宪政运动再次掀起国人大兴、畅谈依法治国之梦。这次依法治国运动的主要成果体现在《临时约法》里面。《临时约法》总共分七章,在文字上面第一次赋予了国民在宪法上的平等地位,《临时约法》对人民的各项权利加以详细之规定,其中的一些条文折射了人们对"民主、自由、博爱"和"天赋人权"的高歌和喜欢之情。这部《临时约法》可以说是近代史上中国依法治国运动奏起的最高音。但也不难看出,《临时约法》尽管推进了中国依法治国运动的发展,可从其出现的初衷看,《临时约法》更多意义上是在利用西方"三权分立"制度设计限制袁世凯的个人权力,并非是革命者一开始就想建构的主体思想。革命者提出的"驱除鞑虏,恢复中华"口号,更多的是建构一个独立国家思想,其中很少谈依法治国思想。因此,《临时约法》的意义更多的是沦落为政治斗争的产物。这一点在袁世凯夺权之后就被凸显。袁世凯为了摆脱《临时约法》的束缚,出台《中华民国约法》。《中华民国约法》彻底地体现了总统的绝对地位,国会也被取消,强化袁世凯个人专断权力得到加强。这里的宪法已经成为个人权力专断的合法性工具。军阀混战开始后,直系军阀颁布的《中华民国宪法》也是如此。"直系军阀虽以宪法为号召,但无行宪之诚意,所以这个宪法虽经公布,亦未施行,不过等于一纸具文而已。"① 由此,学者王人博说:"所谓宪法,那只不过是武夫们用以证明自己武力强大的一个标签……宪法中的那些起码的道德,那些为政的基本操守,那些基本价值准则全被军阀们踩在了脚下……不管军阀们颁布过多少部宪法,组织过多少届国会和内阁,选举出多少届大总统,而军阀政治早将宪政的那些价值放逐于'共和国'之外,并用枪杆子加以扭曲和绞杀。它为以后中国宪政的发育成长带来了无穷的后患。"② 国民党一党专政时期,1931年,国民党颁布《中华民国训政时期约法》、1936年颁布《中华民国宪法草案》及其1949年颁布《中华民国宪法》。通过数次颁布宪法一步步地通过"军训"、"训政"等手段建立和巩固一党专政的法西斯国家统治模式。此时,中国建构依法治国道路陷入困顿。其实,真正意义上给中国人带来依法治国思想巨大发展的是新中国成立后。从早期的《共同纲领》,到《五四宪法》,再到《八二宪法》,以及2004年以来关于"人权"、"非公有制经济地位"等层面宪法修正案的通过,尽管期间有些思想上的沉浮,但从整体上看中国依法治国道路的建设正在向一个健康道路上迈进。在以人民代表大会制度为主导的权力分配制度下形成的政党制度、区域自治制度、人民参政、议政制度和权力监督制度等比早期光有依法治国之名、没有依法治国之实要进步得多,但不可否认的是,中国依法治国建设的

---

① 吴经熊:《中国制宪史》,商务印书馆1937年版,第70页。
② 王人博:《宪政的中国之道》,山东人民出版社2004年版,第17~18页。

发展仍然存在诸多的问题，亟待解决。最大问题是有法律，但是缺法治。法律是实行依法治国的基础，依法治国是法律具体的执行。两者紧密的结合方可真正地推动人类政治文明的进步。如果从应然上看，中国法律和依法治国是一致的。但从现实上看，中国依法治国缺乏一定的、具体的、微观的实施制度和程序加以落实。由此看来，中国依法治国缺乏运行的微观社会基础。

3. 政府权力运行制度化：国家与社会关系调适趋势

第一，法律与公共权力制度化。公共权力必须要被关在笼子里面，否则公共权力就会被异化，或者公共权力就会变得私有化。那么，我们如何让公共权力被限制在笼子里，或者不被私有？学界认为最好的方法就是公共权力的运行通过法制的方式进行制度化。通过研究发现，一个依法治国的国家会具备一定的良法、具备理性的公民、具备限制政府权力越轨的制度设计。在法制制度的建构下，国家或者政府的权力是有限的。政府的权力来源人民，是人民委托给国家或者政府的权力，一旦政府侵蚀民众的公共利益，人们可以选择收回赋予政府的权力。通过这种法治化制度的设计来维护公共权力的公共性，防止公共权力私人性的出现，也会防止公共权力侵蚀社会。一个国家的公共权力一旦通过制度化方式把它关在笼子里，那么国家与社会的关系将会发生变化。中国目前国家与社会关系从整体上看，国家过多地侵蚀社会机体，政府过多地异化公共权力，或者政府被其自利行为所掌控。在目前国家主导或者政府主导的形势下，我们如何界定国家与社会的关系，推动它们向良性的方向发展，为社会个体或者组织提供一个参与治理的空间，这是当前我们必须要解决的问题。尽管中国目前法治化、制度化的建设存在诸多的问题，但合理地界定公共权力运行的边界，已经成为中国国家与社会关系能够均衡发展的通道。单靠人性中的"德性"维系权力的边界，要想理顺国家与社会关系显然是不切实际的。中国只有通过不断的法制建设，走法治化道路才可以催生出国家与社会关系的良性发展。

第二，政府权力制度化——国家与社会关系调适趋势。权力是人类社会发展的必要条件，"没有权力，便不可能存在任何家庭、市民社会、种族、整个人类。"① "一切有权力的人都容易滥用权力，这是万古不易的一条经验。有权力的人使用权力一直到遇有界限的地方才休止。"② 因此，公共治理权力必须被监督和制约，否则容易被异化。公共治理权力失去监督则容易演化为公共权力的私人化，或者是公共权力出现过度膨胀的特点。由此，在诸多国家政治发展的历程中，人们就想尽一切办法设计制度让公共治理权力受到限制，防止权力滥用。如果说对公共治理权力进行监督是人类谋求权力运行公正性的话，那么这种在追求中所反映的写照实际上是一个国家的国家与社会关系的演变轨迹。国家与社会关系对于治理权力的分配，反映了二者的现实关系。中国一直以来是一个公共治理权力过大、社会治理权力弱化的权力分配关系。每一次公共治理权力的调整都型塑着二者的关系走向。这种权力的前置配置意味着在调适二者的关系中，社会处于弱势，存在诸多不定性因素。由此，为了更好地限制公共治理权

---

① [古罗马] 西塞罗：《论共和国法律》，中国政法大学出版社1997年版，第255页。
② [法] 孟德斯鸠：《论法的精神》，商务印书馆1961年版，第156页。

力过于膨胀，我们可以通过权力的制度化来限制权力，通过调适二者的关系来推进良性的、制度化的国家与社会关系的形成。

4. 中国依法治国制度建设的路径

当前，中国要想逐步建立一个依法治国的国家，必须要通过法制的建设把国家与社会的治理权力都限制在一个合适的框架内。其具体来说必须做到：

第一，完善法律制度建设。一个国家是否实行依法治国，首先可以从国家的法律制度是否完善看起，因为良好的法律制度是一个国家实行依法治国的根基。缺乏良好的法律制度体系，依法治国建设是空谈。中国自古以来不缺法律，但很多法律也只是为了维系统治者残酷剥削而进行的制度设计，真正意义上体现人民当家作主的法律制度建设是新中国成立之后，才在中国慢慢开始制定。从那个时期一直到现在，中国法律制度的建设开始逐步推进。从高层宪法制度的建构和修改，再到底层微观主体法律制度的建构，都体现了中国正在向"依法治国"的道路上迈进。党的十八届四中全会明确提出，要着力打造一个依法治国的国家。这表明，依法治国成为中国国家治理的基本方略。而且，在依法治国的建设当中，也能够依照"党的领导、人民当家作主、依法治国"的原则建构有中国特色的社会主义依法治国道路，坚持走有中国特色的社会主义民主政治道路。这是中国进行国家治理现代化建构的基本原则，体现了国家治理现代化建构的核心价值标准：民主、法治、协商。① 依法治国建设体现了中国要从严治党和实现有限性政府的治理理念，其目的就是要在法律制度的建构下，使党严格地按照法律去规范自己行为，承担一个执政党的责任，依靠法律理顺、规范自己和国家权力之间的关系。同时，作为国家权力的承担者，政府也要把自己的行为放在笼子里面。政府不能违背法律去管理社会事务。这都表明，中国在迈向国家治理现代化的征途上有了很大的进步。但不可否认的是，中国还处在社会主义初级阶段，中国的依法治国建设还有很多不完善的地方。"宪法的条文特别是有关公民权益保护的条文在当今的中国更多表现为一种静态的言说。宪法在保护自由、保障人权方面应有的作用远远没有发挥出来。"② 由此，在现实中，有很多违背民主和法治精神的政府行为会时不时地闪现在政府政策的制定和执行中。再加上中国社会主义市场经济的快速发展，很多当下所需要的法律制度建设还远远跟不上时代需求的步伐，法律建设显得十分滞后。这些都制约中国依法治国制度的建设。由此，着力发展中国法律制度的建设是当下推进中国国家治理体系现代化建设当中不可回避的问题。单从中国行业组织的发展方面看，大量行业组织的发展也存在较大的法律制度建设的缺失。这一点前面本书业已论述过③。比如，中国现在没有一部较好的完整的行业组织法律文本，而且有些条例还会给行业组织的发展设置"双重登记制度"等。这都制约行业组织在国家与社会当中的治理作用。无论

---

① 参见魏崇辉：《当代中国国家治理现代化的理论指导、基本理解与困境应对》，载《理论与改革》2014年2月。

② 陆多祥：《试论法治政体的建设与法治国家的实现》，载《西南大学学报》（社会科学版）2002年第1期。

③ 参见本研究关于温州商会政策参与现实困境的分析。

从中国社会自主性的培养方面,还是从行业组织承担政府溢出治理权力等方面,中国行业组织都无法较好地履行其可以承担的责任。因此,建构符合中国国家治理现代化所需要的法律制度是当下依法治国建设中的重中之重,是化解行业组织参与之困的制度化路径,也是促进国家治理现代化建构的制度化路径。

第二,转变人治观念。人治是中国几千年来一个国家管理模式。进入近现代以来,人治观念才开始在"法治"理念下悄然消解。无论是中央提倡的依法治国,还是底层人们对于民主的呼唤,都体现了人们对于法治的追求。但历史终究会有其历史路径依赖的特点,中国长期在人治下被塑造的臣民角色无法在短期内销声匿迹,会长期地萦绕在公民的心中,并影响着公民的日常行为。强烈的人治色彩大大地淡化了法律制度在人们心目中的地位,以至于在政府管理和民众生活中,容易看到的不是依法办事而是依人办事的管理现象。因此,构建一个依法治国的国家,为国家治理现代化的建构提供法制支撑,人们必须从观念开始转变,让"人治"转向"法治"。这是国家治理能力现代化和治理体系现代化的建构所必须具备的理念。

第三,提高法律执行者素养。"国家治理需要靠人,国家治理现代化离不开高素质干部队伍。"[①] 党的十八大报告也认为,当前中国有着新的历史使命和特点,要完成这个伟大的历史使命,中国的发展关键在党,关键在人。所以,在依法治国制度的建设上,法律制度建设的好坏和法治观念是否形成都和是否具有高素质的人有较大的关系。缺乏一个高素质的群体,不仅不能建构符合中国特色的法律制度,也不可能有具备法治观念的人的存在。由此,从国家治理体系的建构和国家治理能力的提升方面看,培养一批高素质的法律和国家治理的执行者是依法治国和提升国家治理能力的重要保障。这是中国建构现代化的国家治理所必须具备的人才素养。

总之,一个国家依法治国制度的建设需要良法、良民和良观。缺失好的法律制度、好的执行者和好的观念,国家就不是现代意义上的法治国家。一旦不是法治国家,在国家与社会层面上的治理权力就没有制度的制约。这就为国家强势侵蚀社会提供一个途径。由此,中国国家治理现代化建构所需要的均衡化的国家与社会关系结构不可能存在,因而给当下中国国家治理现代化的建构制造制度障碍。同时,在行业组织政策参与方面,如果行业组织也缺失一个和国家或政府共享参与治理权力制度化的存在,那处于弱势地位的行业组织就很难化解其政策参与之困。因为此时的行业组织政策参与最多也只是国家或政府施舍的结果,行业组织政策参与的广度和深度都存在不确定性,由此也很难在推进国家治理的现代化方面有着重要的作用。因此,中国通过依法治国的建设,不仅为行业组织政策参与之困的化解提供制度化路径,也为中国未来国家治理现代化的建构提供一个推进的路径。

四、共享性治理权力结构建构

研究发现,通过依法治国制度设计推进政府职能有限模式的建构,体现政府主动退出某些管理领域新趋向;而再通过社会自主性的培养,完成社会自身责任的承担。这样,通

---

① 许海清:《国家治理体系和治理能力现代化》,中共中央党校出版社2013年版,第211页。

过上下驱动,国家与社会关系结构向着均衡化的方向发展。但这也只是为行业组织政策参与和中国国家治理现代化的建构提供宏观结构性的条件。面对日益发展的行业组织,如何提升行业组织参与社会治理的能力?在化解行业组织政治参与之困中,又如何推进中国国家治理现代化的建构?或许通过共享性治理权力结构的设计,通过政府与行业组织公共性的培养来超越各自的自利思想,实现行业组织政策参与之困的化解,并由此找到中国国家治理现代化建构的治理权力结构路径。

1. 共享性治理权力结构

20世纪后期,公民和行业组织的政策参与在现代民主制度的建构中被赋予了愈加重要的地位,政策参与成为衡量一个国家的政治是否民主化的指标之一。经典意义上对政策参与内涵界定认为,公民或者组织通过制度内的渠道参与政治生活,影响政府公共决策的一些活动,包括选举、投票等。随着新公共管理运动的兴起,公民和行业组织的政策参与已经超越了传统政策参与的范围,逐渐涉及了更大的范围,参与主体的地位也在逐渐提高,参与行为也成为现代政治生活中人们的常态化行为。学者Sherry Arnstein认为,参与,特别是政策参与其实就可以看成是人们对于权力的一种重新分配,参与的扩大反映了人们公民权力的扩大。她依据参与的公民权力程度把参与分为三个层次:第一层次的参与是指公民控制、代表权和共享权力的伙伴关系,也即是"公民权力";第二层次的参与被称为"象征",包含纳谏、咨询、知情三个等级,它们均有公民参与,但是最后决策是在政府;第三层次的参与是指非参与模式,也即是训导和操作,是政府通过公民参与去训导公民,是象征意义的。① Sherry Arnstein在1969年以美国为样本进行分析,得出了西方社会公民权力流向上层,呈现向"公民权控制"递进和繁荣"伙伴关系"的趋势。中国公民参与虽然不同于美国社会,但是细分中国社会权力的流向,我们似乎也看到权力流向可能的途径:第一是公民参与的主体、渠道在扩大,如新阶层的出现、村民委员会和社区直选等,公民的权力必然在加大,这是不争的事实;第二是公民组织参与政治呈现递增的趋向,它们积极地为政府出谋划策,承担政府转变职能释放的权力,如温州商会组织等许多行业组织;第三是听证制度的建立和推行,这表现在重大的公共决策方面,民众的参与权、知情权在扩大。因此,从这个角度上,笔者认为中国公民参与治理权力的增大是个客观的事实。

再则,在中国,按照治理理论模式的界定,政府已经不是唯一的政策参与主体。② 全球治理委员会也指出:"治理是各种公共的或私人的个人和结构管理其共同事务的诸多方式的总和。"③ 这就意味着在政策参与中,政府不是唯一的参与主体,参与主体开始呈现多元化的现象。各个国家也在民主政治的推动下,加大了对于公民、组织的政策参与推进

---

① Arnstein, Sherry R. "A Ladder of Citizen Participation", JAIP, Vol. 35, No. 4, July 1969, pp. 216-224.
② 参见[美]詹姆斯 N. 罗西瑙:《没有政府的治理》,张胜军、刘小林译,江西人民出版社2001年版,第14页。
③ 全球治理委员会:《我们的伙伴关系》,1995年研究报告。

的力度。在政府推动和参与主体的诉求下，公民、行业组织的政策参与行为在扩大，其体现在：（1）参与权力的范围在扩大，从早期的选举到现在的民主决策和民主管理。传统参与只是关注选票参与，一旦结束选票活动，参与者对于公共决策过程没有太多的权力，而现在通过公共参与，参与者的权力加大。（2）直接参与的人较多，他们的权力也在加大。这增强了参与者的主体性。随着公民社会的到来，参与者直接通过社区、村民委员会、行业组织直接参与的渠道在加大，这反映了参与者的参与权力在增大。（3）政府主动激励参与者参与政治活动，这为参与者提供合理的参与空间，参与者与政府渐趋结为"伙伴关系"。因此，从整体上讲，在现代社会中，随着多中心治理理论的推行，人们在社会管理、政策参与中，权力开始呈现多中心化，人们结成了权力共享结构。中国虽然距离治理理论所描述治理模式相去甚远，但是未来形成一个多元治理模式的国家不仅是人民当家作主的具体表现，也是"国家一切权力属于人民"的现实操作。因此，这里我们借鉴学者Sherry Arnstein的"政策参与实质是一种'公民权力'增长"的理念，提出未来随着中国国家与社会关系的调整，中国社会早期以政府为中心的国家治理权力结构将会被共享性国家治理权力结构所取代。这是治理主体多元化后国家权力分散化的结果。这种共享性国家治理权力结构表现出以下的特点：

第一，国家治理权力主体的共生性。权力主体共生性指的是权力主体之间不是你死我活的零和博弈，而是正和博弈。尽管权力主体之间还有竞争关系，但是这种竞争超越了敌对竞争，他们意识到自己利益和别人利益勾连性的重要性。人们要想获得自己想要的利益必须和其他主体共同分担风险，在组建利益共同体下彼此共生。这种权力主体的共生性可以让权力主体之间不会陷入无谓争斗之中，因为他们知道彼此合作治理才是取得共赢的最好结果。因此，对于各个权力主体来说都是一次激励，也是一次告诫，共生才是他们最优的选择。

第二，国家治理权力主体的合作性。学界认为权力在推进时具有强制性，因为一旦权力没有了强制力，权力遇到阻碍就会丧失前进的动力和保障。在共享性权力结构下，权力主体之间是合作的关系。这种合作意味着权力主体彼此之间存在诸多的选择自由，在参与政治生活中，权力主体都是参与主体。参与主体是基于平等的个人原则，与社会地位无关，具有共识性、可以预期的法治原则。

第三，国家治理权力主体的多元性。权力主体多元性是指国家治理权力被许多主体分担，一般主体包括国家或者政府、行业组织或群体、个人，他们都是国家治理权力主体。以前，在中国政治挂帅、总体性社会状况下，国家治理权力由政府来承担，个体或者群体，包括民间组织几乎没有太多的治理权力。因此，从政策参与分享权力的角度上看，此时治理权力主体是唯一的，也即是政府。现在随着社会的多元化，人们财富的增加逐渐催生了政策参与的激情，再加上政府主动放权，国家治理权力主体开始多元化。个体可以通过人大制度、村委会民主选举制度、社区的选制度等进行参政、议政。行业组织可以通过政策倡导和政策服务参与政治生活，行业组织还可以通过政府采购进行政策参与。这表明，扩大化的政策参与主体折射了国家治理权力主体的多元性。

第四，国家治理权力主体的分散性、共享性。给权力下个准确的定义似乎很难。权力在拉丁文里的意思是能够，或者是做某事的能力。在英文中侧重于影响、支配、操纵他人的能力和力量。从影响力角度看，权力指的是一些人对另一些人形成他们希望和预定的影响能力。① 从强制力上看，权力是指一个或者一部分人具有强加于他人的一种强制力。② 马克斯·韦伯认为，权力在社会关系中是指遇到反抗也会贯彻下去的一种意志力。③ 中国学者认为权力是"人际关系中的特定的影响力，是根据自己的目的去影响他人行为的能力"。④ 可见，权力其实是一种社会关系，具有强制性、目的性、唯一性、利益性等特点。在共享性治理权力结构中，由于权力是被不同治理主体所拥有，因此，这些不同主体会利用自己手中的权力互相影响对方，彼此进行博弈，祈求获取自己想要的东西。如果呈现零和博弈状态，不仅不能获取彼此需要的东西，而且可能会出现类似于"囚徒困境"、"哈丁墓地"的悲剧。因此，在现代社会里面，理性人在使用权力时，更想让权力趋于分散性、共享性的特点。这样可以满足不同人的利益需求，同时也可以让人们进行正和博弈。而共享性权力结构刚好是满足人们分享参与权力的一种权力机制，因为权力的分散性、共享性成为参与者参与的动力。

2. 共享性治理权力结构设计路径

共享性国家治理权力结构是未来中国国家与社会关系的一种良性状态。权力分享机制的实现需要以现有的权力主体——政府权力观念的转变、政府公共性的培养以及行业组织主体性的培育为具体的推进路径。只有这样方才可以真正地实现共享性治理结构的设计。

（1）政府权力观念的转变

一直以来，人们总感觉到行业组织或者公民要想参与、分享政府的治理权力存在诸多的障碍，究其原因有个深层次问题，也即是在中国传统文化中孕育权力"包纳性"机制的存在。⑤ 这种文化机制深深地行构着中国人的观念。"包纳性"机制依据诺斯的"路径依赖"原理似乎一直延续到现在，深深地扎根在中国国家和社会之中，规约着社会人的彼此关系，也影响着"共享性治理权力结构"的建构。"包纳性"权力机制一般是指梁漱溟、潘光旦和费孝通三位学者的观点。三位学者分别用"关系本位"、"位育"格局、"差序格局"来表述中国社会结构的特点。三位学者认为，中国社会结构表现两个特征：一是同心圆结构；二是依据彼此关系定"位"。根据两种结构的特征，在人际关系家权力的分布呈现了"大"和"小"之分，也即是权力结构的同心圆方式。人越处于外圈，人的权力就越"大"，外面会包纳越内圈的越"小"的部分。居于"内"或者"小"对外没有权力，只有比自己"小"才具有权力的包纳性。同时，内圈权力的扩大意味着外圈权力的缩小，直到它们形成反包纳，形成权力的消长关系。在权力消长关系下，从伦理上

---

① Dennis H. Wrong, Power: It's Forms, Bases and Uses. New York: Harper & Row Publishers, 1979, p. 2.
② 参见［法］莫里斯·迪韦尔热:《政治社会学》，华夏出版社1987年版，第15页。
③ 参见［英］戴维米勒、韦农·波格丹诺:《布莱克维尔政治学百科全书》（修订版），中国政法大学出版社1992年版，第595页。
④ 《中国大百科全书·政治学》，中国大百科全书出版社1992年版，第498页。
⑤ 参见贾西津主编:《中国公民参与案例与模式》，社会科学文献出版社2008年版，第15页。

看,个体是权力的最小圈,国家是权力的最大圈。中国人对外圈是"公",对内圈是"私",人们要想为公必须要挤压自己的私。费孝通先生认为,西方和中国不一样,西方社会是捆柴型的"团体格局"。在这种格局下,人们要想为公,就需要集体共享,共捆才可以,因此他们的公和私彼此共享。这点与中国并不一样,中国的公与私是彼此消长关系。由此,在此种文化和伦理的熏陶下,中国人历来主张"官权"和"民权"的分离,容易演绎成为权力的消长关系。"民权"的过度生长就有颠覆现有国家权力结构的危险,政府因此要严加管理个体或者行业组织,不允许人们秘密结社。尽管到了现在,传统社会权力结构出现了变化,但权力逻辑结构依然是消长型的权力结构,并没有太大的改变。消长型的权力结构容易使政府对公民或者行业组织的赋权存在最深层的担心。也正因为此,才产生像温州商会这样自主性的组织,尽管它们发展迅速,但它们的政策参与权力却并不大,它们的公民权力生长式微。因此,改变消长权力结构,需要政府进行权力观念的转变,需要依靠依法治国的理念构筑自己的行为观点,并以此推进新的治理权力结构的到来。通过共享性治理权力结构的建构使公民权力的增长和公共治理的目标一致,这样才可以形成持续的公民参与。

(2) 政府公共性的提升

何谓公共性?学术界众说纷纭。从组织的公共性上来讲,学者古拉斯·亨利从制度、规范和组织三方面来界定公共性:从制度上,依靠税收为资金来源的机构才是具有公共性的机构;从规范上,有公共利益取向的组织才是具有公共性的组织;从组织上,有公共参与的组织才是具有公共性的组织。① 学者斯坦利·本恩和杰拉尔德·F.高斯都认为公共性具有三要素:机构、利益和参与。机构决定成员的行动是为公还是为私,决定了成员在行动中对他人的态度;利益则是指涉人在相关问题中的利害,公共事业是为公共利益服务;参与则指的是公共部门开放的程度,其具有活动的参与性、空间的参与性和信息的参与性及其资源的参与性。② 从词源学上看,一种观点认为,"公共性"一词在古希腊语中为"pubes or maturity",侧重于强调个人超于自身的利益思考他人的利益,一个具备公共精神和意识的人可以参与公共事务。另一种是在古希腊词汇"koinon"中,英语词汇"commom"就起源于该词,是指人与人之间的一种交往状态。学者王丽莉认为,公共性不是一个神秘的东西。③ 其具体体现:(1) 公共性是体现在人性中的一种属性,主要指人的现实性必须要通过他人来相互作用。相互参照的关系才是公共性。(2) 公共性表现为不可还原性。公共组织的建立不仅表明了成员之间的联结、依存,也让成员之间有一种共同的理想,并可以转化为共同行动。(3) 公共性表现出差异中寻求共同善性,只有这样才能实现公共利益。多元化社会中人的价值追求和理想不尽相同,存在诸多的冲突。公共性将会在多样性的尊重中让彼此达成共识,超越自我利益的束缚,并"以跨越不同共

---

① 参见〔美〕古拉斯·亨利:《公共行政与公共事务》(第7版),项龙译,华夏出版社2002年版,第35页。
② 参见王丽莉:《服务型政府,从概念到制度设计》,知识产权出版社2009年版,第41页。
③ 参见王丽莉:《服务型政府,从概念到制度设计》,知识产权出版社2009年版,第40页。

同体的观点之上的规则、法律、规范和其他协议的形式"① 来服从公共利益。(4) 公共性是公民应该享有的普遍权利，存在于共同体普遍的生存价值之中。

学者们对于公共性含义或者属性的阐述角度可能不太一样，论述也存在诸多的差异性，但在整体上，普遍认为公共性就是一种为他的属性。它体现出社会非个体的特性，彼此之间存在着相互依存性，也即是社会公共性。"如果说在前现代社会中，占主导地位的'公'和'私'划界的标准是官府或公共权力——'官方的'是公共的，'民间的'则是私人的，那么在现代社会中，占主导地位的'公'和'私'的划界标准则可以说是家庭内的是私人的，家庭外的是公共的。"② 除了上面公共特征之外，公共性还有公开性、整合性、共存性等特点。公开性表明，"对于我们来说，展现——即可为我们、亦可为他人所见所闻之物——构成了存在。"③ 整合性表明，公共性可以为参与者提供参与的机会，同时也可以通过参与进行交流，从而整合彼此的优势，在相互印证中互相提升自己。共存性表明，"我者"与"他者"之间的依存关系。学者阿伦特用桌子比喻阐述这一特征。她认为，生活在这个世界中的人，如同围坐在一张桌子旁边的人，彼此隔离，但又彼此联系、依存。④ 可见，公共性是一种为他的属性，无论是个体还是组织都在利己和利他中整合成彼此，互相依存，体现了彼此之间的共生性、共享性。当然，随着历史的演变，公共性从古希腊时期到现在经历了诸多的变化，可能会体现不同语意上的变化。从古希腊时期的城邦公共领域，到中世纪的代表型公共领域，再到资本主义社会现代意义上的公共性，公共性一直贯穿于社会之中，规约着个体和组织的行动。时至今日，现代意义的上公共性更多体现出一种现代意蕴：民主、正义、理性和共生，在民主参与中人们实现了人的公平、正义。在理性指引下，人们通过协调彼此冲突，最终到达和谐共生。⑤ 人们公共性的实现促进"自我"的实现，在现代理性的指引下实现自我和他我的平衡，行塑着自我和他我的利益平衡点，并进一步推进个人和组织自身的发展。

政府是否具有公共性？回答当然是肯定的。由于政府是否具有公共性是决定政府属性和目的一个重要考评工具，是决定建立一个什么样政府的重大问题。因此，从古希腊到近现代以来，学者们都在力图佐证政府公共性的合理性和存在感。学者张康认为，对于政府公共性的确认，"不是取决于国家权力机构的主管界定，也不是由法律作出的规定，而是一种源于历史发展过程中的客观肯定"。⑥ 由此，我们认为要想界定政府公共性的属性，就要从政府的起源去追寻。

第一，考古学视野视角下理论界存在着冲突论和融合论。人类学家摩尔根最早提出政府源于阶级冲突。摩尔根的阶级冲突论后来得到了马克思的论证和发展。马克思认为，通

---

① 詹世友：《公共领域、公共利益、公共性》，载《社会科学》2005年第7期，第64~73页。
② 黄俊杰、江宜桦：《公私领域新探：东亚与西方观点之比较》，台湾大学出版中心2005年版，第210页。
③ [美]汉娜·阿伦特：《人的条件》，竺乾威等译，上海人民出版社1999年版，第38页。
④ 参见[美]汉娜·阿伦特：《公共领域和私人领域》，汪晖、陈燕谷：《文化与公共性》，刘峰译，三联书店2005年版，第33页。
⑤ 王鑫、周育国：《公共性的解读》，载《大连海事大学学报》(社会科学版) 2010年第2期。
⑥ 张康之：《公共行政的哲学与伦理》，中国人民大学出版社2004年版，第37页。

过生产力的发展助推了剩余价值和私有制的出现,并在社会中出现了两大对立的阶级,为了不使彼此在无谓冲突中牺牲自己,人们需要出现一个机构——国家把这种冲突协调起来,让彼此在共生中实现自我利益。① 政府与国家相伴而生,通过公共权力实现公共服务。20世纪初,学者蔡尔德和弗里德通过资料收集也探讨了冲突论,并指出了政府产生的原因在于解决分层中的内在冲突。考古学融合论认为,政府起源是协调和管理复杂的各个部门机构。学者赫伯特·斯宾塞等通过论证提出,政府是协调利益和非武装出现的组织。

第二,经济学视角下学界存在公共选择理论和新制度主义经济理论。公共选择学派认为,人都是自利的人,为了避免自利造成彼此的困境,人会选择制度来减少人的机会主义行为,并降低交易成本。制度是人们正常运转的基础,而政府就是很好的、外在的制度供给者和公共物品提供者,"其存在会减少人数众多时获取个人关于公共物品和外部的偏好的信息所需的交易成本和谈判成本"②。公共选择学派认为,政府的出现可以很好地解决集体行动的困境,并避免政府"囚徒困境"等问题的出现。新制度经济学派代表人物林德布洛姆认为,社会需要一个权威机构协调、维护社会秩序,那么政府就是最先拥有这种权威的机构,人们在服从权威中总是希望获取自己想要的更多利益,反抗和推翻权威也是从这里开始。③ 学者斯诺进一步加固林德布洛姆的理论,提出国家源于"暴力潜能"的分配论。斯诺认为,早期组织在分配资源时表现出无能、低下,为了更好地提供分配,政府就有比较优势,可以通过制度设计降低交易成本。

第三,政治学视角下学界存在契约论理论。从柏拉图的《理想国》中对于城邦的热爱到洛克《政府论》中契约论的观点都折射了人们对于政府起源政治层面的探析。柏拉图认为,人们需要一个城邦,因为单靠个体不可能完成某些事情,于是"我们邀请许多人住在一起,作为伙伴和助手,这个公共住宅区,我们叫它作城邦"。④ 如果柏拉图想通过城邦构建维持不同身份的人组成的共同体,确保人们得到公平待遇的话,那么亚里士多德则从"人在本性上是政治动物"这一经典命题出发,得出了人为了谋取良好生活,更需要彼此协调组建政治团体的结论,这让政府的起源出现了更大的政治层面的飞跃。让政府的起源在政治层面登上顶峰的是"契约论"理论的出现。霍布斯和卢梭两位学者从不同的视角出发,得出同样的道理,即人们需要订立契约,组建共同体,维系人类平等。霍布斯认为,由于人类混乱和处在狼与狼的战争状态,因此需要"建立这样一种能抵御外来侵略和制止相互侵害的共同权力,一种使大家畏惧并指导其行动以谋求共同利益的共同权力。"⑤ 由此,组建一个具备无上权威的政府是有必要的。卢梭认为,公共力量需要一个代理人来把人们结合起来,并使人们按照一定的意图而行动,并最终建立起政府,这是

---

① 参见《马克思恩格斯选集》(第4卷),人民出版社1972年版,第166页。
② [美]丹尼斯·C.缪勒:《公共选择理论》,杨春学译,中国社会科学出版社1999年版,第45页。
③ 参见[美]林德布洛姆:《政治与市场》,王逸舟译,上海人民出版社1998年版,第31页。
④ [古希腊]柏拉图:《理想国》,商务印书馆1986年版,第17页。
⑤ [英]霍布斯:《利维坦》,黎思复、黎廷弼译,商务印书馆1985年版,第65页。

人民公意的需要，政府"负责执行法律并维持社会的以及组织的自由"①。洛克也同意他们的观点，认为社会缺乏一个大家可以普遍接受的、众所周知的裁判，需要建立一个共同尺度，于是"人们联合成为国家和置身于政府之下的重大的和主要的目的，是保护他们的财产"②。学者休谟认为，政府是植根于人们普遍意识到可以从政府管理中获取好处，所以人们愿意组建政府，人们的整体利益是组建政府的基本动力。③

基于上述阐述可以看出，无论是从阶级冲突论视角，还是经济学视角，及其政治学视角，在解读政府起源问题上可能不尽相同，但用这些理论组建政府有一个共同的语境就是要利用政府公共性促进社会发展。从阶级冲突论和融合论上看，政府的出现是为了协调阶级矛盾，维护社会秩序，需要共同体——政府的出现。从制度经济学上，为了降低交易成本，需要能够提供公共物品——政府的出现，以便政府带来制度设计。从政治契约论上，为了彼此共同利益人们不得不组建政府，以便防止狼与狼现象的出现。政府的每一次被要求出现是人们彼此协调的需要。人们需要一个公共组织来维系公共利益，政府的出现不仅是为了个体利益，也是为了整体共生利益，在实现共生利益的基础上实现个体利益。所以，政府无论从哪个角度出现，都是为了公共利益，具备了公共性的特点。但是，政府为了实现公共性，需要公众作出让步，赋予政府一定的公权力，然后利用公权力来满足公共事务管理权威的组建。此时，政府成为公共事务主体，拥有了绝对的公权力。只不过公权力是民众通过达成共识让渡给政府的权力，公权力也由此具有公共性，只能为公共性服务，不能把公权私有化。否则，从合法性上和功效上看，将会破坏公权力出现的初始含义。

可见，政府权力是民众赋予的权力，也就意味着政府权力有公共性的特点，所以在政府公共性属性下组建共享性治理权力结构是可能的。这也是民众通过参与式的治理方式获取本该属于自己的权力，是国家治理权力回归公民或者社会的过程。一旦民众需要，或者具备这种能力，政府就要放权于民。因此，可以说，政府的公共性是共享性治理权力结构建构基础。如果政府缺乏公共性，现有的政府就不可能组建共享性治理权力结构。组建共享性治理权力结构既是民众自身合理的要求，也是民众自身参与国家治理能力提升的客观要求。而在中国，就目前来讲，政府的公共性似乎部分在丢失。这一方面是长期"全能主义政治体制"的出现，让政府权力开始极度膨胀，侵蚀公民权力。另一方面，如同上面阐述的那样，政府自利性的存在也削弱了政府公共性。在中国，不可否认的是，政府还具有公共性，政府产生和存在的目标是为了公共利益、公共目标、公共服务以及创造具有公共利益精神的意识形态等。④ 但是，随着全能主义政治模式的形成，在强国家和弱社会现象没有根本改观的情况下，随着政府权力强力地扩张，政府公共服务行为被逐渐异化为政府借机侵蚀社会机体的管制行为。此时，政府公共权力披着"公共性"外衣来完成对

---

① ［法］卢梭：《社会契约论》，何兆武译，商务印书馆1980年版，第74页。
② ［英］洛克：《政府论》（下篇），瞿菊农、叶启芳译，商务印书馆1964年版，第77页。
③ 参见［英］休谟：《休谟政治文选》，张诺衡译，商务印书馆1993年版，第120页。
④ 参见祝灵君、聂进：《公共性与自利性—种政府分析视角的再思考》，载《社会科学研究》2002年第2期，第7~15页。

于个人权力的独享。过分的扩张公权力或者滥用公权力的结果助推了现实中政府自利性行为的升级。政府的自利性行为在中国客观存在①，如果政府能够秉承一个适当的公共性原则，则自利性行为出现的可能性会降低到最低点。因为政府公共性蕴涵了政府是为了公共利益而存在，是政府之所以被誉为具备公共性的核心原因。但当前，公权力的运行要想不被滥用，既缺乏有效的监督机制，也存在着政府公共性缺失的现象。因此，改变政府自利性行为，必须要着力培养政府的公共性。通过政府公共性的培养来改变目前中国消长性权力结构。消长性权力结构阻碍着公民权的增大，弱化公民的政策参与，因为在这种权力结构中，拥有"官权"或者"公权力"的政府对于民众来说总是处在外圈，民众处于内圈，民众要想突围到外圈，必须先行获得政府的许可。而在当前公共性缺失情况下，似乎这种可能性不大。过于"官本位"的政府为了控制民众，利用现有的"包纳性"文化路径独享公权力的行为很难得到有效遏制，可能唯一可以改变这种现象的路径是提升政府公共性，并以此形成共享性治理权力结构。通过这种治理权力结构的建构，让政府、民众、行业组织在公共利益为价值的理念下，共同参与到公共事务上来，这样就既扩大了公民、组织政策参与的程度，也推进了国家治理主体多元化的建构。

(3) 中国行业组织主体性的培育

共享性治理权力结构是国家与社会关系体现良性的一种权力结构状态。这种权力结构现象是在治理理念下，国家治理权力有许多主体共同来承担。从社会层面上看，社会力量结构——行业组织的蓬勃发展给中国国家治理主体的多元化和治理权力合作的多元化提供了契机。行业组织在改革开放后雨后春笋般地成长成社会一道亮丽的风景线。在中国社会管理转型时期，行业组织在社会管理中"志愿服务"功能和政府合作共治功能彼此吻合，为行业组织的发展提供了巨大的制度空间。行业组织开始出现较高的社会治理能力，在其日益的发展中，组织的政策参与行为也逐渐增多，在分担国家治理方面，也展示出不一样的作用。② 学者斯托克认为，行业组织的治理作用体现了公共治理是"来自政府，但是又不限于政府的一套机构和行为过程"。③ 这表明，国家治理有了行业组织的身影，但从总体上看，中国"民间组织发育不良、公众参与渠道不多，难以在社会管理中发挥应有的作用"④。究其原因主要是行业组织政策参与目前存在着合法性的缺失、自治环境的缺失及独立自治性缺失等问题⑤，从而制约行业组织在承担国家治理方面的作用。中国行业组织不是发展得太好，而是恰恰相反，其发展不足制约了在国家治理现代化建构中的治理地位，也影响在共享性治理权力结构中的权力治理地位。由此，要积极地培育行业组织自主性是当下推进中国国家治理现代化建构中需要积极思考的问题。无论是从社会力量自身的发展上，还是从政府层面上，都需要增强行业组织的独立自治性。只有这样，共享性治理

---

① 参考本研究行业组织政策参与经济逻辑分析的有关论述。
② 参见本书关于行业组织政策参与的政治学意蕴有关章节的论述。
③ ［英］格里·斯托克：《作为理论的治理：五个论点》，载《国家社会科学杂志》（中文版）1999年第1期，第20页。
④ 何增科主编：《社会管理与社会体制》，中国社会科学出版社2008年版，第14页。
⑤ 参见本书关于行业组织政策参与困境有关章节的论述。

权力结构才可以建构成功。

3. 共享性治理权力结构：化解行业组织政策参与困境和推进国家治理现代化建构的路径

共享性治理权力结构的存在表明，治理权力主体的多元性。这对于化解中国行业组织政策参与的现实之困存在学理意义上的解读。但由于行业组织和政府之间存在经济契合逻辑，行业组织政策参与行为多少取决于经济契合程度，存在诸多不确定性。这表明，中国行业组织政策参与缺乏制度化参与渠道，这将会出现政府对行业组织政策参与的范围、程度等有着巨大的决定权。行业组织想真正地、独立地参与治理活动，并在中国未来国家治理现代化的建构中产生一定的推进意义，在目前强国家与强社会理念驱动下，共享性治理权力结构的设计对行业组织政策参与之困的化解和国家治理现代化的推进中都起到重要作用。

第一，推进共享性国家治理权力结构的出现。当今，国家治理权力主体不再唯一，除了政府还有其他权力主体。但政府自利性行为的出现不仅折射出公权力私有化趋向，也会弱化政府合法性的基础。而改变政府的自利行为，就需要社会权力对政府进行监督。通过社会监督机制来规约政府权力运行的轨迹，这样才不会让其偏离公共性。但就目前来讲，社会权力监督主体的能力比较弱化，监督渠道存在缺失。由此，这造成了现在政府权力的膨胀、独大。在一切事物发展中，政府掌控一切空间的增减，政府自利行为也在增多。通过共享性治理权力结构的设计可以增加政府的公共性，减少政府公权私有化行为的发生。这样就会为商会等行业组织提供更多的生存空间和发展空间，拓宽它们政策参与的渠道，解决政策参与的非制度化问题。同时，在促进行业组织政策参与行为增多的同时也会调适社会与国家的关系，为国家治理现代化的建构提供契机。

第二，增强行业组织的主体意识。主体意识的增强表明，行业组织有更多能力参与公共事务，被赋予的责任需要它们积极地参与公共事务。行业组织通过参与公共事务治理，培育行业组织公共精神，改变了行业组织自利行为过多的缺陷，减少行业组织缺失公共性行为的出现。行业组织一旦缺失公共性，容易违背行业组织组建的原则，也会激起政府层面的警惕和限制。此时，行业组织自身发展的空间也会得不到拓展，自身政策参与的空间更不会出现延展。这将会严重削弱行业组织在国家与社会关系调适中的角色地位，不利于中国国家治理现代化的建构。所以，中国行业组织通过培育组织自主性和公共精神来约束自我利益的膨胀，进而实现他我的公共参与。

第三，化解行业组织政策参与之困。一旦共享性治理权力结构得以建构，则政府、行业组织、个体都是参与国家治理，存在合作共治关系。在公共性精神的指引下，诸多治理主体会形成一个合作治理的共同体，用公共的善来推动彼此的发展。为了达到"集体行动"的最优化和共同的国家治理活动，治理主体彼此要舍弃一些属于自己的东西。行业组织通过改变过度的自利思想和行为，在与其他治理权力主体合作治理中，特别是与政府达成彼此的信任协定中实现自身的政策参与，从而化解政策参与之困。这也为中国社会力量的增强提供了助推力，并进一步调适了现有的强国家与弱社会关系向均衡化的方向发展。就目前来讲，解决其行业组织参与之困应该具备：（1）提升自我公共精神和自主性。

行业组织需要通过培育自己的自主性和公共精神来提升自我驾驭权力的能力。行业组织大多是民间组织，民间性保证了其自主性和自治性；再加上自身是自愿组合起来的组织，孕育了行业组织的自主性和公共精神。但当前，行业组织逐渐趋于行政化趋势。在现有的行业组织中，由于领导行政化、精英化、组织专职人员的半官方化等因素的出现使得行业组织的民间性逐渐丢失，随之而来是行业组织自我管理、自我民主、自我治理的缺失。由此，行业组织自身的社会自主性和公共精神也随着弱化。这样，一旦行业组织缺失自主性和公共精神，则行业组织将会演化成自利或者官方的组织，这对于行业组织政策参与困境的化解将缺乏积极意义。（2）转变政府观念，提供制度空间。行业组织需要政府通过观念的转变为其提供权力分享的制度空间。行业组织从开始到现在的发展，经历了诸多的低谷和顺境。经过几十年的发展，行业组织政策参与的空间有了扩大，但不可否认的是，扩大依然没有给行业组织提供一个法律意义上的制度保障。政府治理权力分享的主动性在很大程度上为政府所掌控，政府与行业组织之间没有通过法律界定彼此的权力边界，从根本上无法组建共享性国家治理权力结构。通过法律制度的建设，为治理权力提供法律的外衣，社会治理权力才不容易被国家侵蚀，国家治理权力才会实现共享。由此，国家需要尽快给行业组织立法，保护行业组织的权利和权益。（3）国家与社会关系的制度化。行业组织需要通过制度化的国家与社会关系来构筑行业组织政策参与所需要的权力共享宏观制度安排。国家与社会关系演变的现代趋势是强国家和强社会。[①] 这种模式可以在共享性治理权力结构下达成。人们可以利用国家能力的强大和社会自我组织能力的强大来均衡地共同维系公共秩序的安全，给人类自身的发展带来福祉。中国目前是强国家与弱社会的关系模式。这种关系模式明显表现出社会权力主体缺乏参与治理的空间。社会权力是整个权力体系中的边缘地带，空间狭小。改变这种权力模式依赖于国家与社会关系结构的调整。通过构建强国家与强社会关系模式来获取一定的治理权力空间。由于权力存在扩张性，在目前社会治理力量单薄、社会主体自主性差的背景下，中国要想真正地构建共享性治理权力结构，就必须要用法律制度设定二者的权力边界。如果缺乏制度化框定彼此的权力边界，社会治理主体就会没有政策参与权力获取的可能性。一旦缺失监督政府治理权力，则在现有的治理权力内部监督机制下，社会治理权力的监督恐怕也成为最重要的一环。在行业组织中，行业组织则是社会治理权力的核心载体。[②] 行业组织通过政策参与可以监督者政府权力是否越界和是否为公共利益服务。基于行业组织政策参与如前面研究的那样存在诸多的困境，因此，中国要想真正地解决问题，根本原因不是行业组织自身能力的大小问题，而是现有的国家与社会关系整体提供的参与制度的架构问题。在目前强国家与弱社会关系的背景下，要想真正地通过建构共享性治理权力结构为行业组织政策参与提供解困之道，恐怕只有在制度化层面上去型塑国家与社会关系，以便为行业组织政策参与提供治理结构的通道，进而促进国家治理现代化的建构。

[①] 参见唐士其：《市民社会、现代国家以及中国国家与社会关系》，载《北京大学学报》（哲学社会科学版）1996年第6期。

[②] 参见郭道辉：《社会权力与公民社会》，译林出版社2009年版，第146页。

结　语

国家与社会关系是政治社会学的元命题之一。良好、均衡的国家与社会关系不仅可以带来政治民主和社会民主的协同发展，推进公民和社会开展有序的政策参与，也可以有利于国家治理现代化的建构。中国国家与社会关系目前存在着不均衡化的发展，其表现出：国家过于强势，社会过于弱势。这种关系模式的长期存在较强地影响了中国未来社会主义民主政治的发展，影响着中国公民和行业组织开展有序政策参与路径的建构，也不利于中国国家治理现代化的建构。为了推进公民和行业组织开展有序政策参与和提升中国国家治理的能力，通过行业组织政策参与的方式去推进国家与社会关系协调发展成为时下诸多行业组织政策参与的核心价值驱动。当前，中国长期固化的国家和社会关系模式在行业组织政策参与中扮演了前置者的角色功能，如果缺乏一个有效的国家与社会关系调适路径，则行业组织政策参与就丢失民主意蕴，也更不可能为国家治理现代化的建构起到促进作用。因此，为了推进基层民主政治的发展和提升国家治理现代化的能力，通过制度化方式调适国家与社会关系结构，在理顺行业组织政策参与的协同发展下，通过法制化道路实现国家治理与社会治理的均衡发展，并最终化解行业组织政策参与之困，也为中国未来国家治理现代化的建构打下坚实的微观基础。

一、研究的基本结论

第一，行业组织政策参与行为的常态化显示了一定的基层治理的民主性，是公民和行业组织开展有序政策参与的一个新路径。但由于当前中国行业组织的政策参与存在着一定的参与困境，导致其政策参与的基层民主治理价值也因此带有一定的不确定性。中国行业组织是改革开放以后出现的一个典型的社会治理力量，是在国家与社会关系调整下产生的一个经济性组织，其具有自治性等特点。随着时间的流转，行业组织也逐渐有了政策参与行为，并逐渐成为社会治理中常态化的一种行为。行业组织凭借其强大的协调和组织化能力为国家或政府承担了些许的经济管理职能，促进了经济和社会的发展。在承担国家与社会治理过程中，行业组织的基层治理意蕴逐渐凸显出来，蕴涵了一定的民主价值意义。

通过研究发现，行业组织政策参与行为呈现的基层治理民主价值意蕴更大程度上带有一种不确定性。因为当前行业组织政策参与存在合法性缺失、政治生态环境缺失和制度化参与途径缺失等困境。诸多缺失制约了行业组织政策参与的价值功效。经过研判发现，影响行业组织政策参与基层治理民主功效原因在于政府与行业组织之间隐藏一种关系——经济契合逻辑关系。经济契合程度直接决定行业组织政策参与的广度，彼此之间存在着正相关的关系。经济契合逻辑不仅决定着行业组织政策参与的基层治理民主价值意蕴，也严重破坏了政府与行业组织公共性的呈现。在政府与行业组织自利的思维和行为驱动下，经济契合逻辑只能让政府和行业组织都偏离公共利益的轨道，偏离各自追求的民主价值轨道。

这表明，行业组织尽管作为一种自治型组织，但其对推进地方政府与社会关系的调整，对促进社会主义基层民主政治生态的变化，的确也有积极的价值意义。这种渐进的、微观的、边缘化的改进的意义在于，一旦宏观的制度空间出现转变时，这种改进作用就将是显著的，并使得新制度具有一个扎实的微观社会基础。但不可否认的是，中国目前由于社会治理空间狭小，从而导致了行业组织从其产生的一开始就只能处于从属性地位，只能是作为政府职能的某些替代物而出现。无论是地位、职能，还是活动范围，行业组织在根本上都受制于地方政府的经济逻辑需要。如果行业组织能够被视为一种推进公民和社会进行有序政策参与的基层治理民主存在物，则必须从根本上改变其工具性的、附属性的地位或特征。而这又取决于未来中国国家与社会关系的调整，取决于制度化的国家与社会关系的形成，取决于能否构建一个"共享性治理权力结构"。只有这样，才能通过行业组织政策参与为人们找到一个有序的政策参与新路径。

第二，当前中国行业组织政策参与的现状镜像了国家治理现代化建构的面临的问题。通过本书研究发现，现有的国家与社会关系结构影响着才国家治理的最高形态——良治的实现。如果中国合适的行业组织政策参与活动无法有效的开展，则行业组织政策参行为与对国家治理现代化的建构将无法起到一定的促进作用。这表明，通过对中国行业组织政策参与的研究，可以作为考量中国现有国家治理模式及其发展程度的新视角。温州商会是中国很多刚刚兴起的行业组织之一，是行业组织典型的代表，具备了行业组织的例外和不例外性。因此，本书通过温州商会政策参与的现实情况来整体考察在国家治理的现代化征途中，行业组织的政策参与扮演了怎么样的角色？通过研究发现，改变中国行业组织政策参与的现实困境，并进一步激发行业组织政策参与所体现的基层治理民主价值，当前通过转变政府职能、增强社会主体性和建设法制化道路等方式调适现有国家与社会关系结构，把政府、行业组织等都拉回到具备公共精神、实现公共利益的轨道上来；再通过"共享性治理权力结构"的设计，让政府、社会、行业组织等在彼此权力主体间性原则的指引下，让国家与社会在制度化均衡关系中推进行业组织政策参与走出困境。国家与社会关系的调整恰恰会形成中国未来国家治理现代化建构的理想状态中强国家与强社会关系模式。由此可见，国家治理现代化的建构既是要通过行业组织政策参与来推动，也需要国家与社会关系的未来调适。通过中国行业组织政策参与的推动，可以增强社会的自治力量，也可以防止集权式的强国家现象的出现，进而撬动强国家与弱社会结构关系，为中国未来国家治理现代化的建构提供一个结构性路径。

第三，中国强国家与弱社会关系依然是许多问题的结构性症结所在。从本书分析中可以看出，无论是中国行业组织政策参与困境的症结所在，还是中国国家治理现代化的未来建构路径依赖，都和当前国家与社会关系结构有关。如果中国这个大的宏观结构性背景还是保持长期不变的话，那么中国许多改革都必然是举步维艰，充满了变数。由此，在目前中国长久以来形成的国家过于集权的国情下，中国要想真正地推动社会自治力量的生长，要想实现社会主义和谐社会的建构，就必须要在国家层面或者政府层面作出理性的顶层制度设计，通过政府顶层的制度设计，再加上底层微观的个体或者是行业组织政策参与的涌动，才可以真正地实现民主、法治社会的建构。通过本书的研究发现，中国行业组织这个社会微观层面政策参与的状况映像了中国宏观的国家与社会结构关系在中国未来发展中的结构性地位。

总之,通过行业组织政策参与研究发现,当下中国行业组织政策参与存在的困境及其化解的可行性;而且通过行业组织政策参与困境的化解,似乎可以为中国公民和社会进行有序的政策参与寻找一个新的参与路径;同时,研究也为探析中国国家治理现代化的建构提供一个有益的分析视角,为中国国家治理的最高形态的实现提供了一个有益的规范和实证的分析尝试。基于此,本书主题的研究具有一定的启发性理论价值和实际运用价值。

二、研究的不足及其可能未来的拓展

第一,研究存在的不足。本研究以温州商会政策参与作为个案来研究中国行业组织政策参与问题具备一定的代表性,这体现了从个案到一般的研究思路,但由于中国行业组织发展迅猛和面临问题的复杂性,在代表整体性上,单纯地依赖于温州商会论述来镜像中国整个行业组织有一定局限性。这需要以后对更多的行业组织进行实体性研究,以便进一步验证结论的可行性。由于研究篇幅等问题,在以后研究中还可以探析更多的行业组织,研究它们的发展对国家治理现代化路径建构的作用。

第二,未来研究的拓展。其具体表现在:(1)具体现代化的建构路径可以更细化去研究。在关于国家治理现代化路径的建构上,本研究由于篇幅问题,对很多问题的阐述只是点到为止,以后可以作为进一步研究领域。(2)治理现代化的区域性研究。本研究只是宏观架构国家治理的现代化路径等问题,论述显得过于宽泛,以后在研究的区域上,笔者以为可以把研究限定在一定的范围内,如少数民族地区治理现代化等区域去研究,这样便于使研究具备可操作性和实证性。

参考文献

一、国外

（一）中文部分

1. ［美］乔治·弗雷德里克森：《公共行政的精神》，张成福等译，中国人民大学出版社2003年版。
2. ［法］孟德斯鸠：《论法的精神》，商务印书馆1961年版。
3. ［德］恩格斯：《家庭、私有制和国家的起源》，人民出版社2009年版。
4. ［古希腊］柏拉图：《理想国》，商务印书馆1986年版。
5. ［美］格林斯坦、波尔斯比：《政治学手册精选》下册，商务印书馆1996年版。
6. ［英］戴维·米勒、韦农·波格丹诺编：《布莱克维尔政治学百科全书》，邓正来译，中国政法大学出版社2002年版。
7. ［美］萨缪尔·P.亨廷顿等：《难以抉择——发展中国家的政治参与》，汪晓涛、吴志华等译，华夏出版社1989年版。
8. ［日］蒲岛耶夫：《政治参与》，经济日报出版社1989年版。
9. ［美］加·阿尔蒙德、西德尼·伏巴：《公民文化》，浙江人民出版社1989年版。
10. 《十八世纪法国哲学》，商务印书馆1963年版。
11. ［法］米歇尔·克罗奇：《民主的危机》，求实出版社1989年版。
12. ［美］莱斯特·M.萨拉蒙：《全球公民社会——非营利部门视界》，贾西津等译，社会科学文献出版社2007年版。
13. ［美］萨缪尔·P.亨廷顿：《变化社会中政治秩序》，王冠华、刘为等译，上海人民出版社2008年版。
14. ［美］曼瑟·奥尔森：《集体行动的逻辑》，陈郁等译，上海三联书店1995年版。
15. ［英］戴维·米勒、韦农·波格丹诺：《布莱克维尔政治学百科全书》，"合法性"条目。
16. ［美］曼瑟尔·奥尔森：《权力与繁荣》，苏长和译，上海世纪出版集团2005年版。
17. ［美］李普塞特：《政治人》，商务印书馆1993年版。
18. ［美］安东尼·奥罗姆：《政治社会学导论——对政治实体的社会剖析》，浙江人民出版社1989年版。
19. ［美］科恩：《论民主》，商务印书馆1988年版。

20. [加拿大] 威尔·金里卡：《少数的权利、民族主义、多元文化主义和公民》，邓红风译，上海译文出版社 2005 年版。

21. [美] 彼得·布劳：《社会生活中的交换与权力》，华夏出版社 1988 年版。

22. [美] 林德布洛姆：《政治与市场：世界各国的政治——经济制度》，王逸舟译，上海三联书店 1991 年版。

23. [法] 卢梭：《社会契约论》，何兆武译，商务印书馆 1997 年版。

24. [美] 费正清：《美国与中国》（第四版），张理京译，世界知识出版社 1999 年版。

25. [美] 马克·彼特拉克：《当代西方对民主的探索：希望、危险与前景》，载《国外政治学》1989 年。

26. [奥地利] 约瑟夫·熊彼特：《资本主义、社会主义与民主》，杨中秋译，电子工业出版社 2013 年版。

27. [美] 萨缪尔·P. 亨廷顿：《第三波——20 世纪后期民主化浪潮》，刘军宁译，上海三联书店 1998 年版。

28. [美] 萨托利：《民主新论》，冯克利、阎克文译，东方出版社 1993 年版。

29. [英] 洛克：《政府论》，商务印书馆 1982 年版。

30. [法] 托克维尔：《论美国的民主》（上下卷），董果良译，商务印书馆 1988 年版。

31. [美] 罗伯特·达尔：《多元主义民主的困境》，尤正明译，求实出版社 1989 年版。

32. [德] 黑格尔：《法哲学原理》，商务印书馆 1961 年版。

33. [美] 朱莉·费希尔：《NGO 与第三世界的政治发展》，社会科学文献出版社 2002 年版。

34. [意] 罗伯特·帕特南：《使民主运转起来》，王列、赖海榕译，江西人民出版社 2001 年版。

35. [法] 迪尔凯姆：《社会学研究方法》，胡伟译，华夏出版社 1998 年版。

36. [美] 菲利克斯·格罗斯：《公民与国家》，新华出版社 2003 年版。

37. [美] 吉尔伯特·罗兹曼：《中国的现代化》，中国社会科学基金"比较现代化"课题组译，江苏人民出版社 2003 年版。

38. [美] 阿尔蒙德、西德尼·伏巴：《公民文化》，华夏出版社 1989 年版。

39. [英] 阿克顿：《自由史论》，胡传胜译，译林出版社 2006 年版。

40. [美] 莫里斯·梅斯纳：《毛泽东的中国及其发展》，社会科学文献出版社 1992 年版。

41. [英] 哈耶克：《自由秩序原理》（上卷），三联书店 1997 年版。

42. [古希腊] 亚里士多德：《政治学》，颜一、秦典华译，中国人民大学出版社 2003 年版。

43. [古罗马] 西塞罗：《论共和国·论法律》，王焕生译，中国政法大学出版社 1997 年版。

44. ［英］亚当·斯密：《国民财富的性质和原因的研究》下卷，郭大力、王亚楠译，商务印书馆 1972 年版。

45. ［瑞士］彼埃尔·德·塞纳克伦斯：《治理与国际调节机制的危机》，载《国际社会科学》（中文版）1999 年版。

46. ［英］F. 哈耶克：《自由宪章》，杨玉生等译，中国社会科学出版社 1999 年版。

47. ［美］詹姆斯·布坎南：《自由、市场和国家》，吴良健等译，北京经济学院出版社 1988 年版。

48. ［英］马歇尔：《经济学原理》，商务印书馆 1997 年版。

49. ［美］西蒙：《现代决策理论的基石·前言》，北京经济出版社 1989 年版。

50. ［加拿大］威尔·凯姆利卡：《论公民教育》，载马德普：《中西政治文化论丛：第 3 期》，天津人民出版社 2003 年版。

51. ［美］曼瑟·奥尔森：《集团行动的逻辑》，陈郁等译，上海三联书店 1995 年版。

52. ［日］青木昌彦：《市场的作用国家的作用》，林家彬译，中国发展出版社 2002 年版。

53. ［德］L. 达仁道夫：《现代社会冲突》，林荣远译，中国社会科学院出版社 2000 年版。

54. ［瑞典］G. 缪尔达尔：《世界贫困的挑战——世界反贫困大纲》，北京经济学院出版社 1991 年版。

55. ［美］白苏珊：《乡村中国的权力与财富：制度变迁的政治经济学》，郎友兴、方小平译，浙江人民出版社 2009 年版。

56. ［英］卡尔·波兰尼：《大转型：我们时代的政治与经济起源》，红冯钢、刘阳译，浙江人民出版社 2007 年版。

57. ［英］霍布斯：《利维坦》，杨昌裕译，商务印书馆 1995 年版。

58. ［法］贡斯当：《古代人的自由与现人的自由》，商务印书馆 1999 年版。

59. ［英］斯蒂文·卢克斯：《个人主义》，阎克文译，江苏人民出版社 2001 年版。

60. ［德］诺贝特·艾里亚斯：《文明的进程（Ⅰ）》，王佩莉译，三联书店 2007 年版。

61. ［奥匈帝国］波兰尼：《大转型》，冯钢译，浙江人民出版社 2007 年版。

62. ［法］涂尔干：《乱伦禁忌及其起源》，汲喆译，上海人民出版社 2006 年版。

63. ［美］斯蒂芬·L. 埃尔金、卡罗尔·爱德华·索乌坦：《新宪政论——为美好的社会设计政治制度》，三联书店 1997 年版。

64. ［英］门禄：《欧罗巴政治》，第 1 章。

65. ［美］汉密尔顿、杰伊、麦迪逊：《联邦党人文集》，程逢如等译，商务印书馆 1980 年版。

66. ［古罗马］西塞罗：《论共和国法律》，中国政法大学出版社 1997 年版。

67. ［美］詹姆斯·N. 罗西瑙：《没有政府的治理》，张胜军、刘小林译，江西人民出版社 2001 年版。

68. 全球治理委员会：《我们的伙伴关系》，1995 年研究报告。

69. ［法］莫里斯·迪韦尔热：《政治社会学》，华夏出版社 1987 年版。

70. ［美］古拉斯·亨利：《公共行政与公共事务》（第 7 版），项龙译，华夏出版社 2002 年版。

71. ［美］汉娜·阿伦特：《人的条件》，竺乾威等译，上海人民出版社 1999 年版。

72. ［美］汉娜·阿伦特：《公共领域和私人领域》，载汪晖、陈燕谷《文化与公共性》，刘峰译，生活·读书·新知三联书店 2005 年版。

73. ［美］丹尼斯·C. 缪勒：《公共选择理论》，杨春学译，中国社会科学出版社 1999 年版。

74. ［美］林德布洛姆：《政治与市场》，王逸舟译，上海人民出版社 1998 年版。

75. ［美］爱德华·希尔斯：《市民社会的美德》，载邓正来等编《国家与市民社会——一种社会理论的研究路径》，中央编译出版社 2005 年版。

76. ［英］休谟：《休谟政治文选》，张诺衡译，商务印书馆 1993 年版。

77. ［法］辛西亚·休伊特·德·阿尔坎塔拉：《治理概念的运用与滥用》，载《国际社会科学杂志》（中文版）1999 年。

78. ［美］W. E. 哈拉尔：《新资本主义》，冯韵文等译，社会科学文献出版社 1991 年版。

79. ［美］詹姆斯·N. 罗西瑙：《没有政府的治理——世界政治中的秩序与变革》，张胜军等译，江西人民出版社 2001 年版。

80. ［英］罗伯特·罗伯茨：《新的治理》，载俞可平主编：《治理与善治》，社会科学文献出版社 2000 版。

81. ［英］格里·斯托克：《作为理论的治理：五个论点》，俞可平主编：《治理与善治》，社会科学文献出版社 2000 版。

82. ［美］戴维·H. 罗森布洛姆等：《公共行政学：管理、政治和法律的途径》，中国人民大学出版社 2002 年版。

83. ［法］让·皮埃尔·戈丹：《何为治理》，社会科学文献出版社 2010 年版。

84. ［印］哈斯·曼德等：《善治：以民众为中心的治理》，国际行动援助中国办公室编译，北京知识产权出版社 2007 年版。

85. ［美］孔飞力：《中国现代国家的起源》，陈兼、陈之宏译，三联书店 2013 年版。

86. ［俄］弗拉季斯拉夫·伊诺泽姆采夫主编：《民主与现代化——有关 21 世纪调整的争论》，徐向梅等译，中央编译出版社 2011 年版。

87. ［法］皮埃尔·卡蓝默：《破碎的民主：试论治理的革命》，高凌瀚译，三联书店 2005 年版。

88. ［美］罗伯特·A. 达尔：《民主及其批评者》，黄海军、佟德志译，吉林人民出版社 2006 年版。

89. ［英］鲍勃·杰索普：《治理的兴起及其失败的风险：以经济发展为例的论述》，《国际社会科学》（中文版）1999 年第 2 期。

(二) 英文部分

1. Garrity, M. & L. A. Picard. , Organized Interests, the State, and the Public Policy Process: An Assessment of Jamaican Business Associations, The Journal of Developing Areas, 1991 (25): 369-394.

2. Bell, S. Between the Market and the State: The Role of Business Associations in Public Policy, Comparative Politics, 1995, 28 (1): 25-53.

3. Parris, K. (1993), Local Initiative and Reforms: The Wenzhou Model of Development, China Quarterly, 6.

4. Anton. 1997. Between Past and Future: Elites, Democracy and the State in Poset-Communist… A Comparisons of Estonina, Lativia and Lithuania. Ashgate Publishing Ltd. , p. 16.

5. Dorothy Solinger, Urban Entrepreneurs and the State: The Merger of State and Society, In Arthur Rosenbaum, Boulder, eds. , Sate and Society in China: the Consequence of Reform. (Colo: Westview Press, 1992), pp: 121-142.

6. Bruce J. Dickson, Red Capitalists in China: the Party Entrepreneurs, and Prospect for Political Chang, (Cambridge University Press, 2003.), p. 9.

7. Max Web: Economy and Society, Vol. 1, University of California Press, 1978, p. 213.

8. Peter L. Berger and Richard John Neuhaus: To Empower People: The Role of Mediating Structures in Public Policy, Washington: American Enterprise Instiutie for Public Policy Research, 1977.

9. Robert Nisbet: Community and Power, New York: Oxford University Press, 1962.

10. Peter L. Berger and Richard John Neuhaus: To Empower People: The Role of Mediating Structures in Public Policy, Washington: American Enterprise Instiutie for Public Policy Research, 1977.

11. Schattsneider: The Semisovereign People : A Realist's Wiew of Denocracy in American, New York Hold, Rinehart and Winston, 1960.

12. Schmitter, P. C. , Still the Century of Corporatism?, The Reviewof Politics, 1974, 36: 85- 131.

13. Bernard Mandeville, The fable of the Bees, or Private Vices, Public Benefits, F. Bkaye (ed), LibertyClassisc, 1988, Vol. I, p. 3.

14. J. Bchanan. "A Contract ran Paradigm for Applying Economics ", American Economics Review, No5, 1975.

15. Arthur, Bently, The Process of Government, Principia Press, 1949, p. 211.

16. Pfeffer, J. & Salancik, G. R. The External Control of Organizations: A Resource Dependence Perspective . Stanford, C A: Stanford University Press, 2003.

17. Saidel J. Resource Interdependence: The Relationship between State Agencies and Nonprofit Organizations. Public Administration Review, 1991, 51 (6): 543-553.

18. Beck, U. Rick society: Towards a New Modernity, Sage, London, 1992, pp. 95-96.

19. Beck, U. & W. Boss, C. Lau. "The Theory of Reflexive Modernization: Problematic Hypotheses and Research Programme." In Theory, Culture &Society Vol. 20 (2), 2003.

20. Arnstein, Sherry R, "A Ladder of Citizen Participation", JAIP, Vol. 35, No. 4, July 1969, pp. 216-224.

21. Dennis H. Wrong, Power: It's Forms, Bases and Uses. New York: Harper &Row Publishers, 1979, p．2.

22. Taehyon Choi. Information Sharing, Deliberation, and Collective Decision-Making: A Computional Model of Collaboration Governation Governmance Doctoral Dissertion of University of Southern California, 2011, p. 4.

23. Shui yan Tang, et al. "Understangding Collaborative Governmence from the Structural Choice", Politics, IAD, and Transaction Cost Perpective, 2010, pp. 25-37.

二、国内

（一）著作

1. 《马克思恩格斯全集》，人民出版社 1965 年版。
2. 邓正来：《国家与社会》，北京大学出版社 2008 年版。
3. 何增科：《公民社会与第三部门》，社会科学文献出版社 2000 年版。
4. 邓国胜：《非营利组织评估》，社会科学文献出版社 2001 年版。
5. 张捷、徐林清：《商会治理与市场经济——经济转型期中国产业中间组织研究》，经济科学出版社 2010 年版。
6. 虞和平：《商会与中国早期现代化》，上海人民出版社 1993 年版。
7. 陈清泰：《商会发展与制度规范》，中国经济出版社 1995 年版。
8. 郁建兴等：《民间商会与地方政府：基于浙江温州市的研究》，经济科学出版社 2006 年版。
9. 刘华光：《商会的性质、演进与制度安排》，中国社会科学出版社 2009 年版。
10. 朱英：《转型时期的社会与国家——近代中国商会为主体的历史透视》，华中师范大学出版社 1997 年版。
11. 胡珠生：《温州商会之创立与改革》，辽宁人民出版社 2000 年版。
12. 《中华民国法规大全》，第四册，商务印书馆 1936 年版。
13. 史晋川等编著：《制度变迁与经济发展：温州模式研究》，浙江大学出版社 2002 年版。
14. 王浦劬：《政治学基础》，北京大学出版社 2006 年版。
15. 《当代世界政治实用百科全书》，中国社会科学出版社 1993 年版。
16. 《中国大百科全书·政治学》，中国大百科全书出版社 1992 年版。
17. 罗志渊：《云五社会科学大辞典·政治学卷》，台湾商务印书馆 1971 年版。
18. 杨光斌主编：《政治学导论》第二版，人民大学出版社 2004 年版。

19. 李元书主编：《政治发展导论》，商务印书馆2001年版。
20. 陈振民、李东云：《政治参与概念辨析》，黑龙江人民出版社1987年版。
21. 王立京：《中国公民参与制度化研究》，武汉大学出版社2011年版。
22. 孙关宏、胡雨春等编著：《政治学概论》，复旦大学出版社2003年版。
23. 陈华：《吸纳与合作——非政府组织与中国社会管理》，社会科学文献出版社2011年版。
24. 郁建兴等：《民间商会与地方政府：基于浙江温州市的研究》，经济科学出版社2006年版。
25. 余辉编等：《行业协会及其在中国的发展：理论与案例》，经济管理出版社2002年版。
26. 沙莲香：《社会心理学》，中国人民大学出版社2002年版。
27. 赵丽江：《中国私人企业家的政治参与》，中国经济出版社2006年版。
28. 徐克恩：《香港：独特的政制架构》，中国人民大学出版社1994年版。
29. 郁建兴、黄红华、方立明等：《在政府与企业之间——以温州商会为研究对象》，浙江人民出版社2004年版。
30. 李景鹏：《权力政治学》，黑龙江教育出版社1995年版。
31. 汪波：《利益共容体、比较优势与制度变迁——区域兴衰中地方政府功能透视》，黑龙江人民出版社2008年版。
32. 毛寿龙：《政治社会学》，吉林出版社集团2007年版。
33. 陶东明、陈明明：《当代中国政治参与》，浙江人民出版社1998年版。
34. 董明：《新兴商人群体形成与地方社会转型——以义乌为例》，中国社会科学出版社2012年版。
35. 王绍光：《多元统一——第三部门的国际比较研究》，浙江人民出版社1999年版。
36. 王沪宁主编：《政治的逻辑》，上海人民出版社1998年版。
37. 王明生等：《当代中国政治参与研究》，南京大学出版社2011年版。
38. 李金河、徐峰：《当代中国公众政治参与和决策科学化》，人民出版社2009年版。
39. 李世众：《晚清绅士与地方政治——以温州中心的考察》，上海人民出版社2006年版。
40. 叶适：《习学记言序目》卷19、23，《汉书》。
41. 徐令义：《温州实验区发展态势》，上海科学出版社1988年版。
42. 刘建军：《单位中国：社会调控体系重构中的个人、组织与国家》，天津人民出版社2000年版。
43. 董明：《中国私营企业家的政治心态研究》，中国经济出版社2001年版。
44. 周志忍、陈庆云：《自律与他律：第三部门监督机制的个案研究》，浙江人民出版社1997年版。
45. 文史哲编辑部：《国家与社会——构建怎样的公域秩序》，商务印书馆2010年版。
46. 刘军宁等：《市场与宪政》，三联书店1995年版。
47. 俞可平：《治理与善治》，社会科学文献出版2000年版。

48. 梁治平：《清代习惯法：社会与国家》，中国政法大学出版社1996年版。

49. 梁启超：《先秦政治思想史》，东方出版社1990年版。

50. 梁漱溟：《梁漱溟全集》第三卷，山东人民出版社1990年版。

51. 邓正来：《国家与社会——回顾中国市民社会研究》，载张静：《国家与社会》，浙江人民出版社1998年版。

52. 孙立平：《转型与断裂——改革以来中国社会结构的变迁》，清华大学出版社2004年版。

53. 燕继荣：《发展政治学：政治发展研究的概念与理论》，北京大学出版社2006年版。

54. 俞可平：《治理与善治》，社会科学文献出版社2000年版。

55. 孔繁斌：《公共性的再生产》，江苏人民出版社2008年版。

56. 张静：《基层政权：乡村制度诸问题》，上海人民出版社2006年版。

57. 曲彦斌：《行会史》，上海文艺出版社1999年版。

58. 徐家良：《互益性组织：中国行业协会研究》，北京师范大学出版社2010年版。

59. 谢维扬：《中国早期国家》，浙江人民出版社1995年版。

60. 汤蕴懿：《行业协会组织与制度》，上海交通大学出版社2009年版。

61. 康晓光：《权力的转移：转型时期中国权力格局的变迁》，浙江人民出版社1999年版。

62. 何增科主编：《公民社会与第三部门》，社会科学文献出版社2000年版。

63. 邓国胜：《公益项目评估——以"幸福工程"为案例》，社会科学文献出版社2003年版。

64. 中国史学会主编：《戊戌变法资料》第二册。

65. 彭泽益主编：《中国工商行会史资料》下册，中华书局1995年版。

66. 《中华民国法规大全》第四册，商务印书馆1936年版。

67. 邹谠：《二十世纪中国政治：从宏观历史和微观行动的角度看》，牛津大学出版社1994年版。

68. 荣敬本、催之元：《从压力型体制向民主合作体制的转变：县乡两级政治体制改革》，中央编译出版社1998年版。

69. 张静：《基层政权：乡村制度诸问题》，浙江人民出版社2000年版。

70. 蔡秋生译：《世界银行1997年世界发展报告：变革世界中的政府》，中国财政经济出版社1997年版。

71. 李友梅等编著：《中国社会生活变迁》，中国大百科全书出版社2008年版。

72. 张静：《法团主义》，中国社会科学出版社1998年版。

73. 章秀英：《公民意识评价和培育机制》，中国社会科学出版社2012年版。

74. 王士如等编著：《宪政视野下的公共权力与公民财产权》，法律出版社2011年版。

75. 应夏克等：《西方民主史》，中国社会科学出版社1997年版。

76. 王怡：《宪政主义：观念与制度的转捩》，山东人民出版社2006年版。

77. 刘军宁：《共和・民主・宪政——自由主义思想研究》，上海三联书店1998年版。

78. 王士如等编著：《宪政视野下的公共权力与公民财产权》，法律出版社 2011 年版。
79. 吴经熊：《中国制宪史》，商务印书馆 1937 年版。
80. 王人博：《宪政的中国之道》，山东人民出版社 2004 年版。
81. 贾西津主编：《中国公民参与案例与模式》，社会科学文献出版社 2008 年版。
82. 王丽莉：《服务型政府，从概念到制度设计》，知识产权出版社 2009 年版。
83. 黄俊杰、江宜桦：《公私领域新探：东亚与西方观点之比较》，台北台湾大学出版中心 2005 年版。
84. 张康之：《公共行政的哲学与伦理》，中国人民大学出版社 2004 年版。
85. 王虎东主编：《公民意识研究》论文集，郑州大学出版社 2009 年版。
86. 高丙中、袁瑞军：《中国公民社会 发展蓝皮书》，北京大学出版社 2007 年版。
87. 郭道辉：《社会权力与公民社会》，译林出版社 2009 年版。
88. 刘鑫淼：《当代中国公共精神的培育研究》，人民出版社 2010 年版。
89. 陈剩勇：《组织化、自主治理与民主：浙江民间商会研究》，中国社会科学出版社 2004 年版。
90. 顾建键、布鲁斯·哈迪：《非政府组织的发展与管理——中国和加拿大比较研究》，上海交通大学出版社 2009 年版。
91. 俞可平：《论国家治理现代化》，社会科学文献出版社 2014 年版。
92. 张喜红：《当代中国社团的政治参与研究》，吉林大学 2004 年博士学位论文。
93. 陈春常：《转型中的中国国家治理研究》，华东师范大学 2010 年博士学位论文。
94. 周巍：《中国非政府组织政策参与的困境及对策研究》，湘潭大学 2006 年硕士学位论文。
95. 麻宝斌：《公共治理理论与实践》，中国社会科学出版社 2013 年版。
96. 毛寿龙：《西方政府的指导变革》，中国人民大学出版社 1998 年版。
97. 萧功秦：《中国的大转型——从发展政治学看中国变革》，新星出版社 2008 年版。
98. 罗许成：《全球化与当代中国马克思主义国家理论的新发展——一种国家治理的视角》，浙江大学出版社 2009 年版。
99. 王名：《中国民间组织 30 年——走向公民社会》，社会科学文献出版社 2008 年版。
100. 许海清：《国家治理体系和治理能力现代化》，中共中央党校出版社 2013 年版。
101. 虞崇胜、唐凤凰：《第五个现代化：国家治理体系和治理能力现代化》，湖北人民出版社 2015 年版。
102. 王蒲劬：《国家治理现代化理论与政策》，人民出版社 2016 年版。
103. 虞崇胜、唐凤凰：《第五个现代化：国家治理体系和治理能力现代化》，湖北人民出版社 2015 年版。
104. 《邓小平文选》第 2 卷，人民出版社 1994 年版。
105. 徐家良主编：《中国行业组织评估发展报告（2103）》，社会科学文献出版社 2013 年版。

106. 张翼主编：《行业组织与社会治理》，经济管理出版社2016年版。

(二) 论文

1. 邓国胜：《民办非企业单位与中国社会事业单位的发展》，载《学会》2005年第12期。
2. 胡锦涛：《高举中国特色社会主义伟大旗帜 为夺取全面建设小康社会新胜利而奋斗——在中国共产党第十七次代表大会上报告》，2007年。
3. 王名、刘求实：《中国非政府组织发展的制度分析》，载《中国非营利评论》2007年第1期。
4. 马庆钰：《非政府组织生成与发展逻辑解释》，载《天津行政学院学报》2006年第6期。
5. 国家经贸委员会：《关于选择若干城市进行行业协会试点的方案》［1997］、《关于加快培育和发展工商领域协会的若干意见》，国经贸产业［1999］1016。
6. 李景鹏：《后全能主义时代的公民社会》，载《中国改革》2005年第11期。
7. 李元书、刘昌雄：《政治参与的内涵、特征和功能》，载《学术交流》1995年第6期。
8. 梁军峰：《中国参与民主发展模式研究》，中共中央党校2006年博士学位论文。
9. 张建民、江华：《国外行业组织政策参与研究及对中国的启示》，载《南京社会科学》2012年第2期。
10. 姚俊岩：《恐怖活动中公众心理恐惧效应对社会稳定的影响及对策》，载《廊坊武警学院学报》2008年第5期。
11. 王有福：《论社会转型期中国公民的政治参与》，载《云南行政学院学报》2002年第2期。
12. 苏晓洲：《湖南省衡南县公车消费调查》，"新华网"2004年7月25日。
13. 金陵：《"三乱"背后的政府利益难题》，"金羊网"2004年10月26日。
14. 陈剩勇、魏仲庆：《民间商会与私营企业主阶层的政治参与———浙江温州民间商会的个案研究》，载《浙江社会科学》2003年第5期。
15. 杨清：《从超经济强制到关系性合意——对于私人企业主政治参与过程的分析》，载《当代中国研究》2000年第4期。
16. 陈庆云、鄞益奋、曾军荣：《论公共管理中的公共利益》，载《中国行政管理》2005年第7期。
17. 周巍：《中国非营组织政治参与的特征与途径分析》，载《中南林业大学学报》（社会科学版）2008年。
18. 《中国乡镇企业报》2000年3月21日。
19. 杜亮、刘亚洲：《民间商会：工商联的50年之痒》，载《中国企业家》2003年第11期。
20. 陶庆：《嬗变、缺位和弥补：政治安排中私人企业主利益表达——皖南宣城城市的实证分析》，载《社会科学研究》2004 年第 6 期。

21. 谢根成：《政治参与途径短缺及其影响》，载《平原大学学报》2002 年第 2 期。

22. 《温州商行业协会商会示范化建设》申报项目，2014 年温州纺织商会申报材料。

23. 孙立平：《社会转型：发展社会学的新议题》，载《社会学研究》2005 年第 1 期。

24. 米运生、龙柏林：《试论政治企业界主导型制度变迁——中国经济体制改革的一种理论假说》，载《宁夏党校学报》2000 年第 5 期。

25. 刘平：《新二元社会与中国社会转型》，载《中国社会科学》2007 年第 1 期。

26. 孙立平：《权利失衡、两级社会与合作主义宪政体制》，载《战略与管理》2004 年第 1 期。

27. 汪和建：《自我行动的逻辑——理解"新传统主义"与中国单位组织的真实社会建构》，载《社会》2006 年第 3 期。

28. 余明：《民营力量：温州商会做好企业"老娘舅"》，载《21 世纪经济报道》2003 年 12 月 27 日。

29. 《光明日报》[N] 2006 年 10 月 19 日。

30. 王玉宝：《公民行业组织政治参与的效能分析》，载《市场周刊》2007 年 4 月。

31. 戎文佐：《从部门管理向行业管理的实质、难点、方案、对称》，载《中国行业协会——改革与探索》，中国商业出版社 1999 年版。

32. 孙立平：《对市场转型实践过程的分析》，载周晓虹：《中国社会与中国研究》，社会科学文献出版社 2004 年版。

33. 房宁：《西方民主起源及其相关问题》，载《政治学研究》2006 年第 4 期。

34. 刘剑雄：《改革开放后中国行业协会和商会发展的研究》，载《经济研究参考》2006 年第 16 期。

35. 《中共中央关于建立社会主义市场经济体制若干问题的决定》，1993 年 11 月 14 日。

36. 江泽民：《全面建设小康社会 开创中国特色社会主义事业新局面——在中国共产党第十六次全国代表大会上的报告》，2002 年 11 月 8 日，第五部分，人民出版社 2002 年版。

37. 胡锦涛：《高举中国特色社会主义伟大旗帜 为夺取全面建设小康社会新胜利而奋斗——在中国共产党第十七次代表大会上报告》，人民出版社 2007 年版。

38. 孙立平、李强等：《中国社会结构转型的中近期趋势与隐患》，载《战略与管理》1998 年第 5 期。

39. 萧功秦：《中国社会各阶层的政治态势与前景展望》，载《战略与管理》1998 年第 5 期。

40. 刘安：《市民主义？法团主义？》，载《文史哲》2009 年第 5 期。

41. 王建生：《西方国家与社会关系理论流变》，载《河南大学学报》（社会科学版）第 50 卷第 6 期。

42. 袁传旭：《社会自治是真正稳定的社会结构》，载《学习时报》2010 年 3 月 29 日。

43. 萧功秦：《后全能体制与 21 世纪中国的政治发展》，载《战略与管理》2002 年第 6 期。

44. 邓正来等：《构建中国市民社会》，载《中国社会科学季刊》（香港）1992 年 11 月第 1 卷，总第 1 期。

45. 韩恒等：《分类控制：当前中国大陆国家与社会关系研究》，载《社会学研究》2005 年第 6 期。

46. 孙双琴：《论当代中国国家与社会关系模式的选择：法团主义视角》，载《云南行政学院学报》2002 年第 5 期。

47. 王名：《中国民间组织的现状与相关政策建议》，载《中国行政管理》2004 年第 1 期。

48. 何增科：《治理、善治与中国政治发展》，载《中共福建省委党校学报》2002 年第 3 期。

49. 徐勇：《治理转型与竞争——合作主义》，载《开放时代》2001 年第 7 期。

50. 杨雪冬：《要注意治理理论在发展中国家的应用问题》，载《中国行政管理》2001 年第 9 期。

51. 李凯：《治理理论适用于中国的对策研究》，载《中共桂林市委党校学报》第 10 卷第 2 期。

52. 宋朝丽：《治理理论在中国的适用性分析》，河南大学 2006 年硕士学位论文。

53. 朱昌好：《"经济人"假说、演变及其现实意义》，载《现代商业》。

54. 邓春玲：《"经济人"与"社会人"——透析经济学两种范式的人性假定》，载《山东经济》2005 年第 2 期。

55. 熊莉萍：《经济人与社会人的辩证关系——兼谈对私人部门和政府部门的审视》，载《理论界》2008 年 7 月。

56. 叶盛楠、许健：《官员"经济人"角色分析及制约路径选择》，载《理论界》2010 年第 4 期。

57. 金太军：《政府的自利性及其控制》，载《江海学刊》2002 年第 2 期。

58. 齐明山：《转变观念界定关系——关于中国政府机构改革的几点思考》，载《新视野》1999 年第 1 期。

59. 涂晓芳：《政府利益对政府行为的影响》，载《中国行政管理》2002 年第 10 期。

60. 高庆年：《政府的自利性及其法律调控》，载《探索》2000 年第 1 期。

61. 任晓林：《政府行为的非理性、自利性及其调控》，载《延安大学学报》2003 年第 1 期。

62. 蔡立辉：《政府部门的自我扩张行为分析》，载《人文杂志》1999 年第 6 期。

63. 何包钢：《可能的世界和现实的世界——解说休谟政治哲学的一个原理》，载《市场社会与公共秩序》，三联书店 1996 年版。

64. 黄玉妹：《地方政府经济人行为模式及根源探析》，载《湖南工程学院学报》2012 年第 22 卷第 1 期。

65. 秦德君：《制度设计的前在预设》，载《新华文摘》2003年第4期。

66. 江华、张建民、周莹：《利益契合：转型期中国国家与社会关系的一个分析框架——以行业组织政策参与为案例》，载《社会学研究》2011年。

67. 朱英：《中国行会史研究的几个问题》，载《江西社会科学》2005年第10期。

68. 《工商同业公会法》，载《国民政府公报》1929年8月17日。

69. 黄孟复主编：《中国商会发展报告No.1（2002）》。

70. 朱士华：《理想与现实：中国公民社会建构研究》，载《理论与改革》2014年第2期。

71. 《商部劝办商会谕贴》，载《东方杂志》1904年第2期。

72. 温州市博物馆藏：《永嘉伞业调整工资谕示碑》（光绪二年四月初十）。

73. 杨光斌：《试论中国现行国家权力结构与权威资源的关系》，载《学习论坛》2008年第6期。

74. 杨瑞龙：《中国制度变迁方式转换的三种阶段论》，载《经济研究》1998年第1期。

75. 何显明：《地方政府研究：从职能界定到行为过程分析》，载《江苏行政学院学报》2006年第5期。

76. 马斌：《地方政府职能配置的三种路径》，载《学习时报》2009年6月1日第6版。

77. 伍俊斌：《从全能政府走向有限政府》，载《企业导报》2009年第11期。

78. 颜海林、张秀：《论有限政府本质》，载《湖南大学学报》（社会科学版）第24卷2010年第1期。

79. 伍俊斌：《当代中国有限政府建构的必要性分析》，载《理论界》2010年第8期。

80. 万俊人：《市场经济与民主政治———从经济伦理的角度看》，载《哲学研究》2000年第4期。

81. 《德国之声》，《德学者点评中国社会发展》，www.Singtaonet.com。

82. 李步云：《什么是宪政》，载《法学》2008年第3期。

83. 文正邦：《宪政：人类法治文明的最高结晶》，载《现代法学》2002年第5期。

84. 何勤华：《宪政是社会主义应当继承和发展的普世价值》，载《法学》2008年第3期。

85. 莫纪宏：《宪政是一种完整的价值理性》，载《法学杂志》2004年第1期。

86. 杜钢建：《新宪政主义与政治体制改革》，载《浙江学刊》1993年第1期。

87. 谢维雁：《论宪政的德性》，载《探索》2002年。

88. 詹世友：《公共领域、公共利益、公共性》，载《社会科学》2005年第7期。

89. 童世骏：《公与私：划界问题的归属问题》。

90. 王鑫、周育国：《公共性的解读》，载《大连海事大学》（社会科学版）2010年第2期。

91. 祝灵君、聂进：《公共性与自利性——一种政府分析视角的再思考》，载《社会科学研究》2002 年第 2 期。

92. 高丙中：《中国的公民社会发展状态——基于"公民性"的评价》，载《探索与争鸣》2008 年第 2 期。

93. 赵映诚：《古希腊公民社会与公民精神》，载《理论月刊》2005 年第 5 期。

94. 张镇镇：《公民精神与中国现代社会改革》，上海大学 2010 年博士学位论文。

95. 黎玉琴：《论当代中国社会中的公民精神》，载《当代世界与社会主义》2006 年第 5 期。

96. 叶汝贤、黎玉琴：《公民社会、公民精神和集体行动》，载《马克思主义与现实》2006 年第 3 期。

97. 党秀云：《公民精神与公共行政》，载《中国行政管理》2005 年第 8 期。

98. 张融：《论公共行政的精神基础——公民精神》，载《新西部》2007 年第 16 期。

99. 魏娜、毛立红：《志愿服务：培育公民精神的新典范》，载《南京工业大学学报》（社会科学版）2009 年第 2 期。

100. 唐士其：《市民社会、现代国家以及中国国家与社会关系》，载《北京大学学报》（哲学社会科学版）1996 年第 6 期。

101. 顾成敏：《当代西方公民德性理论与中国公民精神的建构》，载《北京科技大学学报》（社会科学版）2005 年第 3 期。

102. 曾珍宝：《论公民精神与构建社会主义和谐社会的关系》，载《中北大学学报》（社会科学版）2007 年第 4 期。

103. 马晓燕：《公民社会的核心——公民精神》，载《甘肃理论学刊》2005 年第 6 期。

104. 马长山：《公民性塑造：中国法治进程的关键要素》，载《社会科学研究》2008 年第 1 期。

105. 黄湘莲：《公民社会、公民性与公民文化建设》，载《北京师范大学学报》（社会科学版）2005 年第 2 期。

106. 高力克：《五四伦理革命与公民精神》，载《浙江社会科学》1999 年第 3 期。

107. 吕元礼、李波婷、刘淑云：《现代民主社会的公民精神》，载《社会科学家》2004 年第 6 期。

108. 铁锴：《和谐社会构建中的民主制度供给与公民精神化育》，载《科学社会主义》2008 年第 2 期。

109. 刘鑫淼：《公民性：现代人的存在样态和品质吁求》，载《社会主义研究》2006 年第 4 期。

110. 刁瑷辉：《论协商民主与公民精神的养成》，载《江西行政学院学报》2007 年第 3 期。

111. 卢福营：《论村民自治运作中的公共参与》，载《政治学研究》2004 年第 1 期。

112. 刘银喜：《政府治理理论的兴起及中国化》，载《内蒙古大学学报》（社会科学版）2004 年第 7 期。

113. 张连国：《治理本质：本质是复杂科学范式》，载《学术论坛》2002年第2期。
114. 俞可平：《全球治理引论》，载《中国人民大学复印资料·政治学》2002年第3期。
115. 汪乃澄：《治理理论中国适用性》，载《当代社会科学视野》2010年第12期。
116. 蔡拓：《全球治理的中国视角与实践》，载《中国社会科学》2004年第1期。
117. 刘建军：《治理缓行：跳出国家权力回归社会的陷阱》，载《理论文萃》2003年第4期。
118. 沈承诚：《西方治理理论引入的社会条件分析》，载《行政论坛》2005年第5期。
119. 杨雪冬：《论治理的制度基础》，载《天津社会科学》2002年第2期。
120. 吴家庆等：《中国与西方治理理论之比较》，载《湖南师范大学学报》2007年第2期。
121. 林尚立：《民间组织与政治改革：中国的逻辑》，载王名主编：《中国民间组织30年——走向公民社会》，社会科学出版社2008年版。
122. 刘军宁：《古代政治与现代政治的分野》，载《域外书谭》。
123. 韩月香：《现代政治的四维网路构架》，载《广西社会科学》2009年第1期。
124. 欧阳兵：《和谐社会下中国非政府组织政治参与发展及趋势预测》，载《江西行政学院学报》2006年第8卷第4期。
125. 年勇：《非政府组织公共政策参与问题与对策研究》，载《天水行政学院学报》2009年第1期。
126. 王嘉让：《努力推进国家治理体系和治理能力现代化》，载《陕西日报》2013年11月19日。
127. 张慧君、景维民：《国家治理模式建构及应注意的若干问题》，载《社会科学》2009年第10期。
128. 杨亚佳：《如何认识推进国家治理体系和治理能力现代化的重要意义》，载《河北新闻网》2013年11月20日。
129. 杨家兴：《走向国家治理的现代化：转型期发展中国特色社会主义的战略选择》，载《大连干部学刊》2013年第12期。
130. 俞可平：《治理和善治引论》，载《中国人民大学复印资料·政治学》2000年第1期。
131. 吴志成：《治理创新——欧洲治理的历史的新热点》，载《复旦大学学报》（社会科学版）2000年第4期。
132. 贺豪威、任晓林：《治理理论的三种模式浅析——从发展中国家的视角》，载《陕西青年职业技术学院学报》2009年第3期。
133. 王宁：《代表性还是典型性？》，载《社会学研究》2002年第5期。
134. 李江涛：《政治建设中竞争机制》，载《南方日报》2003年2月12日第4版。
135. 周巍：《中国非政府组织政策参与的困境及对策研究》，湘潭大学2006年硕士学位论文。

136. 张康之：《合作治理是社会变革的归宿》，载《社会科学研究》2012年3月。

137. 杨文婷：《基于合作治理理论在乡村治理模式中的探索研究》，西南交通大学2011年硕士学位论文。

138. 侯奇、巍子扬：《合作治理——中国社会管理的发展方向》，载《中共中央党校学报》2012年2月，第16卷第1期。

139. 蔡岚：《合作治理：现状和前景》，载《武汉大学学报》（哲学社会科学版）2013年第66卷第3期。

140. 唐文玉：《权威型合作与民主型合作——合作治理的政治社会学类型的分析》，载《浙江省委党校学报》2011年第5期。

141. 眭海霞：《中国国家与社会关系的演变及其走向——以国家和社会关系互动为视角》，载《中共四川省委党校学报》2011年第1期。

142. 张康之：《论参与治理、社会自治治理与合作治理》，载《行政论坛》2008年第6期。

143. 孔繁斌：《论民主治理中的合作行为——议题建构及其解释》，载《社会科学研究》2009年第2期。

144. 胡鞍钢：《中国国家治理现代化的特征与方向》，载《国家行政学院学报》2014年第3期。

145. 何增科：《国家治理及现代化探微》，载《国家行政学院学报》2014年第4期。

146. 魏崇辉：《当代中国国家治理现代化的理论指导、基本理解与困境应对》，载《理论与改革》2014年2月。

147. 何增科：《国家治理及现代化探微》，载《国家行政学院学报》2014年第4期。

148. 薛澜：《顶层设计与泥泞前行：中国国家治理现代化之路》，载《公共管理学报》2014年第10期。

149. 杨小军、陈吉利：《推进国家治理体系和治理能力现代化加快法治中国建设》，载《行政管理改革》2014年第9期。

150. 江必新：《法治现代化是国家治理现代化的核心内容》，载《行政管理改革》2014年第9期。

151. 冯留建：《马克思主义理论与中国国家治理现代化》，载《马克思主义研究》2014年第3期。

152. 王蒲劬：《全面准确深入把握全面深化改革的总目标》，载《中国高校社会科学》2014年第1期。

153. 张尚仁：《"行业组织"的含义、功能与类型》，载《云南民族大学学报（哲学社会科学版）》2004年第2期。

154. 王振海：《行业组织发展与国家治理现代化关系辨析》，载《青岛行政学院学报》2016年第1期。

155. 马庆钰：《"十三五"期间国家应进一步扶持行业组织发展》，载《人民法治》

2015 年第 11 期。

156. 李思瑶：《新形势下行业组织在社会治理中的作用》，载《辽宁行政学院学报》2016 年第 7 期。

(三) 网站

1. 温州服装商会官方网站，2012 年 9 月，http：//www.wzfashion.org/.
2. 温州服装商会官方网站，《商会简介》2014 年 5 月，http：//www.wzfashion.org/.
3. 温州商会官方网站，《温州服装商会章程》，第 3 条，http：//www.wzfashion.org/.

后 记

弹指一挥间，本人研究治理及其国家治理问题已过多年，通过数年的潜心研读，今天以写书的方式，展示自己在这些方面的心得，可能还有些彷徨，不够坚定，但回顾往昔，自是感慨万千。本研究是在自己博士学位论文的基础上修改而成。伴随着读书的孤寂、家境的变故和工作的繁忙，我一直在奔波，身心俱疲。在长期的研读和学习中，我认识到政治学知识的博大精深，特别是政策参与方面的书籍浩如烟海，尽管我努力地钻研许多书籍，但仍然感觉未窥一斑。民主生活是人类追求的普世价值，而通过政策参与可以一定程度上走向基层治理的民主之路。行业组织在中国的政策参与行为日渐兴起，但学界对行业组织政策参与的研究尚在粗浅阶段，其政策参与的民主价值意蕴亟待学界去厘定。温州商会是个典型的行业组织，本书通过温州商会政策参与的现状、政策参与的民主价值意蕴、政策参与的困境及其解困之道初步探索，提出了温州商会政策参与困境之出路在于中国宏观治理结构制度的改变，在于"共享性治理权力结构"的设计，在于国家与社会关系结构性调适。缺乏国家治理的现代化就没有行业组织存在和发展的制度空间，更不会有其政策参与的民主制度架构；反过来，一个国家治理代化的形成也可以通过改善行业组织政策参与能力作为推进的路径。因此，本书以"温州商会"这一典型的行业组织政策参与的现实状况来分析中国国家治理现代化的建构问题，并根据行业组织政策参与困境的化解提出改善国家治理现代化建构所面临的国家与社会关系结构性障碍的调适路径。通过研究，本书认为，中国国家治理模式的未来愿景是有中国特色社会主义合作治理模式，只有通过这个模式才可能推进中国国家治理最终走向大国良治。我知道，本研究的这一论断可能尚显肤浅，但毕竟是自我的一次理论分析尝试，希望通过这种尝试能为以后自己的研究打下初步的基础。

在本书撰写中，我得到了许多老师、朋友、同学的指点和帮助，在此十分感谢他们。我首先要感谢的是我的恩师庞绍堂教授。我十分荣幸能够成为庞老师的学生，能够有机会跟随庞老师学习。庞老师是一位学识渊博、思维敏捷、人品高尚的老师，在跟随庞老师学习过程中，庞老师对于前沿理论知识的敏锐把握和强烈的人文关怀意识给我留下深刻的印象。庞老师用他渊博的知识给我们上的每一节课都令我受益匪浅。在几年的学习中，我内心对老师充满了敬意，为老师的知识修养和人格魅力所折服。在撰写本书时，由于自身知识积累过于浅薄，我深恐无法达到老师的要求，再加上个人家庭原因的困扰，撰写工作一拖再拖，内心很是煎熬。幸好在庞老师严谨的教诲下，书稿初稿逐渐撰写完成，并请庞老师帮我写了序。在此，我十分感谢庞老师对我的一切帮助。我深信，庞老师的治学态度和高尚的品行，都会让我在以后的学习和工作中终身受益。

我还要感谢在读博期间给我们上过课的童星教授、严强教授、张凤阳教授等学者。正是在他们的课堂上，我感受到了老师们严谨的科研作风和博大精深的知识，这些都会让我今后受益匪浅。同时，我也要感谢读博期间的室友、同学。我们现在虽然联系很少，但他们的学习精神值得我学习。

我最要感谢是我的家人，正是他们无私的帮助和爱的关怀才让我走到现在。没有长辈的付出和亲人的默默支持，我的人生无法前进。

另外，在本书编辑出版过程中，武汉大学出版社的编辑田红恩老师为本书的最后顺利出版提供很多帮助，在此表示感谢。

最后，我还要感谢文中引用观点的作者和那些帮助我的人，在此就不一一列举。谢谢大家的关怀和帮助。

是为记。

2017 年 4 月 10 日　于桂花园木子潭